本书为暨南大学“华侨华人研究”优势学科创新平台、中国教育部哲学社会科学研究重大课题攻关项目“华侨华人在国家软实力建设中的作用研究”（项目批准号：10J2D0049）以及中国教育部人文社会科学重点研究基地重大项目“海外新型华人社团的发展及其与居住地和祖籍国的关系”（批准号：11JJD810003）的成果，并得到上述项目资助

国家出版基金项目
NATIONAL PUBLICATION FOUNDATION

教育部人文社会科学重点研究基地
Key Research Institute of Humanities and Social Sciences at Universities
暨南大学华侨华人研究院
Academy of Overseas Chinese Studies in Jinan University

·世界华侨华人研究文库·

拉丁美洲华侨华人移民史、社团与文化活动远眺

上册

高伟浓 著

暨南大学出版社
JINAN UNIVERSITY PRESS

中国·广州

图书在版编目（CIP）数据

拉丁美洲华侨华人移民史、社团与文化活动远眺（上册）/高伟浓著．—广州：暨南大学出版社，2012.9

（世界华侨华人研究文库）

ISBN 978－7－5668－0238－5

Ⅰ.①拉…　Ⅱ.①高…　Ⅲ.①华侨—研究—拉丁美洲 ②华人—研究—拉丁美洲 Ⅳ.①D634.373

中国版本图书馆 CIP 数据核字(2012)第 131970 号

出版发行：暨南大学出版社

出 版 人：徐义雄
责任编辑：黄圣英　杨华容
责任校对：程　辰　张　纯

地　　址：中国广州暨南大学
电　　话：总编室（8620）85221601
营销部（8620）85225284　85228291　85228292（邮购）
传　　真：（8620）85221583（办公室）　85223774（营销部）
邮　　编：510630
网　　址：http：//www.jnupress.com　http：//press.jnu.edu.cn

排　　版：广州市天河星辰文化发展部照排中心
印　　刷：佛山市浩文彩色印刷有限公司

开　　本：787mm×1092mm　1/16
印　　张：32.5
字　　数：642 千
版　　次：2012 年 9 月第 1 版
印　　次：2012 年 9 月第 1 次

总定价：69.80 元（上下册）

总　序

在20世纪，华侨华人问题曾经四次引起学术界关注。第一次是20世纪初关于南非华工的问题；第二次是“一战”后欧洲华工问题；第三次是五六十年代东南亚国家出现的“排华”问题；第四次则是80年代中国经济崛起与海外华侨华人关系的问题。每次华侨华人研究成为研究热点时，都有大量高水平研究著作问世，不胜枚举。

进入21世纪以来，随着全球化进程的加速和中国国际化水平的提升，海外华侨华人与中国的发展日益密切，华侨华人研究掀起了新一轮高潮。华侨华人研究机构由过去只有暨南大学、厦门大学、北京大学、华侨大学等少数几家壮大至目前遍布全国的近百所科研院校，研究领域从往昔以华侨史研究为主，拓展至华人政治、华人经济、华商管理、华文教育、华人文学、华文传媒、华人安全、华人宗教、侨乡研究等涉侨各个方面，研究方法也逐渐呈现出多学科交叉的趋势，融入政治学、历史学、社会学、民族学、教育学、新闻与传播学、经济学、管理学、法学等学科方法与视角。与此同时，政府、社会也愈益关注华侨华人研究。国务院侨办近年来不断加大研究经费投入，并先后在上海、武汉、杭州、广州等地设立侨务理论研究基地，凝聚了一大批海内外专家学者，形成了华侨华人研究与政府决策咨询相结合的科学发展机制。而以社会力量与学者智慧相结合的华商研究机构也先后在复旦大学、清华大学等地成立，闯出了一条理论研究与社会实践相结合的华侨华人研究新路径。

作为一所百年侨校，暨南大学在中国华侨华人研究中具有特殊的地位。暨南大学创立于1906年，是中国第一所华侨高等学府。华侨华人研究是学校重要的学术传统和特色。早在1927年，暨南大学便成立了南洋文化事业部，网罗人才，开展东南亚及华侨华人的研究，出版《南洋研究》等刊物。1981年，经教育部批准，暨南大学在全国率先成立华侨华人研究的专门学术机构——华侨研究所，由著名学者朱杰勤教授担任所长。1984年在国内招收首批华侨史方向博士研究生。1996年后华侨华人研究被纳入国家“211工程”1—3期重点学科建设行列，2000年获批教育部人文社会科学重点研究基地（华侨华人研究）。暨南大学于2006年成立了华侨华人研究院，并聘请全国政协常委、国务院侨务办公室原副主任刘泽彭出任院长和基地主任。2011 年，学校再次整合提升华侨华人研究力量，将华侨华人研究院与国际关系学系（东南亚研究所）合并成立国际关系学院/华侨华人研究院，继续聘请刘泽彭同志出任华侨华人研究院院长和基地主任，由华侨华人与国际问题研究知名专家曹云华教授出任国际关系学院院长兼华侨华人研究院执行院长。同时，学校还加大科研经费投入，努力打造“华侨华人研究优势学科创新平台”。研究院在加强自身科研能力的基础上，采取以研究项目、开放性课题为中心，学者带项目、课题进院的工作体制，致力于多学科和国际视野下的前沿研究，立足于为国家的改革开放和现代化建设服务，为社会服务，为政府决策咨询服务，努力将之建设成为世界一流的学术研究机构和人才培养基地。

值华侨华人研究在中华大地百花齐放、百家争鸣之际，为进一步彰显暨南大学科研特色，整合校内外相关研究力量，发掘华侨华人研究新资源，推动华侨华人研究学科的发展，学校推出“世界华侨华人研究文库”。本套丛书的著作多为本校优势学科的前沿研究成果，作者中既有资深教授、学科带头人，也有学界新秀。他们的研究成果从多学科视野探索了国内外华侨华人研究的一些新问题、新趋势，具有较高的学术价值和现实意义。

本套丛书的出版得到学校领导的大力关心与支持，并拨付专款予以资助。国际关系学院/华侨华人研究院领导与部分教师也付出了艰辛的劳动，他们在策划、选题、组稿、编辑、校对等环节投入大量精力。同时，暨南大学出版社对丛书出版也给予高度重视，组织了最优秀的编辑团队全程跟进，并推荐丛书申报国家级优秀图书。在此，我们对所有为本丛书出版付出宝贵心血与汗水的同仁致以最衷心的感谢！

最后，我们期盼本丛书的出版能在华侨华人研究领域激起一点小浪花，引来国内外同行更加深入、广泛的研究，为学界贡献更多高水平的成果！

《世界华侨华人研究文库》编委会
2012 年 3 月

序

今年1月，高伟浓教授给我送来《委内瑞拉华侨史略》一书时，希望我能为他将于4月份完稿的《拉丁美洲华侨华人移民史、社团与文化活动远眺》一书作序。4月上旬，高教授如期送来了此书的初稿。

我粗略地阅读了此书初稿，觉得相对于以前有关拉丁美洲的诸多著述来说，有不少新颖之处。

此书的体例是以国别（地区）为经，以华侨华人移民史、社团与文化活动为纬。

就地理范围来说，此书所论，囊括了整个拉丁美洲（包括南美洲、中美洲、西印度群岛等）广阔的地理区域，一共30多个国家和地区。前人的研究一般只涉及南美洲大陆和加勒比海的主要华侨华人居住国，而此书把很多前人没有探索过的国家和地区都包括进去了。这样，有利于读者对拉丁美洲地区华侨华人的整体情况有一个全景式的把握，从较广阔的视野去观察、比较和分析这一地区的华侨华人问题。

就内容来说，此书集中论述了华侨华人移民史、华侨华人社团和华侨华人的文化活动三大方面。

对于拉丁美洲的华侨华人移民史，前人一般只涉及主要国家的华侨华人历史，其中谈论得最多的是“契约华工”和“猪仔华工”问题，对现当代华侨华人问题，特别是新移民问题谈论不多。此书在阐述拉美各国华侨华人起源的基础上，着意把该地区华侨华人的历史从开始接续到现在，同时把更多的笔墨集中在新移民的阐析上，体现了“厚今不薄古”的原则，这是值得赞赏的。对于新移民问题，此书主要勾勒了他们在居住国（地）的人数、职业分布、参政、与当地民族及与祖（籍）国和家乡的关系等基本问题，全面而系统，详尽而精练。

华侨华人社团是华侨华人问题的核心之一。前人对拉丁美洲主要国家（地区）的社团已有涉及，但数量很少，往往语焉不详。此书虽然不可能把各国（地区）现有的华侨华人社团搜揽无遗，但也尽其所能，对目前可以搜集到的重要社团做了尽可能详细的分析，使读者对拉美各国（地区）的华侨华人社团情况有了深一步的了解。

拉丁美洲华侨华人的文化活动基本上是前人研究的空白点。此书在这方面有了很大的突破。作者着力阐析了各国华侨华人在居住地的重要文化活动，如过春节及其他中国民俗节日、开展华文教育、办孔子学院、华文传媒等，也谈到华侨华人与当地民族和祖（籍）国的文化联系。在海外传承与弘扬中华文化，是目前和将来开展国外侨务工作的重要课题。这部分内容对我们如何更好地开展侨务文化工作有一定的启发性。

高伟浓教授说，他之所以这样编排此书的架构，是希望让实际工作部门和研究者更容易检索到他们所需要的内容。他的这一想法是值得称道的。我认为，华侨华人研究应该从基本侨情和国情出发，只有扎扎实实地做好基础研究，才可能有理论创新。忽视了基础研究，理论探索是难以深入下去的。目前，我们对有关海外中国新移民的基础研究还不多，还不够深入，有赖于研究工作者的进一步努力。

拉丁美洲地区是广东省侨胞的重要居住地区。这一地区最早的移民大部分来自广东省。今天，他们的后裔已经繁衍到第三、四代，甚至第五、六代。但他们中大多数人仍然对故乡、对中华文化一往情深。新移民中的很大一部分也是来自广东，他们正在居住国（地区）与来自内地其他省籍以及来自台湾、港澳地区的同胞一道，艰苦拼搏，传承弘扬中华文化，成为居住国（地区）与祖（籍）国之间的重要桥梁和纽带。这些年来，我和我的同事经常访问拉美地区，对那里的侨胞有了越来越多的了解。今后，广东省侨办将一如既往地秉承“为侨服务”的宗旨，做好包括拉丁美洲各国（地区）新老华侨华人在内的世界各国侨胞的侨务工作，为中华民族的伟大复兴贡献力量。

广东省人民政府侨务办公室主任

吴锐成

2012 年 4 月

目　录

第一章　巴　西

拉丁美洲全称“拉丁亚美利加洲”，是指美国以南的美洲地区，自北至南，包括墨西哥、中美洲、西印度群岛和南美洲。在过去，拉丁美洲是一个政治地理概念，但在本书中，拉丁美洲只是一个地理概念。本书试以国家或属地为单位，以华侨华人移民史、社团与文化活动为主要脉络，作一全景式的概析。

巴西联邦共和国（The Federative Republic of Brazil），为拉丁美洲最大的国家，也是这一地区唯一以葡语为国语的国家，缘因于自1500年巴西被葡萄牙航海家发现后逐渐成为葡殖民地，至1822年巴西推翻葡殖民统治后独立，历时300多年。巴西1888年废除奴隶制，次年又推翻帝制成立联邦共和国，葡语的国语地位遂确立下来。

巴西与乌拉圭、阿根廷、巴拉圭、玻利维亚、秘鲁、哥伦比亚、委内瑞拉、圭亚那、苏里南和法属圭亚那接壤，人口（2008年6月2日为186 957 906人）和国土面积（8 547 403平方公里，约占南美洲总面积46%）均居世界第五，首都是巴西利亚。巴西经济于20世纪70年代开始起飞，到现在，国内生产总值已位居南美洲榜首、世界第七。巴西国土以平原和高原为主，少有崇山峻岭和沙漠戈壁。到目前为止，其可耕种土地只开发利用了1/5左右，未来的开发前景十分广阔。巴西还是个有1.5亿人口的庞大消费市场，冬无严寒，夏无酷暑，气候宜人，一直吸引着外来移民。今天，历史上遗存下来的印第安人已经很少，且远离主流社会而居住在亚马逊丛林地带。因此，外来移民一直是巴西发展的重要力量。有消息说，2008年11月，随着准备对“非正常移民”实施新一轮“大赦”，巴西政府计划修改移民法。新移民法一改军政府时代制定的老移民法中过分强调国家安全问题的弊端，更加注重“人道主义”，尽可能简化办理移民过程中的各种繁杂手续。所有这一切，更加吸引各国移民纷至沓来。

作为起步较快的发展中国家，今天的巴西已成为“金砖五国”之一。就中巴双边关系来说，自1974年8月15日建交以来，两国政治、经济、贸易、文化、科技合作顺利发展，高层互访频繁。目前，巴西是中国在拉丁美洲最大的贸易合作伙伴，中国是巴西的第二大进口来源国和第二大出口市场。所有这些，是旅居巴西的华侨华人能较好地生存与发展的重要外在因素。

第一节　华人三次移民浪潮与现时处境

由于巴西的自然条件得天独厚，故近代以来，各国移民纷纷涌入该国。巴西历史上曾发生过多次大移民浪潮，仅 1884 年至 1962 年间迁居巴西的移民即达 497 万多人。德国人 1818 年开始来到这里，1875 年开始有意大利人来，1880 年开始有西班牙人来，20 世纪初又有日本人、叙利亚人和黎巴嫩人相继来到这里。19 世纪末 20 世纪初，奴隶解放运动已经开始，种植园以及刚刚兴起的巴西工业都需要大量劳动力，巴西东南地区遂出现了大移民潮，意大利人和葡萄牙人成为这次移民的主体。各个时期也有黄种人来到巴西，他们多来自日本、朝鲜半岛和中国，主要集中在圣保罗和里约热内卢。今天的巴西，已成为一个世界民族的大熔炉。

说到现在居住在巴西的各国移民，最值得中国移民借鉴的，是同为东方民族的日本人。实际上，日本人的足迹，不只遍布巴西，还遍及拉丁美洲很多国家。但巴西的一群日本移民，堪称是最为引人注目的一群。日本人移民巴西始于 100 多年前，当时巴西与南美各国先后取得独立，所面临的一个严重问题是人口稀少，劳动力匮乏。南美各国政府除了推出吸纳各国移民到来的措施外，还主动邀请各国移民前来。对于人口基数庞大、人地矛盾十分突出的岛国日本来说，自是求之不得。于是，大量日本移民纷至沓来。有报道称，自 1908 年 6 月 18 日 781 名日本人漂洋过海来到巴西桑托斯港算起，到 1960 年（此时日本对巴西已经逐步改“人口输出”为“资本输出”），日本已向巴西输出了 26 万人。其中高潮期为 1925 年至 1935 年间，共计有 14 万日本人先后到达巴西。经过数代的繁衍，目前在巴西的日裔已达 100 多万人，其中约 70% 生活在圣保罗（大部分中国移民也居住在此）。据称现在巴西 1 亿多人口中，有日本血统的虽不到 1%，但日裔巴西人却是日本在海外势力最大的移民集团。[①] 今天，大多数日裔巴西人生活都比较优越，但仍恪守着旧有的传统。很多人仍然从事祖上所从事的农业，其中一些人还是拥有大量土地的农场主。其他人则从事饭店、诊所、银行等服务行业，还有不少人进入了政界。巴西人认为日本人及其后裔工作勤奋，家庭责任心强，因而对日本人多持好感。这是日裔能够融入巴西社会的一个重要原因。

有人以巴西为例，概括出日本移民取得成功的四点主要经验：其一，发挥集

---

① 《华媒：日本移民在拉美扎根给海外华侨华人的启示》，广西壮族自治侨办网站（来源：国务院侨务办公室），2012 年 3 月 9 日。

体移民的凝聚力。早期的日本移民是由日本皇家移民公司有组织地进行的。他们不管移居到什么地方，都不离开群体，也不愿离开群体。正是这种集中定居的移民方式，使日本移民保留了自己的民族特性。其二，日本移民与日本政府联系密切。在这方面，农业是最重要的媒介。长期以来，日巴关系通过两方面的“支农”渠道得以加强。一是日本向巴西提供巨额农业开发与科研项目的贷款和赠款；二是许多日裔巴西人从日本学会先进的农业技术并带来种子后，在巴西广袤的土地上开展实践。两者结合，使巴西逐渐成为世界重要农产品输出国。现今，巴西许多大型农场都由日裔经营，日本政府每年还向巴西政府提供文化交流基金。其三，今天“回归”祖先故土的日裔巴西人也为巴西的经济发展积累了资金。其四，日本移民用文化影响巴西。巴西日裔在保持日本文化的同时，也影响巴西的本土文化，最明显的表现是在饮食文化方面。① 日本移民这些成功经验，是十分值得中国移民借鉴的。

华侨华人移民则经历了三次大高潮。第一次是从 1808 年葡萄牙国王约翰六世宣布开放巴西并准许外国人移居开始。当时他们是以屈辱的姿态踏上这块遥远而陌生的土地的。1812 年，有中国茶农来此传艺。他们是巴西最早的华侨。今天里约热内卢的蒂茹卡国家公园建有中国亭，便是对这些茶农的永久纪念。可惜由于过度劳累及不适应当地气候，茶农不久就死亡殆尽。稍后，移民陆续而来，有的以“卖猪仔”方式来，还有的来从事开矿、修铁路和种棉等艰苦劳动。他们在苦苦熬过卖身年限而成为“自由人”后，一般都在当地落脚，靠走街串巷贩卖小商品维持生活。这种情况在南美洲大陆那些曾经存在过“猪仔华工”和“契约华工”的国家中司空见惯。据统计，1812—1814 年，以“契约华工”身份到达巴西的中国移民有 1 410 名。巴葡殖民当局多次在广东、福建招募华工，还有些华工是从其他国家通过各种途径进入巴西的。到 1881 年中巴建交时，巴西约有华侨 2 000 人。这一年，中巴签订《通商友好条约》，但也不能满足巴西对于廉价华工的需求。在以后的几十年中，巴西政府曾通过多方努力，企图大量招收华工，但收效不大。②

第二次高潮是从 20 世纪中叶开始，出现了两支殊途同归的移民流。一支因战乱或受迫害移民而来，来源地是非洲、美国等地；另一支来自中国香港和台湾。前一支是主流，大部分应属再移民；后一支的大部分应属初次移民。但所有这些移民的经济条件和受教育程度都比较好。据当时中国驻巴西公使馆调查报

---

① 《华媒：日本移民在拉美扎根给海外华侨华人的启示》，广西自治区侨办网站（来源：国务院侨务办公室），2012 年 3 月 9 日。

② 白俊杰：《巴西华侨华人概述》，周南京：《华侨华人百科全书》，北京：中国华侨出版社 2002 年版。

告，1931 年旅巴华侨人数为 820 人，1940 年为 592 人。直到 1949 年，旅居巴西的华侨也未超过 1 000 人。到 1959 年，巴西华侨人数增至 6 748 人，1967 年增至 17 490 人，1972 年已增至 4 万人。① 按照以上数据不难看出，巴西华侨华人的增长曲线，在 1949 年以前大体上保持稳定，但在此后便出现异常增长的趋势：1949—1959 年间增长了 5 700 多人，1959—1967 年间增长了 1 万多人，1967—1972 年间又增长了 23 000 多人，此中应包括 1971 年中国恢复在联合国的合法权利后来巴西的大量台湾人。可以看出，整条增长曲线是呈陡坡状的。

第三次高潮是从 20 世纪 70 年代末开始，大部分是来自中国大陆的新移民，其来源地包括广东、浙江、上海、北京、山东、安徽、江西等地。这一次高潮的人数增长更加惊人。到 1984 年，已增至 7 万人。1988 年，再增至 10 万人，跃居拉丁美洲之首。再到 1999 年，已达到约 13 万人，其中来自台湾的约 9 万人，其他地区的约 3 万人。这些人中，华人占 80%。他们主要分布在东南沿海的大中城市，如圣保罗市及其近郊有 10 万多人，原首都里约热内卢约 7 000 人，伊瓜苏河口市约 3 000 人，愉港约 700 人，首都巴西利亚有 40 多户，约 150 人。还有少数散居于库里提巴、萨尔瓦多、维多利亚、纳塔尔城以及亚马逊河口等地。② 从人口居住地结构来看，巴西的华侨华人无疑是属于密集群居类型的，即人们喜欢按照血缘和地缘（主要是地缘）关系，群体地聚居在某一个地方。

若按移民来源地来看，据 20 世纪末的估计，广东籍华侨华人约占总人数的 20%，多是 1949 年以前到巴西去的，应以劳工居多。而江浙、山东人约占 20%，多为携资者，另台湾人约占 60%。20 世纪 90 年代的中国大陆移民则来自广东、上海、江苏、浙江、山东、安徽、江西和北京等地。20 世纪 90 年代末来的大陆移民文化程度高低不等，资金拥有量或多或少，知识专长五花八门。可以说，像巴西这样土地辽阔、人口众多、市场广阔、商机充足的发展中国家，能广泛吸引各种各样的人才。

巴西华侨华人早年多属劳工，后转向经营杂货、餐馆、洗衣、小食品等零售业，20 世纪 50 年代后有很多华侨华人携资到巴西创业，遂使华侨华人经济发生很大变化。尤其是 20 世纪 80 年代以来，来巴的华侨华人将资金与知识结合，创建出规模较大、技术含量较高、现代化水平较强的现代企业。可见华侨华人一路走来，其经营的范围极广，遍布各行各业，工、农、商、贸、服务等各色行业一应俱全，一个行业的店家动辄数以百计。华侨华人所从事的职业也几乎无所不

---

① 白俊杰：《巴西华侨华人概述》，周南京：《华侨华人百科全书》，北京：中国华侨出版社 2002 年版，第 35 页。

② 白俊杰：《巴西华侨华人概述》，周南京：《华侨华人百科全书》，北京：中国华侨出版社 2002 年版，第 35 页。

有，从小商小贩、雇员、工程师、律师、医生、教授、科学家、经纪商到行政管理，均可发现他们的身影，且大批华人精英已经出现。

这里颇值得一提的是巴西华侨华人的两大重要职业特色。

第一个重要职业特色是“提包业”，即流动小贩携货沿门求售的行业。这显示出巴西华侨华人商业网络庞大通畅的下游支道。实际上，这一行业的存在，使大量刚到巴西的中国下层新移民获得了一个渐进式“原始积累”的特殊环境和机会。这是巴西新移民能够立足下来的重要因素之一，是别国所没有的。应指出的是，巴西的“提包业”者（通称“提包客”）与提包的制作商贩丝毫不相干，他们是专指那些拎着鼓胀的旅行提包挨家串户兜售的流动商贩。“提包客”的主要“交通工具”是两条腿。他们跑遍城市的长街短巷、农村的穷乡僻壤，挨家挨户地说服住户开门交易，有时甚至说到唇焦舌燥。一旦获准入室，就得争分夺秒，眨眼工夫间，“提包客”就把客厅变成商场，把所带货物铺陈开来，琳琅满目，任凭挑选。一旦交易结束，又要即刻把没脱手的货物塞回提包，把现场收拾得干干净净，然后告别主人，另寻新顾客。显而易见，华人“提包客”要生存下去，一要靠出色的上门服务，二要靠建立良好的商誉，逐渐赢得人们的信任和好感。在长期的提包生涯中，很多客户还与“提包客”建立了深厚的友谊，成为固定的老客户，因而也构筑起一个稳定的供需关系网。

旅居巴西多年的老华侨郭秉强根据“提包业”主体货物的变化，把“提包业”大致分为四个阶段：一是“珠链首饰阶段”，始自 1910 年前后从欧洲转入巴西的第一批青田华侨上街叫卖珠链，到 1930 年四都下陈人陈育行从法国来到巴西做珠链和各种首饰批发生意后，这一阶段达到高潮。二是“绣花台布阶段”，始自 1926 年青田阜山周宅人周继文到巴西与阜山前王人王益宗合营“上海锈花店”，批发绣花台布，周继文外出提包兼卖台布。几年后，很多人见有利可图，便纷纷从“上海锈花店”批发台布做提包生意。约于 1933 年，陈育行病故，致其珠链首饰批发公司关闭，提包卖珠链首饰遂逐渐转为卖绣花台布。1935 年周继文在圣保罗开办“周继文贸易行”，扩大台布批发，促使“绣花台布阶段”迅速发展。三是“黄金珠宝阶段”，因周继文迁居圣保罗，里约热内卢的提包者失去了一个台布进货点，青田高岗人卓学武约于 1937 年首先开办做提包卖黄金珠宝，接着有少数人也跨入这一行业。不过，由于卖黄金珠宝的本钱重，开始时不为大多数青田华侨所接受，难以得到发展。1950 年后第二批陆续进入巴西的青田华侨经过几年提包卖台布后积蓄了财力，逐渐转向做黄金珠宝生意，该行提包业才得到全面发展。四是“电器手表阶段”，始自 20 世纪 80 年代巴西经济得到较大发展后，各种电器逐渐覆盖全社会，20 世纪 80 年代中期圣保罗出现两间专门批发各种电器、手表、香水等货物的大楼（人称“走私大楼”），到 1990 年前后，巴拉圭与巴西交界的边境上又出现一个专做家用电器、手表和进口香水批发生意的“东方市”，至此“提包业”进入第四阶段，并得到迅速发展。[①] 郭秉强这里的阶段划分，主要是以青田人的“提包业”为基础的，未必可以全面概括所有巴西华侨华人“提包业”的阶段特征，但无疑可以供观察、研究巴西华侨华人“提包业”者参考。

实际上，从事此业者的提包里所装何物，是因人而异的。一般来说，举凡服装玩具、文具礼品、化妆用品，乃至巴西民众日常生活所需的用品，无所不有。“提包业”有诸多便民之处：一是送货上门，省了顾客举足之劳；二是价钱便宜；三是便于挑拣，可讨价还价；四是可以分期付款。因此，“提包业”颇受人们欢迎。尤其是那些家务繁重无暇上街采购的家庭主妇和行动不便的老者，更是求之不得，一日也离不开“提包客”。所以，对于那些刚刚踏足巴西、囊中羞涩而又葡语欠通的华侨华人来说，“提包业”不失为一条简捷可行的“原始积累”之道。只要凑上一笔钱，在银行开个户头，找个内行的过来人稍作指点，自己边学边干，便可轻易入门。当然，作为第一步，最好是到华人批发行庄，与主人沟通，赊够一批易销的便宜货物，快速脱手，积得第一笔资金后便可“自立门户”。巴西的华侨华人“提包业”可以说是历史悠久。过去 40 余年间，来自中国台、港、澳地区和东南亚各国的华人，以及来自中国大陆的新移民，承前继后，一路走来，薪火相传，延续至今。据说在 1999 年，华人“提包业”已有 5 000 多家，有些颇具规模，独占某些商品市场。[②] 不过，近年巴西经济持续疲软，各行各业不景气，“提包业”的生存环境已大不如昔。也不难想象，绝大多数华人“提包客”多借此作为跳板，待做了两三年“提包客”，粗通葡语，熟悉门道，也积了点本钱，便可迈向新的创业之道，先小本经营杂货、礼品文具、服装玩具、钟表首饰之类的店铺，待条件许可，便更上一层楼，向批发行、超级市场、运输行、进出口公司及其他领域扩展。[③]

第二个重要职业特色是关于华侨华人职业的来源地分野。粗略划分的话，可分广东人和非广东人两大群体。广东籍华侨华人更喜欢开餐馆。广东新移民多来自农村，文化程度普遍较低，葡语又差，对他们来说，开餐馆这种家族式经营方式风险小，资金周转灵活，因此多热衷为之。这样可安于现状，不需要进行产业升级或转型。如在里约热内卢，几乎所有的广东人都在开“角子”（巴西人喜欢吃的类似炸饺子的面食）店，以及为“角子”店提供服务的面粉、配料店。做

---

① 郭秉强：《巴西青田籍华人华侨纪实》，自刊本 1995 年版，第 6 页。

② 国务院侨办侨务干部学校编著：《华侨华人概述》，北京：九州出版社 2005 年版，第 145 页。

③ 方雅：《巴西华人：肩背行囊闯天下》，《华人时刊》2004 年第 2 期。

这种生意的一个好处是资金回收快，立竿见影。早上买了面粉，做成食品后即可进行现金交易，晚上便可盘点一天所得；非广东籍的新移民喜欢做当地需求量比较大但却价廉的物品，如服装、运动鞋、低档玩具等。但他们喜欢跟风，往往集中做同一种买卖。① 当然，华人中能把生意做大的也不乏其人。林训明经营的愉港植物油公司颇负盛名，其下属企业的豆油出口量曾居巴西民营企业出口额之首，荣获巴西总统颁发的奖状，他本人也被誉为巴西的“黄豆大王”。又如，毕务国创立东方企业集团，从事多种经营，他是巴西最有影响的人物之一。在1968—1978年的10年间，他曾连续3次荣获巴西政府颁发的十字勋章。② 这些商业经营中的佼佼者，显然不是抱残守缺者所能比的。

巴西圣保罗的自由区（葡文地名作LIDERDADE），当地人习惯称之为“东方街”，原是日本移民最集中的区（号称是日本本土外最大的日裔居住区）。20世纪中期以来，中国移民越来越多地将之作为主要居住区。今天，由于华人商家增多，这里也变成了名副其实的中国区。东方街附近有一条“3月25日街”（简称25街），集中居住着清一色的华商和小贩，堪称是现代的唐人街。这里是全巴西的大批发市场和百货集散地，形成于20世纪60年代至20世纪80年代中晚期，今天成了中国小商品的零售和批发中心。中国的日用品、电器等，从这里流向全国各地。据说这里有商铺3 000多家，华人商铺即达数百家。在这里，可以说葡语、广东话、闽南话、青田话、温州话等。25街，堪称是巴西华侨华人社会的缩影。

华侨华人生活在一个多民族共居的大熔炉里，处理好民族关系，特别是处理好与当地主流民族的关系至关重要。虽然目前巴西民众对华侨华人总体上很友善，但不能说民族间的关系已可以高枕无忧。除了因商业利益累积的矛盾可能引起直接的纠纷外，有时候其他民族与当地民族的摩擦也可能带给华侨华人“飞来横祸”。比如说，如果当地人哄抢日本人的商店，很可能因华人与日本人面相相似而把华人的商店也连带抢了。对这样的问题，要有所防范，未雨绸缪。

对于中国新移民来说，近几年最重要的事件是2009年巴西政府对“非法移民”执行的“大赦”政策。“大赦”是各国华侨华人对英文“REGULARIZATION”的俗译，指的是通过法律途径使在其境内滞留的“非法移民”的居留合法化的行为。一些西方国家，每隔一些年就要颁布一次“大赦”，巴西亦然。据查，巴西近30来年已对“非正常移民”实行过3次“大赦”。最近一次是1998

① 林克风：《巴西、秘鲁、智利华侨华人经济与中国企业“走出去”》，吕伟雄主编：《海外华人社会新观察》，广州：岭南美术出版社2004年版，第65页。

② 吴德明：《拉丁美洲民族问题研究》，北京：世界知识出版社2004年版，第321页。

年，当时由卡多佐总统签署“大赦令”，有近4万名（一说2.5万名）“非法移民”取得了合法身份，其中华侨约有9 000名；其次是1988年，由葛洛总统签署“大赦令”，共有3.8万外国人获得合法居留权，其中华侨人数不详；再次是1981年。可见，巴西是个有“大赦”传统的国家。这也是巴西之所以能够成为民族熔炉的重要原因。

据笔者所知，2009年巴西的“大赦”是进入新世纪后全世界范围内对国际移民问题影响较大的一次“大赦”，值得认真看待。巴西政府于2007年下半年就开始研究相关政策，制订了实施方案。卢拉总统原计划以总统颁发临时法令的方式公布“大赦令”，以便该法令尽快付诸实施。这样做，主要目的是为了避开以国会议案形式推动大赦的烦琐程序（先众院表决再送参院表决，或因议案太多而旷日持久），可见巴西政府对“大赦”的态度是积极的。不过，卢拉在2009年初还是放弃了临时法令的方式，而改由国会表决（具体原因见下述）。2009年2月18日，经过两年多的审议，巴西联邦众议院通过卡洛斯·扎巴吉尼起草的1664号法案规定，凡是2009年2月1日以前抵达巴西并滞留未归而符合该次“大赦”条件者，届时可在指定时间到指定地点办理在巴西的居住手续，而2月1日之后进入巴西者则不在“大赦”范围。① 2009年6月4日，巴西众议院表决通过了对非法移民的“大赦法案”。7月2日下午，举行了总统签字仪式。7月3日，该法令将在政府公报刊出（“大赦法案”正式生效是7月6日）。有趣的是，总统签字仪式时，巴西司法部特意邀请了部分华侨华人社团代表出席，让他们见证签署过程并了解办理“大赦”的相关手续。据报道，受到司法部邀请的华人侨领及代表有李炎昌、梅裔辉、陈沃康、李玉柏、吴耀宙、叶康雄、叶康妙、赵永平、田波等人。② 这体现了巴西政府对华侨华人的高度重视。

根据1664议案，估计有5万外国来的“非正常移民”将通过大赦获得在巴西的合法居留权。据悉，在此次大赦前，在巴西境内共有约87万名拥有合法居留身份的外国移民。③ 这样，加上即将被“大赦”的5万人，则在巴西境内拥有合法居留身份的外国移民便达到92万。

不过，在巴西，“非正常移民”最多的国家不是中国，而是玻利维亚。“大赦”前曾有人估计，将有一万多名华侨华人获得合法居留身份。但实际情况比这

① 《巴西对非法移民大赦，对09年2月1日后入境者无效》，星岛环球网，2009年3月16日。但在2009年4月，参议院在审议该法案时，对入境日期的规定作了修改，把入境时间限定在2008年11月1日之前。该法案又退回联邦众议院重新审议。结果仍然维持众议院所提议的2009年2月1日之前入境的期限，并获得众议院全体大会的通过。

② 《巴西总统将签非法移民大赦令，华人代表出席》，中国新闻网，2009年7月2日。

③ 《巴西年底大赦四万名非法移民》，《温州日报》，2008年11月16日。

个估计小得多。据巴西司法部消息，2009 年“大赦”时，在申请办理并获得合法居留手续的外国人中，玻利维亚人最多，共有 1.6 万人；其次为中国人，共有 5 492人；再其次是秘鲁人、巴拉圭人和韩国人，分别是 4 652 人、4 135 人和 1 129人。另外，还有 2 390 名欧洲人办理并获得合法居留权，他们大多数是在巴西开餐馆、酒吧和客栈的英国人、法国人、德国人和意大利人。来自非洲的 2 700名“非正常移民”也获得了合法居留权。①

“非正常移民”问题是个国际性的难题。对他们来说，不仅是个身份不合法的问题，更严重的是个“人道主义”问题。他们往往因为没有合法身份而被迫打黑工，备受虐待，在恶劣条件下生活、工作，还享受不到应有的医疗和教育等权益。这一点，国际均有共识。“大赦”后，华侨华人中的这一问题得到缓解，有利于华侨华人经济的发展，有利于维护他们的权益，也有利于华侨华人更和谐地融入当地社会。当然，事情并非到此为止，在具体办理“大赦”手续的过程中，还出现了各种各样的问题，主要是证明材料（如入境证明、经济来源证明、公司银行账户资料、6 个月以上员工登记证明等）不足的问题。对此，各华侨华人社团也尽力帮助侨胞解决以上困难。

从生存适应与社会适应的角度来说，今天来自中国大陆的新华侨华人，已经走过了当初杂乱经营、粗放型发展的阶段，逐渐走上依法经营、守法经营的可持续发展道路。重要的是，他们懂得树立品牌意识，扎扎实实地创造自己的品牌，打响自己的品牌，守住自己的品牌。例如，里约热内卢华人联谊会会长季友松说，该市的华商早年就有品牌意识，目前从事贸易的华商基本都已拥有自主品牌，告别了仿制欧美产品的老路子，因此经营比较稳定。②

环视当今巴西华侨华人的生存与发展环境，总体上来说，所面临的问题和挑战跟本地区来自其他国家的移民大同小异。例如，都存在着商业机遇，都面临着社会治安、融入当地与改善民族关系、参与政治等一系列问题。当前居住在巴西这样一个新兴经济体的华侨华人所面临的最主要问题，是全球经济大环境仍在剧烈动荡中，跟当地其他民族相比，经济危机对生活和工作在巴西的 30 余万华侨华人所造成的冲击更为严峻。一方面，在全局上，他们要与这个国家风雨同舟，共渡时艰；另一方面，他们还要尽力保持自身的生存发展，安居乐业，融入当地，自我完善，保持这个主旋律的和谐。这是两条相互独立的运行曲线，但在运行的过程中总会产生交集，因而产生碰撞与矛盾，但在矛盾的分解过程中，总会给巴西华侨华人带来各种各样的麻烦与不和谐。例如，在 2011 年，巴西政府出

① 《五千多名中国人获得巴西合法居留权》，网易（来源：人民网），2010 年 1 月 7 日。

② 《巴西华侨华人走过 2011：在安居乐业中自我完善》，新华网，2011 年 12 月 28 日。

台了多项反倾销和提高进口关税的措施，尽管不是专门针对华侨华人的，但由于在巴西从事进出口贸易的华侨华人人数较多，故对他们造成的冲击就显得更为集中，更加引人注目。在巴西，商品结算、支付运费和关税所使用的都是美元。但自 2011 年以来，美元对巴西货币雷亚尔的汇率累计上涨了近 15%，于是在很大程度上挤压了华商的利润空间。对此，华侨华人正积极寻找对策进行调整，以减少损失。不过，巴西华侨华人在这场席卷全球的经济危机中，也将受国家大环境的影响：巴西是个富有活力的新兴经济体，世界杯足球赛和奥运会这两大预期的赛事在未来几年内将给巴西带来契机，对巴西经济会产生有利的影响。

近年一些华商违规经营的情况时有发生，给当地人留下了不良印象。以 25 街的华人商铺一条街为例，2011 年 4 月当地执法机关针对这里的违章经营活动曾进行了一次清查，导致一些华侨华人商铺被迫关门歇业。且先不论此次事件孰是孰非，就造成的影响来说，需要时间来修补。类似的情况当然还有不少，只是因为 25 街的华人商铺闻名遐迩，这次事件容易“家喻户晓”而已。

社会治安尤为华侨华人所关注。巴西非世外桃源，近几年来，令华侨华人头疼的社会治安案件屡屡发生，最令人关注的是针对华商的入室抢劫事件，自 2008 年以来就屡有所闻。据巴西华人工商联合会会长杨惠昂介绍，2008 年下半年，有一个巴西团伙在 25 街一带频繁抢劫华人公寓，其中一座住有几十家华人的公寓几乎天天被抢。这座楼里的侨胞或因为没有身份证，或因为家里存有商品而不敢去警局报案，导致歹徒越来越猖狂，抢了一家又一家。[①] 其实，面对匪徒的疯狂抢劫，唯一的办法就是华侨华人勇敢地站出来报案和指认案犯。因为在巴西，不管是否有身份证，都可以对犯罪分子进行举报。唯有这样，才能依法打击犯罪分子，改善工作和生活环境，保障自己的财产及生命安全。但有的华侨显然是由于没有身份证或身份证有纰漏，而宁愿“忍气吞声”。在这方面，巴西华人工商联合会等社团做了不少工作，他们愿意为那些身份证有问题的华侨作证。

当然，也不能把已经发生的不良现象统统归咎于经济危机的大环境。华侨华人要在当地生存和发展，矛盾和冲突是不可避免的。理性地看，这也是生存与发展的“常态”，是华侨华人的“必修课”。关键是华侨华人要勇于面对现实，据理力争，同时也要通过与当局加强合作的方式妥善解决问题，而不应消极对待，更不能采取鸵鸟政策，视而不见。另外，华侨华人自己不守法经营自然不值得鼓励，但对居住地其他民族的违法违规行为，也应该积极抗争，拿起法律武器进行维权。只有走合法经营道路才能有长久的出路，才谈得上可持续发展，才能更好

---

① 《巴西华人公寓频遭抢劫，华人社团协助侨胞举报》，中国侨网据巴西《南美侨网》/巴西侨网，2008 年 11 月 22 日。

地维护和促进华侨华人与当地民族的关系，才能顺利地融入当地社会。今天，华侨华人融入当地社会，不是单靠“逆来顺受”、“忍辱负重”就可以完成的。融入的过程，同时也是磨合、接受、维权、抗争、互谅互解的过程。堪告欣慰的是，包括当地华商在内的华侨华人社会已经深刻地认识到这一点。

参政可以看作海外华人融入当地社会的重要表现和途径之一。华人来到巴西已经有200年的历史。事实上，已经有华裔进入巴西上层，担任过圣保罗市议会主席、警局局长、巴西军队将军等高级职务，在巴西社会有广泛的影响。但总的来说，还没有达到应有的程度，特别是华人积极、主动参政的自觉性明显不足。令人欣喜的是，就全国范围来说，近几年巴西政坛上已经开始出现了华人的面孔。威廉巫和李少玉就是最突出的例子。

威廉巫，中文名字巫佰禧，1968年11月27日出生于巴西圣保罗市，为巴西国会中首位华裔众议员。其祖父为广东饶平人，祖母是福建晋江人。父亲巫钦亮出生在台湾，1960年偕夫人移民巴西，共育三女二男，威廉巫最小。威廉巫1994年毕业于保利斯达大学机械工程系，1996年攻读瓜路柳斯综合学院获得法学学士学位，1998年首次竞选圣保罗州议员，虽未成功，但赢得3万多张支持票，获得了候补州议员资格，令人刮目相看。两年后，他再次出马参选成功，当选为圣保罗市议员，4年后又获连任。在2006年10月1日举行的全国大选中，威廉巫赢得圣保罗市民信赖，以11万多的票数当选联邦众议员，2007年2月1日正式就职。2007年8月24日，巴西陆军总司令恩索将军在巴西利亚陆军司令部授予威廉巫“和平使者”勋章。①

李少玉祖籍广东台山，出生于香港，20世纪70年代末来到巴西。李少玉与大部分在巴西的广东人一样，最初在圣保罗经营餐馆。工作虽辛苦，但她的诚实可靠与聪明能干给当地华侨华人留下了深刻印象。她的餐馆生意虽好，但她还是因为语言不通而感到孤单，于是下决心学好葡语。只经过一年多的努力，她便能很娴熟地使用葡语了。李少玉还常常帮助刚来巴西的中国人。她认为，华人只有参政才更有地位，于是萌生了竞选议员的想法。在各界华侨华人组织和当地人的帮助下，她成功当选。2010年1月1日，巴西圣保罗市议会为李少玉举行了就职典礼。于是李少玉成了巴西首位华人女议员，也是第一个当选圣保罗市议员的东方女性。

威廉巫和李少玉能够登上巴西的议事殿堂，成为华人参政的标志性人物，首先是由于华侨华人和所属党派的推举和支持，但也离不开他们本人的聪明才智和积极活动。例如，威廉巫在担任圣保罗市议员的6年中，不负同胞厚望，在重大

① 《巴西首位华裔议员威廉巫：为华人参政树榜样》，中国侨网，2007年2月24日。

问题上维护华侨华人合法权益。他是最活跃的市议员，先后提出了160多项议案，为该市议员中议案提交最多者。特别是《中国移民日议案》的通过和实施，提高了华侨华人在圣保罗乃至巴西的影响力。

华人参政的效果在2009年“大赦”问题上得到最有效的反映。促使巴西国会做出有利于“非正常移民”议案的功臣，就是威廉巫。是他发起了1664号议案，在后来国会曲折坎坷的审议过程中，威廉巫从中积极推动，对议案的通过起了重要作用。仅此一举，就足可看出华人参政的重要意义。

据威廉巫说，他在被选上众议员之后，就一直关注弱势族群，尤其是滞留在巴西的包括许多华侨华人同胞在内的“非正常移民”的生活。他了解到许多人因为没有合法身份而享受不到合法权益的现状后，经过认真准备，于2007年在众议院正式提出了对各国滞留在巴西的“非正常移民”（注：原议案使用的概念是“非法移民”）实施“大赦”的议案。议案提出后，在众议院和参议院的讨论就达几十次之多。其间，议案被反复修改和搁置，既得到了广泛的支持，也遭到了部分势力的反对。为了让议案获得通过，威廉巫利用自己在政界和警界的关系，并在众议院和参议院做了大量工作，终于取得了成功。

在“以总统颁布临时法令方式”改为“参众两院正式讨论通过后由总统签署颁布方式”的政治技巧选择上，突出地反映了威廉巫作为华人政治家的智慧。当支持和反对两方成胶着状态时，有人提出以前一方式解决争执，威廉巫表示坚决反对。他知道，根据巴西法律，若总统颁布临时法令，只要在45天内有议员联署反对，这个法令就不可能执行。所以他力主后一方式，以使“大赦”议案成为无人可以抵制的法律，结果他成功了。此外，入境日原定为2009年2月1日，后被提前到2008年10月1日，但由于威廉巫的推动，再次回归到2009年2月1日；申诉期限则由原来的15天改成60天。后一点特别显示出威廉巫对华侨华人的善意，因为对于华侨华人来说，中国离巴西太遥远，一旦证件出现问题需要申诉的话，15天时间是远远不够的。[①] 2009年7月2日，卢拉总统在“大赦议案”上正式签字。威廉巫两年多来的不懈坚持获得了成功。巴西“大赦议案”表明，华人参政不仅可以使华侨华人在政坛上有自己的代言人，而且还可以以自己的政治智慧维护华侨华人的合法权益。

华侨华人也懂得用自己的爱心和热心展示自己的公民心。比如，2011年，巴西里约热内卢山区遭遇泥石流，巴西华人文化交流协会发起了向灾区献爱心活动。许多当地华侨华人青年作为志愿者积极参与，很快就把两辆满载着大米、豆

---

① 《巴西华裔议员释大赦法案成案经过：曾陷胶着状态》，中国新闻网据巴西《南美侨报》/巴西侨网，2009年7月8日。

油、咖啡等在内的 1 000 多个“基本食品篮”和 2 400 瓶矿泉水的大货车开进了重灾区。据灾区工作人员介绍，这是他们接到的第一批来自外国侨民社团的捐助。①

巴西华侨华人也热心救助祖国发生的自然灾害。谈到这一点，2008 年对四川汶川特大地震的救援，无疑是华侨华人爱国爱乡以及两岸同胞血浓于水的有力见证。大地震发生后，中国驻圣保罗总领事馆于 5 月 14 日晚召开旅圣大陆侨团赈灾会议，通报地震灾情，商讨赈灾计划。与此同时，由巴西华侨慈善基金会召集的相同主题的会议也在举行，20 多个台湾侨团出席会议。两岸侨胞不约而同地拉开了为四川地震灾区捐款的序幕，涌现出许许多多催人泪下的感人场景。以拥有 20 多万华侨华人、号称巴西“大码头”的圣保罗为例。旅居此地的台湾侨胞响应巴西华侨慈善基金会、台湾中华会馆、台湾荣光会、华侨天主堂、巴西网球协会、国际佛光会巴西协会、巴西慈济功德会等台湾侨团的倡议，发扬中华民族“血浓于水”和“一方有难，八方支援”的传统美德，慷慨解囊，捐献爱心。在募捐活动中，不仅华侨华人纷纷捐款，许多巴西朋友也慷慨解囊，体现出他们对中国人民的深厚情谊。圣保罗周边的一个小城市，中国侨胞居住较多，他们为地震灾区捐款献爱心的行动深深地感染着该市警察局，加上居住在该市的中国侨胞经常支持当地的慈善事业，回馈当地社会，于是，在局长带领下，全体警官纷纷为中国地震灾区捐款。②

据悉，截至 6 月 20 日，中国驻圣保罗总领事馆共收到各界捐款 126.58 万巴币，折合美元 28.03 万。加上台湾侨团直接捐到四川灾区的 26 万多美元，以及国际佛光会巴西协会、巴西慈济功德会等宗教团体的善款，总金额超过 1 000 万元人民币，这是巴西华侨历史上赈灾捐款数额最多的一次，充分体现了圣保罗华侨华人的一片赤诚博爱之心。侨胞们在捐款中表现出来的诚实守信、一丝不苟的精神，是对中华民族传统美德淋漓尽致的体现。此次募捐活动，圣保罗两岸同胞有超过 100 个侨团和上万人参与，上至 90 多岁老人，下至 3 岁儿童，还有无数巴西民众慷慨解囊，热诚捐助。灾难面前，不仅再现了中华民族的同胞情谊，也展现了中巴人民的深厚友谊。因此，《南美侨报》在 6 月 28 日以一个半版的篇幅，详细生动地报道了巴西圣保罗华侨华人为四川地震捐款的事迹。③

2012 年是华侨华人抵达巴西 200 周年。200 周年自然属于特大庆祝之年。早在 1992 年即第一批华人移居巴西 180 周年时，圣保罗议会特通过决议将每年的

---

① 《200 年沉浮：巴西华人的困扰》，《人民日报》（海外版），2012 年 3 月 2 日。

② 中国驻圣保罗总领事馆领事常雁，该报驻巴西记者张新生：《在巴西华人华侨史上写下浓重的一笔——圣保罗捐助四川地震灾区侧记》，《科技日报》，2008 年 6 月 21 日。

③ 《圣保罗华侨华人倾情助四川灾区，华文报整版报道》，中国侨网据巴西侨网，2008 年 6 月 28 日。

10月7日定为“中国移民日”。200周年的“大庆”程度无疑高得多了，巴西会有更大动作吗？巴西华侨华人在期待。实际上，不管有没有新的“重大动作”，巴西政府和人民多年来对华侨华人的善待以及对华侨华人历史贡献的权威性表彰，早已胜过了多个“重大动作”。在2012年农历新年来临之际，巴西现任总统迪尔玛·罗塞夫就致信巴西利亚华人华侨协会会长顾杭沪，通过他向所有生活在巴西的华侨华人转达春节祝福。巴西前总统卢拉、参议院议长萨尔内、总统府秘书长卡瓦略和科技部长梅尔卡丹特也给顾杭沪发来春节贺信。罗塞夫在信中说，自19世纪第一个中国移民抵达里约热内卢后，巴中两国人民就开始在巴西一起生活。这种共存标志着两国之间的相互尊重，巴西人民对中国人民为巴西发展作出的贡献心怀感激。她还说，中国文化和习俗在巴西民间有着很大的影响力，比如圣保罗东方街的中国新年庆祝活动已成为世界华人大型庆典之一。[①]

第二节　林林总总的巴西各类型华侨华人社团

巴西国土大，华侨华人众多，所从事的行业广泛，因而社团数目多，类别也多。可以说，巴西的社团类别在拉丁产美洲各国中是最多、最齐全的。早些年，巴西各类别的全国性或地方性华侨华人社团已经达到100多个，[②] 相信今天其数目和类型只会增加不会减少。要将其一一罗列并加以阐析是不可能的，这里只对目前所看到的若干重要社团作一简要的归类分析。

一、综合性社团

巴西华人协会是个新兴的综合性全侨社团，成立于1980年10月10日，是圣保罗成立时间较早的华侨华人侨团，也是巴西最大的华侨华人社团。现有40多个团体会员，堪称当地侨社的龙头。首任会长为老侨领杨绍文，现会长为李少玉。该社团1983年就购置了会所，会址就在华侨华人聚居最集中的全国工商业中心圣保罗市，另在巴拉那等地设有分会。每两年举行一次换届选举，会长只能连任两届。协会之下，设有5个组，分理协会各项工作。协会运作所需费用均出自华侨华人捐助。此外还有诸多会务方面的工作，如出版会刊等，同时还接待来自中国访巴团组等。

---

① 《巴西总统及多名政要向巴西华人华侨祝贺春节》，中国新闻网，2012年1月21日。
② 国务院侨办干部学校编著：《华侨华人概述》，北京：九州出版社2005年版，第145页。

协会的宗旨是：团结华侨华人，联络广大侨胞的感情和乡谊，为华侨华人社会谋利益。纵观协会的活动，可概括为三大方面：

其一，为当地的经济发展、社会进步贡献力量，增进华侨华人的团结，融入当地社会，维护华人合法权益，促进社团的革新和华侨华人社会风尚的改善，树立和改善华人形象。华人协会的主要工作均是围绕这些方面展开的。具体说来，就是要为侨胞排忧解难，使他们了解巴西法律，遵纪守法，尽量减少经商和生活中的损失。还要让广大侨胞解决温饱问题的同时，增加自己的收益。

因此，协会针对华侨华人工作生活中遇到的法律问题，经常举办法律、经贸等方面的咨询服务，开展答疑解惑活动。例如，聘请华裔律师，可供咨询有关房屋租售、劳工雇用、商业发票等法律问题；邀请投资管理顾问举办投资理财讲座，让侨胞学会投资理财，实现财富增值；邀请巴西联邦国税局指定报关经纪人举办贸易报关、税务法律知识讲座，讲解简单报关权、订货报关权及普通报关权等基本进口报关定义，购货程序、形式发票、进口申请、报关行检验、发票名称、缴纳罚款、验查货品及进口许可证等进出口步骤等。这些实实在在的为侨服务活动，受到侨胞热烈欢迎。

2008 年初开始，巴西华人协会筹备创建了协会网站。该网站设有介绍巴西国情、展示协会重要活动、医疗法律咨询、回顾协会历史、协会活动预告等栏目，将全面展现巴西华人协会的主要工作，反映侨胞的工作和业余生活情况。①

其二是开展华文教育。协会每周两天开设中华文化学习班，主要教授华文，分粤语班和普通话班，学生多为华人子女，亦有若干当地人参加，教师均为义务教学。

其三是开展妇幼保健、安排老华人晚年生活。如设立老人院，定期为老华人检查身体，举办专家保健讲座和义诊活动，开展敬老活动等。在这方面，最引人注目的莫过于协会里的康乐组，负责举办文娱、体育等活动，最受华侨华人欢迎。逢年过节，康乐组都举行盛大庆祝活动，表演具有中国特色的民族舞蹈、粤剧（巴西华人多祖籍广东四邑）清唱、京剧清唱、苏州评弹等，并放映中国电影，举行各类球赛等。另协会还有青年舞蹈团，每年都应邀参加圣保罗移民节，表演中国舞蹈。这一项涉及所有会员的福利，是协会的常态性工作。

值得注意的是协会工作的规范化，笔者看到一份第十四届巴西华人协会理监事 2006 年就职后制定的每周固定活动安排，包括：每周一下午 3：00—5：30（电话预约）进行法律服务，由律师解答侨胞们的问题；每周六下午 2：00—5：30（电话预约）进行医疗服务，由华人医生接待患者；每周日上午 9：00—

① 《巴西华人协会网站正式开通，孙荣茂总领事致贺词》，中国侨网据巴西侨网，2008 年 3 月 17 日。

下午1：00进行中文教学；每周六、周日授葡文课；每周日下午3：00—6：00授气功培训、太极拳课；每周一晚羽毛球队训练；每周两次篮球队活动；每周日下午4：00华人协会合唱团在南美侨报社活动，由专业老师教授声乐技巧和练习合唱；各种棋类游艺、乒乓球训练、图书阅览、收看中央电视台节目等全天向侨胞开放；华人协会成员凭会员证可前往华协借阅图书。[①] 这还是笔者看到的第一份规范化的华侨华人社团日程表，殊为难得。

华人协会也积极支持祖国的重大活动。例如，北京赢得奥运主办权后，北京市政府于2003年决定将总造价一亿美元的北京奥运三大标志性建筑之一——国家游泳中心“水立方”交由港、澳、台和海外华侨华人捐资建设。巴西华人协会以及各侨团联合发起了“心系奥运，援建水立方”的捐款活动。组织者提出“钱不在多少，重在参与”的口号，并印制了捐款券6 300张，其中面值100美元的300张，面值50黑奥的2 000张，面值25黑奥的4 000张，捐款券分送各侨团，侨胞们可向各侨团直接认购。[②] 在捐款者中，有上至八旬的老人，有还未出世的婴孩（由妈妈代劳），还有不少是收入有限的退休人员，更有一些不愿透露自己姓名的“无名氏”。他们不图名誉，只希望通过捐款共同参与北京奥运会场馆的建设，共享筹办奥运的殊荣。[③] 2008年8月8日，作为中国政府特别邀请的400多名海外华侨华人代表之一，巴西华人协会会长吴耀宙参加了北京奥运开幕式观礼，亲眼见证中国人圆梦百年奥运。正如他所说，这不仅仅是他个人的光荣，也是全体巴西华人华侨的光荣。[④]

关于巴西华人协会多年来的工作成就，中国驻巴西大使陈笃庆2007年2月5日在与理监事们座谈时曾说过，巴西华人协会是不分宗教、不分地域、代表性最广的圣保罗最大的华人组织，随着华人协会的不断壮大，巴西华人协会已成为爱国侨团的中坚力量。它成立20多年来在团结华人、帮助侨胞扎根巴西、促进中巴两国人民友谊，以及维护祖国统一等方面做了很多工作。[⑤] 与此同时，陈笃庆还希望华人协会今后还要“增加”一项工作，那就是要大力推动华裔青年参政，把更多的华人后代送上巴西各级政坛。实际上，这项要“增加”的工作，是所有华侨华人社团的弱项，也是巴西华侨华人今后重要的努力方向。现在，各大社团已经将之提上重要议事日程。

---

① 《巴西华人协会公布日常服务项目，盼侨胞善加利用》，中国侨网，2007年6月10日。
② 《心系北京奥运，巴西华人发起捐款援建“水立方”》，中国侨网，2007年1月24日。
③ 《500多巴西华侨为“水立方”捐款》，暨南大学图书馆网站，2007年4月19日。
④ 《巴西华人协会会长吴耀宙：奥运开幕观礼终生难忘》，中国侨网，2008年8月13日。
⑤ 《中国大使鼓励巴西华人协会积极推动华裔青年参政》，中国新闻网，2007年2月6日。

二、商业社团

今天，中巴两国已成为东西半球最大的发展中国家，也同为“金砖五国”。巴西资源丰富、两国贸易互补性强、市场广阔、商机无限，因此最近20多年来成立的华侨华人商业社团不少，且十分活跃。这里择所知者，按照成立时间先后作一简要梳理和浅析。

巴中工商总会于1986年12月7日成立，是一个非营利性社会团体。当时，唐凯千（亦称查尔斯·唐，后任巴中工商总会会长）前往北京与中国副总理吴学谦会面，双方取得共识，要在巴西建立一个能促进两国贸易而非营性利的组织，遂有该协会的成立。它的宗旨是促进巴中两国的商贸、文化和企业集团之间的交流和往来。商会的业务是为中巴两国政府代表团和企业集团的互访提供服务，为有意进入巴西市场的中国厂商和进入中国的巴西企业提供商展机会。商会每年都邀请多家中国代表团访问巴西，并多次组织巴西厂商访问中国，为巴中两国在政治、经济、文化等领域的交流与合作做了许多有益的工作。商会自成立以来，得到了巴中两国领导人的大力支持，在巴西政界和商界有良好的信誉和广泛的关系。江泽民等中国领导人曾亲笔为该会题字，巴西总统费尔南多·卡多佐是该商会的荣誉创始人。商会不仅在巴西13个州有分会，还在南美的智利、阿根廷、秘鲁等国建立了分会，[①] 同时在北京设有代表处，在广州、青岛等城市有专聘联络人员。

唐凯千博士祖籍无锡，从小就与父母到了巴西，经过几十年的拼搏已有所成，曾就读美国康奈尔大学、法国巴黎第五大学，曾任里约马球会会长、巴西贸易公司亚洲技术公司董事长、纽约大中国公司咨询顾问。20世纪70年代与巴西石油公司合作开发海洋石油获得巨大成功，创建了拥有开采、服务、运输、咨询、进出口等七大公司的海洋石油开发集团。20世纪80年代以来，他致力于巴中经济贸易合作和科技文化交流，还担任青岛双星集团顾问、吉林省政府经济顾问。中国党和国家领导人访问巴西时曾多次会见过他。他和巴中贸促会联系密切，为促进中国和巴西民间的经贸合作交流作出了很大的努力。[②] 2006年12月巴中工商总会举行了庆祝成立20周年酒会时，唐凯千宣布，为了适应中巴贸易的发展趋势，更好地为中巴企业提供服务，巴中工商总会从即日起成立法律委员

① 《巴西巴中工商总会会长在侨务人员陪同下考察无锡》，网易（来源：中国新闻网），2009年9月16日。
② 《天津政协副主席赴巴西拜谒巴中工商总会会长》，网易（来源：中国新闻网），2011年9月13日。

会、后勤委员会和农业贸易委员会。①

巴西—中国经济贸易促进会成立于2001年，是一个以促进巴中两国经济、贸易、文化交流，服务于两岸人民为主旨的民间经贸组织。该会主要由旅巴华侨华人组成，他们中包括政界、商界、文化艺术界人士和与中国友好的巴西各界人士。该会在巴西联邦共和国议会（首都巴西利亚）设有办事机构。该会的主要任务是：通过建立商业网络，组织巴中双方的交换项目，本着平等、互利、互惠的原则帮助中国各省市拓展海外市场，发展民间贸易，同时在招商引资方面提供可靠帮助。该会在巴西和中国都设有办事机构，与巴西20多个主要行业协会有着良好的合作关系，为中巴企业开拓市场、招商引资、投资建厂、提供法律、会计、咨询、仲裁、调查等服务。② 据称，该会还可以为来巴西进行贸易洽谈的各界人士办理商务和工作签证，安排其在巴西期间的一切考察活动。

巴中贸促会也积极为华侨华人排忧解难。如针对越来越多的不良警察敲诈华商事件，2010年7月20日中午，该会会长吴耀宙邀请费尔南多·卡佩斯州议员在贸促会本部举行座谈，商议对策。费尔南多·卡佩斯议员曾任州检察官，任议员期间主要负责法治和社会治安，以坚持正义著称。座谈中，吴会长向议员反映了华商被不良警员以各种借口进行敲诈，以及华商不堪交付保护费而怨声载道的情况。他认为，有很多外国人包括中国人来巴西投资，如果不解决敲诈勒索问题，将有损圣保罗的声誉、巴西的形象，妨碍吸引外资。最后他向卡佩斯议员建议：安排时间到华人集中经商的25街实地走访，亲自听一下侨商们的反映，更多地掌握实际情况。③

巴西中华总商会（Brazil Chinese General Chamber of Commerce）是2004年5月6日晚在圣保罗正式宣布成立的。世界杰出华人奖得主、香港新丽宝集团总裁施华民被推举为首届会长。总商会的最高权力机构为董事会，下设工商、财务、总务、联络、福利、文宣六个职能委员会。总商会会员分普通会员和永久会员。④

巴西绝大多数华侨华人都在圣保罗、里约热内卢和巴西利亚开店经商。许多年来，侨胞一直希望能成立自己的商会，但议论多年，仍是纸上谈兵。2004年，巴西有关部门展开历年来声势最大的打假缉私活动，圣保罗市25街一带的华人商店，不管经营合法与否，都受到不同程度的冲击。华侨华人的利益首先要靠自己团结起来共同维护。于是，中国驻圣保罗总领事馆倡导华侨华人尽快成立商

---

① 《巴中工商总会庆祝成立20周年，表彰中国驻巴大使》，中国侨网据巴西侨网，2006年12月10日。

② 《巴西中国经济贸易促进会举行成立10周年庆典》，中国新闻网，2011年8月9日。

③ 《巴西华商遭警察敲诈案渐增，华社邀议员座谈盼解决》，中国新闻网据巴西《南美侨报》/巴西侨网，2010年7月22日。

④ 据巴西中华总商会网页“巴西中华总商会概况”，2006年。

会。于是，侨界积极行动起来，各侨团纷纷推荐代表参与筹划，25 街一带的商家更是踊跃加入。经巴西 10 多个社团积极响应，遂组建了巴西中华总商会。[①] 该商会成立后的第一件事，就是发起对巴西社会的慈善救济活动。商会呼吁侨胞把家中多余的衣服、物品捐送给贫穷的民众。这项活动得到了很多华商的大力支持，因而提高了商会在巴西社会的影响，塑造了华人的良好形象。[②]

巴西中华总商会的宗旨和目标是：为侨胞提供商贸信息、法律咨询及各种便利，维护侨胞合法权益；提供中巴外贸政策介绍和宣传，协助开拓中巴经贸合作；促进中巴贸易，协助展销活动及中巴商团互访，做好商贸中介服务；协调处理侨胞之间商务纠纷，增进侨胞之间的团结互助和共同发展。商会的主要工作内容是：推动各类经贸活动，增进世界各地华商的交流与合作；促进人才和技术的交流与合作；编印会刊，设置网络，提供各类经贸资讯；承担商贸咨询及招商引资、投资中介服务；协助会员开拓市场，增进营商机会；为会员谋求福利并维护其正当、合法权益。[③]

巴西中华总商会成立时间虽短，但影响逐步扩大，很快就成为巴西华侨华人社团中最大的社会团体组织之一，逐步与世界众多国家和地区的工商团体、企业组织和商界人士建立了广泛联系。总商会在香港、上海等地设有办事处。2005 年 5 月 21 日至 2005 年 6 月 4 日，为推动中巴两国经济、科技、文化等领域的合作与交流，加深巴西政界和华侨华人对中国的进一步了解，该总商会组团来中国进行为期 15 天的商务考察活动。考察团由施华民任团长，特邀圣保罗市华人议员威廉巫先生、圣保罗州法院法官塞萨・桑托斯・贝少多、圣保罗州公共安全厅市中心地区警局总长马里奥・若尔德昂・多雷托・雷米等人为考察团名誉顾问，巴西广东同乡总会永远名誉会长、巴西中华总商会顾问苏均亮夫妇，巴西中华总商会监事长、巴西华人协会常务副会长、圣保罗市议员秘书李少玉女士，巴西中华总商会副会长兼秘书长、巴西华人协会副会长姚珍珍女士等商会其他成员共 14 人前来中国考察。此次考察活动途经北京、天津、杭州、深圳、广州、河源、香港等地。[④]

巴西中华总商会自成立以来，一直把融入巴西主流社会、促进中巴双方了解和合作作为重要工作之一。如 2006 年 12 月 6 日，中华总商会和位于巴西米纳斯州的 ITAJUBA 联邦大学在中华总商会会址联合举办“相遇中国”研讨会。此次研讨会的主题是“中国和经济发展：增长、机会、挑战和前景”。在研讨会上，

---

① 谢铃生：《巴西中华总商会》，《华人世界》2006 年第 6 期。

② 《巴西中华总商会成立并发起慈善活动》，中国侨网，2004 年 5 月 9 日。

③ 谢铃生：《巴西中华总商会》，《华人世界》2006 年第 6 期。

④ 谢铃生：《巴西中华总商会》，《华人世界》2006 年第 6 期。

巴西中华总商会会长特别助理周世秀教授作了《中国改革开放成就和中巴战略伙伴关系重要性》的报告。报告采取比较手法，对照改革开放前夕和今日中国的经济数字，使到会师生强烈感受到中国改革开放以来的巨大变化。①

巴西中华总商会与政界保持着良好关系。例如，2008 年 8 月 22 日下午，巴西圣保罗市议会在市议员米莲（MYRYAN ATHIE）参观访问了巴西中华总商会，受到施华民会长等人的热情接待，随后双方对今后加强商会以及华人侨社与圣保罗市议会的交流与合作交换了意见。夏敏平副会长提出了在圣保罗建立工业园的设想，希望得到市议会和市政府的支持，同时也希望米莲市议员在协助华人合法经营方面能给予更多的帮助。米莲表示在市会里有更多的关心华人的议员才能有利于维护华人的权益。她表示，她的办公室从今起开设一个为华人服务的窗口，华人有任何的困难和问题都可通过华人助手处理和解决。②

不管在香港，还是在大陆，施华民都是一位成功的商人。他生长在福建晋江市，1978 年到香港定居，1980 年开始创业，如今是新丽宝集团公司的总裁。1997 年，施华民拓展巴西市场，在巴西设立了两家进出口公司。他热心于公益事业，每年都向香港和大陆慷慨捐资，至 2006 年粗略统计，已为社会各界捐资逾千万元。2000 年，他荣获香港保良局慈善大使称号，2004 年，获世界杰出华人奖。作为巴西中华总商会创会会长（连任两届），他还担任中国国际贸易促进委员会中国对外贸易理事会副理事长、香港福建同乡会永远名誉会长、香港福建体育会永远名誉会长、香港浔联同乡联谊会创会会长、巴西华人协会荣誉会长、南美洲闽南同乡联谊总会永远荣誉会长等 30 多个社团职衔，并荣获一所大学的名誉博士称号。他认为，中国商会要想日后在巴西发展壮大，并成为较有影响力的华人组织，在巴西树立中国人的良好形象并与巴西社会沟通是很重要的，慈善事业就是沟通巴西社会的最直接渠道。③ 经圣保罗市议会议员米莲提出提案，2008 年 8 月 19 日，拉丁美洲最大的市议会——圣保罗市议会授予施华民“圣保罗荣誉市民”称号（圣保罗市是巴西以及拉丁美洲最大的市议会，普通的议会提案只要 2/3 的议员举手就可通过，荣誉市民提案要 55 位议员一致通过才能生效）。这个荣誉是无数圣保罗杰出人士梦寐以求的，现在授予施华民，不仅是对他个人成绩的表彰，也代表着对居住在圣保罗市的全体中国移民的敬重。④

巴西广东工商文化总会成立于 2004 年。该总会成立后，先后开展建立会馆、

---

① 《巴西中华总商会与当地大学办“相遇中国”研讨会》，中国侨网据《华声报》圣保罗消息，2006 年 12 月 9 日。

② 《圣保罗市议员访巴西中华总商会，盼增进交流合作》，中国新闻网，2008 年 8 月 24 日。

③ 谢铃生：《巴西中华总商会》，《华人世界》2006 年第 6 期。

④ 《巴西中华总商会会长施华民荣获“圣保罗荣誉市民”称号》，巴西侨网，2008 年 8 月 21 日。

举办中国文化周、参加大平原市嘉年华表演、举办广东与巴西大型经贸洽谈会、支持华裔参政等重要活动，为促进中巴两国经贸合作和加强两国文化交流做了许多卓有成效的工作。①

顾名思义，该会既事“工商”，也事“文化”，这应是该会的一大特点。它经常举办活动，促进华侨华人在居住地更好地生存与发展。例如在 2005 年 11 月 15 日总会组织的巴西华裔青少年联谊活动上，该会梅会长说，这次组织巴西华裔青少年联谊活动有三个目的：一是让年轻人能更多地了解中国文化，以自己为中国人、龙的传人而自豪；二是挖掘华裔青少年人才，鼓励他们积极参政，打入巴西主流社会，未来是属于这些年轻人的，希望日后能培养出更多的华裔市议员、州议员，甚至州长、总统；三是加强华裔青少年之间的来往与接触。②

巴西广州企业协会成立于 2005 年 1 月 25 日，由旅居巴西的广州籍侨胞创建，会长是宋远雄。其时在巴西圣保罗的 FOGO DOS PAMPAS 烤肉店举行了成立典礼，出席庆典的人员达 300 多人，中国广东省、广州市政府，巴西政要，中国驻巴西圣保罗总领事馆等出席庆典或发贺电贺信祝贺。该协会的宗旨是：爱国爱乡，坚决支持祖国的统一大业，坚决反对“台独”；团结各侨社、侨团共同做好侨务工作，为促进中巴经贸发展作贡献；尽力帮助广州籍的侨胞发展事业、企业，增进广州籍侨胞的友谊和交流，丰富广州籍侨胞的精神生活。该会自成立以来，结交了不少巴西政界、商界及媒体朋友，在促进中巴贸易和文化交流、加深两国的相互了解等方面做了大量工作。

巴西广州企业家协会的成立是有现实背景的。2006 年 4 月 30 日上午监事长曾百阳在广州侨办说，巴西圣保罗市现有华侨华人 10 万多人，粤籍乡亲占有相当比例。祖国 20 多年来经济的飞速发展，尤其是珠江三角洲地区迅速而持续的崛起，让旅居巴西的粤籍乡亲，特别是祖籍广州或曾在广州生活和工作过的乡亲感悟到中国和巴西之间存在着广阔的经贸交流与合作空间，而他们本身又具备人脉方面的优势。故 2004 年决定成立巴西广州企业家协会，以推动巴西圣保罗市与广州市的经贸关系。③

该会自成立以来，对中巴两国经贸文化的往来作出了不少贡献，同时也帮助不少本会会员发展了事业。例如，积极促进中巴两国企业家交流，率领巴西企业家代表团到珠江三角洲考察访问，先后组织安排巴西著名的 SBT 电视台、旗士电视台，以及著名女主播安娜保拉到中国采访，成功报道了中国改革开放成就和风

---

① 《共商会务，巴西广东工商文化总会办工作会庆新年》，中国新闻网，2007 年 1 月 22 日。

② 《巴西广东工商总会为华裔青少年组织联谊活动》，中国侨网，2005 年 11 月 17 日。

③ 《巴西广州企业家协会访穗 冀加强与家乡经贸往来》，中国侨网据《华声报》广州消息，2006 年 5 月 5 日。

土人情，使巴西民众对中国有了一个正确的认识和更深入的了解。特别值得一提的是，通过该会牵线搭桥，广东著名品牌摩托车厂已落户巴西。[①] 从该会的网站来看，该会与广州市的政府官员以及企业的来往、互动比较频繁。

圣保罗鸡业总公会是经营杀鸡店的圣保罗市华人店主在2006年6月21日晚举行紧急会议后成立的（据说圣保罗有1 500家杀鸡店）。这次会议是杀鸡店主为了应对巴西圣保罗州颁布法令取缔和关闭杀鸡店事件，维护自身经营和生活权益而召开的。当时到场的代表达100多人。据悉，到场人数剧增的原因是圣保罗卫星城圣伯那多等市的杀鸡店主担心圣保罗市取缔杀鸡店后，其他卫星城市也纷纷效仿，于是赶来参加会议，要求成立圣保罗鸡业总公会。当天原本会议日程是召开鸡业公会成立筹备会，因为情势紧急而决定改为直接成立圣保罗鸡业总公会。会上选出巴西人路易斯为总公会会长，华人店主代表林家富被选为第一副会长。

据林家富说，当晚参加鸡业总公会成立大会的华人店主达60多位，会议作出两项决议：一是推荐代表会晤市长，向市长提出给店家一到两年改行转业的时间；二是拜会华人市议员威廉巫，希望他为圣保罗鸡业向市政府提出议案，妥善解决店家当前的处境和困难。当晚华人店主推选出了理监事参与鸡业总公会工作，圣保罗市东南西北和市中心五个区，每个区都有一至三位华人理监事，负责联系区内的华人店家。当天晚上，巴西华人协会常务副会长李少玉、圣保罗州议员代表李国权参加了鸡业总公会成立大会，并指导协助公会工作。[②]

巴西华人工商联合会成立于2007年12月，以服务和团结侨商、为会员排忧解难、解决华商之间纠纷并依法保护华商合法权益为宗旨。该会还致力于开展慈善事业，增进华商与巴西人民友谊，大力推动中巴经贸交流与合作。中国驻圣保罗副总领事边春刚在2011年3月12日晚第二届就职典礼上的致辞时特别提到，巴西华人工商会成立3年来，为圣保罗25街一带的华商提供了很多法律和维权方面的服务，每当25街店家发生被查抄等事情时，工商会领导或律师都会前往了解情况，协助华商应对和解决问题。[③]

这里顺便指出，所谓25街店家发生被查抄事件，是指巴西司法部门每年都对华人集中的25街一带所展开的针对假冒名牌产品的大查抄行动。查抄行动一般是巴西司法部门根据某名牌公司的举报进行。查抄时，稽查人员手执法院的判令和被稽查的店家名单，凡上了名单的店主，需守在门前等候呼叫名字，然后进入大楼打开店门接受稽查，如果有店主不肯出面，则可能被撬门强行检查。以

① 《巴西广州企业家协会举行第三届理监事就职典礼》，中国侨网，2010年3月24日。

② 《巴西华人店主倡导成立鸡业总公会，争取经营权力》，中国侨网据《华声报》圣保罗消息，2006年6月23日。

③ 《巴西华人工商会理监事就职，驻圣保罗副总领事出席》，中国新闻网，2011年3月15日。

2007 年 4 月 3 日的行动为例，当时巴西司法部门在军警的配合下查抄了巴西圣保罗最大的华人商业大厦 25 街购物中心。据巴西媒体报道，在这次大规模行动中，共有近 50 个店家被查抄，收缴的 DIESEL 、PUMA 标牌的仿冒鞋子、汗衫等假冒商品共装了三大卡车，价值上百万美元，其中 6 人因犯有破坏公物、不尊重警察及谎报情报罪被拘留。圣保罗市中心百货集散地就是华人最大商厦 25 街购物中心。该购物中心有近 300 个华人店家。由于事先没有通知，当数百家华人店主得知商厦被封，很多不做假冒名牌的店主担心店里钱柜放的支票、现金、账单受损，曾与守卫在门口的军警发生了冲突。事件发生后，圣保罗总领事馆立即派于晓领事前往了解情况，经过交涉，警方终于同意华商派出代表进入商厦，以见证查抄行动，减少查抄过程中的黑箱作业。事后，圣保罗总领事馆再次呼吁华侨华人要遵纪守法、合法经营，以避免经济损失，树立自己的良好形象。① 同年 10 月 2 日，巴西司法部门稽查人员又封锁了圣保罗华人经商集中的 25 街购物中心，并对该华商购物中心进行缉私行动，没收了一批仿冒商品。这次稽查行动比较正规，凡是伪冒名牌皆被抄走，其他货物放行，整个查抄行动中比较平和，没有发生肢体冲突。当天下午 3 点多，该购物中心恢复了营业。② 从后一次查抄行动来看，圣保罗总领事馆和包括巴西华人工商联合会在内的当地华侨华人团体所进行的维权行动还是有成效的，华侨华人店家在维权时也表现得更有理性。

巴西巴中商贸仲裁总会于 2007 年 8 月 31 日成立。它是经过近两年筹备，在正式取得里约热内卢市政府颁发的“社会团体法人登记证书”后宣告正式成立的。值得注意的是，巴西总统卢拉委托总统办公室特别助理为该会发来贺信，给该会的诞生增添了光彩。首任会长季友艺在成立大会上表示要从各个方面开展商会工作，实践服务巴西、服务华商、服务会员的办会宗旨。他还说，该会宗旨是为维护华商在巴西的合法权益，提供各项税务法律等方面的咨询服务。它将为团结广大华商合法经商、构建和谐的经商环境发挥作用。

按照中国驻里约总领事馆代表蔡主任在成立大会上的说法，巴西巴中商贸仲裁总会是“巴西第一个旨在促进巴中贸易发展，维护华商权益的华人社团”。它是一个代表在巴西华商利益的中介组织，其宗旨在于促进巴中贸易发展，维护在巴华商权益，对内解决发展环境和竞争秩序问题，对外解决贸易摩擦和法律纠纷

---

① 《巴西 50 家华人商店被查抄，华商与军警对峙》，中国新闻网，2007 年 4 月 4 日；《巴西华人商店被查抄》，《华夏时报》，2007 年 4 月 5 日。

② 《巴西圣保罗查抄华人商铺假冒名牌商品，行动平和》，网易（来源：中国新闻网），2007 年 10 月 5 日。

等问题，引导巴西华商良性发展。①

巴西中国浙江青年商会（也称“巴西中国浙江商会”）于2009年11月8日在里约热内卢成立，其时巴西侨界200多名代表出席了成立仪式。首届会长张江欧在致辞时说，巴西中国浙江青年商会是旅居巴西的浙江青年自发组成的综合性商会，其分会遍布巴西各州，成员覆盖多个商业领域。② 值得注意的是，该会在巴西各州都有“分会会长”。张江欧本人出国前曾是一名中国军人，1983年入伍，服役于江苏武警总队。1998年来到巴西，经过10余年的打拼，在里约热内卢开创了一片新的天地。该商会已在中国许多省市、自治区建立了广泛的沟通渠道，与祖国有着紧密的商贸关系。

巴西中国浙江商会也举办文化活动。例如2010年5月8日晚，该会在巴西里约中国城隆重举行“母亲，谢谢您”主题招待会。中国驻巴西里约热内卢李宝钧总领事偕夫人、中国驻巴西里约热内卢李春梅副总领事应邀参加，与里约热内卢侨胞的母亲们、巴西中国浙江商会全体理监事相聚一堂，共同庆祝这一伟大而崇高的节日。招待会在轻松愉快的歌舞声中进行，使整个母亲节招待会洋溢在感恩之情、母亲之爱的康乃馨芳香之中。李宝钧总领事还唱了一曲京剧《打登州》，打动了在场的每一位母亲，赢得了阵阵掌声。③

巴西（南美）潮汕总商会于2011年11月6日成立。其成立暨第一届理监事就职典礼于当天下午在PULLLMAN酒店举行，中国驻圣保罗副总领事王峰以及部分侨团的侨领前往祝贺并观礼。中国国务院侨务办公室、汕头市政府等国内14家机构发来贺电。首届会长是黄雄。④

巴中国际总商会是2011年11月12日成立的非营利性机构。它是在林炳银的大力倡导和组织下，在巴西政府和各界人士的关心和支持下，为落实商会有关“走出去、请进来”的发展战略而成立的，是一个为巴中两国经济发展牵线搭桥的商会组织。其成立暨第一届理监事就职典礼晚会在圣保罗西湖酒家举行，中国驻圣保罗总领事孙荣茂、巴西联邦最高法院院长彼德曼尼及其他政要、各侨团侨领200多人出席了当天活动。值得注意的是，该会聘请了巴西前总统卢拉为名誉会长，因卢拉生病不能出席会议，由他的哥哥杰尼瓦代表卢拉接受了名誉会长的聘书。他在会上致辞，相信商会的成立将进一步加强两国企业家在经贸方面的更

---

① 《促中巴贸易发展，巴西巴中商贸仲裁总会宣布成立》，法治网（来源：中国新闻网），2007年9月12日。

② 《巴西浙江青年商会在里约成立，张江欧当选主席》，厦门侨务网，2009年11月9日。

③ 《巴西中国浙江商会母亲节招待会，李宝钧总领事出席》，网易（来源：中国新闻网），2010年5月11日。

④ 《巴西（南美）潮汕总商会成立理监事就职》，巴西侨网，2011年11月7日。

多领域进行更深层次的合作，以实现互利互惠下的双赢，拓展巴西与中国经贸交流的新局面。[1] 按照会长林炳银的说法，巴中国际总商会的业务范围包括：组织巴中两国政府专业机构为经济发展提供专业服务；提供人力资源支持，协助举办培训和论坛研讨活动，协助了解有关国家的政治、经济、法律、历史、现状、文化和人文传统等；为企业开拓巴西和海外市场提供环球财经、法律、科技、社会等及时的信息服务，包括市场行业竞争信息和危机预警信息；协助商会会员与各国商会和行业、企业组织建立联系，组织会员参与各种国际商业活动，促进国际投资与合作；开展对传媒机构的公共关系工作，树立巴西企业和中国企业的良好信誉形象；增进会员之间的交流合作，建立商务信息交流平台，促进会员间的优势互补；维护会员在巴西和海外的权益，协助会员不断提升社会地位；协助会员所在州、市和地方政府在巴西的事务，负责招商引资和培训考察等。[2] 从以上信息可以看出，巴中国际总商会的业务范围十分广泛，包括巴中交往的大部分领域。除了例行的商贸活动外，特别值得注意的是，该商会提出要开展传媒机构的公共关系和商务信息交流平台方面的工作。

巴西华侨华人商业社团众多，以上所举，只是其中一部分。它们都是以中国大陆新移民为骨干的商会，其活动不仅包括商务性的活动，还包括帮助华侨华人维护社会治安、开展文化活动等多个方面。这说明了巴西商业社团打破行业界限勇于为华侨华人谋福祉的高尚境界，实际上也反映了它们的社会影响和在华侨华人中的威望。

三、同乡会

同乡会属于地缘性社团。“乡”是指祖籍地，范围可大可小，大到中国一个大地区，小至一邑，皆可称之为“乡”。至于以多大范围作为同乡会的基本单位，则视华侨华人居住地人数多少和业务需要而定。另外，同乡会出现的历史很早，在巴西也应如是，但迄今尚难考实该国最早出现同乡会的时间和名称。总的来说，各个同乡会的成立有助于联络侨胞的亲情乡谊，增进团结和互助，并丰富乡亲们的业余文化生活。

2002 年 12 月 8 日在圣保罗宣布成立的旅居巴西的“中国大西南侨胞同乡总会”应是目前可看到的地缘范围最大的同乡会组织。中国驻圣保罗总领事沈庆以及侨团的侨领侨贤等 200 多人聚集一堂，参加了成立大会。中国的大西南，包括

① 《巴中国际总商会成立　巴西前总统卢拉任名誉会长》，巴西侨网，2011 年 11 月 19 日。

② 《巴中国际总商会日前在圣保罗成立》，南美新闻网，2011 年 11 月 2 日。

了云南、贵州、四川、广西、重庆五省市，是一个十分广袤的地理区域。以这样一个大区域作为一个同乡会单位，在世界华侨华人的同乡会中恐怕不多见。这一方面固然反映了居住在巴西的中国西南各省籍同胞比较少，但另一方面也反映了各省籍同胞渴盼团结、扭成一股绳的愿望。因此，这个同乡会的领导班子便由各省侨领组成。罗大诚为首届总会会长，雷滨为总秘书长，蔡中立为总监事长，雷向东为常务副总秘书长，庄云南、谢福林、林有才、蒋早胜、杨莉为副总秘书长（此五人分别兼任云南、贵州、四川、广西、重庆的会长），蒋芳珍为副总监事长。会长表示，今后的工作目标主要有两个方面：一是加强同乡间的互助合作，加强与世界各地的乡亲和台湾地区的乡亲联系，响应中国政府的号召，鼓励乡亲投资开发家乡大西南；二是要把该会建成一个“反独促统”的组织，为中国的统一大业贡献力量。①

该同乡会的一个特点是积极支持华人参政议政。2008 年 8 月，李少玉、汤巍参选圣保罗市议员。巴西大西南同乡总会认为，这是巴西侨界的一件大事，应该积极支持，让他们两人都能选上，让圣保罗政坛多一些华侨华人的声音，以便更好地维护华侨华人的利益，也可以整体地提高华人的形象，带动更多的华人参政议政，甚至为华人在政府部门中创造机会担任更多重要职务。

巴西广东同乡总会是巴西最大、最重要的粤籍侨团，也是巴西最大的华人社团之一，现有 3 000 多名会员，② 遍布巴西全国各地，已成为华人社区的中坚力量。它成立于 1993 年 5 月，位于巴西圣保罗市中心的自由区。永久名誉会长为苏均亮。该会自成立以来，以“立会为公，工作为侨，以人为本，服务侨胞”为宗旨，广泛团结在巴西的粤籍乡亲。近几年来，该会积极为青年侨胞服务，开展文化、教育和娱乐活动。原先总会的四楼有文化娱乐大厅，后扩建，于 2007 年 1 月 15 日竣工正式投入启用。③

巴西现有祖籍广东的华侨华人 8 万多人，经济实力强大。应该特别指出的是，该会自成立以来，不断吸收新鲜血液入会，积极壮大会员组织，老中青结合，凝聚力强，工作朝气蓬勃，会务日益兴旺，不断登上新台阶。此外该会还积极解决好对孤寡老人的济贫问题。2008 年汶川地震，该会募集了相当于 3 000 多万元人民币的捐款支援灾区重建。该会曾成功地接待了广东省长黄华华等国内领导来访，促进了中巴文化和经贸交流，还积极开展各项侨社公益活动。④

该会积极支持威廉巫等华人竞选参政。在 2008 年李少玉竞选圣保罗市议员

---

① 《巴西中国大西南同乡总会成立》，中国侨网据《华声报》，2003 年 1 月 22 日。
② 《广东侨联安排巴西广东同乡总会在珠三角三市参访》，中国侨网，2009 年 4 月 22 日。
③ 《巴西广东同乡举行新会馆开幕仪式暨庆新年座谈会》，中国侨网据《华声报》，2007 年 1 月 16 日。
④ 《巴西广东同乡会庆祝成立 15 周年暨第八届理事就职》，中国侨网，2008 年 5 月 20 日。

时，巴西广东同乡总会也给予了有力支持。2008 年 8 月 17 日下午 7 时，广东同乡总会近 100 位理监事聚集一堂，一同筹款为李少玉的竞选加油。由于会长带头，其他与会者纷纷表态响应。①

2009 年，巴西对“非正常移民”实行“大赦”。“大赦”提案是经威廉巫两年多的努力推动才获得通过的，它使包括中国侨胞在内的许多人受益。为解决“大赦”中出现的问题（特别是所需的证件问题），巴西广东同乡总会特设立办公室为侨胞服务。“大赦”已经过了一个月，符合条件的已基本办妥，但仍有相当数量的侨胞因各种原因仍未能办理而显得心情焦急、彷徨无助。针对这种情况，陈荣正会长急侨胞所急，特登门拜访威廉巫，恳求他想方设法帮助侨胞解决“大赦”的难题与盲点。威廉巫掌握了相关情况后，与有关部门联系，尽力帮助侨胞解决困难，使这次“大赦”能让更多侨胞受益。②

巴西北京侨民总会虽然无同乡会之名，但有同乡会之实。它成立于 1993 年，是圣保罗成立较早的同乡会社团，一直凝聚着圣保罗北京侨民的心，是一个团结的社团。虽然居住在圣保罗的北京籍侨胞人数不是很多，但北京侨民总会爱国爱乡，在支持国家建设、支持和平统一、积极配合总领馆的各项工作等方面都不落人后。③

巴西福建同乡总会成立于 1996 年。中国驻圣保罗代总领事董玉忠曾说，巴西福建同乡总会是侨界一个热心服务乡亲和充满活力的侨团。由于福建与台湾隔海相望，地缘和语言相近，因此在联系两岸同胞上起着重要作用。多年来，福建同乡会积极支持祖国和平统一工作，并热心帮助闽籍乡亲，为新侨排忧解难做了很多好事和实事。④

2007 年 8 月中旬，巴西江西同乡总会于圣保罗宣告成立。该同乡总会秉承的宗旨为弘扬中华优秀文化，关心江西家乡发展，爱国爱乡，联谊乡亲，团结互助，并作为江西省与巴西工商文化交流的纽带和桥梁，为繁荣和支持江西省与国际交流及投资发展作出努力和贡献。该会聘请巴西华侨华人促进和平统一联合会会长朱玉郎担任名誉会长，选举林周恩为巴西江西同乡总会会长。⑤

---

① 《巴西广东同乡总会为李少玉竞选圣保罗市议员加油》，中国侨网据《南美侨报》/巴西侨网，2008 年 8 月 19 日。

② 《服务巴西侨胞，广东同乡会长为大赦请教国会议员》，中国侨网据《南美侨报》/巴西侨网，2009 年 8 月 6 日。

③ 《巴西北京侨民总会换届就职，中国总领事致贺》，中国侨网据《华声报》圣保罗消息，2006 年 11 月 14 日。

④ 《巴西福建同乡会召开工作会议，与总领馆联谊座谈》，中国侨网，2006 年 7 月 12 日。

⑤ 《联谊乡亲，团结互助，巴西江西同乡总会宣告成立》，中国侨网据巴西侨网消息，2007 年 10 月 5 日。

2008 年 10 月，巴西河南同乡会成立，董洪宣为会长，吴耀宙、朱苏忠、刘照临、叶先端担任名誉会长。据说，该同乡会当时已经联系到旅居巴西的河南籍侨胞 400 多人，其中，有从台湾来的老华侨，也有近年来巴西的新移民。① 巴西河南同乡会的筹备得到了河南省政府侨务办公室、海外交流协会的支持，省政府侨务部门希望河南同乡会成立后，能在介绍家乡河南、推动河南与巴西的文化经贸交往中发挥重要的桥梁和纽带作用。② 正率团访问巴西的河南省副省长史济春出席了 10 月 5 日晚在圣保罗举行的河南同乡会成立大会，巴西华人协会会长吴耀宙、巴西国会议员威廉巫、圣保罗各侨团侨领、中国驻圣保罗总领事孙荣茂也应邀出席了当天的活动。③

河南同乡会虽然人数不多，但成立以来，为联络、团结以及帮助乡亲做了不少好事和实事，同时积极参与侨社各项重大活动。例如，2010 年，由巴西河南同乡会牵头组织，30 多位巴西侨领及侨团代表回国拜祖并在国内各地进行商务考察。考察团成员来自巴西河南同乡会、江西同乡会、广东同乡会、上海同乡会、冀鲁同乡会、闽南同乡会、福建同乡会、华声艺术团、江苏同乡会以及中国退伍军人联谊会等 10 多个侨团。考察团所到之处，受到当地政府和机构的热烈欢迎和热情接待。在郑州期间，大家除了参加拜祖庆典活动外，还到洛阳参加了牡丹节，到信阳参加了茶叶节。返回北京后，还与北京侨办座谈，到怀柔区参加该区举办的中国、美国、巴西文化周活动。在北京期间，董洪宣会长又组织部分侨领慰问了解放军三军仪仗队。同时侨领团还向干旱灾区和玉树灾区捐赠了 3 万元人民币和 4 500 美元。④

2010 年 8 月 3 日，巴西天津同乡会宣布成立（后来有报道又称“巴西天津同乡联谊会”），胖瑞敏当选第一届理监事会会长，巴西侨领朱玉郎为天津同乡会名誉会长。该同乡会是在旅居巴西的天津侨胞不断增加的形势下，在家乡天津市政府及侨务部门的支持下经过筹备成立的。⑤

以上是几个知道准确成立时间的同乡会。实际上，成立时间不尽详明的同乡会还有不少。现分别介绍如下：

巴西温州同乡联谊会，可能成立于 2000 年，首届会长是黄海澄。在巴西购有 480 平方米的永久会馆作为旅居巴西温州同乡会活动场所。⑥ 该会积极参与各

---

① 《巴西河南同乡会成立董洪宣任会长》，巴西侨网，2008 年 9 月 15 日。

② 《巴西河南同乡会成立，经选举董洪宣出任首届会长》，中国侨网，2008 年 6 月 24 日。

③ 《巴西河南同乡会成立，河南副省长史济春出席典礼》，中国侨网，2008 年 10 月 6 日。

④ 《巴西侨领拜祖商务考察团抵华参访捐款援玉树灾区》，中国新闻网据巴西《南美侨报》/巴西侨网，2010 年 5 月 7 日。

⑤ 《巴西天津同乡会宣布成立胖瑞敏当选首任会长》，中国新闻网，2010 年 8 月 5 日。

⑥ 《巴西温州同乡联谊会选举新一届领导》，温州侨网，2002 年 3 月 12 日。

项侨社公益活动，如支持华人市议员威廉巫竞选连任，捐款支援祖（籍）国奥运会场馆建设，救助南亚海啸等活动等。2006 年 8 月上旬，强台风“桑美”给温州造成惨重的经济损失和人员伤亡，巴西温州同乡联谊会立即发动温籍侨胞为家乡救灾捐款，并以最快的速度，在短短几天时间内，将募集到的相当于 40 万元人民币的善款送到温州市侨办。①

巴西青田同乡会，可能成立于 1996 年。青田是中国著名侨乡，青田人的脚印遍布世界每一个角落。他们凭着吃苦耐劳的创业精神，在世界各国开创了一片新天地。巴西是海外青田人的重要立足点。近年欧洲债务危机后，已有不少青田华侨从欧洲转移来到巴西。他们认为巴西市场大，感觉好，打算在这里扩大投资。与此同时，依然有不少侨民“坚守欧洲阵地”。

青田同乡会充满活力。有报道说，圣保罗青田同乡会（应是巴西青田同乡会）2008 年 8 月 31 日晚换届选出的新一届会长、监事长（为叶康雄与王小敏）的平均年龄为 30 岁左右，是青田同乡会历史上最年轻的一任领导。② 青田同乡会还有一个功能齐全的会馆，经常开展文化、娱乐、体育活动。

青田同乡会是一个有着爱国爱乡优良传统的同乡会。2008 年国内发生特大雪灾，青田同乡会理监事带头募捐，并发动乡亲献爱心，共捐善款近 6 万巴币，成为圣保罗 20 多个侨团中捐款最多的侨团之一。在青田同乡会、温州同乡会等侨团带头下，圣保罗侨胞已向雪灾地区捐款折合人民币近 150 万元。③

应指出，旅居巴西的青田籍侨胞已超过一万人，圣保罗青田乡亲占了 80%。该会注册会员达 700 多人，理监事有 70 多人。为了使会务更好地发展，在广泛征求了包括里约热内卢在内的青田侨胞的意见后，2008 年，该会更名为“巴西青田同乡总会”。由于对在巴西的青田籍侨胞很多方面的情况不十分了解，故从 2009 年 3 月起，巴西青田同乡总会在巴西全国范围内展开青田籍侨胞普查活动。这是巴西华侨华人历史上第一次由侨团组织的部分侨情普查活动，该普查活动了解了青田华侨华人在巴西的现状、生活环境、移民历史，为今后侨团更好地、有的放矢地为侨胞服务创造了有利条件。据悉，这项侨情普查工作在巴西华侨华人历史上还是第一次。④

2009 年 7 月初，巴西青田同乡会会长叶康雄、常务副会长叶康妙代表青田同

---

① 《温州侨办致信巴西温州同乡会，感谢侨胞捐赠善款》，中国侨网据《华声报》温洲消息，2006 年 9 月 5 日。

② 《圣保罗青田同乡会改选》，巴西侨网，2008 年 9 月 3 日。

③ 《驻圣保罗总领事参观青田同乡会，感谢为雪灾捐款》，中国侨网据《南美侨报》/巴西侨网，2008 年 2 月 25 日。

④ 《巴西华人史上首次由侨团组织部分侨情普查将展开》，中国侨网据《南美侨报》/巴西侨网，2009 年 3 月 20 日。

乡会在参访司法局时，向巴西总统卢拉赠送了纪念品青田石雕，感谢总统为积极推动巴中两国友好关系所作的贡献，以及在十分关注华人生活和工作方面所作的努力。[①]

巴西东北同乡总会，大概成立于2005年11月之前。该会人数不多，刘庆国为永久名誉会长，田波任会长，孔祥国任监事长。[②] 2010年8月，吉林发生特大水灾。巴西东北同乡会发起向吉林省洪水灾区捐款活动。半个月间，有近百名东北华人华侨向灾区捐款，该活动也得到其他省籍侨胞响应，其中有的侨胞捐款却未留姓名。该会将善款转交吉林省侨务办公室。[③]

2005年11月5日，巴西东北同乡总会与巴西广东同乡总会结为兄弟侨团。与此相映成趣的是，巴西东北同乡会与巴西广东同乡会前不久为一对广东籍夫妇成功举办了婚礼，而新人中的男方在巴西举目无亲，于是两个同乡会联合为他主婚，使其顺利完成终身大事，这一举动得到侨界的好评。为了继续发扬团结协作精神，东北同乡会会长刘庆国提议，与广东同乡会结成兄弟侨团。该建议得到广东同乡总会的积极响应。这也是同乡会之间首个“双边”兄弟社团。东北同乡会会长刘庆国与广东同乡总会会长苏均明、老会长苏均亮、副会长周智勇等于11月5日晚在银座饭店举行聚餐联谊活动，双方会长及理监事均表示，两同乡会结为兄弟侨团不是为了名利，而是要更多地服务侨胞，帮助那些有困难的新移民。此外，两会之间有什么活动，都应相互支持援助，共同推动侨社的和谐、团结与繁荣。[④]

巴西冀鲁同乡会，特点是老华人多，不少人已属三代以上，而且很多已加入巴西国籍，社会资源较多，人脉关系广泛。因此该会对华人争取选票，在巴西参政更感兴趣。该会认为参政是海外华人孜孜不倦追求的重要目标。在2008年李少玉女士竞选圣保罗市议员问题上，该会持坚决支持的态度。[⑤]

四、联谊会

联谊会跟同乡会十分相似，在会务上可说是宽泛无边，凡与本会华侨华人有关的大小事情，必尽其所能予以帮助。在理论上，联谊会的会员来源比同乡会更

---

① 《巴西青田同乡会向卢拉总领赠送纪念品青田石雕》，中国侨网据《南美侨报》/巴西侨网，2009年7月7日。

② 《爱国爱乡服务侨胞，巴西东北同乡会换届工作完成》，中国侨网，2008年7月21日。

③ 《巴西东北同乡会水灾捐款已由吉林侨办送往灾区》，网易（来源：中国新闻网），2010年8月26日。

④ 《团结协作巴西东北与广东同乡会结为兄弟侨团》，中国侨网据《南美侨报》，2005年11月。

⑤ 《巴西冀鲁同乡会全力支持李少玉竞选圣保罗市议员》，中国侨网据巴西侨网，2008年9月20日。

宽泛。同乡会的会员是一个居住地的来自同一特定祖籍地的乡亲，联谊会则没有这个限制。不过，就目前巴西的联谊会来看，也有以某一特定因缘为基础组成的联谊会。

巴西中国退伍军人联谊会就是一个以“军人因缘”为基础的社团。该社团自成立以来，继续保持军人团结协作、纪律严明、意志坚强、艰苦奋斗的优良作风，支持国家统一，团结旅居巴西的中国退伍军人，为促进侨社的和谐发展，推动祖国和平统一大业，做了很多有意义的工作。

该联谊会成立于 2002 年，当时由旅居巴西的中国退伍军人何仁轲、杨宏、李青霞、郭京良、王辛平等人发起筹备，于翌年“八一”建军节正式成立。首任会长为何仁轲，后来田爱国为会长。它是全球第一个由中国退伍军人在海外组成的联谊会组织。该联谊会成员来自中国各省份，包括各军区各兵种的原中国军人。他们的经历颇有传奇色彩：有参加过抗日和解放战争的古稀老兵，有参加过对越自卫反击战的勇士，还有参加过唐山地震抗震救灾以及 1990 年代抗洪救灾的医护人员和指战员。

该会成立后，每年都在中国的“八一”建军节、国庆节和春节举办庆祝或联欢活动。例如，2006 年 8 月 1 日晚，巴西中国退伍军人联谊会在圣保罗举行庆祝中国人民解放军建军 79 周年联欢晚会，近百名来自中国大陆的中国退伍军人欢聚一堂。第一个节目是联谊会全体理监事高唱《中国人民解放军进行曲》，军歌整齐嘹亮，响彻大厅，把人们带回到了激情燃烧的岁月。这一次，前中南美黄埔军校同学会会长罗大诚到会祝贺。他说，国共两党军人都是中国人，是手足同胞一家亲。军人的天职是保家卫国，无论多么艰苦的战争，都要忠于国家，忠于人民，无私奉献毕生精力甚至是生命而在所不惜。[①] 2007 年 8 月 1 日为中国人民解放军建军 80 周年纪念日，巴西中国退伍军人联谊会邀请全侨同胞一起举行联欢晚会，其中有圣保罗各个侨团的侨领和代表，也有前国民党军队的将领和来自中国台湾的军人。田爱国希望两岸爱国退伍军人团结起来，为推动祖国实现和平统一作出努力和贡献。[②] 2010 年庆祝“八一”建军节时，到场的有黄埔军校的老将军，有新四军的老前辈，还有来自台湾的退伍军人。[③]该会还积极参与侨社公益事业，推动祖国和平统一大业。通过联谊活动，很多移民巴西的退伍军人重新找回了青春时代的军旅生活，建立起新的情谊。相同的青春军旅生活经历使他们团

① 《旅居巴西中国退伍军人欢庆建军节回顾军旅生涯》，中国侨网据《华声报》圣保罗消息，2006 年 8 月 2 日。

② 《巴西中国退伍军人庆祝中国人民解放军建军 80 周年》，中国侨网，2007 年 7 月 30 日。

③ 《巴西中国退伍军人庆祝中国人民解放军建军 83 周年》，网易（来源：中国新闻网），2010 年 8 月 2 日。

结在一起，战友和军人之间互相帮助的优良传统和真挚情感因而在异国他乡得到延伸。

中南美洲黄埔军校同学会，由参加过抗战的前国民党爱国将领罗大诚创办，由他任该会的永久名誉会长。罗大诚在侨界德高望重，深受侨胞敬重。他移民巴西后，热心侨社公益事业，除发起成立中南美黄埔军校同学会外，还创办了巴西日本侵华研讨会、巴西选民联谊会、巴西华人网球协会、巴西中国大西南同乡会等侨团。他积极推动侨社团结和谐，组织丰富侨社的业余文体生活，大力促进两岸的和平统一。他 1946 年与胡燕青结为连理，至今已走过 60 多年的美满婚姻生活，而今女儿学业、事业有成，子孙四代同堂，是巴西华人家庭的优秀楷模。[①]

巴西洪门协会，是海外洪门众多机构中的一个，与中国致公党有密切的历史渊源。虽不叫联谊会，但该会所能做的最重要的事情应该就是“联谊”了。因有“海内外洪门本是一家”之说，该会与中国致公党联系不断。近年来，巴西洪门协会发扬洪门讲忠义诚信的传统，改革旧堂规，与时俱进，加强与各界华侨华人的合作，团结台胞，共同推动祖国和平统一大业，同时融入当地社会，为增进中巴两国人民友谊和两国经贸发展作出新贡献。[②]

也有一些联谊会并没有上面说的特定“因缘”，而只是基于他们是居住在巴西一方土地上的“华侨华人”。在巴西，这类联谊会究竟有多少，现在难以估计。这里只以两个地方的联谊会为例。

巴西里约华人联谊会是巴西里约热内卢最大的华人社团，成立于 1984 年 5 月，为里约地区最有影响的华人社团，其 97% 的会员为从中国大陆去的华侨华人。多年来，该会始终坚持团结里约华人，始终坚持“一个中国”立场，多次接待国内团组，也经常回国访问交流。联谊会的创始人为张超祖，现会长为季友松。季友松曾经是国内做纽扣生意的商人（号称“背纽扣大军”），他从背纽扣生意中获得第一桶金后，便赴巴西进行第二次创业，次年独立经营，现为巴西里约东方世界进出口贸易公司董事长。

巴西巴伊亚州华人联谊协会于 2010 年 7 月 10 日成立，是当地华侨华人成立的首个侨团。首任会长是娄炳麟。巴伊亚州是巴西东北部经济最发达的地区，人口约 1 400 万。首府萨尔瓦多市曾是巴西第一个首都，人口约 300 万，是巴西第三大城市，仅次于圣保罗和里约热内卢。协会成立之日，中国驻里约热内卢副总领事李春梅出席了成立仪式，当地政府或派代表或发贺信祝贺协会成立。中国国

---

① 《旅巴爱国将领罗大诚庆祝钻石婚，二百余侨胞恭贺》，中国侨网，2007 年 8 月 13 日。

② 《罗豪才拜会巴西洪门，冀发扬忠义精神团结众华人》，中国侨网据《华声报》消息，2006 年 7 月 24 日。

务院侨务办公室、中华全国归国华侨联合国、中国驻巴西大使馆以及巴西部分侨团都给巴伊亚州华人联谊协会发来贺电。200余名当地华侨华人出席了协会成立仪式。该协会的宗旨是：爱国爱乡，传承中华文化，团结侨胞和维护侨胞合法权益，帮助侨胞更好地融入当地社会，促进中巴两国文化交流和友好关系的发展。[①]

五、青年组织

巴西是个潜力巨大的发展中国家，地大物博、幅员辽阔，包容着来自世界各地不同肤色的人，是典型的移民国家。随着移民巴西的华侨华人的增多，华侨华裔青年已成为一股重要的力量，其中不乏学业和事业有成的优秀人才。不少青年精英已经在各个领域崭露头角，他们充满激情活力，富有创造力，有着崇高的理想和抱负，又团结互助，热情为侨胞服务。成立青年人自己的组织，便成了巴西青年华侨华人的强烈愿望和殷切期待。于是，2009年后，巴西华侨华人社会中陆续出现了许多青年组织。

先是在2009年3月21日下午，巴西华人青年联谊会筹备会在巴西华人协会会馆举行，数十名各界华裔华侨青年出席会议，大家对成立青年联谊会工作进行了讨论。筹备会是由巴西华人协会倡导成立的，得到了侨胞以及家长们的热情支持和欢迎。有数十位青年华裔华侨参加了筹备会，他们大部分是大学毕业生和正在就读的大学生，也有从事各项工作的年轻人。出席筹备会的巴西华人协会会长吴耀宙、监事长李少玉也鼓励青年人组织团结起来，“为融入巴西主流社会，传承中华文化，促进中巴友谊作出贡献”。吴耀宙会长尤其希望青年联谊会由青年人自己来策划，自己举办各种文体联谊活动，把联谊会办成具有广泛代表性、朝气蓬勃和充满青春活力的侨团。[②]

接着在2009年12月13日，巴西华人华侨青年联合会成立大会暨理监事就职典礼在圣保罗西湖酒家隆重举行，首届会长是叶王永。中国驻圣保罗总领事孙荣茂、巴西国会众议员威廉巫、巴西国会参议员以及圣保罗各侨团侨领及代表200多人出席了当天活动，三位贵宾还发表了热情洋溢的讲话。巴西青年联合会还收到中国国务院侨务办公室、中华全国归国华侨联合会、中国驻巴西大使馆、驻圣保罗总领事馆、浙江侨联、天津侨联、上海侨联等数十家政府部门及民间团体发来的贺信、贺电。叶王永在致辞时说，华人青年联合会的成立，填补了巴西

---

① 《巴西巴伊亚州华侨华人成立首个侨团，国侨办贺电》，新华网，2010年7月12日。

② 《凝聚华人青年精英，巴西华人青年联谊会将成立》，中国侨网据《南美侨报》/巴西侨网，2009年3月22日。

华人历史上没有一个广泛联系全巴西华侨华人青年团体的空白。该联合会成立至今，虽然时间很短，但活动频繁。

该青年联合会还与当地主流社会开展友善活动。例如，2010 年 1 月 16 日，巴西华人华侨青年联合会数名会员在会长叶王永的带领下，在圣保罗 PRO-SANGUE 血库，每人捐献 480cc 的血液，为这次巴西因洪水泛滥受灾奉献一份华人华侨的爱心。参加献血的青联会成员表示，每一个生活在巴西的华人其实每天都在享受着某些方面的福利和待遇，所以我们也需要作出一些适当的回报，这既是义务，更是一种社会责任。通过这样的无偿献血活动，不仅能够改善华人群体的形象，也能促进华人群体与主流社会的融合。叶王永会长说："在第一批数人进行的义务献血之后，还将继续组织进行下一批的献血活动。"① 又比如，2010 年 10 月 9 日，巴西华人华侨青年联合会向圣保罗 GAVIOES DA FIEL 球迷举办的庆祝儿童节活动赠送了玩具，受到当地民众的欢迎。GAVIOES DA FIEL 是 CORINTHIANS 俱乐部的球迷组织，该组织 9 日为儿童们举办了庆祝儿童节活动。巴西华人华侨青年联合会通过威廉巫办公室得知贫困的儿童们缺少玩具，于是理监事们向庆祝会捐赠了一批玩具，受到当地民众及孩子们的欢迎。②

巴西华人华侨青年联合会领导还不忘提高自身作为侨领的素质。2011 年 6 月 22 日巴西华人华侨青年联合会成员设宴招待来自中国中华文化学校副院长张峰带领的巴西考察团，据说，会长叶王永在这一年中曾回国在中华文化学校进行过为期一个月的培训。中华文化学校是一所培养各党派人士干部的学校，在各个地方都有分校。每年开展多期的培训，对象包括港澳台侨胞、海外侨胞人士。③

2010 年 5 月 2 日晚，世界福建青年联合会巴西分会在西湖酒家举行就职典礼仪式，中国驻圣保罗总领事孙荣茂、巴西国会议员威廉巫以及各侨团侨领应邀出席并观礼。巴西福建同乡会会长何安说，世界福建青年联合会巴西分会的成立过程，充分显示了青年人特有的效率，从筹备到成立不到一个月的时间里，工作井然有序。另外，青年组织也可以更好地团结青年华侨华人，从我做起，从零做起，一步一个脚印地开拓前进。

世界福建青年联合会巴西分会也可以看作是巴西的一个地缘性青年组织。巴西国会议员威廉巫、巴西华人协会会长吴耀宙等人在世界福建青年联合会巴西分会成立大会上，以其自身从青年时代起在巴西打拼的亲身经历，鼓励福建青年们要发扬吃苦耐劳、艰苦奋斗的精神，融入巴西社会，敢于从基层一步步做起，不

① 《巴西洪灾华社组织无偿献血，向灾区奉献华人关爱》，网易（来源：中国新闻网），2011 年 1 月 20 日。

② 《巴西华人青年联合会向贫困儿童赠送节日玩具》，网易（来源：中国新闻网），2010 年 10 月 12 日。

③ 《中华文化学院考察团访巴西侨团架文化交流平台》，网易（来源：中国新闻网），2011 年 6 月 30 日。

断开拓创新，实现自己的目标和人生价值。[①]

该会在爱心和慈善活动方面做得非常出色。例如，自 2010 年 10 月 10 日早上，在巴西儿童节前夕，为表达对巴西贫困儿童的关爱，世界福建青年巴西联会在孙孝钦会长的倡导下，组织安排了对孤儿院的探望活动。这一天早上，世青会一行 10 多人，载着 20 多箱儿童用品和玩具，驱车 60 多公里，来到了圣保罗福利机构 OBRA SOCIAL DOM BOSCO ITAQUERA 下属的一个孤儿院 CASA AUXILI ADORA，探望了那里的小孩子，并为他们分发礼物。[②]

世界福建青年巴西联合会不仅关爱当地侨胞和当地民众，也关爱祖（籍）国和家乡遭受自然灾害的同胞。例如，2010 年 6 月，中国福建省闽北地区持续出现特大暴雨，损失惨重。得知家乡遭遇特大洪灾，世界福建青年联合会巴西分会孙孝钦会长立即组织全体理监事成员商讨对策，并且组织世青会主要领导到闽籍侨胞集中经商的 BRAS、PAGE、ORIENTAL、新老 SHOPPING 进行募捐活动。他们的善行义举赢得了广大闽籍侨胞的支持，很多侨胞纷纷为灾区同胞献上自己的一份爱心。爱心没有界限，来自于其他省份的侨胞也纷纷慷慨解囊。经过一个星期的募捐活动，共筹集善款 46 000 巴币，款项已经转交给中国当地灾区。[③]

自成立以来，上述两个青年会各自也举行一些轻松愉快的活动，增进内部的凝聚力。例如，2010 年 5 月 1 日，为了纪念“五四青年节”，弘扬五四精神，巴西华人华侨青年联合会利用“五一”节组织年轻人前往圣保罗附近的 CANOAR 农场参加漂流活动。[④] 2010 年 8 月 1 日，世界福建青年联合会巴西分会组团前往旅游胜地小瑞士举行郊外联谊活动，100 多位青年侨胞观光游览了充满欧洲风情的小城，在欧式建筑的街道和园林山庄中度过一个欢快的周日。两个联合会的成员都是年轻人，平时生意忙，偶尔有空时却没有人组织郊外旅游活动。经常举办集体联谊活动，可以让年轻人有更多的机会交结朋友，增进友情，释放年轻人的激情，丰富大家的业余生活。

从 2009 年以来巴西几个华侨华人青年组织的成立可以看出，近年来随着华人移民的不断增加，青年侨胞越来越多，他们有热情，有朝气，有智慧，是巴西侨界的未来与希望。青年人的特点是生气勃勃，眼光锐敏、独到，办事效率高。巴西华人华侨青年联合会的宗旨，其实也代表了巴西华侨华人青年组织乃至所有华侨华人青年的使命和愿望，那就是：团结巴西和中国青年，促进共同发展，传

---

① 《世界福建青年联会巴西分会举行理监事就职典礼》，网易（来源：中国新闻网），2010 年 5 月 4 日。

② 《巴西华社儿童节前夕探访福利机构，看望孤儿赠玩具》，网易（来源：中国新闻网），2010 年 10 月 14 日。

③ 《世界福建青年联会巴西分会为福建水灾筹款近 5 万》，网易（来源：中国新闻网），2010 年 7 月 21 日。

④ 《巴西华人华侨青年联合会组织漂流活动庆“五四”》，巴西侨网，2010 年 5 月 5 日。

承中华文化，鼓励华人青年融入巴西主流社会和积极参政，充分利用青年人的优势和特点，提升青年人在巴西的经济地位和社会地位，广泛联系和团结各界华侨华人和华裔，维护青年华人的合法权益，提升青年人在巴西的经济地位和社会地位，为推动中巴两国经济发展和社会进步，贡献青年人的智慧和力量。[①]

六、妇女社团

从检索到的材料来看，巴西中华妇女联合会是巴西唯一的全侨性华人妇女社团。它是经过数月筹备之后，于 2006 年 3 月 5 日在圣保罗宣布诞生的。[②] 圣保罗是华侨在拉丁美洲的主要聚居地，其中女性又占相当大的比例，圣保罗自然而然地成了该协会在巴西的中心所在地。3 月 5 日晚，该会在圣保罗举行隆重的成立大会。中国驻圣保罗总领事李姣云、副总领事董玉忠、华人市议员威廉巫，以及圣保罗各侨团代表与各界妇女数百人出席成立大会。显然，该协会选择这个时间成立不是凑巧，大会同时还热烈欢庆三八国际妇女节。成立仪式结束后，大家欢聚一堂观赏文艺节目，度过了一个美好的夜晚。

据报道，旅居巴西的华侨有近 20 万，妇女占了一半，但长期以来却缺少一个全侨性的妇女组织。[③] 巴西中华妇女联合会填补了这个空缺。因此巴西中华妇女联合会的成立是巴西华人妇女生活中的一件大事，也是全体巴西侨胞的大事，对于团结居住在巴西的华侨华人妇女，维护她们的合法权益，提升她们在侨居国的政治经济地位，具有不可忽略的重要意义。

虽然巴西中华妇女联合会在巴西侨团中是较为年轻的，但却非常活跃。该会自成立以来，积极参与各项活动，发挥出自己的特点，为妇女侨胞做了大量的工作，主要包括以下几个方面：

一是为妇女同胞谋福祉，创造条件，增进她们的身心健康，不断提高联合会自身的凝聚力。其中引人注目的一件事情就是它所做的“分内事”——2006 年 5 月 7 日，为当地妇女免费进行体检，近百名女同胞前往圣保罗莫卡医院（一说东伯德罗医院）接受了妇科检查，其中大部分是近年来的新侨。[④] 妇科检查不是一次性的“作秀”活动，而是有后续性的关爱行动。2006 年 8 月 17 日上午，联合

---

① 《巴西华人华侨青年联合会成立，叶王永任首届会长》，网易（来源：中国新闻网），2009 年 12 月 16 日。

② 《巴西中华妇联举行成立大会，侨胞欢聚一堂庆佳节》，中国侨网据《华声报》圣保罗消息，2006 年 3 月 8 日。

③ 《巴西中华妇联举行成立大会，侨胞欢聚一堂庆佳节》，中国侨网据《华声报》圣保罗消息，2006 年 3 月 8 日。

④ 《免费为侨胞体检：巴西中华妇女联合会广受好评》，中国侨网据《华声报》圣保罗消息，2006 年 5 月 8 日。

会会长赵永平一行趁前往圣保罗莫卡医院拜会并感谢该院院长保罗·维乃特等医生于5月7日为华人妇女免费体检之际，还就继续为侨胞解决义诊和医疗服务问题与院方进行协商探讨。赵永平说，今后类似有助于提高妇女身体健康的活动还会继续进行，并希望得到更多中巴医疗部门和机构的关心和支持。[①]

2006年底，巴西妇女联合会获得国务院侨务办公室捐赠的20个腰鼓和服装。巴西妇女联合会对此深受鼓舞。这说明，巴西妇女联合会开展的富有妇女特色的活动不仅得到当地侨界的支持，也得到中国最高侨务主管部门的鼓励。于是，自2007年伊始，妇女会又成立了一支有中国特色的腰鼓队，同时组织会员积极学习和排练，争取让腰鼓队早日在侨界的庆祝活动中亮相。[②] 此后，妇女会腰鼓队经常活跃在许多重要庆典活动中，先后为市议会庆典活动和春节联欢大会表演，展现了中华妇女的英姿和精神面貌。于是妇女会腰鼓队成为圣保罗市的一道亮丽风景线。此外，巴西中华妇女联合会还在侨报上创办了“妇女园地”，举办太极拳、太极剑学习班，组织青少年参加北京海联会举办的冬令营等活动，还为华裔议员威廉巫竞选联邦议员助选，在此不一一赘述。[③]

二是通过丰富多彩的内容，办好一年一度的母亲节。母亲节，本来是充满西方文化色彩的节日，但妇女联合会却能通过这样的活动，融进浓浓的中华文化元素，使西方文化与中华文化在母亲节这个平台上找到一个完美的接合点。庆祝母亲节成了巴西中华妇女联合会一年一度的重要节目。每年的活动都有声有色，令人印象深刻。如2006年5月14日晚的母亲节庆祝活动，有200多位来自圣保罗的各界母亲们欢聚一堂，表演文艺节目，有热情奔放的拉丁舞，有卡拉OK，并穿插摸奖活动等。[④] 2007年5月13日的母亲节庆祝联欢会，有500多位母亲以及各界侨胞观看了精彩的文艺节目，每个母亲都得到一份奖品，而与会的侨胞也得到了一份礼品。当天李荣基国术总会还为庆祝活动表演了精彩的舞狮。晚会上，唐韵艺术团和华声艺术学院的艺术家表演了歌舞、双重唱等节目，巴西拉丁舞艺术家表演了伦巴，育才学苑的小朋友们表演了广播体操和诗朗诵。中国驻圣保罗总领事李姣云在会上还以“慈母手中线，游子身上衣……”的古诗表达对母亲

---

① 《为华人妇女体检，巴西中华妇女会向巴西医院致谢》，中国侨网据《华声报》圣保罗消息，2006年8月18日。

② 《巴西中华妇女联合会欢聚迎新年，李姣云总领事出席》，中国侨网据《华声报》圣保罗消息，2007年1月5日。

③ 《加强两国妇女交流，巴西中华妇女会邀总领事座谈》，中国侨网据《华声报》圣保罗消息，2006年11月14日。

④ 《二百余母亲欢聚一堂 巴西华人庆祝母亲节》，中国侨网据《华声报》圣保罗消息，2006年5月15日。

们节日的美好祝愿。[①] 2010 年 5 月 8 日的母亲节，巴西中华妇女联合会与圣保罗亚洲文化中心联合举办了《巴西国家退休养老社会福利政策法律知识讲座》，有 80 多位侨胞聆听了关于社会福利劳保方面的政策。主讲人是在社会劳保局工作了 30 多年、曾参与过国家社会福利政策的修改和制定并担任过圣保罗州规划厅管理部主任的社福政策领域的法律专家露西娅·修伐律师。通过她的讲座，听讲人对包括劳动登记、交纳税金、退休年龄、享受金额以及残疾、死亡等特殊情况下的国家福利政策等问题都有了较为深入的了解。[②] 2010 年的母亲节期间，恰逢中国青海玉树地区发生特大地震。巴西中华妇女联合会在举行庆祝母亲节联欢晚会的同时，也不忘遭受地震灾害的玉树的姐妹们。中华妇女会主要负责人在地震发生后，立即发起了捐款善举，并将捐款及时送交到中国驻圣保罗总领事馆。同时，在庆祝会场设了捐款箱，欢迎还没有捐款的姐妹们向玉树母亲献上一份爱心。这也是巴西中华妇女联合会对母亲节的特殊庆祝方式。[③]

三是弘扬母爱之心，积极开展专门的慈善活动。2007 年 10 月 12 日，巴西中华妇女联合会举办了 SANTA ISABEL 儿童节捐赠活动，此次捐赠活动受到当地人民的热烈欢迎，巴西中华妇女联合会也受到该市政府和市议会的隆重接待。[④] 2009 年 10 月 9 日中午，在巴西儿童节前夕，刚从国内参加国庆观礼归来的巴西中华妇女联合会会长赵永平，带领妇女会的几位主要负责人，陪同圣保罗总领事馆吴军领事前往位于圣保罗市南区贫民区的 REGINA 慈善幼儿园看望孩子，并代表妇女联合会向孩子们赠送了玩具和用品。幼儿园极端简陋的物质条件使大家极为震惊，恻隐之心油然而生，在场的姐妹当场向幼儿园捐款数百元。[⑤] 2009 年 12 日上午，巴西中华妇女联合会一行 8 人在赵永平会长带领下，前往圣保罗市南区贫民区一所慈善幼儿园，为那里的近 80 名贫困儿童捐赠圣诞节礼物，并祝孩子们圣诞快乐。这是继十月儿童节后，妇女会再次向该幼儿园进行的爱心慈善活动。[⑥] 2010 年 8 月 7 日，“莫拉克”台风在花莲登陆，使台湾遭受到了 50 年来最严重的灾害。巴西中华妇女联合会向南台湾受灾同胞捐款 3 000 巴币。[⑦]

---

① 《圣保罗五百多位华侨母亲及侨胞欢聚庆母亲节》，中国新闻网据巴西侨网，2007 年 5 月 14 日。

② 《巴西中华妇女联合会办退休养老社会福利政策讲座》，网易（来源：中国新闻网），2010 年 5 月 11 日。

③ 《巴西中华妇女联合会庆母亲节不忘向玉树献爱心》，网易（来源：中国新闻网），2010 年 5 月 10 日。

④ 《巴西中华妇女会总结工作：凝聚爱心回馈主流社会》，中国侨网据巴西侨网，2007 年 12 月 3 日。

⑤ 《巴西中华妇女会巴儿童节前夕看望贫民区幼儿园》，中国新闻网，2009 年 10 月 13 日。

⑥ 《巴西中华妇女联合会向贫民窟儿童捐赠圣诞礼物》，网易（来源：中国新闻网），2009 年 12 月 17 日。

⑦ 《巴西中华妇女会举行会议，向台湾受灾同胞捐款》，中国侨网据《南美侨报》/巴西侨网，2009 年 8 月 17 日。

上述活动对巴西华人社会是极有启迪意义的：每一个华人应该做自己力所能及的事情，要善待自己周边的人。即使给别人一点点帮助，也能给自己带来无限快乐。每个人的力量很单薄，但如果每个人把一点一滴的爱凝聚起来，便能给许许多多包括贫困儿童在内的需要帮助的人带来温暖。

巴西中华妇女联合会还与圣保罗的各类妇女协会、妇女组织保持联系。另外，在各类巴西社团所组织的活动中，巴西中华妇女联合会组织的腰鼓队也非常活跃。所有这些活动获得了巴西社会的重视，有利于圣保罗华人逐步融入当地社会。

巴西中华妇女联合会的上述活动不仅得到华侨华人和当地民众的交口称赞，也得到了有关当局的好评。鉴于巴西中华妇女联合会是这样一个有特色的华人社团，圣保罗日裔市议员 JOOJI HATO 向市议会提案，要求嘉奖、感谢中华妇女会对圣保罗这座移民城市所作的贡献。该议案获全体 55 位议员一致通过。巴西中华妇女联合会于是成为第一个接受市议会嘉奖的华侨华人社团。2008 年 8 月 26 日下午，巴西圣保罗市议会特地举行授奖仪式，向巴西中华妇女联合会授予嘉奖感谢状。授奖仪式于 8 月 26 日下午举行，中华妇女联合会的大部分姐妹都参与、见证了该仪式。市议员 JOOJI HATO 表示，向巴西中华妇女联合会授予市议会的嘉奖令，不仅是对中华妇女会过去工作的肯定，同时也是激励华人妇女今后继续发扬爱心、回馈巴西社会的举动。他相信这份荣耀授予华人妇女是名正言顺的。[①] 中国驻圣保罗总领事孙荣茂、副总领事任战刚出席当天颁授仪式。孙荣茂肯定了中华妇女会对繁荣中巴文化交流所作的贡献。2007 年 8 月 11 日，中国驻巴西大使陈笃庆夫妇曾到圣保罗访问并看望妇女会理监事。陈笃庆说，在海外的男同胞创业艰辛，女同胞更是不易。女同胞不仅要开店协助做生意，还要相夫教子、赡养老人，但她们发扬中华女性任劳任怨、吃苦耐劳的传统美德守护着家庭，关爱子女和丈夫、老人，同时为增进侨社妇女团结、协助有困难的妇女做了很多好事、实事。[②]

七、慈善社团

华侨华人在移民巴西多年后，很多人事业有成，但不忘回馈社会，为当地民众作出自己的贡献。这是旅居巴西所有华人的传统美德，他们的活动很大一部分

① 《回馈社会发扬爱心，圣保罗华人社团受市议会表彰》，中国侨网据《南美侨报》/巴西侨网，2008 年 8 月 28 日。

② 《中国驻巴大使圣保罗晤侨胞，巴西中华妇女会欢迎》，中国侨网据巴西侨网，2007 年 8 月 13 日。

是以慈善社团的名义进行的。

迄今为止还没有关于巴西华侨华人开展慈善活动的系统研究。但从现有资料来看，巴西华侨华人社团开展慈善活动的历史已经不短。早在1985年，就创办了巴西华侨慈善基金会。该会在历任会长及侨界热心社团的协办及全侨的参与下，做过许多慈善救援活动，包括1991年中国大陆华北水灾、1998年巴西东北大旱、1999年台湾9·21大地震、2000年起进口轮椅发放给巴西清寒残障者、2004年底南亚大海啸、2005—2006年度将爱送到亚马逊，帮助当地原住民等。[①]不少场合都可见到该慈善基金会义工的身影。

从有关材料来看，自张胜凯、李根涂、何添福三位老会长创办巴西华侨慈善基金会以来，该慈善基金会时常举行义卖活动，一直坚持至今。华侨慈善基金会每次的义卖会都有主题。例如，2007年8月26日在圣保罗客家中心举行义卖会，共有37家华人侨团、1 000多位侨胞参加了义卖活动，共募得5万多巴币，全部捐给了巴西儿童癌症医院。[②]巴西儿童癌症医院是一所私立的慈善医院，本着关爱幼小的原则，给予前往求诊的全部小病患免费治疗，其宗旨深获巴西社会的认可。医院创办人之一的敏乔妮女士从事义工工作长达34年，在义卖当天，她代表医院对37个华侨社团表达最高的敬意。华侨慈善基金会两个月前曾参观儿童癌症医院，十分佩服该院医疗团队的无私奉献精神和人性化服务，于是决定伸出援手，乃有上述活动。

2011年8月初，圣保罗市议员华人协会、巴西华侨慈善基金会对ELDORADO城水灾的救助在巴西引起强烈反响。ELDORADO城位于圣保罗州南部与巴拉那州交界处，8月初该城连下了72小时的雨，邻近一条河上游的巴拉那州水库放水，致大水淹城达80%，最高时淹到13米，连市长家都被泡在水里，整个城市一片混乱。8月9日，圣保罗市议员华人协会会长李少玉女士及其助理，与巴西华侨慈善基金会刘国华会长、斯碧瑶副会长，一起前往灾区勘察，见水势曾淹过一楼高，灾民损失惨重，故决定于17日前往发放食物篮及毛毯。17日凌晨4时，他们一行包括16位社团代表及义工，分乘两部中型车，以及装有基本食篮、毛毯各1 000个的3辆箱型货柜车，自圣保罗出发，于早上8时之前抵达灾区。该市市长、社会福利处长及军警等在城市入口处迎接车队。他们发放了带来的部分用品。接着，慈善队伍又兵分两路，至沿河16公里的5个小乡村去发放。沿途车辆十分危险。每到一处，灾民均已井然有序地在树荫下列队等待，刘国华及李少玉均大声地向灾民问候，表达关怀。许多较困苦的年长灾民，领到重逾15公

① 《帮助儿童癌症医院　巴西华侨慈善义卖》，（台湾）“中央社”，2007年8月27日。

② 《回馈社会树立华人形象，巴西华侨举办慈善义卖会》，中国侨网据巴西侨网，2007年8月31日。

斤的基本食物箱和毛毯后当场感动落泪。发放工作直至下午四时三十分才结束。①

应该指出的是，慈善活动并非简单的一方对另一方的施舍，更重要的是人类大爱之心的互动。义工们虽然挥汗如雨，但同时也热泪盈眶，从灾民们口中说出的声声“谢谢”中，从他们溢于言表的情感流露中，真正体会到了“施比受更有福”的含义。正如李少玉在致辞时所说：“我们以谦卑的心，以微薄之力来帮助灾民，并带来爱心。”同时也应体会到，要提升华侨形象，不是通过大叫大喊的干瘪口号可以达到的，而是通过这样的真诚行动，潜移默化地完成的。

这里且以“博爱园”为例，以便对巴西的华侨华人老人慈善事业有一个概括性的了解。“博爱园”工程由巴西华人天主堂于2007年获圣保罗市政府批准兴建，用于华人养老院事宜。经过十多年的努力才获批准。据2007年的资料，巴西侨社10年前曾经有过老人院，院址在市中心的自由区，长年居住着十几位孤寡老人，后来因发生火灾老人院被焚毁，只好将华人老人分送几家巴西人的慈善院。1992年，侨领张明白向天主堂捐赠了兰卡休闲湖区一块一万多平方米的土地用于兴建老人院，建成后的老人院，既可收养无家可归的老人，也可赡养那些子女无暇照看的老人。按设计，该园宽120米，长140米。ARTICON建筑公司计划在13 000平方米的范围内兴建43个居住单位。每个单位住户拥有浴室、洗手间等，拟分为甲、乙、丙三种。甲种可供三四人住宿，乙种两人，丙种每个人一房一厅。住区中心庭院有教堂及活动中心，承住户有使用权，无房产权。②

八、文化社团

全侨性的文化社团当首推巴西华人文化交流协会，创建于2000年12月2日，理事会主席为尹霄敏。③ 协会主席尹霄敏在2006年连任致辞中表示，巴西华人文化交流协会愿把中国的经济建设成就介绍到巴西，把悠久的中华文化介绍到巴西。④ 自成立以来，该协会成功举办了多项活动，弘扬中华文化。同时，在凝聚侨心、促进侨社和谐发展、参与慈善救灾、促进祖国和平统一等方面做了大量工作，取得了丰硕成果。该协会从无到有，从小到大，从弱到强，已成为里约热内卢地区重要的侨团之一。中国驻里约热内卢总领事李宝钧说，巴西文化交流协

---

① 《巴西华人社团赴巴州洪水灾区献爱心，当地市长致谢》，中国新闻网据《南美侨报》，2011年8月22日。

② 《巴西将建华人养老院》，《社会福利》2007年第11期。

③ 据百度百科。

④ 《巴西华人文化交流协会新届班子就职，严小敏祝贺》，中国侨网据《华声报》里约热内卢，2006年12月31日。

会理事来自全国各地，具有很强的包容性，且年轻富有活力，虽然协会创立时间不长，但是名气已然不小，特别是在国内的知名度颇高。①

巴西华人文化交流协会人才济济，拥有较完善的会议室、教室、图书馆及文娱场所。广东省侨办副主任林琳认为，世界华人社团中，能拥有这样比较完善设施的侨团不多。② 2006 年春节，中国国务院侨办向巴西华人文化交流协会赠送的一对石狮在除夕运到里约热内卢的文化交流协会。此举表明了中国最高侨务部门对协会工作的认可和支持。协会主席尹霄敏和中国驻里约热内卢总领事馆代总领事王燕平共同为石狮揭幕。③

巴西有一种“兼杂性”的文化团体，即将文化事业“夹杂”在其他领域中的社团，巴中工商文化总会就是这样一个社团。从该会常务副会长王典兴代表第四届理监事会所宣布的任期内计划可以看出该会的工作目标。他表示：一要完成该会永久性会馆购置；二要开通中葡文网站；三要组织经贸考察团前往中国投资洽谈；四要在明年（2011 年）春节举行一次大型联欢活动；五要在陈沃康会长带领下精诚团结，提高会务工作效率，为中巴经贸文化合作再作新贡献。④ 可见，该会的工作属于“两手抓”，一手抓经贸，一手抓文化。当然，以前者为主是可以理解的，如果能把经贸与文化放到同等重要的位置上，将会是该会的重要特色。

根据现有材料来看，巴西不少地方都有“扶轮社”组织，但其活动重心不同。如里约扶轮社，每年在新董事会就职典礼时都以某一国文化作为主题。2011 年度的主题为中国文化，会场内张灯结彩，会议大厅装饰一新，布满富有浓郁中国文化特色的灯笼、剪纸、书法及挂饰。不少会员还特意身着中式服装，处处洋溢着中国文化的气息。大会还举办了中国传统舞狮表演。与会的 200 多位会员和嘉宾对华友好，对中国文化兴趣盎然。⑤

巴西古里提巴市巴拉纳州华人文化协会从其名称看应是一个地方性文化协会，成立于 20 世纪 90 年代。从新任会长郭祖德 2010 年 8 月 20 日晚在新一届全体理监事会议上提出的今后的努力方向可以看出，协会的工作是多方面且具体务实的，包括充分利用中巴关系越来越好的机会，向市政府有关部门申请，争取修建中国广场或者搭建中国式牌楼；要求古里提巴地区的华人青年多支持像国会议

① 《中国驻里约总领事参观巴西华人文化交流协会》，中国侨网据巴西侨网，2008 年 3 月 4 日。

② 《巴西华人文化交流协会欢迎广东侨办代表团访里约》，中国侨网据巴西侨网，2007 年 6 月 3 日。

③ 《国侨办送石狮助兴，里约热内卢侨团举行春节联欢》，中国侨网，2006 年 1 月 31 日。

④ 《巴西巴中工商文化总会庆六周年，第四届理监事就职》，巴西侨网，2010 年 5 月 4 日。

⑤ 《驻里约热内卢副总领事王西安出席巴西里约扶轮社年度庆典活动并发表演讲》，中国外交部网站（驻里约热内卢总领事馆供稿），2011 年 7 月 25 日。

员威廉巫和市议员李少玉女士这样的华人精英参政议政，支持他们竞选；同时，该会要更密切地联系侨胞和团结侨胞，多举行活动，并尽量考虑适合不同年龄的侨胞需求。①

专门性文化团体是巴西一道亮丽的风景线。例如，巴西中华书法学会，成立于1991年10月，创始人为台湾同胞刘树德。其时他已移民巴西十多年，平时从事针灸工作，但因自小热爱中国文化，大学时代便开始练习书法，故移民巴西后，便发起成立巴西中华书法学会。2005年，他应邀参加了首届北京国际书法名家精品双年展。2006年4月，韩国美术协会为他举办了个人书展，授予他“亚细亚美术赏”奖状，并免费为他出版书法集。据2006年的消息，刘树德还任中日韩新书法家联谊会名誉会长、开封翰园碑林顾问、桂林炎黄书法艺术研究院名誉院长兼教授等职。

巴西中华书法学会成立后，每年都举办书法绘画展，供会员之间相互交流观摩。学会也团结两岸同胞，共同弘扬中华书法。遇重大事件，学会还举办重大展出。如1997年香港回归，该学会举办了庆祝香港回归巴西国际书法交流大展，有15个国家和地区的代表参加。1999年澳门回归，该学会又成功举办了庆祝澳门回归巴西国际书法展。

该学会的文化传播活动是卓有成效的。据说，由于巴西书法学会长年开展推广活动，学习中国书法的巴西民众越来越多，其作品的水平也不断提高。2006年9月，借成立15周年之际，学会在圣保罗举办中国书法国画展览，即日起向全巴西侨胞及巴西爱好者征集参展作品。10月16—20日，中国书法国画展览在南美侨报社文化中心展出，展出作品约200幅，除了有侨胞的作品，还有许多当地日裔、韩裔和巴西爱好者的作品。这次书画展既高雅且规范。这一点从巴西中华书法学会征集作品的要求可以看出来。作品的内容为中国传统毛笔书法作品及国画；书法的书体包括篆、棣、楷、行、草，篆、行、草附释文，内容要健康；书法的格式只限中堂、对联、条幅、直件，折扇亦可；国画则包括人物、山水、花鸟、鱼虫；所有作品必须装裱成轴件或装画框，每人作品不超过五件等。② 这样的严格要求反映了学会会员高超的书法造诣。

巴西华人唐韵艺术团也是一个专门性文化社团，成立于1999年。据唐韵艺术团团长王燕文2009年11月22日在圣保罗圣本笃学院礼堂庆祝艺术团成立10周年酒会暨专场演出晚会的致辞时所说，唐韵艺术团一路走来，十分艰难，也十

① 《巴西巴拉纳州华人文化协会举行新一届理监事会议》，网易（来源：中国新闻网），2010年8月26日。

② 《征集作品：巴西中华书法学会将举办书法国画展览》，中国侨网据《华声报》圣保罗消息，2006年9月18日。

分执著。艺术团成立之初，没有经费，没有排练场地，但团员们自己动手做服装道具，借用场地排练，终于走过了最艰苦的时期。10年来，艺术团经常参加侨社各种庆典及联欢演出，还时常活跃在巴西社会的舞台上，先后为圣保罗市庆、第三届国际城市博览会、坎皮那斯移民节、圣保罗市迎奥运“北京之家”等大型活动献艺，还多次接受巴西环球、GAZETA 、RECORD 电视等媒体的节目录制及采访。而从唐韵艺术家在庆祝成立10周年晚会上表演的节目（如歌伴舞、男声独唱、爵士舞、古筝独奏、独舞、太极扇、萨克斯风独奏、印度舞、女声独唱、小话剧等等）来看，该艺术团演出的节目十分精彩，领域宽广，因此也反映出该艺术团里人才众多，藏龙卧虎。① 他们为在居住国弘扬和展现中国艺术作出了贡献，受到巴西政府和民众的好评。

此外还有以个人名义出现的文化团体，如旅巴著名华裔画家方向光文化艺术基金会，该基金会是2006年5月成立的。虽称基金会，但可视为社团组织。据报道，该基金会是由一家巴西企业出资150万黑奥（约70万美元），并经巴西政府有关部门审核并批准成立的。②

据悉，方向光1951年移民巴西，其时在巴西已经居留55年，他本人的绘画生涯已达60年。他勤奋耕耘，不断探索，创作油画达数千幅，仅巴西收藏家手中的作品就有3 000多件。他在巴西画坛的影响力排在在世画家前10名之内。体现他重大贡献的标志有：2005年，一家巴西艺术机构给他举办了绘画60周年纪念画展；圣达卡达利那州 BLUMENAL 市还把他的名字刻在“巨人奖杯”上，为全国各界优秀人士颁发“巨人奖”。这在巴西还是第一次，无疑也是旅居巴西华侨华人的光荣和骄傲。③ 基金会成立后，计划在巴西全国选择四个大城市分别举行四场方向光个人画展，展出方向光近百幅油画新作。

圣保罗精武武馆，以弘扬中国武术文化为宏志。2008年6月22日，在圣保罗莫洛·比尼叶洛体育馆举办中国少林武术奥运文化节活动，表演了舞龙舞狮、武术气功、舞蹈、中国腰鼓等节目。当晚举行了闭幕及颁奖仪式。这次文化活动是为了迎接北京奥运会而举办的，得到了巴西华人协会和圣保罗市体育局等单位的支持。④

---

① 《巴西华人唐韵艺术团举行酒会庆成立十周年》，中国新闻网据《南美侨报》/巴西侨网，2009年11月23日。

② 《华裔画家获殊荣，巴西成立方向光文化艺术基金会》，中国侨网据《华声报》，2006年5月24日。

③ 《华裔画家获殊荣，巴西成立方向光文化艺术基金会》，中国侨网据《华声报》，2006年5月24日。

④ 《华社主办少林武术奥运文化节圣保罗圆满闭幕》，中国侨网据巴西侨网/《南美侨报》，2008年6月23日。

九、中医药学社团

中医药是中国传统医学，它包括中草药、针灸、推拿、正骨、拔罐、气功、药膳等中国传统医药学实践。它的神奇疗效、独特理论、无副作用的自然疗法，被认为是中华民族文明的瑰宝，已经受到全球越来越多国外患者的欢迎，成为造福人类不可替代的医学医疗资源。

中医早已走出中国国门。在世界上努力实践中医的国家中，巴西是各方面条件比较好的一个国家。巴西具有得天独厚的地理气候条件，有采撷不尽的草药资源。巴西又是移民国家，推崇多元文化，各民族和睦相处，为中医药的发展创造了良好生存环境和广阔的发展前景。

中医针灸尤为如此，它是以四诊八纲、辨证论治、阴阳五行及脏腑、气血、经络等理诊学说来指导临床治疗的一种行之有效的治疗方法，在巴西备受推崇。中医针灸学会会长刘方说，巴西是有一亿多人口的发展中国家，人均生活水平还不高，适应中医针灸医疗成本低的特点。[①] 据刘方说，针灸已正式纳入医界医学的范畴，引起越来越多医师、学者的重视。目前已被广大的巴西民众认同和接受。[②] 如今在巴西，针灸疗法已进入政府公共医疗体系，上到总统，下到百姓都成为中国针灸的受益者。[③] 到 2006 年，巴西已掀起新一轮学习中医针灸的热潮。据当时统计，巴西有 2 万多名针灸医师，其中华人约 1 000 人。

一般来说，中医在域外传播推广，无非通过三个途径：一是官方的途径，即政府通过派遣医疗技术人员等途径传播推广中医；二是民间的途径，主要上是通过医学研究机构之间的往来开展中医的传播与推广；三是通过华侨华人的途径，即通过居住在当地的华侨华人医疗技术人员传播与推广中医。在巴西，最有特色和成效的中医传播推广是通过华侨华人的途径。所以说，中医在巴西的传播与推广，华侨华人功不可没。

巴西中医针灸学会可能是巴西最早成立的行业社团。它成立于 1983 年 7 月。其宗旨是：发扬推广中国传统医学，增进同业学术交流，提高医疗施治水平，提高巴西国民的身体健康，维护执业者合法地位和权益。[④] 2006 年 3 月 5 日，巴西

---

① 《推动传统医学发展，巴西中医学会举行学术演讲会》，《华声报》，2006 年 4 月 26 日。

② 《巴西中医针灸学会在中国武术文化日开展义诊活动》，《华声报》，2006 年 5 月 6 日。

③ 《巴西中医药针灸学会成立 25 周年，巴西总统发贺电》，中国侨网据《南美侨报》/巴西侨网，2008 年 7 月 15 日。

④ 《巴西中医药针灸学会改选，举行新老会长交接仪式》，中国侨网据巴西侨网报道，2007 年 7 月 16 日。

中医药学会正式成立。据《南美侨报》报道，巴西中医药学会是经过数月筹备，在世界中医学会联合会秘书长李振吉来巴西访问后及世界中医学会联合会促成下成立的。其成立大会在圣保罗举行，近 40 位理监事欢聚一堂。一些侨界代表以及巴西医学界朋友出席了成立大会，圣保罗市侨界代表以及巴西友人数十人前往恭贺。首届会长叶富坤向去年通过中医针灸资格的学员们颁发了精美的合格证书。[①]

巴西中医针灸学会是由旅居巴西的华人中医针灸师和爱好中国传统医学的巴西医师组成。它一直发扬其优良传统，团结广大中医药针灸执业者共同振兴会务。据第八届新会长惠青在换届大会上说，学会自成立以来，走过了不平凡的历程。学会在巴西传承推广中国传统医学，团结针灸执业者，开展各项学术交流活动，提高了针灸执业者专业水平及职业道德。特别是这些年来，学会举行了 18 次大型学术研讨会，举行过无数次义诊活动，出版了 59 期学会会刊。[②] 近几年来，该会的会务工作更加社会化、公开化，经常开办学术讲座和辅导班，提高会员的医疗水平。

巴西针灸与企图扼杀中医针灸者斗争了 20 多年。据惠青说，近几年来，学会多次拜会总统公办室主任、联邦众议院议长、卫生部长等要员，就中医针灸在巴西立法问题表达建议，提供可行的方案，为维护针灸执业者的合法权益，保障中国传统医学在巴西健康持久发展开拓了新局面。[③] 努力终有回报。2006 年，针灸联同草药、顺势、温浴三种自然疗法一齐被卫生部 971 法案列入巴西国家医疗系统。[④] 但事情并没有到此结束。巴西国会仍然欲立法禁止中国人在巴西针灸。于是巴西中医针灸学会联合其他理疗业反对这一偏颇行为。2007 年 2 月，圣保罗 2 000 多名侨胞在郊外举行春节联欢大会，该会派出了救护车提供医疗服务，由刘方会长、惠青副会长以及彭松医生、安得烈医生组成的医疗组在现场为侨胞作义诊。此事正是针对这一偏颇行为而来的。[⑤]

针灸学会自成立以来，在当地居民中积极开展义诊活动，是巴西中医药针灸学会扩大中医针灸和学会影响的最重要途径。同时，每当侨社举办较大的群众性

---

① 《致力中医药学交流推广，巴西中医药学会成立》，中国侨网据《华声报》圣保罗消息，2006 年。

② 《巴西中医药针灸学会改选，举行新老会长交接仪式》，中国侨网据巴西侨网报道，2007 年 7 月 16 日。

③ 《巴西针灸学会成立 25 年，使领馆官员出席庆祝活动》，中国侨网据《南美侨报》/巴西侨网，2008 年 7 月 28 日。

④ 《巴西针灸学会成立 25 年，使领馆官员出席庆祝活动》，中国侨网据《南美侨报》/巴西侨网，2008 年 7 月 28 日。

⑤ 《积极为侨社和巴西民众义诊，巴西针灸学会受欢迎》，中国侨网据巴西侨网报道，2007 年 2 月 27 日。

活动，针灸学会都派医生现场做义诊服务，受到侨胞的欢迎。第八届学会会长惠青也表示，上任后要承前继后，继往开来，每年将定期举行两次以上大型学术交流讲座，经常配合各大侨团开展回馈巴西社会的针灸义诊活动。① 显然，用针灸为巴西民众治病，是在巴西推广神奇的中国传统医学的有效途径，既可以帮助很多巴西人恢复健康，还可以提高华人在当地的良好形象。

2006年4月30日，由巴西华人精武体育馆主办的武道武术中国文化日在GINASIO IBIRAPUERA体育馆开幕。为弘扬中国传统医学文化，特邀请了巴西中医针灸学会担当针灸义诊工作，并特别提供了针灸治疗专区。据《南美侨报》报道，参加义诊的医师们制服整齐，以亲切的工作态度、积极的专业工作精神、高超的医术，通过安全卫生的针具用品为现场来往不断的百余名巴西民众提供了服务，众多的慢性病患者的病痛当即减轻并好转。被针灸治疗的多数病患为初次接受针灸治疗者，当他们亲身体验到中国针灸医术的神奇功效时，他们满怀感激，赞不绝口。于是众口相传，使得民众纷至沓来，签名登记排队等候，床位一直客满。面对众多的巴西病患，医师们耐心问诊，细心行针。与此同时，该学会在义诊现场接受了巴西第11、13电视台的采访与咨询。此次义诊活动于当日下午5时方才结束。②

2006年6月4日，巴西中医药学会前往观音寺举行针灸义诊，据巴西侨网报道，当天的患者达200余人，大部分为观音寺附近的居民，少部分从较远的地区慕名而来，个别患者甚至开一个多小时的车赶来求诊，还有三位病人是坐轮椅来的，义诊直到近傍晚时分才结束。据巴西中医药学会会长叶富坤介绍，以华人针灸师生为主的义诊活动，已经在观音寺坚持了3年多时间，先后共医治患者一万多人次，其中为数千人治愈了各种疾病，另外使数千人病情得到了缓解，患者们普遍反映疗效好。为了使这项工作长期进行，数月前叶会长等人在观音寺添置了12张病床，制作了白布围帐，改善了义诊的条件和环境。由于患者们的口口相传，一到每月义诊的这一天，等待治疗的患者就排起了长龙。③

2007年8月26日，巴西中医药针灸学会在著名的桑巴舞学校ROSA DE OURO参与了巴西陆军野战医院举行的大型义诊活动。据悉，巴西中医药针灸学会是当日唯一受邀请的华侨社团。当天的义诊项目有牙科、内科、妇科、儿科、针灸等，医护及工作人员达100多人，前来求医的患者有数千。义诊在巴西军方提供临时野战帐篷里进行。天气较热，帐篷里闷热，但中国针灸医师们忍着饥渴，

---

① 《巴西中医药针灸学会答谢各界对新当选理监事恭贺》，中国侨网，2007年8月7日。
② 《巴西中医针灸学会在中国武术文化日开展义诊活动》，《华声报》，2006年5月6日。
③ 《坚持三年多，巴西华人医师为当地民众义诊》，《华声报》，2006年6月7日。

从上午一直工作到下午5时。巴西中医药针灸学会会长惠清、副会长梅裔康、袁愫澜，及陶厚胜医师等多位理监事参加了义诊工作。这一次，由于传媒的参与，影响更大。义诊得到十多家单位赞助，并由巴西各大电视台及各新闻媒体前来实况报道，多位著名电视节目主持人作了现场采访。①

2008年3月7日，巴西圣保罗市政府庆祝三八国际妇女节大会在伊比拉布艾拉体育俱乐部举行。当天庆祝活动内容丰富，特别引人注目的是，巴西中医药针灸学会应邀参加了当天的义诊活动，在庆祝活动中为500多位妇女患者进行了治疗。巴西中医药针灸学会会长惠青、副会长梅裔康、秘书长罗淑君以及钟明仁等针灸医师参加了义诊。由于巴西妇女事先得知有中国针灸师前来义诊，故刚到8时，针灸诊疗室门外就排起了五六十人的长队，患者还在源源不断地增加。当天来疗治的，大多是中老年妇女，以患有肩周炎、颈椎脊椎病、腰腿和坐骨神经等痛症较多。以上痛症病症若以西医治疗，效果常常不理想，而经过华人医师治疗，病情大都当场得到缓解。有几位患肩周炎病人当场举起了进来时还举不起来的胳膊。她们一面惊叹中医针灸的神奇，一面伸大拇指感谢义诊的华人医师。②

由于巴西在针灸方面尚未立法，针灸执业者的水平参差不齐，妨碍了中医针灸健康发展的情况。2005年，世界中医药联合会及世界针灸学会联合会在巴西首次举行了宗旨为在巴西推行中医针灸国际标准的资格考试。26位巴西医师和华人医师参加考试，23人通过了考试并获发证书。之后，巴西中医药学会、巴西中医针灸学会举办了多次中医针灸学术演讲会和资格考试辅导班，为2006年8月和11月的针灸执业资格考试做准备。希望通过世中联、世针联的考试，在巴西建立起一支基本的中医针灸队伍。③

值得赞赏的是，巴西中医药学会十分注重中医药治疗的普及和国际标准化工作。例如，2006年4月21日至23日，圣保罗市举行了巴西中医药学会成立以来首次大型中医药、针灸学术演讲会，近200位从事中医药和针灸的工作者出席。演讲会上，巴西中医药学会会长叶富坤医师遵照世界中医药学会联合会对巴西中医药学会的要求提出几点希望，即借助举办学术讲座促进和提高巴西中医药和针灸理论水平；推动中医药针灸国际标准化；团结巴西的中西医工作者，为巴西人民的健康作贡献。④ 2007年巴西中医药针灸学会成功举行了第一期国际针灸医师执业资格考试培训班，在巴西针灸执业中产生了很大的影响。应众多热爱中医针

① 《巴西华人针灸医师参加大型义诊活动回馈当地社会》，中国侨网据巴西侨网报道，2007年8月28日。

② 《华人针灸师为圣保罗三八节义诊，五百多患者受益》，中国侨网据巴西侨网报道，2008年3月8日。

③ 《推动传统医学发展，巴西中医学会举行学术演讲会》，《华声报》，2006年4月26日。

④ 《推动传统医学发展，巴西中医学会举行学术演讲会》，《华声报》，2006年4月26日。

灸的巴西西医师及物理治疗业者要求，巴西中医药针灸学会又于2008年8月17日和18日举办了第二期培训班，学员30多名。巴西中医针灸学会会长惠青表示，本次培训班按世界针灸联合会的国际考试标准共对中医理论基础、人体解剖学、针灸学三个学科进行培训辅导。培训时间为8个月，每两周开办两天课程。圣保罗理疗公会主席、圣保罗市议员出席了培训班开课仪式，他们表示支持学员们通过培训，使针灸执业在巴西步入正规化、标准化轨道。①

2008年3月29日上午，巴西第二次国际针灸医师资格考试在圣保罗举行，30多位巴西及阿根廷华人考生参加了当天的《中医学基础》、《针灸学》、《正常人体解剖学》科目的考试。世界针联副秘书长麻颖、世界针联赴巴西特别代表傅世垣教授、洪杰教授主持考试并进行监考。本次考试由巴西中医药针灸学会与世界针灸学会联合会联合举办，巴西中医药针灸学会前会长、世界针联副主席刘之明，以及该会老监事长张无咎、现任会长惠青、世界针联赴巴西代表团专家傅世垣、麻颖、洪杰教授出席考试开幕仪式。这三位专家教授是专程从中国赶来主持考试以及举行新闻发布会和针灸学术讲座的。他们主持监考，并得到巴西翻译林筠的监督公证。据说考试的密封卷由中国带来，分中文、葡文两种。参加本次考试的30多位考生，除了来自巴西各地的巴西及华人考生外，还有8位来自邻国阿根廷的考生。考试之中，考生们严格遵守考场纪律，认真答卷，按时交卷。麻颖教授还透露，今年5月，巴西将举办首届传统医学替代疗法研讨会，世界针联主席邓良月、联合国卫生组织张小瑞将应邀出席，它将为世界针联与巴西卫生及医学界广泛深入地交流与合作展开新局面。通过国际针灸医师资格考试，可以提高执业者的业务水平，确立个人的学术地位，并有利于将来争取职业保障及合法权益。办好国际针灸医师资格考试，有利于展示中国传统医学的重要作用和地位，推动针灸在巴西立法，造福当地人民。②

巴西中医药针灸学会的义诊活动还有助于为华侨华人谋取合法权益，这点更显得难能可贵。例如，为支持华人李少玉女士竞选圣保罗市议员，学会于2008年5月3日上午在圣保罗北区一所学校举行针灸义诊活动。此地属北区，位置偏远，居民几乎没有人接受过针灸治疗。听说华人来做针灸义诊，100多名患有风湿病、腰椎疼痛、头痛以及面瘫等症的患者纷纷前来就诊，许多患者的病情得到缓解。他们对中国针灸师放弃周六休息前来义诊表示欢迎之余，也一再感谢华人候选人李少玉女士对该地区居民的关心。此次义诊以实际行动支持李少玉竞选，

① 《巴西中医药针灸学会举办针灸医师资格考试培训班》，中国侨网据巴西侨网报道，2007年8月20日。

② 《巴西举行国际针灸医师资格考试，30余位华人应试》，中国侨网据巴西侨网报道，2008年3月30日。

也是为了让中国传统医学更多地造福巴西民众。[①]

此外，华侨华人医学社团还积极开展对外学术交流。2006年11月25—26日，巴西中医药学会于圣保罗COMFORTO宾馆举办了第一次国际中医药学术研讨会。应邀参加此次研讨会的授课专家有：世界中医药学会联合会及世界针灸学会联合会的联合资格考试部命题处处长，北京中医药大学教授、北京东方大学中医学院学术带头人萧俊平，北京中医药大学附属医院针灸科主任、中国针灸学会常务理事及临床分会副主任委员、北京中医药大学博士生导师赵吉平教授，安徽中医学院附属针灸医院院长、中国针灸学会常务理事及临床分会副主任委员、安徽中医学院研究生导师杨骏教授，世界中医药学会联合会顾问、巴西中医药学会会长叶富坤先生。来自圣保罗州、米那斯州、巴拉纳州及里约州的100余名中医针灸师参加了此次学术盛会。据报道，两天的学术研讨会圆满结束，但学员们意犹未尽，久久不愿离去。与会者当场要求各位教授留下地址，希望前往中国进一步学习，提高针灸诊疗技术。同时恳请中医药学会多举办类似活动，邀请更多的中医针灸名家前来巴西传经送宝。[②]

2009年11月4日至7日，世界针灸学会联合会第七届会员大会暨世界针灸学术大会在法国斯特拉斯堡举行。世界针灸联合会是迄今为止唯一一个与世界卫生组织建立正式工作关系的非政府国际针灸组织，也是规模最大最有影响力的国际针灸组织之一，拥有126名会员，遍布50多个国家与地区。而世界针联会员大会暨世界针灸学术大会是由世界针联主办的最具国际影响力的国际针灸届行业盛会，每4年左右举办一次。本届会议由欧洲两个主要国家的针灸学术团体法国CFA-MTC和德国ATCAE联合承办，是一次影响欧洲乃至全世界的成功的针灸医学学术大会。会议期间，在斯特拉斯堡大学召开世界针联第六届执委会第五次会议、世界针灸学会联合会第七届会员大会，并于11月5日到7日在欧洲议会中心举行世界针灸学术大会。巴西中医药针灸学会会长惠青应邀代表该学会出席会议。值得注意的是，惠青出席本届会议时，还带去了巴西总统卢拉、巴西总统办公室主任GILBERTO CARVALHO、巴西卫生部长对大会的亲笔签名贺信，并于大会上宣读，以此表示巴西政府对世界针灸学会联合会第七届大会召开的热烈祝贺。卢拉在致世界针联主席邓良月的贺信中说：“我很荣幸祝福您与所有参会者，并预祝这个重要的会议成功。与此同时，我作为建立在中国千年文化基础上的针灸治疗的受益者，承认针灸在全世界中的发展和运用，我们也特别注重针灸在我们国家的运用。我希望我们国家更多的公民和世界人民都享有对健康有益的技

① 《巴西中医药针灸学会义诊支持李少玉竞选圣市议员》，中国侨网据巴西侨网消息，2008年5月4日。
② 《巴西中医药学会举办第一次国际中医药学术研讨会》，《华声报》，2006年11月28日。

术，让这种疗法能够带给大家健康。"[①] 世界针灸学会联合会2010年度国际学术大会于11月5日至7日在美国旧金山召开。来自世界各地50多个国家和地区的500多名代表参加了本次盛会。大会开幕后，世界针灸联合会主席邓良月、秘书长沈志祥及世界针联副主席刘宝延教授报告了联会本年度的工作和未来的工作方向。他们表示，随着针灸医学逐步国际化，要进一步加强与世界卫生组织的合作，建立标准，同时宣布了世界针联国际标准化工作委员会的成立。巴西针灸学会前往与会的，有会长惠青及副会长、秘书长、理事长、理事等8人。巴西传统中医药针灸学会理事长张立大医师应邀作了"中医妇科痛经及不孕症"的学术专题演讲。在演讲中，他详细分析了中医妇科病类中的基本特点与临床诊断，并深入阐释了中医妇科辨证施治的诊病方法，赢得学者的欢迎和好评。[②]

巴西中医针灸学会的努力得到越来越多的理解和支持。这里可以举出两个例子来说明。

第一个例子是2008年庆祝巴西中医针灸学会成立25周年活动中巴西政要对针灸的表态。当时巴西总统卢拉、世界针灸联合会主席邓良月、联合国世界医学组织传统医学处处长张小瑞、中国驻巴西大使陈笃庆、中国驻圣保罗总领事孙荣茂、巴西卫生部长、总统办公室主任等都纷纷发来贺信。卢拉在贺信中说："尊敬的巴西中医药针灸学会的成员们，我诚挚地祝贺你们巴西中医药针灸学会成立25周年，并愿与你们共同分享度过这个日子。毫无疑问，这是一个值得庆祝的日子，因为作为巴西人我们学会了尊重并看出了这种医术对我们的重要性，而且了解了这种医术对我们国民的健康非常有益。我要在这个时候祝贺贵会的全体成员，并希望中医及针灸能够在巴西越来越得到推广和发扬，进一步提高巴西本国国民的健康素质。"[③]

第二个例子是巴西政要对针灸和中医名家的亲密态度。巴西利亚华人华侨协会会长顾杭沪医生就是巴西前任总统卢拉和现任女总统迪尔玛·罗塞夫的中医保健医生。顾杭沪1987年11月11日移民巴西，出国前曾是上海市委党校的医生，现任世界针灸联合会高级顾问、巴西传统中医药学会名誉会长。他的"御医"史正式开始于2003年。这一年他开始担任前总统卢拉的中医保健医生。事实上，在此之前，他与卢拉总统还应该有一个认识的过程。如果把这段时间计算在内，他作为卢拉"御医"的历史应该开始得更早。是他用针灸治好了卢拉的肩周炎。

---

① 《巴西总统托华人向世界针灸学会七届大会致贺信》，网易（来源：中国新闻网），2009年11月2日。

② 《巴西针灸学会出席世界针灸联合会国际学术大会》，网易（来源：中国新闻网），2010年11月17日。

③ 《巴西中医药针灸学会成立25周年，巴西总统发贺电》，中国侨网据《南美侨报》/巴西侨网，2008年7月15日。

卢拉卸任后，顾杭沪继续为现任女总统罗塞夫当中医保健医生。且顾杭沪与女总统也有一段时间不短的个人交往历史。罗塞夫2004年担任部长，自那时开始，就在顾杭沪所开的诊所接受针灸治疗。据说现在顾医生在每周的周三和周六都会为她进行保健治疗。这位女总统因而对中国的传统中医及针灸评价很高，在她与顾医生合影的照片上签字时，曾写下了“针灸万岁”四字。除了两位巴西总统受益于中国的针灸，巴西国会老议长沙内、政府的多位部长及许多国会议员也是顾医生诊所里的常客。因为与巴西总统的特殊关系，顾杭沪还成了国家的贵宾。自从做了卢拉的“御医”后，他年年都应邀参加巴西国庆典礼。他还先后于2004年、2009年陪同卢拉总统以及在2011年4月陪同罗塞夫总统访华，均受到胡锦涛主席的接见，并出席胡主席为巴西总统举行的国宴。他最近一次应邀登上巴西国庆观礼台是在2011年，他在观礼台上与罗塞夫及联邦政府官员、各界贵宾一起阅兵。其间，身披总统绶带的罗塞夫还与顾杭沪亲密合影，并在照片上签名。[①] 作为医生，能够因为与一国元首的特殊关系而成为国家贵宾，这样的例子在华侨华人史上可能绝无仅有。其实，与其说这是总统的“厚恩”，毋宁说是总统等巴西高官对中医针灸学会多年来工作的肯定，更是对中医针灸这门中国传统医术的肯定。这对中医针灸学会乃至整个华人中医针灸业界是一个巨大的鼓舞。

十、和平统一促进会

海外的中国和平统一促进会是华侨华人建立的自发性民间非营利性社会团体，自本世纪开始后，为应如火如荼的反“台独”、促统一的热潮而在世界各国纷纷建立。有的以国别命名，有的以所在城市命名。一般地，各国各城市的中国和平统一促进会均与所在洲的中国和平统一促进会建立较为密切的联系。

据中南美洲中国和平统一促进会网站资料称，中南美洲中国和平统一促进会是2001年3月18日在巴拿马诞生的。这里所说的中南美洲，其范围包括中南美洲及加勒比地区。中南美洲中国和平统一促进会的全体成员会（成员）秉承世界上只有一个中国，大陆和台湾同为一个中国，中国的主权和领土完整不容分割的原则。坚决支持以“一国两制，和平统一”的方式统一中国。坚决反对世界上任何势力，以任何形式、任何借口制造所谓的“一中一台”、“一边一国”等企图分裂中国的行为。倡导在“一个中国原则”及没有任何外来势力的干扰下，两岸通过对话和协商，依照绝大多数中国人民的意愿，争取以和平的方式，最终实现中国的完全统一。值得注意的是，中南美洲中国和平统一促进会还特别强调

① 《华人医生每周二次做针灸保健　巴西女总统称“针灸万岁”》，福建侨网，2011年9月23日。

以下立场：全体成员坚决支持中国政府在一旦发生“台独”势力勾结外来分裂势力，以任何形式和任何借口企图实施实质性“台独”的分裂图谋的情况下，以武力维护中国主权和领土完整的正义立场。这一点与中国政府2004年通过的《反分裂国家法》的内容完全一致。

据称，到2004年，中南美洲中国和平统一促进会成立先后已有中南美洲（含加勒比海）地区的近20个成员会加入。其成员会员包括：阿根廷、玻利维亚、巴西（共5个，其前缀或后缀分别为“巴西里约”、“巴西总会”、“巴西联合会”、“巴西”、“巴西巴西利亚”）、智利、哥斯达黎加、厄瓜多尔、圭亚那、墨西哥（共有两个，一个前缀“墨西哥”，另一个前缀“墨西哥下加州”）、巴拿马、秘鲁、特立尼达和多巴哥、委内瑞拉等。上述各会，一般称“中国和平统一促进会”，也有的称“华侨祖国和平统一促进会”、“中国和平统一促进联合会”等。显然，这类组织基本上在南美洲，加勒比海地区诸国或属地很少。

中南美洲中国和平统一促进会通过组织召开2001年巴拿马会议（巴拿马大会）、2002年利马工作会议、2002年圣保罗年会（圣保罗大会）以及2003年利马工作会议的形式，有效地建立了与各成员会之间的联络与协调机制，使得中南美洲统促会的活动始终保持旺盛活力。与此同时，中南美洲中国和平统一促进会还积极参与全球各地统促会或者其他组织举办的各类会议和活动，先后派团参加了自柏林大会以来的各种类型的“反独促统”会议。此外，2003年底，中南美洲中国和平统一促进会还组成了由十多个成员会派出的30多位代表的中南美洲中国和平统一促进会参访团，应中国和平统一促进会、全国台联及国务院侨办的邀请，前往北京、四川、福建等地参观访问。①

2000年以来，全球海外华侨华人推动中国和平统一运动风起云涌，巴西也在世纪之初成立了两个“中国和平统一促进会”。一个是“巴西中国和平统一促进会”，另一个是“里约中国和平统一促进会”。巴西国内的“反独促统”组织比较多，除了上面所列的之外，可能还有别的鲜为外界知道的组织。例如，有一个叫“巴西中西部地区中国和平统一促进会”，于2007年2月17日在巴西中部城市戈亚尼亚市BANANA MENINA森林饭店特意组织安排了一次庆春活动，才为外界所知。

巴西中国和平统一促进会是2002年10月19日在巴西海滨城市里约热内卢召开的成立大会上正式宣告成立的，是海外最早成立的促进祖国和平统一的华侨华人团体之一。理监事任职时间在2007年第四届以前为两年一任，之后改为四

① 据中南美洲中国和平统一促进会网站，2009年4月21日。

年一任。[①] 成立时的会长为杨吉，法人代表为陈碧云女士。他们两人和中国驻里约热内卢总领事汪晓源、里约热内卢最大华人华侨组织——华人联谊会老会长詹明洋分别在大会上致辞。

2006 年 12 月 13 日至 16 日，全球中国和平统一促进大会在澳门举行，这是首次在“一国两制”的实施地举办中国和平统一促进大会，具有重大意义。全球 80 多个地区的 181 个中国和平统一促进组织派代表参加会议，其中包括巴西的 30 多人，他们分别来自巴西利亚、里约热内卢和圣保罗三个城市。[②]

应该指出，在世界各国各地的和平统一促进会中，一些有社会地位和名望而又热心两岸统一事务的侨领的个人角色是十分重要的。他们主要是在和平统一促进会成立的初期起组织、协调、筹备、联系和资金支持等作用；在和平统一促进会成立起来后，还通过不同方式支持其正常运作，使其坚持正确的运行方向。在巴西中国和平统一促进会产生之初，杨吉和雷滨先生就担当起这样的角色。杨吉是台湾同胞，他移民巴西数十年，热心侨社公益活动，曾担任巴西中国和平统一促进会第一、第二届会长，后为该会永久名誉会长。因心血管病突发于当地时间 2007 年 6 月 13 日凌晨 3 时去世，享年 62 岁。他一生希望两岸实现和平统一，并为此目标不懈努力。[③] 雷滨是云南澜沧人，后在台湾读书，又因经商移居巴西，生意红火。“反独促统”运动开展后，他全心全意投入祖国的和平统一大业，孜孜不倦地做好各方面的工作。2002 年 6 月“中南美洲推动中国和平统一新世纪圣保罗大会”在巴西举办，雷滨是主要筹办者。为了保证大会的顺利进行，他不仅慷慨解囊，还夜以继日地操劳，赢得了人们的普遍赞誉。在此前后，雷滨参加了很多“反独促统”国际大会。2002 年，他荣任中国和平统一促进会海外理事，后还正式受聘为中国侨联海外顾问，多次受到来访巴西的中国国家领导人接见。他曾接替杨吉担任会长，到 2009 年卸任。

华侨华人虽生活在海外，但来自中国大陆的绝大多数新移民都关心中国统一大业，愿为中国统一大业尽一份力量。来自中国台湾、香港地区的大多数华侨华人在“反独促统”、盼望中国早日统一这一点上与大陆新移民可说是志同道合。

这里应该提及的是，巴西中国各和平统一促进组织在做好“反独促统”工作的同时，还积极拓展工作范围，为侨胞服务。例如，巴西中国和平统一促进会在其发展的过程中，能与时俱进，积极拓展思路，灵活务实地开展工作。2008 年 3 月 20 日晚在里约热内卢举行的第四届理监事会就职典礼上，新任会长杨献

---

① 《里约中国和平统一促进会改选，会长詹慧华获连任》，中国侨网据巴西侨网报道，2007 年 2 月 9 日。

② 《巴西和统联合会召开理事会议，举行年终总结座谈》，中国侨网据《华声报》，2006 年 11 月 22 日。

③ 《巴西“和统会”名誉会长杨吉病逝，享年 62 岁》，中国侨网据巴西侨网报道，2007 年 6 月 14 日。

翠在致辞中就提出，在未来发展过程中，巴西中国和平统一促进会将继续紧跟形势变化，及时调整工作方向和工作重点，以更加灵活、务实的方法开展工作，争取更大成绩。这就把巴西中国和平统一促进会的工作扩展到“反独促统”以外的范围上去了。应该说，这是和平统一促进会工作思路上的一个新飞跃。作为数以百计的巴西华侨华人社团之一，为侨胞做一些本社团“业务”范围以外的事情，本来也天经地义。实际上，其他类型的社团也是这样做的。在这个问题上，不存在社团“业务”范围上的所谓彼疆此界之分。而且，广大侨胞对各个社团以不同方式（包括“超出”其“业务”范围的方式）为侨胞服务的行为肯定是赞赏的，这对该社团本身的发展也是有利无弊的。就巴西和平统一促进会来说，近几年来，开展“超出”其“业务”范围的工作已经是习以为常了。比如，组织动员广大侨胞，支持中国经济建设，积极为北京奥运场馆建设以及国内水灾、雪灾、地震灾区捐款，为云南贫困地区捐建希望小学和医疗诊所，同时积极融入当地社会，为增进中巴两国人民友谊作出了贡献。① 据报道，巴西中国和平统一促进会还连同其他侨团于2006年1月创办了“巴西侨网”，以反映华人、华侨在巴西的工作生活动态为主要特色，为侨胞提供各种资讯。

最近几年，巴西中国和平统一促进会和里约中国和平统一促进会十分重视搞好与当地民族的关系。他们乐于为居住地的巴西民众做好事、善事，建立华人良好形象，用实际行动回馈当地社会，也逐渐融入当地社会。他们在圣诞节和新年到来之际，迎合巴西里约热内卢华侨华人举行的“快乐圣诞，奉献爱心”活动，向当地贫困居民捐赠食品等过节物资。对许多侨胞来说，圣诞节和新年前夕往往是最为忙碌的时候，他们要放下手中的工作和生意，积极支持这项惠及当地民族同时也惠及侨胞自身的慈善事业。

2007年12月29日下午，巴西中国和平统一促进会雷滨会长带领王俊晓等主要干部，在交际部长曾祖智和PASTOR、JORGE、MANUEL带领下，开着数辆车子，载着近3万公斤的糖、米、油、盐、豆、面、薯等巴西人主要食物，直奔巴西最大的贫民区ROCINHA，分发给住在那里的贫穷家庭，帮他们度过一个愉快的新年。雷滨会长让前来的8位华人排成一行，有条不紊地发放粮食。领取粮食的民众一再对华人的义举表示感谢。整个发放活动进行了8个多小时。②

2001年3月成立的里约中国和平统一促进会也积极拓展工作思路，做一些“分外”的好事。例如，2007年10月12日是巴西儿童节，当日早上，里约中国和平统一促进会会长詹慧华、副会长陈跃锋、副监事长颜俊温等人与里约市议员

① 《巴西中国和平统一促进会举行理监事会就职仪式》，新华网，2009年3月21日。

② 《回馈住在国社会 巴西和统会岁末送粮食上贫民山》，中国侨网据巴西侨网报道，2008年1月1日。

胡恩比斯·安特拉迪（RUNBES ANDRADE）一起到里约市郊区坎波·克兰提（CAMPO GRANDE）、雷亚雷格（REALENGO）等地看望和慰问贫困儿童。里约中国和平统一促进会在此次看望儿童中共捐出2 000多个玩具，表达了巴西华侨华人的爱心和对当地社会的关心，以实际行动回馈巴西社会。①

2008年元旦前夕，巴西里约中国和平统一促进会举行了两次爱心活动。第一次活动是12月7日，里约中国和平统一促进会会长詹慧华、名誉会长裘克毅、中国驻里约总领事馆领侨室主任何守邦等人，来到里约圣特雷西尼亚、雷亚雷格两个贫民区，向当地居民赠送了食品、生活用品及节日礼物；第二次活动是12月14日，里约中国和平统一促进会会长詹慧华、老会长裘克毅以及该会骨干理事，在当地市议员胡恩比斯陪同下来到雷亚雷格贫民区，看望、慰问当地民众。现场聚集了近500名少年儿童排队领取圣诞礼物。②

各和平统一促进会内部的活动是丰富多彩的。2007年5月6日，巴西中国和平统一促进会举行郊外联谊会，欢庆母亲节。当天的郊外联谊会在里约侨领季福仁的乡间别墅举行，一百多位两岸同胞母亲们携儿带女分乘两辆大巴士和数十部私家车于上午来到这里，然后大家开始踏青、交谈、打球、玩牌、游泳，欢度母亲节。③ 又如，2009年3月14日和15日两天，巴西里约中国和平统一促进会组织在里约热内卢的两岸侨胞赴里约州山区的FAZENDA HOTEL FONTES DE SANTO AMARO进行郊游活动。④

巴西中国（中华）和平统一工商会会长李民在巴西东北部城市累西腓的市中心经营着一座“玫瑰园”餐厅。餐厅处处显示着中西合璧的风情。李民的家乡在中国福建厦门，他是一名退伍军人。李民曾在海外打拼已经有十多年，在巴西经营着旅行社、贸易公司、食品商店等生意。2005年他发起成立了中国（中华）和平统一工商会，深受侨界敬重。目前该会已经有了100多个会员。“玫瑰园”餐厅是累西腓侨胞欢度春节、中秋节等节日的大本营，也是巴西中国（中华）和平统一工商会的办公地点。几年来，巴西中国（中华）和平统一工商会自发为中国大陆的冰雪灾害、汶川大地震和奥运会组织了捐款，又为台湾的风灾、水灾组织了募捐。他曾在新中国成立60周年国庆大典回国观礼。李民一直教育3个子女热爱祖国，告诉他们血管里流着中国人的血。他希望以后自己的儿

---

① 《巴西儿童节：里约中国和统会为贫困儿童捐赠玩具》，中国侨网据巴西侨网报道，2007年10月15日。

② 《回馈社会树形象　华社向巴西贫民区赠圣诞礼品》，中国侨网据《南美侨报》/巴西侨网，2008年12月18日。

③ 《巴西和统会欢庆母亲节　吁促台湾早日回母亲怀抱》，中国侨网据巴西侨网，2007年5月8日。

④ 《巴西里约中国和统会组织两岸侨胞进行郊游联谊》，中国侨网据《南美侨报》/巴西侨网，2009年3月17日。

个子女都能回国读书，架设巴西和中国间的友谊桥梁。[①]

此外，各和平统一促进会对祖（籍）国重大活动也给予了支持和关注。例如，2007 年 8 月，中国外交部发布《中国领事保护和协助指南（2007 年版）》，充分体现了中国政府对海外侨胞的关怀和重视。8 月 26 日晚，巴西华侨华人中国和平统一促进联合会、南美洲台湾同胞联谊会就此举行座谈会。特别值得一提的是，巴西华侨华人中国和平统一促进联合会会长、南美洲台湾同胞联谊会会长朱玉郎在会上的发言，表达了台湾同胞的心声。他说，中国驻外使领馆领事保护对象是指具有中国国籍的中国公民，包括华侨，也包括港澳台同胞。这对我们旅居巴西的台湾同胞来说是一件好事，过去台胞在巴西合法权益一旦受损害往往求助无门，现在有中国政府出面进行交涉，我们就有了后盾。[②] 这类活动不胜枚举，充分反映了各和平统一促进会对祖（籍）国重大活动的支持和关注。

十一、台湾侨民的社团

台湾侨民所建立的社团涉及多个领域，为了研究方便，这里且将之集中在一起作一综述。

巴西有台湾侨民主导的中华会馆。巴西的中华会馆成立时间很早，本不属台湾或大陆侨民所专有，但目前所检索到的巴西的中华会馆多与台湾方面有比较密切的关系。巴西的中华会馆分布于多个城市，如里约中华会馆、圣保罗中华会馆、巴西利亚中华会馆等。但究竟巴西共有多少个中华会馆，还需进一步查实。

就这 3 个中华会馆而言，成立的时间相差很长。里约中华会馆成立于 1919 年，圣保罗中华会馆成立于 1930 年，而巴西利亚中华会馆则迟至 2009 年 2 月 14 日才正式成立。[③] 可见 3 个会馆的产生彼此没有直接联系，但从地理上来看，3 个会馆则可以相辅相成。另外，3 个会馆目前都与台湾方面保持比较密切的联系，每年举办庆“双十”及“青年节”大会，配合台湾方面举办活动。当然，也履行作为侨团的基本职责，开展华文教育，发扬中华文化，维护侨胞权益，并协助华侨解决困难。

中华会馆保留着良好的中华文化传统。例如，圣保罗中华会馆有公共墓地，每年巴西国定清明扫墓节，皆按惯例前往所属华侨公墓为华侨先贤献花祭拜以表追怀之意。[④] 2011 年 7 月 17 日，圣保罗中华会馆新馆落成，是巴西圣保罗侨界

---

① 《巴西中国和统会会长李民：身居海外心系祖国》，新华网，2009 年 11 月 17 日。
② 《巴西华侨座谈，热议新版中国领事保护和协助指南》，新华网，2007 年 8 月 28 日。
③ 《巴西首都巴西利亚中华会馆成立》，（台湾）“中央社”，2009 年 2 月 15 日。
④ 《圣保罗中华会馆巴西清明扫墓节祭华侨先贤》，中国侨网，2005 年 11 月 4 日。

一大喜事。建新会馆是已故侨领李仪祥的遗愿，由其家属出资重建，在4层楼的现代建筑中，有多间教室、会议厅、谈话室、咖啡厅等，设备齐全。①

巴西客属崇正总会是个老会，三四十年前就已经存在，与台湾方面的关系比较密切。该会会员众多，2002年3月3日举行第17届理监事选举时，有“崇正八百人共襄盛举”之说。当日在圣保罗金属工会大楼举行选举，同时举行春节联欢会，自上午11时至下午6时半，全程长达7个半小时，与会者近800人。②

巴西客属崇正总会在圣保罗有一个“巴西客家活动中心”，以投资入股方式建成，2002年2月27日在圣保罗中心破土动工，竣工时间不详。这座建筑物地面、地下各三层（地下全是收费停车场，可停500部轿车）。一楼有中心会议大厅，可容纳1 200人；二楼有会议演讲厅、办公室、小会议室，设计雅致；三楼阳台宽敞，可辟为活动聚餐空间。活动中心具有地点适中、交通便捷，企业经营、民主管理，停车方便、自给自足，迎合需要、设施理想等特色，据称是巴西侨社第一个可以以多元化的设备向侨社提供多功能服务的大型集会、表演、商品展、聚餐场所。③

巴西荣光联谊会成立于1979年，曾经是巴西最大侨团之一，但已今非昔比。由于目前世界各地荣光会已逐渐老化，故台湾的“中华民国退辅会”要求世界各地的荣光会组织青年团队。巴西荣光联谊会便于2003年在台湾的“青年节”期间在圣保罗组织了青年团队，以挽回老化的态势。④

台湾的慈善社团或社团的慈善性服务最引人注目。巴西慈济功德会应是台湾佛教慈济功德会在巴西的分支组织。1966年农历3月24日，证严法师（俗名王锦云，1937年5月生于台中县清水镇）在台湾花莲创立“佛教克难慈济功德会”，1967年简称为“慈济功德会”。慈济会的志业统称“四大志业”（包括慈善、医疗、教育与人文），另投入骨髓捐赠、环境保护、小区志工与国际赈灾，共八项，且同时推动，称之为“一步八脚印”。40多年来，慈济会的慈善脚步先是走向全台，进而走向海外，得到了台湾以及海内外的广泛赞扬和支持。慈济人践行“大爱无国界”的理念，先后在许多国家和地区建立了医学中心或义诊中心，主要为当地贫困和低收入、无保险的病患者提供医疗、体检服务。在巴西的义诊从1996年开始。

国际佛光会是星云法师建立的国际组织，在巴西有协会，现任会长为洪吕丽月。近几年来，国际佛光会巴西协会按照文化、教育、慈善、共修四大宗旨，在

① 《如来寺为巴西圣保罗中华会馆落成洒静》，佛光山网站，2011年7月18日。
② 《圣保罗客家乡亲盛大联欢》，（台湾）《中央日报》，2002年3月30日。
③ 《巴西客家活动中心破土典礼隆重顺利》，（台湾）《中央日报》，2002年3月15日。
④ 《巴西荣光联谊会新任理监事就职》，（澳）《星岛时报》，2003年7月9日。

巴西贫民区推行“如来之子”计划和开展“三好运动”（做好事、说好话、存好心）。其中“如来之子”是如来寺推动的在当地认养低收入家庭儿童的教育计划，始自2002年，由善心人士认养贫童，给予教育及基本食物篮。协会还开设葡文、英文、合唱团、环保、体操、禅修、芭蕾舞、男子女子足球、园艺班等课程，开展慈善关怀、贫困救济、急难救助、社会教化、会员联谊等送温暖和净化人心的活动。

巴西如来寺全称“巴西圣保罗如来寺”，时又称“巴西圣保罗佛光山如来寺”，于2003年开光落成，占地16万平方米，殿堂建筑气势恢宏，为佛光山在巴西成立的第一个道场，也是南美洲最大的华人佛教圣地。该寺坐落在距离圣保罗市30公里的哥基亚市，四周环境清幽、景色怡人，其建筑为仿唐朝宫殿式楼亭，称得上是一座综合美术馆，也是心灵休憩的旅游胜地。

该寺经常举办佛教仪式和慈善活动，并开办佛学院，为佛教在巴西及南美的推广培养人才，它与国际佛光会巴西协会堪称连体婴。近些年来在中外文化交流和帮助巴西民众了解中国传统文化方面发挥了很大作用，如以巴西如来寺暨国际佛光会巴西协会的名义在如来寺成佛大道举办一年一度的“六月节 FESTA JUNINA”（又名“玉米丰收节”），以配合巴西传统文化节庆。（六月节起源于欧洲天主教国家，当初是为了庆祝天主教圣人圣约翰及圣彼特的诞生。初为葡萄牙人传到了巴西，并融入了当地印第安人和非洲黑人的文化特色，最终演变为富有巴西特色的六月节。每年进入六月份，巴西各城镇、教会、民间团体、学校、工会等都举办庆祝活动。）2009年12月27日，如来寺在大雄宝殿举行“百万心经入法身”活动，中巴信众近90人参加。此一活动为一人虔诚抄写一部心经，集百万人抄写的经书，奉纳于佛陀纪念馆佛像内，期以此功德祈求世界和平、国家安乐、所求满愿。一些年份（如2010年元旦、2012年1月29日即农历年初七）还举办礼千佛法会，或有精彩的舞龙舞狮表演，吸引了大量市民参加。2012年的活动吸引了5 000多中巴信众参加，在锣鼓喧天的祥狮献瑞采青声中，展开了莲花遍地歌佛祖、金狮起舞庆新春的娱乐节目；以平安香、平安米、红包、春联和年历，与所有前来礼佛的中巴贵宾及信众结缘；由佛光会及如来寺义工群负责的中华饮食摊位受到广大巴西民众的喜爱，他们为品尝中华美食如春卷、馄饨、萝卜糕、粽子等而大排长龙；滴水坊、流通处和文物馆也是人涌如潮；大雄宝殿前方丹墀设有书香卡文化摊位，巴西人排队报上自己的姓名，书法家秦洪钟立刻用毛笔在卡片上写下其中文名字，他们便欢欢喜喜地捧着墨宝离去；一楼的文化教室挤满了家长和小朋友，学习捏麦人、中国结、剪纸、折纸、惟妙惟肖的吸管龙、龙虾等中华民俗艺术；贵宾们还观赏了一系列文化表演节目；主持人也现场提问有关中华文化的问题，让信众们抢答，也准备了龙形灯笼结缘；现场24位属龙的信众也获赠2012年如来寺日志本结缘。① 多年来，如来寺还秉承以文化弘扬佛法的宗旨，推广美味素食，以姜茶代替传统的酒精饮料。

如来寺还把当地孤儿组织起来，给予他们关爱和学习机会。2005年6月30日，由国务院侨办副主任许又声率领的国务院侨办访问团一行在巴西圣保罗总领事馆李姣云总领事、董玉忠副总领事等的陪同下参观了如来寺，中国驻巴西大使蒋元德夫妇也曾到如来寺参观访问。他们都受到如来寺主持觉诚法师和如来寺众佛教徒的热烈欢迎。

巴西是天主教国家，从南到北，教堂林立，国民大多信仰天主教。说到传教，人们一般只知道西方神父来华，却不知道有中国神父西去传教。第一位到巴西传教的中国神父，是来自中国河北省正定教区的陈启明主教。1955年，陈启明出席在巴西里约热内卢召开的第36届国际圣体节大会。会后，陈主教赴罗马，教廷即委任他为巴西华侨传教。翌年陈启明主教上任，从此巴西有了华籍神父。陈主教到巴西后，四处联系华侨，艰辛推广教务。中国神父抵达巴西后，除了传教，日常更多的工作是协助华侨解决生活工作所遇到的各种困难。因早年来巴西的华侨，多数从事沿街兜售中国手工艺品的提包生意，因人生地疏语言不通，不懂巴西法规，多数证件不全，常遭稽查、勒索甚至取缔。每当有难，都由神父们出面解救。20世纪50年代，印尼掀起排华运动，华侨纷纷移民巴西。每当华侨乘坐的轮船到达巴西，神父们都到港口接船，前后为上千名言语不通、手续不全的中国移民办理繁杂的入关手续。此事至今被老一辈华侨传为美谈，感恩不忘。② 巴西的华侨天主堂是巴西最早的华人教会，凝结着老一辈华人的心血。先是何彦昭神父于1957年自比利时赴巴西传教，在他与萧金铭、张春玉等神父的艰苦努力下，于1959年设立华侨教务中心，为华侨传教服务。接着，1964年（一说1965年），何神父等人发动教友购地，3年后建起颇有规模的华侨天主堂。天主堂占地2 500平方米，建筑面积近3 000平方米，包括教堂和附属设施，现开办有400（一说500多）名学生的中文学校，为巴西最大之中文学校。天主堂有中文图书馆，珍藏线装古书、绝版书以及其他各类书籍5万余册（包括中华大藏经等佛典），为南美最大之华人图书馆。何彦昭神父对佛教教理颇有研究，常以“无常”、“无我”与“空”的思想表述天主教与佛教的融合。天主堂还有可以举行篮球赛的体育活动场地，成为上世纪圣保罗华侨华人最大的宗教和文化聚会场所。此外，天主堂还为华侨办理医疗保健业务，解决了近4 000名华侨的看病问题。他们所办的华夏合唱团、篮球队以及出版的《心声》月刊丰富了华人

① 《巴西如来寺农历年活动，五千中巴信众同庆》，佛光山全球资讯网，2012年2月1日。

② 《回顾服务华人历程，巴西纪念中国神父抵巴50周年》，中国侨网，2006年7月3日。

的业余文体生活。每年举行华人慈善救济活动，提高了华人的形象。①

华侨天主堂50多年如一日，帮助呵护侨民侨社，造福侨胞。现在，肖士辉、肖思佳等年轻神父也秉承传统，热心服务侨民，为弘扬中华文化做了大量有益的工作。2008年中国发生特大雪灾，天主堂肖思佳神父得知后，即于2月10日利用教会布道会和图书馆开放，以及中文学校上课的机会，向教友们说明中国雪灾情况，并呼吁大家捐款赈灾，得到在场华人教友和华裔学生们的积极响应。

2006年7月2日，巴西圣保罗华侨天主堂举行弥撒庆祝活动，纪念中国神父抵巴西传教50周年，当地侨团代表及教徒300人出席。弥撒之前，中国驻圣保罗副总领事董玉忠前往天主堂看望中国神父。弥撒中，教友会会长刘振声和年均过80岁的何彦昭、萧金铭、张春玉三位老神父主持了感恩祭典仪式，回顾了50年来中国神父传教的艰辛和喜悦，以及服务华侨的感人经历。这里应指出，从渊源和现状来说，巴西的天主堂不专属中国大陆或台湾。只是为方便起见，放在这里一并阐述。

巴西华侨慈善基金会严格来说应不算社团，但近几年来，在帮助华侨华人及赈灾（如为中国四川大地震捐款，为巴西灾洪水居民献爱心）等重要事情上，经常看到该基金会义工的身影。

台湾荣光会是旅居巴西的台湾退伍军人社团建立的社团，但有关这个社团的资料极为稀少。不过很多国家均有关于台湾退伍军人的荣光会组织，故可从各国的一般情况来了解台湾荣光会的主要功能。各国台湾荣光会的成立背景是：20世纪60年代后期，台湾当局将一部分退伍军人遣往海外。这些退伍军人中，以法国所占人数为多，主要从事餐馆业、服务业等职业。因此可以猜测，巴西的台湾荣光会应是被遣往巴西的退伍军人成立的服务于他们工作与生活需要的组织。其功能可能以联谊为主，也有一部分服务的功能。法国的台湾荣光会章程规定：凡居住在法国的原台湾军人的华侨、华人皆为该会自然会员。其宗旨则是：加强会员之间的联系，团结互助，增进友情，按照当地的法律维护自身权益。因此，巴西的台湾荣光会亦可作如是估计。

巴西一些与台湾方面比较密切的文化团体也为传播中华文化积极活动。例如巴西华人美术协会，自创办以来，每年至少都会举行一次联展。这些作品呈现出多样化的体裁和风格，从油画到铅笔画、学院派到现代画风都有。描绘自然的水彩画，印象、古典和现代风格的油画，展览中混合东、西方不同的视觉表现是艺术随环境转变的有力印证。② 再如，巴西中文教学协会，多年来也为华文教育做

① 《回顾服务华人历程，巴西纪念中国神父抵巴50周年》，中国侨网，2006年7月3日。

② 《巴西华人美术协会举行联展》，（台湾）“中央社”，2008年3月31日。

了不少工作。例如举办以学习华语为主题的外籍学生说华语比赛等。[①] 巴西中文教学协会为提高非纯华裔学生学习中文兴趣所作的努力尤为值得称道。这些非纯华裔学生，既包括中国人与巴西人生育的后代，也包括中国人与巴西外的其他国家的移民生育的后代。这部分后代之所以坚持学习华文，多是受到爷爷奶奶的鼓励，或是受父母和老师灌输的观念影响，他们相信中文会是继英文之后的世界性语言，学中文等于是为自己的未来储存另一种本钱，所以积极学习。例如，2008年9月28日下午举行中文学校非纯华裔学生（包括中日、中韩、中意、中巴等混血儿）华语演讲比赛，有21人参加，依学生年龄分为儿童组、青少年组和青年组三组，年纪最小的6岁，最大的37岁，演讲比赛以非纯华裔学生对学习中文的兴趣和对中华文化的认识为范围。比赛从儿童组开始，共有11人参加，他们的年纪虽小，演讲起来却有板有眼。另一些学生虽然说着洋腔洋调的华文，但都勇气十足，有的还准备道具上台。[②] 可以看出，巴西非纯华裔学生是很有特色的一群，该协会能够抓住这一群体的特点和需求开展华文教育，是十分难得的，也是卓有成效的。

商会是巴西台湾侨民社团的重要组成部分。例如巴西台湾商会，成立于1984年7月27日。据2009年的网上资料，时有会员200人。[③] 该会的一个特点是，近几年来年轻人越来越多。这在很大程度上缘因于巴西台湾商会之下有一个“巴西青商会”。巴西青商会成立至今也已数年，共有100多位会员。据说，到2010年5月为止，巴西是唯一在南美洲成立了（台湾）青商会组织的国家。据有关人士认为，台商会内设立青商会组织，是为了提升侨社新生代参与侨社工作的意愿，引导台商第二代或新一代台商加入世界台商会，使台商会得以传承下去。用巴西青商会会长庄智钧的话来说，“巴西青商会在不违背台湾商会章程与宗旨下，独立运作，是巴西力行‘向下扎根，永续台商’的新尖兵团队”。[④] 从继往开来的角度来说，巴西青商会的做法是有启迪意义的。

世界华人工商妇女企管协会巴西分会是一个以台湾同胞为主体的社团。有关这个社团的资料十分缺乏，只能从其总会的情况从旁了解其大略。20世纪70年代，为适应台湾经济发展，台湾妇女走出厨房，迈向海外，逐渐散布在世界各地。她们在有了独立的经济能力、一定的社会地位之后，便在工作暇余为社会服务。于是，妇女团体纷纷产生。1980年，台湾创立了“中华民国工商妇女企管协会”，即而在台湾各地陆续出现分会，后扩展到海外，在欧美各地相继出现分

① 《巴西中文教学协会举办“说华语比赛”》，（台湾）《宏观电子报》，2006年10月4日。
② 《巴西中文教学协会举办华语演讲比赛》，（台湾）“中央社”，2008年9月29日。
③ 据全球台商服务网，2009年。
④ 《与巴西青商会晚餐》，阿根廷台湾商会网站，2010年5月6日。

会。1994年6月3日，在美国旧金山喜来登饭店成立世界中华工商妇女企管协会（1997年11月更名为世界华人工商妇女企管协会）。1998年4月28日，在台北举行成立大会。因此，世界中华工商妇女企管协会巴西分会应是在此之后成立的。该分会除设有会长、副会长、秘书长、副秘书外，下设财务组长、会计组长、总务组长、行政组长、活动组长、国际关系组长、文宣组长等。[①] 据世界华人工商妇女企管协会会长黄淑慧在全球智库峰会主论坛（中国国际经济交流中心主办，2009年7月2日至4日在北京召开）上的访谈——以“跨国公司在金融危机中的战略与责任”为主题，这些妇女企业家所任职的应多是跨国公司。[②]

但有的台湾社团却完全是“台独”势力主办的，例如，2002年8月4日成立的全侨民主和平联盟巴西支盟（简称“全盟”）、2003年5月31日成立的巴西圣保罗慕义市巴西台湾协会，便是这样的社团。

第三节 民族大熔炉里的华侨华人文化

一、巴西华文教育的“麦开两穗”与“中巴杂交”

巴西的华文教育大体上走过了这样的足迹：“草创”于20世纪50年代，“中衰”于20世纪60年代末，“重起”于20世纪70年代，“旺盛”于今时，“辉煌”与“收获”于未来。

巴西华文教育在20世纪50年代的“草创”可以以1957年台湾有神父抵巴为标志，当时他在宣扬福音之余，亦开办中文补习班。以此为基础，1958年2月，圣保罗市第一中文学校正式成立，设董事会、基金会，分幼稚园、小学部，有教师6名、学生60余名。1960年，该校学生增至200名，在圣保罗市设立3个分校。

“中衰”开始于20世纪60年代末70年代初，起因于巴西政府大力发展公立教育，从而导致私立学校的生存空间被挤压，私立中文学校也难以幸免，学生陆续流失至主流学校。此外，这时候新移民逐渐减少，于是华文教育出现负增长之势，“中衰”之景遂现。

“重起”得益于台湾新移民潮带来的华人人口增加。其缘于20世纪70年代

① 《世界华人工商妇女企管协会巴西分会改选》，（台湾）《宏观电子报》，2007年4月26日。
② 人民网—跨国公司频道，2009年7月4日。

中国恢复在联合国合法席位后，台湾人员纷纷外流，巴西亦接收了大量台湾移民，遂使巴西的华文教育之水，得乘华人移民之风而“再起”，“中衰”之象也因此戛然而止。台湾移民亦逐渐发展成为巴西华文教育的一大独立分支。

“旺盛”无疑是起因于20世纪80年代中国实行改革开放政策后大陆新移民的纷至沓来，加上先期来巴西的台湾侨民亦已站稳脚跟，并逐渐发展起来。“大陆”与“台湾”两者相加，遂使此时巴西的华文教育呈现“旺盛”之势。这一时期“旺盛”的标志，是圣保罗华侨天主堂中文学校、中华会馆中文学校等学校的稳步发展。当然，冷静地看，如果不是中国大陆新移民的到来，单靠台湾移民很难持续地促进巴西的华文教育。从这个角度来看，是两岸移民一起“做大做强”了巴西的华文教育。

跟以前不同的是，这一时期巴西华文教育的“旺盛”，是在可持续发展基础上的“旺盛”，是经久不衰的“旺盛”。有以下例子作为标志：20世纪90年代，适应侨社需要的教说普通话、辅导中葡文的幼稚园兼中文学校纷纷成立；1998年2月，圣保罗仁德国际学校成立，使巴西的华文教育登上了新的高峰。圣保罗仁德国际学校在巴西政府登记，由台胞出资兴办，开有中文课程，校园宽敞，设施齐备，从幼稚园到高中皆有，中、葡、英语课程均设，还实行全日制综合教学，各方面均可与美、德、英、西（班牙）、日等国在巴西的同类国际学校相匹敌。进而，新世纪开始后，大陆新移民开办的中文学校（班）亦频频涌现。可举的例子有：2002年，圣保罗青田同乡会开办中文班；2004年，大陆留学生开办华光语言文化中心；2004年9月，巴西华人协会与圣保罗亚洲文化中心联合开办亚华中文班，聘请专业教师，采用大陆教材，教授汉语拼音、简体汉字，吸引了120余名学生，被各界侨胞誉为“圣保罗侨社的一件大事，为圣保罗侨胞做了一件大好事”。① 巴西华文教育“辉煌”与“收获”于未来的前景并非遥远。随着中文的地位越来越重要，学习中文的人会越来越多，同时也应逐渐地向高质量、高层次发展。高质量、高层次的其中一个标志是：他们不仅为了谋生、为了取得更高的物质利益回报而学习中文，而且也为了认识神奇精粹的中华文化。现在已经没有人会否认巴西华文教育未来的“辉煌”与“收获”。人们都明白，有“辉煌”必有“收获”，反过来，“收获”也会推高“辉煌”，“收获”之后会有更大的“辉煌”。

这里应特别指出，巴西华文教育的“辉煌”与“收获”不只是华侨华人一个民族的事情，而应是生活在巴西这个民族大熔炉里的所有民族的事情。只有所有民族持之以恒地来学习华文，喜欢中华文化，就如同华侨华人后裔学习和喜欢

① 别林叶：《巴西华文教育概况》，《南美侨报》，2009年4月30日。

当地文化一样，这样的华文教育才算是成功的。实际上，这样的局面已经开始出现，将来一定会越来越多。这里且举数例。

跟欧美相比，巴西的汉语教学起步晚，最初主要是一些跟中国打交道的企管人员、律师、医生等学习汉语。巴西人学汉语有两个小高潮，第一次是在 2005 年巴西总统卢拉访华的时候；第二次则是在 2008 年北京举办奥运会的时候。[①] 今天，中文热在巴西圣保罗的教育市场有越烧越旺之势，除了一般的中文学校和语言补习班，很多私立学校也开始在教学项目中增加中文。非官方的调查显示，圣保罗市内已有多所学校设立中文课。虽然英文仍是国际语言，但学习中文的学生正与日俱增。目前和未来一段时期内，通晓英文仍然是巴西人求职的基本外文要求，其次是西班牙文。但是，人们也已看到，今后华文将逐渐成为国际语言。就算到那时英文与西班牙文在巴西人的求职要求中仍然排在首二位，华文"屈居"第三位，但华文却很可能是必不可少的第三。所以现在争抢先机学习华文的人越来越多。如位于大圣保罗地区哥琪雅市的仁德国际学校，2007 年时已有 400 名学生。按照学校的规定，一直到五年级，中文都是必修课程，之后才可以选修西班牙文。又如圣保罗市西区的私立学校，2005 年开始对外招收自学中文的学生。刚开始，大部分学生都是工薪一族，而到 2007 年，有 3% 的学生都是大学生。2006 年到 2007 年，学生人数的增长率约达 5% 。[②]

袁爱平中巴文化研究中心是巴西最大的汉语学校之一，成立于 2004 年 5 月。中国和巴西近 150 名各界人士出席了仪式。中国驻里约热内卢总领事李仲良出席成立仪式并发表讲话。中心的创始人袁爱平老师是一位多产作家，曾在巴西先后出版十余本汉葡语教材，被国内外广泛使用。据袁爱平在成立仪式上的讲话，研究中心的宗旨是：传扬中巴两国文化，促进两国文化和科技的交流与合作，重点做好民间方面的有关研究和服务的具体而有实效的工作，排除两国人民交往过程中的语言障碍，让两国人民了解彼此民族的历史、风土人情和人文地理，同时排除长期以来因相距遥远、缺乏交流而在两国人民中存在的误解和偏见。[③]

该中心的总部位于巴西里约热内卢市中心，2009 年曾被国务院评为南美洲唯一的"全球最佳华语学校"。据说到 2009 年，已有 2 500 名以上的巴西人到该中心学习汉语。[④] 之所以有如此良好的效果，中心的广告功不可没。早在成立之始，中心就有自己的网页（www. chinabrasil. com），并做了全方位的广告。公告遍布 Google、Yahoo、报纸、地铁站的显要位置以及 10 条以上的公共汽车线

---

① 《巴西华侨华人感受中国崛起：对未来充满信心》，《海外华文教育动态》2011 年第 2 期。

② 《巴西圣保罗中文热越烧越旺，学校纷纷开设中文课》，国务院侨务办公室，2007 年 3 月 27 日。

③ 《巴西华人成立中巴文化研究中心》，新华网，2004 年 5 月 16 日。

④ 《巴西华文教育示范学校》，中国华文教育网，2009 年 10 月 13 日。

路等。

该中心还在北京和上海设立分部。该中心的使用面积达440多平方米，有7个教室，还有音响室、电脑室、图书阅览室、咖啡饮水间、1个20多平方米的厨房，可以在这里开办中国饮食文化课。2005年又开办了2个分校，一个设在里约热内卢的COPACABANA区，一个设在里约热内卢市的BARRA区。根据2009年的资料，该中心共有教职员工20人，其中正式教师3人，均毕业于师范大学，兼职的教师8人。所有教师均由该中心培训上岗。中心每星期给教师上培训课，定期座谈，交流教学经验。①

该中心除了有一套科学严谨的、适合外国人学习中文的教学方法外，袁爱平本人还编著和出版了一系列的汉语教材，如《汉语课本第一册》、《汉语课本第二册》、《汉语课本第一册练习册》、《我去中国》（旅行指南手册）、《中国人学葡语（上册）》、《用汉语怎么说一切》（与巴西最大的外文出版社签约出版的）、《用汉语怎么说生意上的一切》（与巴西最大的外文出版社签约出版的）、《用汉语怎么说旅行上的一切》（与巴西最大的外文出版社签约出版的）、《我去中国看奥运》等。这些教材已在巴西书店发行出售，受到广泛好评。为了满足里约热内卢以外城市的巴西人学习汉语的需要，该中心又开辟了网上远程汉语教学（现试运行：www. falechines. com）。2008年巴西总统卢拉访华前夕，中心向巴西总统府秘书处推荐了袁爱平的中葡文教材，总统府秘书处把这两本书作为礼品送给了卢拉总统。卢拉返回巴西后，立刻给该中心发来了感谢函。中心还与中国大学挂钩进行双方学生交流项目，与里约热内卢市的ESTACIO DE SA合作在BARRA开办了中文班、与MACAE市LANGUAGE PLANET语言中心合作开办了汉语班，与巴西国家有名的大公司有常年的教学签约。②

在侨胞的普遍支持下，在中国国务院侨务办公室、中国驻巴西里约热内卢总领事馆的大力支持下，2006年5月21日，巴西华人文化交流协会筹建的中文学校在巴西华人文化交流协会会址的教学楼举行了隆重的开课仪式。据全面负责学校建设的刘丽老师称，该中文学校不只是对华人子弟进行语言教学，也将对非华人士开放。学校不只局限于中文教学，亦将开设其他语种如英语、葡语教学等。学校也不仅是语言教学，还将逐渐延伸，分门别类，层级分明，课程系统全面，逐步建成具有一定规模的综合性学校，让巴西人民充分领略中华文化的丰富内涵。③

---

① 《巴西华文教育示范学校》，中国华文教育网，2009年10月13日。

② 《巴西华文教育示范学校》，中国华文教育网，2009年10月13日。

③ 《推广中华语言文化责任大，巴西中文学校开学授课》，中国侨网据《华声报》消息，2006年5月23日。

总的说来，到目前为止，巴西的华文教育可分为“台湾”与“大陆”两大分支，因而形成两大鲜明的特色，彼此交相辉映。

先看巴西华文教育中“台湾分支”的特色。可以分三个方面：一是因移民抵达巴西较早的缘故，台胞开办的中文学校（班）较多，与台湾的联系亦较多较密切，其华校学生也经常回台湾参加活动，因此巴西华文教育的“台湾分支”具有很明显的“台湾基地”色彩。二是教学技术方面的“台湾化”现象十分突出。台胞社团、教会主办的中文学校（班）一般都采用台湾教材，书写繁体汉字，教授注音符号。不过听说一些台胞个人经营的幼稚园兼中文学校则适应市场，兼收并取，即台湾教材与大陆教材并用，因需施教。三是华文教育研究比较活跃，主要表现在有关华文教育的理论研讨会很多。1989 年，举办了“全巴中文学校（班）第一届中文教学研讨会”，嗣后定期或不定期的研讨会或座谈会持续不断。至于台湾本土，则有常设性的“中南美洲地区华文教师研习会”。参加这一研讨会的，很多是在巴西的华文学校执教的台湾教师。特别是 1991 年巴西中文教学协会成立后，每年均有教师回台参与此会。总体上说，以台湾侨民为基点的巴西华文教育经过多年的发展，已经初具规模，形成华文学校、教研活动（研讨会、座谈会、多样的课外活动）与华教组织（巴西中文教学协会）三位一体、相互促进的华文教育格局。

再看“大陆分支”的特色。从学生人数来说，大陆这一分支规模更大。相对于台湾侨校的“台湾基地”与“理论跟进”的特色来说，大陆新侨办的学校总的来说显得稍微逊色。最主要的表现是：相关的研讨会尚少，学校目前多埋头应对华文教育规模的增长、制度的完善、人才的招拢、经费的落实等问题。这是因为大陆新侨来巴西较晚，大体上尚处于创业阶段，所办华文学校（班）亦起步较晚的缘故。但大陆方面举办的华文教育研讨会的影响却越来越大。最近一届（第二届）世界华文教育大会于 2011 年 10 月 29 日至 11 月 3 日在西安举行，聚集了来自 37 个国家的 600 多名从事海外华文教育的各界人士。巴西圣保罗华侨天主堂中文学校、圣本笃学校的吴桂秋受国务院侨办之邀和中国总领事馆的推荐参加了此次盛会。同时，大陆新侨办的学校的优势也是不言而喻的，特别是以授汉语拼音、教简体汉字为特色的教学范式，较之台湾侨校以教繁体字、授注音符号的教学范式来说更具优势。在一个全球化与电脑化的时代，使用字母与拼音的优势是显而易见的。另外，大陆新侨办的学校与祖国和家乡的联系也越来越密切，诸如华裔青少年大陆行、寻根之旅夏令营、华文作文比赛等活动，设置多种形式奖学金，鼓励华裔青少年回国接受学历教育和短期培训等，激起了学生学习华文的兴趣。这些活动也有望成为海外华侨华人中意的品牌。近几年来，大陆有关部门以“请进来”、“走出去”为主要形式，培训海外华文教师，已经逐渐形成一套行之有效的机制。后面几点，由于有大陆的实效性支持，“大陆分支”已经开始领先于“台湾分支”。

总的来说，在巴西，“台湾分支”与“大陆分支”的华文教育各具优势，各有特色，应该相互取长补短，共同提高。在振兴和优化华文教育方面，双方存在着巨大的合作空间。或许偶有政治和意识形态方面的问题牵扯其中，但从大局来看，这些问题都是次要的。振兴和优化华文教育，才是双方最重要的议题和最大“公约数”。双方各自的优势，也应是互补的依据。

无论是“台湾分支”还是“大陆分支”的华文学校，永远存在着一个共同的圆心，那就是中华文化的母体，是博大精深的中华文明。如果要议论两岸华文教育发展谁更占优势，当然其天平会倾斜于幅员永远大于台湾、国际地位越来越高且对海外中华文化的传播越来越重视的中国大陆这一边。对此，来自中国大陆的新移民自然不会否认，来自中国台湾的同胞也越来越认同。大陆的影响及其对海外华文教育的重视，无论是对“大陆分支”还是“台湾分支”的华文学校，其实都是好事，且已产生了越来越强烈的凝聚力和吸引力。这不仅是抽象的理论概括，而且是越来越明显的事实。比如，一些“台湾分支”的华文学校，原多采用台湾教材，教注音符号与繁体汉字，现在也开始使用大陆教材，教汉语拼音、简体汉字；原来与台湾联系密切而鲜与大陆往来的华文学校，现在也积极摆脱政治与意识形态的无形干扰，开始参与大陆开展的华文教育活动了。[①] 目前巴西华文教育存在的问题，不是两大“分支”如何一争雌雄，而是双方在面临着共同挑战的情况下，如何适应巴西的国情与教情，巧于应对，争取更好的发展前景。

第一个挑战是巴西华文教育的普遍“周末化”与“补习班化”趋向，即家长和学生普遍喜欢在周末学华文，以补习班的方式学华文。与“周末化”与“补习班化”相对，则是“全日制化”。以全日制的方式学华文，在巴西很难行得通。这方面的典型例子是圣保罗市第一中文学校及孔圣学校。据说前者发展到后者，学生数百，分校三个，以全日制方式中文教学，但终至停办。义务补习中文的圣保罗华侨天主堂中文学校、中华会馆中文学校，成立之初，均是每天开课，发展至今，皆已改成周末制、补习班。[②]

且以巴西圣本笃中文学校为例再加以说明。巴西圣本笃学院是一所教会学院，设有大学部、中学部、小学部。在圣保罗华侨天主堂中文学校校长肖思佳神父的努力下，圣本笃学院从 2008 年年初起开设中文学校，并以优惠的收费招收

① 别林叶：《巴西华文教育概况》，《南美侨报》，2009 年 4 月 30 日。
② 别林叶：《巴西华文教育概况》，《南美侨报》，2009 年 4 月 30 日。

华人学生，实行葡文、中文双语教学，受到25街以及市中心华侨华人家长的欢迎。[①] 巴西圣本笃中文学校地处圣保罗25街及市中心，有着设施齐全的教学楼、课堂、图书馆等，环境优美整洁，集古典和现代于一体，且聘有高水准的各科老师，因而吸引着越来越多的华侨华人子弟来此就读。据2009年的资料，该校除了巴西正规教育外，还开有5个中文班，5个葡文班，2个英文班，有19位高校毕业的老师，该校开设了各种补习班、才艺班，还办有钢琴班等课程。此外，还不断完善教育和服务工作，提供接送学生的校车服务，提高了学生的交通安全并方便了家长。[②]

在传播文化方面，巴西圣本笃中文学校得到了圣保罗总领事馆的大力支持、圣保罗各侨界精英的慷慨捐助、华侨天主堂神父及热心教友的出钱出力。今天，学校秉承萧思佳校长提出的“为华侨排忧，给华侨子女更多的学习内容”的教学理念，想家长所想，已经开办了周六班正常课。一是为了解决教学进度的问题；二是解决家长开店而没时间管理孩子课业的问题；三是让孩子除了学习知识之外，丰富课余活动，比如在才艺方面的培养（书法、绘画、剪纸、合唱、舞蹈、讲演、故事会等等）。按照学校的改革思路，“周六”纳入正常课后，先是上午上两节密集的中文课，然后穿插才艺课（包括书法、美术、美工等，免费教予学生）；之后，又是一节中文课；午餐后，则按学生的数学程度编班；下午的数学课也对本校生免费。这样，既可缓解学生学习和老师教学的紧张状况，又能学有所得。[③] 学校按照中国的“人教版”华文教材，从2～9年级按程度分班授课，为适龄的华裔孩子和巴西孩子提供系统而严谨的华文教育。从巴西圣本笃中文学校，可以看到巴西文化和中国文化相互兼容、交相呼应的浓郁氛围。

由于圣本笃学院历史悠久、教育水平高，故远近闻名，近几年特别在华文教育方面办得有声有色，学校规模不断扩大。2009年10月，巴西圣保罗圣本笃中文学校获得中国国务院侨务办公室授予的“华文教育示范学校”称号（与此同时获此称号的还有22个国家的58所华文学校），是圣保罗唯一获此资质和荣誉的学校。揭牌仪式于12月9日举行。中国驻圣保罗总领事孙荣茂夫妇、圣保罗各侨团侨领、中巴文化教育等各界来宾及圣本笃学校师生300多人共聚一堂。圣本笃修道院院长DOM ABADE MATIAS、圣本笃学校家长会会长SENHA CLAU-

---

① 《中国驻圣保罗总领事孙荣茂访问圣本笃中文学校》，中国华文教育网，2008年6月6日。

② 《圣保罗圣本笃中学改进教学服务，培养中文人才》，大洋网（来源：中国新闻网），2009年6月8日。

③ 《巴西圣本笃中文学校开办“周六班”为侨界排忧》，中国新闻网，2010年8月25日。

DIO、威廉巫办公室主任等也在揭牌仪式上做了讲话。①

不难看出，巴西的华文教育之所以普遍出现“周末化”与“补习班化”趋向，是巴西的国情与侨情决定的。对外来新老移民来说，巴西是个“宜居”之国。一是因为这个南美大国的经济发展势头良好，幸福指数较高，前景看好；二是巴西是个民族大熔炉，没有其他国家那样多而明显的种族歧视，具有所有外来民族都乐意接受的文化环境。在这样的氛围下，无论是传统华人还是新移民，普遍都有“落地生根”的打算。但他们本人来自中国，或他们的祖辈来自中国，身上或多或少流淌着中华民族的血液，对祖（籍）国的传统与文化有着强烈的自豪感。这两方面因素结合在一起，就促使巴西华侨华人在思考和追求一个文化上“亦中亦巴”的自我角色，他们不希望成为一个“纯华”化或“纯巴”化的人。故而反映在知识需求上，便希望同时要学习、掌握两种文化。在学习的时间和精力分配上，便不可能都倾注在华文学习上。

在谈到这个问题的时候，应冷静地撇开有意识的或下意识的“大中华化”倾向，即希望海外华侨华人在接收中华文化时，越多越好，越“纯”越好，乃至鼓励中华文化挤占当地民族文化的空间。虽然很多人未必这样做，但至少是这样想的。这显然是偏颇的，至少不符合巴西一类国家的侨情与国情。破除这一偏颇的关键是，在海外华侨华人学习、接受中华文化与居住国文化问题上，应该有促进其相互融合的意识，而不是相互排挤甚至相互对立的意识。诚然，目前在海外华侨华人学习与接受中华文化与居住国文化的关系上，肯定不存在一种固定的模式。不同的华侨华人居住国（地），可能存在着不同的模式。至少，像巴西的情况，应属一种模式，这里的华侨华人对待两种文化的态度，应是正常的，将来或许会成为海外华侨华人对待两种文化的主流模式。当然，在这个问题上，第一代华人与第二、三代华人是有区别的。第一代华人对中华文化的情感更强烈一些，需求更多一点，而第二、三代及以后的华人（华裔）视接受巴西本地教育、融入主流社会为正途，而视接收中华文化为补充。

第二个挑战是巴西华文教育的“去义务化”趋向与“高市场化”趋向。在巴西，义务办学的效果不佳，市场化经营的效果则比较好。这方面的问题也有例可鉴。如由侨胞个人出资兴办、经营的幼稚园兼中文学校，由于面向市场，按需施教，故生源不断，“生意兴隆”。② 之所以如此，主要是因为教学的效果所致。有一段时间，华侨华人社团和教会办的中文学校多属公益事业。这些学校的最大

① 《获华教示范学校称号，圣保罗圣本笃中文学校揭牌》，中国新闻网据《南美侨报》/巴西侨网报道，2009年12月10日。

② 别林叶：《巴西华文教育概况》，《南美侨报》，2009年4月30日。

问题是力量分散，教师多为义务性的，且义务任教的教师一般不大愿意长期任教，热心并愿意献身华教者，毕竟属于少数。这样一来，便影响了教学的效果。对于任何学校来说，教学效果就是学校的生命。有好的教学效果才可以让学生学有所成，故对所有家长和学生来说，好的教学效果也是他们的最大追求。因此，追求市场化倾向的学校便可以产生比较满意的教学效果，家长即使花费较高一些，也愿意将子女送到这些学校。研究海外华文教育的人常常接触到这样的案例，很多华人热心于华文教育，宁愿义务从教，无怨无悔，而家长们都愿意将其子女送进他们办的学校。这样的例子固然让人钦佩，但客观地看，这样的例子多发生在华文教育比较落后的国家，且多发生在华文教育遭受长期打压后开始恢复的初期。那时候的华文学校较少，一般来说，当地政府对华文教育也持比较冷淡的态度，华侨华人企业家也多不愿意、也不大敢于投资华文教育。在这样的环境下，华文教育便如稀缺之物，即使效果再不好，别无选择的华侨华人家长也愿意把子女送到这样的学校。但今天巴西的情况完全不同。华侨华人家长在择校上存在着各种各样的选择。对于他们来说，教学效果、教学质量永远是最重要的，是第一位的考量因素。既然存在着质量较差但不收费的义务教学学校，又存在着市场化取向收费较高但教学质量较高、在两种文化的结合上更胜一筹的学校，那么，两者相比较，他们宁愿选择后者而放弃前者，更何况他们中大部分人已非为交学费而发愁的贫困一族。

综上所述，巴西的华文教育的健康发展，还需要巴西华文的“两大分支”携手合作，按现代教育理念规划和发展适应形势要求的、面向社会的、为家长欢迎的、科学的华文教育。按照市场规则运作，应该成为主要的选项。当然，义务教育也并非一无所取，一概弃之。在合适的侨社，合适的环境下，作为市场化的华文教育的合理补充，义务教育还有存在的必要。此外，还应指出的是，华文教育不仅仅是学校的事情，整个华侨华人社会都应参与其中，侨团更是责无旁贷。

最后应该提到的一点，就是巴西的华文教育可以而且应该借助孔子学院的力量。孔子学院至少有两大功能是不可忽略的。一个是“虚”的功能，即扮演中华文化在该国的“风向标”的功能。孔子学院的存在及其发展水平，是该国人民和华侨华人衡量中华文化发展水平的直接标尺，也是两国政府支持文化交流的最重要象征，因而直接影响华侨华人发展华文教育、弘扬中华文化的信心。其二是“实”的功能，华文教育的质量首先取决于教师的整体质量，跟世界上各国的华文教育相类似，巴西的华文教育师资仍将是华文教育发展的长期制约因素。孔子学院可以成为所有华文学校合格教师的培训基地。此外，还可以探索其他方面的“实”的功能。如下所述：孔子学院已经落户巴西两所大学，特别是落户在巴西国内乃至全南美洲最好的圣保罗大学，这件事本身就说明了孔子学院的地位和发展前景。该校的东方语文学系早在1968年就已经成立了中文组，聘有基础好的台湾同胞任教，所以有良好的基础。在巴西，华文教育与孔子学院的联手，将更有利于打造中华文化健康发展的美好明天。

二、巴西两所孔子学院

孔子学院今天可说已经家喻户晓。从2003年开始，中国国家汉办开始实施以“汉语走向世界”为目标的“汉语桥”工程，其中一个重要的项目就是在世界各国组建孔子学院。2004年11月，第一所海外孔子学院在韩国汉城（首尔）举行挂牌仪式。随后，美国、瑞典、澳大利亚、法国、巴基斯坦、乌兹别克斯坦等国的孔子学院也相继挂牌成立。

巴西孔子学院的开办颇具戏剧性。它在一定意义上可以说始因于来自巴西圣保罗大学的白教授在2005年7月20日第一届世界汉语大会（北京）上的强烈“抗议”。当时他说，虽然巴西是在2002年中国加入世界贸易组织之后才兴起“汉语热”，但对汉语感兴趣的人群却在逐年增加，以至于有些只有“低文化、初中毕业”的人胡乱开设汉语班，扰乱市场，这种情况不制止，后果很严重。白教授的话表明了巴西开办孔子学院的大致背景：其一，巴西人的汉语基础其实很薄弱，“汉语热”也来得很晚，只是2002年后的事；其二，巴西的汉语市场发展很快，一出现，便有烈马脱缰之势；其三，巴西汉语市场的混乱导致对规范化的汉语教育的“紧急”呼唤，也就是对经办孔子学院的“紧急”需求。这样看来，巴西孔子学院的产生背景与很多国家是有区别的。后者多半是从零开始，越做越大，而巴西则是从一个已经很大的“基数”起步，开始时不是为了做大，而是负有重要的“正本清源”任务。实际上，这一点正反映了巴西汉语教育的基本国情：国家大、需求旺、市场广、资源多。这里的资源，包括白教授所说的“低文化、初中毕业”的人。但这种资源是钻市场需求短缺的空当的，从“商品”质量的角度来看，是“无牌”的，因而是不规范的。在这种情况下，孔子学院便是迫切需要推出的合格“品牌”。

巴西孔子学院随着中国综合国力的显著增强，尤其是2008年北京奥运会的成功举办而加快发展。越来越多的巴西人渴望了解中国，学习中国文化、中国汉语。与此同时，中国政府也在积极向世界推广、宣传中国文化。在这一背景下，经过中国驻巴西大使馆的积极协调，2008年9月26日，孔子学院在巴西利亚大学揭牌。这家孔子学院是由中国河北精英教育集团麾下河北传媒学院和巴西利亚大学合办，是中国民办本科院校与南美国办大学合作创办的第一所孔子学院。中国驻巴西大使陈笃庆和巴西利亚大学校长罗伯特·阿加尔出席了当天的揭牌仪式。巴西利亚大学孔子学院是全球第267家孔子学院。按照计划，2008年11月在圣保罗市将建立巴西另一家孔子学院。[①] 实际上，中国很多大学想在巴西首都开办孔子学院，北京、上海、湖北的一些高校都有这个意向。但是，巴西最终选定与河北精英教育集团麾下的河北传媒学院进行长期合作。据了解，精英教育集团由为河北乃至中国的民办教育发展作出杰出贡献的民营企业家、教育实业家、慈善家翟志海创建，翟志海也是该集团董事长。精英教育集团的经济和办学实力雄厚，十几年来，从小学、中学一直办到大学，已成为河北乃至中国民办教育的一面旗帜。精英教育集团虽为民办教育机构，此前却已有诸多国际交流经历，与澳大利亚、新西兰、新加坡等国的多所高校建立了合作关系。精英教育集团专门抽调得力人员与外国专家编著和出版发行的《精英汉语》葡文版系列教材，是国家汉办第一套针对葡语国家及地区的汉语教材，得到国家30万元的资助。中国国家汉办对该集团编写的葡文教材也给予了高度评价。精英教育集团在学习继承传统与接轨世界的过程中不断探索、不断创新，已形成大、中、小学系列化，普教、高教多元化，教育、实业两大板块品牌化，1.7万师生员工规模化的大格局，拥有精英中学、精英外语小学、精英未来学校、河北传媒学院、北京演艺专修学院等7所院校和8家实业公司。

值得注意的是，巴西华侨华人社团在孔子学院的创办过程中也发挥了一定的作用。最初时，巴西校方只知道中国有清华大学、北京大学，再加上校长更换，使得合作进展延迟了较长时间。但中国驻巴西大使馆和巴西华侨协会积极介入后，巴西校方的态度逐步开始转变。其间，巴西华侨协会副会长齐仕忠做过很多有益的工作，他多次与中国驻巴西大使馆文化参赞舒建平一起到巴西利亚大学走访，主动宣传中国和中国文化，力陈双方合作开办孔子学院的好处，也推介精英教育集团的办学实力和意愿，逐步取得了校方的理解和配合，最后双方签订了合作办学的协议。

据舒建平透露，巴西利亚大学孔子学院坐落在宽敞的校园内，是一座具有亚洲风格的木结构庄园式建筑，占地230多平方米，是该大学旅游中心的一部分，还是巴西利亚大学唯一对外国院校开放的独有空间。按照规划，未来到该院学习的学生，将主要来自南美洲各地，包括对中国传统文化感兴趣的学者、致力于中巴经贸往来的商界人士、拟到中国旅游的客人以及拟到中国长期发展的巴西公民等。未来，该孔子学院的定位是逐步建成以“巴西为中心，辐射全南美”的汉语语言培训基地、汉语水平考试基地和汉语教材推广基地，真正担当起促进中巴各领域深层次交流的重任。若将中国的孔子学院跟日本做一比较，则可以看出该

---

① 《巴西首家孔子学院揭牌》，网易（来源：新华网），2008年9月27日。

大学对中国文化的重视。目前，中国移民在数量上跟日本还不能同日而语。日本在巴西移民达200万之多，且很多日本人已经融入巴西上流社会，在巴西各方面有重大影响。与之相对应，日语在巴西利亚大学是必修课。但是，至今这所大学也没有为日方提供一处专门办学的场所。而中国在巴西的移民数量相对少得多，该大学原来也只是把中文作为选修课，但却愿意为来自中国的教育集团专门辟出如此大一块空间来搞合作办学，且这块空间还是有独立设施、建筑外形精巧、古色古香、宽敞明亮，堪称该大学校内建筑“经典”的旅游中心的一部分，的确令人刮目相看。此外，按照规划，孔子学院还将举办一些内容丰富的文化展览，尝试播放一些经典的中国电影，举办一些互动性强的文化活动，逐步发出自己的声音，提高在当地的影响力。①

2008年11月26日晚，巴西另一家孔子学院在圣保罗州立大学出版基金会正式成立。中国教育部副部级高级顾问田淑兰和圣保罗州立大学校长马加里出席了揭牌仪式。这座孔子学院由中国湖北大学承办，得到了巴西圣保罗州立大学的大力支持和协助。该校校务委员会主席罗永根在谈到该学院的教学计划时说：“我们想特别是在汉语交流，中国文化的传播，在这些方面准备和圣保罗州立大学进行交流。除了汉语教学之外，我们争取在中国文化传播，包括京剧、戏曲、诗歌、古典文学，这方面都可以做很多工作。”圣保罗州立大学出版基金会副总编、孔子学院巴方校长古铁雷希望这所学院能够成为在巴西传播汉语言和中国文化的工具。

圣保罗州立大学孔子学院成立后，在主办单位中国国家汉办的领导下，在合作单位圣保罗州立大学和湖北大学的共同建设下，在汉语教学、中国文化传播等方面做了大量卓有成效的工作。自2009年5月首次开设汉语课程以来，经过半年的努力，汉语班学生人数就达到160多名。除了在圣保罗市开设汉语课堂外，学院还将汉语课堂扩展到了MARILIA市、SANTOS市。在以汉语教学为主的同时，学院先后举办了“了解中国系列研讨讲座”、“中国艺术史讲座”、“中国商贸环境研讨会”、“中国电影展”、“中国汉字文化展”、“中国茶艺欣赏”等系列活动，为传播中国文化，也为提升湖北大学在巴西的国际影响力作出了积极贡献。②

巴西孔子学院将采用“言语学习”和“中国文化学习”这两种模式，前者是让所有巴西人都可以来参加中文培训，孔子学院按国家教育部标准HSK对他

---

① 《跨国创办孔子学院的台前幕后——独家专访中国驻巴西大使馆文化参赞舒建平》，《燕赵晚报》，2008年10月12日。

② 《我校巴西孔子学院举行周年庆典活动》，湖北大学网站，2009年11月25日。

们进行汉语水平测试，通过后，颁发合格证书；后者是让巴西当地的学校把中文作为一门课来选修，通过考试后，中国有关行政管理部门颁发证书。后一模式打算从圣保罗开始推广。[①] 巴西人渴望了解博大精深的中国文化，可是，提起学习汉语，又常常感到头疼。在他们的眼里，那一个个方块字，就像天书和字谜，写方块字不比画图画轻松。但在巴西利亚大学孔子学院教汉语的老师顾宙盈认为，只要教学方法得当，无论是巴西人学习汉语，还是向巴西人教授汉语，都是一件很快乐的事。因为汉语的一字一句都包含和体现着中国人的文化传统和风俗习惯，教授汉语自然也就成为中国和巴西两种不同文化的互动交流的过程。汉语隐含着中国文化、历史和风俗习惯。教授汉语要把中国文化、历史和传统结合起来，深入浅出，通俗易懂，通过生动的课堂教学帮助巴西学生感受到中国汉字的无穷魅力和它蕴藏的博大精深的中国传统思想文化。[②]

2009 年 11 月 17 日，受孔子学院总部近日派遣，河北传媒学院师生一行 20 多人在圣本笃中学礼堂为圣保罗州立大学孔子学院及亚文中心孔子课堂学生进行了一场展现中华艺术文化的精彩表演，演出节目包括《放风筝》、《秦王点兵》、《扎西德勒》、《邵多丽》、《顶碗》等中国古典及少数民族舞蹈，葫芦丝、巴乌、笛子等中国传统或少数民族乐器的独奏或合奏，民歌独唱以及结合太极、书法与舞蹈的综合性表演等。这些精彩的节目受到了巴西学生们的欢迎和喜爱。圣保罗州立大学孔子学院在校生也表演了太极拳、巴西歌曲及中国歌曲演唱等节目，展现了他们学习汉语的成果。18 日，河北传媒学院艺术团前往巴西利亚，为巴西利亚大学孔子学院的学生进行表演。[③]

应该特别指出，中国方面对巴西孔子学院的建设发展特别重视。2011 年 9 月 21 日，国家汉办“进一步加强巴西孔子学院建设工作座谈会”在哈尔滨师范大学举行，重点研究关于加强在巴西建设孔子学院的规划布局等相关问题。[④]

三、共享度越来越高的华侨华人节日与当地传统节日

对于旅居巴西的很多中国新移民来说，因为身处异国他乡，总得要与当地人过当地最重要的节日。尽管年年的圣诞节堪与春节平分秋色，但中国新年仍然是

① 《中加学校牵手巴西：建孔子学院　引足球教练》，人民法制网，2005 年 11 月 16 日。

② 《巴西汉语教师顾宙盈：对外汉语教学是文化互动》，重庆晨网（来源：中国新闻网），2012 年 3 月 24 日。

③ 《河北高校艺术团赴巴西孔子学院演出受欢迎》，中国新闻网据《南美侨报》/巴西侨网报道，2009 年 11 月 19 日。

④ 《中国国家汉办召开加强巴西孔子学院建设工作座谈会》，中国新闻网据南开大学新闻网消息，2011 年 9 月 23 日。

一年中最重要的节日。于是，春节圣诞，一“中”一“洋”，便成为华侨华人一年中过节的“双最”。但是，对于华侨华人来说，“双最”虽可以在规模上等量齐观，但在本质意义上是不能同日而语的。因为春节的最大意义是家庭团聚，另外还有一层化解乡思的作用。这一点，圣诞节是永远难以替代的，实际上，圣诞节也没有这样的文化功能。

若跟国内比较，在巴西过春节，或许最大的不同是不用像国内的民工那样，由于春运，年关前就紧张惶惑地赶订车票机票，年关乍临，就急如星火地回家，年关刚过，就马不停蹄地赶回打工地点。另外，在巴西过春节，也可能没有在国内那样繁杂的年前购物准备。但是，尽管有这样那样的不同，有一点是省略不了的，就是除夕当日的年夜饭准备、除夕之夜的团圆乃至守岁。在中国农历大年三十当天，很多新移民家庭会计划请一些朋友来家里过年，客人当然以乡缘朋友为主，有时候也有巴西当地朋友。因此，主人必须筹划招待客人的饭菜，傍晚时候就依计划而行。当然，在巴西请客跟国内不一样，最大的不同也许就是饭菜的简约。这里不会像是在中国那样，菜上了一道又一道。巴西最省事的饭菜是烤肉，主人也乐而以之待客。这倒不是怠慢客人，而主要是为了增加宾朋之间难得的交流时光。可以说，除夕之夜的团圆与友聚，是巴西华侨华人与国内最大共同点之一。

巴西新移民跟国内最为同步的活动，要算 CCTV 的春节联欢晚会。当地时间早上 10 点钟，正是万里之遥的祖国大年三十的晚上 8 点，很多侨胞会安静地坐在电视机前，与祖国同胞一起准时收看春节联欢晚会。他们此刻的心与国内同胞的心一起跳动。有趣的是，新移民中很多人都有在东西半球两个国家看 CCTV 春晚的经验。当年他们是在国内看，正是“少年不识愁滋味”的年龄，“而今识尽愁滋味”，却在异国他乡看。一年中最大的乡愁，莫过于此时此刻了。当然，春节的基调是欢乐，CCTV 着意营造的氛围也是欢乐。据说在巴西，人们最喜欢的春晚节目是小品，尤其是乡土气息浓郁的赵本山的表演，让人忍俊不禁。但是，若据此就断言巴西侨胞的泪腺欠发达，肯定是误解。人的感情是十分复杂的。当巴西侨胞感到欢乐的时候，也正是内心的乡愁最难排解、最需排解的时候。对于这一点，没有亲身经历过在国外生活的人是难以理解的。

肯定不是所有中国过年风俗都会原汁原味地搬到巴西，即使是新移民，由于居住在他乡，许多过年的习惯也已经悄悄发生变化，有的细节甚至在逐渐消失。这是十分自然的现象。但中国人过年的基本内容，包括一些人们喜闻乐见的过年细节，也会保留下来。例如，发红包的传统在巴西许多华侨华人中依然保留着。众所周知，发红包不是庸俗的“发钱”，主要是长辈希望能给小孩子带来好运的心理寄托。

最近几年，在中国春节期间，“中国年”成了巴西民众与华侨华人的共同节日。虽然“中国年”还不是法定的国家节日，但民众对“中国年”的喜爱程度，已经跟很多法定节日相差无异。

巴西的“中国年”应是地方对华友好人士（以青年为主）发起的非官方庆祝活动。在华侨华人居住最为集中的圣保罗，首届“中国年”活动开始于2005年，是由国际青年商会巴西华侨分会的20多名志同道合者一起筹办的。他们都是年轻人，当时没有经验，且缺乏资金，但他们努力克服了重重困难，使第一届“中国年”活动取得了很大的成功。其中最大的成功是，不仅华侨华人纷纷与会，还吸引了很多土生土长的巴西当地人参加活动。在别的国家，传播中国文化一类活动，多由年长一辈华侨华人来做。但在巴西，至少就“中国年”来说，参与者多是年青一代华侨华人，因为他们认识到，传播和推广中国文化也是年轻人义不容辞的责任。单就这一点，就强烈地昭示着中华文化未来在该国的旺盛生命力。近几年来，随着巴中两国交往越来越密切，越来越多的巴西人开始对中国文化产生兴趣，纷纷参与“中国年”活动。

圣保罗的“中国年”也不是按照原版照搬中国的传统春节习俗，而是以中国春节传统习俗为基础，重新设计包装，使之更贴近当地风俗习惯。当然，“中国年”的基本内容仍然是中国式的，颇具传统中华文化特色，舞龙、舞狮、武术表演等是最吸引华侨华人，同时也吸引当地观众眼球的节目，是必不可少的。此外还有许多巴西人喜欢学习武术与气功等。据说，跟一些巴西传统节日相比，中国春节显得更喜庆、更具娱乐性。最具特色的安排是，参与“中国年”表演的，大部分是巴西当地人。2005年的“中国年”有以下场景描写，笔者觉得富有历史价值，特以蒙太奇的方式将之辑录于此，读者可以感悟到每个镜头里面所蕴涵的中国元素和当地元素，感悟到这些元素的交集和融汇。

第一个镜头：伴随着活动主持人用汉语和葡语说出的“新年快乐”，数百个气球腾空而起，舞龙队从人群外逶迤而至，舞狮队紧随其后，观众争相举起照相机或摄像机，希望记录下这一欢庆时刻。

第二个镜头：在巴西生活了27年的台湾同胞陈春林回忆道，以前在台湾的时候并没有意识到过年能够给自己带来这么多的激动。与小时候在台湾乡下的春节相比，反倒是在圣保罗过“中国年”让他感觉更为亲切。

第三个镜头：刚来巴西半个月的岳群山老伯告诉记者，他来到巴西探亲刚半个多月就赶上了这么盛大的庆祝“中国年”活动，尤其是当他看到那么多白皮肤、黑皮肤的当地人卖力地舞龙舞狮，更是让他为中华文化远播异域而感到自豪。他说：“在巴西过年，比我在上海过年还热闹。”

第四个镜头：巴西首位华人众议员威廉巫激动地向远在万里之遥的祖（籍）

国同胞拜年，“牛代表着力量，希望全体中华同胞团结一致，战胜金融危机，牛年（2005）成功！”

第五个镜头：新年带来新梦想，80岁高龄的巴西中国和平统一促进总会会长张无咎希望早日看到中国完全统一；巴西广东同乡总会会长陈荣正的梦想则是希望广大侨胞能够平安健康、生意兴隆；而卡斯特罗的心中也多了一个梦想，他说：“我希望有一天能够有机会到中国工作，学会说中文。”①

不仅在圣保罗，在巴西其他城市，华侨华人与当地民族共度春节的气氛也越来越浓。例如，2006年1月15日晚里约热内卢华侨华人举办的“里约全侨2006年春节联欢晚会”，出席晚会的就有“里约热内卢各侨团负责人、侨领和巴西各界来宾”。他们欢聚于里约热内卢州立大学大剧场内，能容纳2 000人的剧场座无虚席。由里约热内卢侨胞和巴西青年共同表演的中国传统舞龙舞狮节目《龙腾虎跃贺新春》揭开了文艺演出序幕。晚会上，侨胞们表演了歌舞、器乐、相声等精彩节目。巴西友人也纷纷登台，巴西武术队表演的《中国功夫》、女歌手丽莲用汉语演唱的《那就是我》、巴西姑娘献上的独特节目武术舞蹈《太极扇》等都赢得了来全场阵阵掌声。可见，晚会自始至终都是华侨华人与当地民众共同参与，热闹的过节气氛是他们共同营造的。巴西演员所表演的，是中国民间节目，显然是专为春节而排练的。据中国驻里约热内卢代总领事王燕平所说，这台丰富多彩的文艺演出不仅充分表达侨胞辞旧迎新的喜悦心情，还可传播中国的传统文化，让巴西人民更多地了解中国，同时也向巴西社会展示了侨社精诚团结、勤劳致富、携手奋进的精神风貌。②

“四海同春”，是一项以春节作为媒介，传播和推广中华文化的活动，得到各国华侨华人的积极支持和互动。巴西华侨华人也是这项活动的受惠群体之一。例如，2010年2月28日晚，“文化中国·四海同春”赴南美艺术团就在巴西圣保罗著名的阿年比剧院隆重演出。这一晚，可容纳近3 000人的大剧院座无虚席、彩灯高挂、春意融融，洋溢着浓郁欢快的新春喜庆氛围。圣保罗的华侨华人度过了一个热热闹闹的元宵佳节。③ 实际上，除了“文化中国·四海同春”活动之外，中国其他文化团体也到过巴西举办慰侨演出，传播推广中华文化。例如，2008年2月10日（春节期间），巴西华人协会就联合圣保罗各侨团在安年比会展中心举办了一场“中国艺术团慰问侨胞演出暨全侨新春联欢晚会”。中国艺术团由总政歌舞团为主，演出的精彩节目包括歌舞、相声、独唱、京剧等。巴西总

---

① 《通讯：巴西圣保罗自由广场欢庆“中国年”》，网易（来源：新华网），2005年1月25日。

② 《巴西华侨华人举行春节晚会喜迎“锦犬送春来”》，新华网，2006年1月16日。

③ 《“文化中国·四海同春”艺术团与巴西圣保罗华侨华人共庆元宵节》，新华网，2010年3月2日。

统鲁拉发来贺电向华人拜年祝演出成功。

上述这些活动得到了巴西各级政府的热情支持。2008 年春节那一场演出，先后向演出发来贺信和贺电的有圣保罗州议会议长、马托格罗索州州长、马兰雍州州长、标义州州长、巴拉州州长、敏那斯州长、北大河州长、司法部部长、教育部部长、财政部部长、工商外贸部部长、环保部部长、卫生部部长等。有 3 位部长、20 多位国会众议员以及数十位圣保罗州、市议员观看演出。正如巴西华人协会吴耀宙会长表示，晚会已引起当地媒体的高度关注和重视，它是提高华侨华人地位和形象、弘扬博大精深的中华文化、展现多姿多彩的中华艺术魅力的一个极佳平台。① 巴西华侨华人在其他中国民间节日也举办联欢活动，例如，中秋节是除春节外中国最重要的团圆节日。一般来说，华侨华人社团会邀集侨胞度过一个欢乐祥和之夜，这既有益身心健康，又提高生活品味。侨胞们常常载歌载舞，温馨且喜庆。大家一般都是围坐圆桌，边品尝美酒边交流畅谈，相互之间增进了了解，也加强了友谊。有时候，文艺爱好者也表演一些独唱、合唱、小提琴独奏、相声、舞蹈和书法之类的精彩节目。总之，乘兴而来，兴尽而归。

巴西华侨体育运动大会每两年举办一次。到目前为止，每一届华侨运动大会都是由来自中国台湾地区的社团负责筹办，但是参加者却来自两岸三地，运动员们都是黄皮肤、黑头发，流着炎黄子孙的血。有来自中国大陆的新移民，也有来自中国台湾地区的老华侨，同时还有许多在巴西出生的华裔第二代、第三代。例如，2006 年的体育运动大会，共有 26 个华侨华人社团组队参加了各项田径比赛。在 903 名运动员中，年龄最大的已经 75 岁，而年龄最小的仅仅 7 岁，充分体现了老少同乐，贵在参与，旨在交流的大会精神。②

按照目前的资料来看，中秋节等中国民间节日以及巴西华侨体育运动大会，主要还是华侨华人自己的聚会。但以目前华侨华人与巴西当地民众相处的友好氛围，不排除将来会发展到双方共同举办、共同参与。

值得注意的是，巴西华侨华人不仅庆祝中国的民间节日，也举办活动庆祝一些巴西民间节日。就看到的资料而言，目前华侨华人庆祝的巴西民间节日包括情人节、母亲节等。如果巴西的民间节日与某个中国的民间节日日期相近，就将两个节日的庆祝“合并”进行。例如，2010 年 6 月 6 日晚，巴西华人协会就包下圣保罗最高的建筑物意大利大厦的顶楼餐厅，举办了一场庆祝端午节、巴西情人节联欢舞会。据悉，圣保罗华侨华人包下可俯瞰整个市区景色的高档观光消费场所——意大利大厦顶楼高级餐厅举办联欢舞会，还是第一次。按照吴耀宙会长所

① 《中国艺术团巴西慰侨演出就绪，巴西总统致电祝贺》，中国侨网据巴西侨网报道，2008 年 2 月 8 日。

② 《来自两岸三地的侨胞齐参与：巴西华侨举办运动会》，中国侨网，2006 年 9 月 9 日。

说，这些年来，华侨华人的事业发展了，经济实力雄厚了，对业余文化生活的要求随之提升，希望能在高档场所举行高品质的文化娱乐活动。100多位侨胞在享用了高级法国晚餐和醇香美酒后，纷纷登台演唱卡拉OK歌曲，并伴随着悠扬的乐曲翩翩起舞，度过一个欢快温馨的夜晚。出席当天联欢舞会的除了大陆侨胞外，还有数十位台湾同胞。在台胞胡仲江的主持下，两岸同胞同台欢歌、同池起舞。当天联欢会上，华人协会会长吴耀宙首先致辞，祝愿与会的侨胞和来宾在中国传统节日端午节、巴西情人节即将来临之际，在此开怀畅饮尽情欢歌起舞，以庆祝中国和西方这两个重要节日。中国驻圣保罗副总领事顾云芬、巴西国会议员威廉巫、圣保罗市议员李少玉应邀参加当天的联欢活动。顾副总领事、威廉巫议员分别致辞，向与会两岸侨胞致以节日的美好祝贺和亲切问候。① 母亲节在巴西是一个重要节日，华联会每年都举办联欢活动。如2010年5月9日，在巴西里约华人联谊会馆二楼，就举办了一场别开生面的庆祝母亲节活动。会场布置高雅、温馨，每张圆桌上放有母亲节蛋糕及华联会会长季友松赠送的礼品，每位到场母亲都感慨：这真正是为自己过节日。中国驻里约总领事李宝钧先生发表了热情洋溢的讲话，随后，李春梅副总领事宣读了里约州议会授予“华侨华人伟大母亲”的名单，并授予奖状。接下来的文艺节目有华联会中文班和周娟中文班的孩子们表演，赢得了在场母亲们的阵阵掌声。到场的200余位母亲，在欢快热闹的气氛中，愉快地度过了母亲节。②

当然，谈到参与当地民族节日的时候，也要看到民族间传统文化的差别。最明显的是，狂欢节这个巴西最大最重要的节日，华侨华人目前就不大积极参与。每年2月，巴西各大城市都举行规模不等的狂欢节活动。这时候，不管是什么人种，来自什么文化背景，都不由自主地被卷入了疯狂的节日气氛中。狂欢节既是个载歌载舞的节日，同时也是个疯狂消费的节日。例如，萨尔瓦多是巴西最早的首都，举行狂欢节的历史久远，该市的狂欢节活动被吉尼斯世界纪录列为世界上规模最大的街头狂欢活动。狂欢节除了对该市文化方面起到巨大影响之外，对当地经济的发展也起到了强有力的支撑作用。狂欢节期间，萨尔瓦多啤酒和各种饮料的消费量急剧飞升。三条狂欢节游行路线经过的街区路边电线杆上，贴满了狂欢节期间出租公寓的小广告。有旅店老板并非夸张地说，他一年只做狂欢节期间的7天生意。有人说，对于巴西当地人来说，从7岁到77岁，个个都是狂欢节的忠实拥趸。③ 不过对于华侨华人来说，目前还很少有人积极参与狂欢节，相

① 《庆端午节、巴西情人节　华人协会举办联欢舞会》，中国新闻网据《南美侨报》/巴西侨网，2010年6月7日。

② 《巴西里约华人联谊会举办庆祝母亲节联欢活动》，网易（来源：中国新闻网），2010年5月13日。

③ 陈威华、赵焱：《巴西狂欢节中的华人》，新华网，2008年2月13日。

反，很多人还选择逃离。因为，按照民族传统，热闹属于巴西人，安静才属于中国人。诚然，民族节日属于民俗，不管是参与，还是逃离，都没有对错之分。但对于狂欢节这样一个巴西全民“疯狂”的节日，华侨华人未来会不会参与其中，以什么方式参与，就值得观察和思考。

四、对两家华文报纸之管窥

报纸应被看作是华侨华人社会中特殊的文化平台，在目前海外华侨华人社会中传媒尤为短缺的情况下，它发挥着不可替代的作用。据目前所知，巴西的华文报纸主要有《南美侨报》和《美洲华报》两家。

《南美侨报》前身为《巴西侨报》，始创于1960年3月29日，为8开小型周报，1977年改为周三刊。其时发行人是王之一，到1985年由李海安接任，更名为《巴西华侨日报》，版面改为对开8版，每周出版5天，1989年停刊。后又于1992年4月复刊，沿用旧名《巴西侨报》，对开8版，电脑制作，套红印刷，每周出版5天。1999年10月1日，《巴西侨报》更名为《南美侨报》，对开8版，套红印刷，每周出版5天，周五增刊对开8版周末版，2003年7月推出对开8版彩色印刷周末版。从2004年7月起，每日版面增至12版，周末20版。在此过程中，《南美侨报》在继承的基础上大胆创新，如推出内容丰富的周末版，增设独创的南美新闻版，争取使版面和内容设置既新颖又实用，办成一个全新的报纸。

《南美侨报》2005年开通了中文网站（www. nmqb. com. cn）。网站辟与“中国新闻”、“国际新闻”、“巴西新闻”、“南美新闻”、“南美侨界新闻”、“拉美各国国情”、“移民百花园”、“专题报道”、“精彩图库”、“侨先生信箱”等专栏，力求快速、广泛地向读者提供南美洲的政治、社会、科技、文化、旅游等信息。网站还设立了视频，把侨社的许多活动用影像放到网站上，弥补了巴西没有当地华文电视媒体的不足。2005年至2006年，《南美侨报》在采访工作方面加大了巴西当地新闻的采编比重，由原来比较偏重华侨华人社会新闻，逐步增加对主流社会新闻的采访。一些主流社会的大型活动，如布什访问巴西，胡锦涛与吴邦国访问巴西等场面，《南美侨报》都派记者采访，且根据海外华文媒体的特点刊发自己撰写的稿件，而这类活动以前是很难看到侨报记者的身影的。现在《南美侨报》每天发行量约2 000份，位居巴西地区华文报纸发行首位。该报在巴西圣保罗市、里约热内卢市、福斯市等城市以及巴拉圭、乌拉圭、阿根廷、智利、玻利维亚等南美国家都有发行。由于该报的内容丰富，且观点较为中立，受到广大华人读者的欢迎。2007年时该报有员工20多人，社长为李建全、副社长为方三京、总编辑为袁一平。

《南美侨报》社长李建全认为，像投巨资、置产业、招高人、硬派送，或是效仿主流媒体现成经验、不断增加版面、扩张报纸声势等办法都不适合巴西的具体情况。巴西华侨华人社会的实际情况是：由于巴西媒体很少有关中国的报道，即使有，也多是负面的，同时华文媒体对大陆同胞的新闻报道也有偏颇，故无论是大陆同胞还是台湾同胞都不可能获得正确全面的大陆信息。许多侨胞希望准确全面地了解到到祖国大陆的发展。所以，《南美侨报》的任务是迅速扭转信息的失衡。面对巴西华侨华人社会，该报采取"低举低打"战略，即不虚张声势，利用好现有条件来保证报纸的生存和发展。华侨华人社会就是报纸的市场，因此，要充分发掘市场潜力，就必须与社团做朋友，保持亲密而又超脱的关系，广结善缘，服务大众，让报纸服务于侨民在定居国的生存与发展这个最重大的利益。在矫正巴西华侨华人社会信息报道偏差的同时，也尽可能提供与侨民切身利益有关的当地新闻。其准则是：看时情，少辩论，多帮助。《南美侨报》还敏感地了解到读者新的生活方式、新的阅读需求，适时变化，以适应读者不同阶段的需求。该报还经常在华侨华人中举办联谊活动，圣保罗周边市县的很多华人社团都积极参与。

由于没有条件系统传授新闻业务知识，《南美侨报》就经常以具体的新闻业务为例向从事新闻业人员传授专业知识，提高和培养他们的新闻意识以及工作兴趣。在这方面，报社主要领导言传身教。①

《美洲华报》正式创刊于 1983 年 10 月 4 日，创刊初期每周出报 2 期，每期对开 6 版。1985 年，由 2 日刊改为双日刊，每周二、四、六出报 3 期。1993 年由双日刊改为日刊，即每周二至周六出报 5 期，周三、周五对开 4 版及 6 版，周二、四、六对开 8 版。目前改成每周三、四、五出版 2 大张 8 版，周二、六出版 3 大张 12 版。1996 年起开始使用网络资讯，2000 年开始使用电脑排版，目前除"巴西新闻" 3 个版为人工排版外，其余都为电脑排版。《美洲华报》自创刊迄今从未中断。2007 年时任职发行人为廖安义，社长为李桑田，员工 10 多人。其读者群主要是来自台湾的商界人士。

该报主要版面有"重要新闻"、"台湾新闻"、"大陆新闻"、"巴西新闻"、"综合新闻"、"国际新闻"和"综合副刊"，周二、六增加"科技新知"、"生活与休闲"、"医学保健"、"旅游天地"等。该报发行范围包括巴西、巴拉圭、阿

---

① 人民网对巴西《南美侨报》的介绍，2005 年 12 月 29 日；林筠：《拉丁美洲华文传媒发展综述》，中国新闻网，2007 年 8 月 20 日。

根廷、智利、乌拉圭、中国台湾以及香港等国家和地区。[1]

《南美侨友》和《圣保罗报》是华侨华人集资经营的中立华文报刊。前者创立于1986年，初为半月刊，1989年改为月刊，内容为文摘性的，面向台湾海峡两岸，持中立立场；后者于1989年创办于圣保罗，初为周五刊，1990年改为周二、四、六、日刊。[2]

顺便说明，在拉丁美洲地区，巴西的华文报纸办得比较晚。早在20世纪初期，在拉丁美洲中国移民聚集较多的国家，如古巴、秘鲁、巴拿马和墨西哥，就诞生了第一批华文报纸。可惜这批报纸今天大多已不存在了。但就现在来看，巴西的华文报纸是最有发展前景的拉美华文报纸之一。然而，从大传媒的角度来看，现在还看不出拉美地区将来谁家花丛最芳艳。目前，虽然拉美大多数华侨华人人数较多的国家都有华文媒体，但仍以传统的平面媒体为主，尚没有华文电视台，华文电台和网络也刚刚出现，尚未形成规模。以巴西华侨华人社会的现况，如果不远的将来该国在华文传媒的“升级”方面捷足先登，甚至“艳压群芳”，是丝毫不奇怪的。

---

① 参林筠：《拉丁美洲华文传媒发展综述》，中国新闻网，2007年8月20日。

② 国务院侨办干部学校编著：《华侨华人概述》，北京：九州出版社2005年版，第146页。

第二章　南美洲西班牙语国家

在南美洲，大部分国家都是西班牙语国家。它们包括阿根廷、智利、秘鲁、委内瑞拉、厄瓜多尔、哥伦比亚、玻利维亚、巴拉圭。一般来说，是否属于某一个语系的国家，对一国的历史和文化会产生非常明显的影响。对于华侨华人在该国的生存和发展，特别是对他们融入当地和文化交流来说，也有不容忽略的影响。本章把南美洲西班牙语系的国家放在一起，对各自的侨情作一阐析。

第一节　阿根廷

阿根廷共和国（西班牙语：República Argentina）与智利、玻利维亚、巴拉圭、巴西等国相接壤，东南面向大西洋。从面积来说，在拉美居二，在世界上居八。首都是布宜诺斯艾利斯。国土面积 2 780 400 平方公里，人口 4 000 万（2010 年）。主要宗教为天主教，官方语言为西班牙语。1972 年 2 月 19 日，中国与阿根廷正式建立外交关系，是拉美地区与中国较早建交的国家之一。

一、喜忧交加中生存发展的阿根廷新老华侨华人

1. 三部分华侨华人

19 世纪末 20 世纪初，移居阿根廷最早的华侨大都来自秘鲁、巴西、智利，少数来自北美及中美洲国家。这样看来，阿根廷最早的华侨华人应属"溢散式"移民。其后也有一些中国人从广州、山东和浙江青田到阿根廷谋生，当属原居地移民。[①] 当时阿根廷政府"迎欧拒亚"，欢迎欧洲人，而对亚洲移民控制较严，这是旅居阿根廷华侨人数较少的缘故。20 世纪 20 年代只有 40 多人，20 世纪 30 年代为 100 多人。1949 年前后从中国大陆、香港等地又有一批华人到阿根廷，他

① 杨镕鉴说阿根廷侨胞自清末来自秘鲁，皆粤籍。秘鲁应只是华侨最早来源地之一。另据其云，青田人是 1927 年左右自欧洲来到阿根廷，散居在距首都千里之外的恰哥（CHACO）省。参杨镕鉴：《阿根廷、智利、乌拉圭华侨概况》，台北：正中书局 1987 年版，第 41 ~ 42 页。

们携有较多资财，原籍多为浙江和两湖。估计这一批移民的人数不多，到20世纪50年代才增至300多人。此后直至1972年中阿建交时，阿根廷华侨华人方近700人。1980年阿根廷华侨华人数增至1 200人。[①]

由此看来，数十年间，阿根廷的华侨华人只属涓流式增长，人数很少。当然，已经完全“阿化”的华裔可能未计算在内，离阿根廷别迁者也没有计算在内。即使这样，作为一个南美大国，1980年前阿根廷的华侨华人人数还不算多。这应该是此后大量涌入的中国大陆新移民能够主阿根廷华社之沉浮的重要原因。

进入20世纪80年代后，亚洲华侨华人向阿根廷移民形成浪潮，这应该提及阿根廷政府在这方面的作用。当时阿根廷政府想借亚洲“四小龙”的资本和人才发展本国经济，据说阿根廷政府为此特为符合“大赦”条件的400名非法入境的华侨办理合法居留手续，并给予就业权和营业权。[②]

其实当时最受“大赦”政策优惠的当属台湾侨民，而“大赦”实施后最先被吸引的也是台湾侨民。1983年至1984年，台湾人出现由台湾本地、巴拉圭、玻利维亚等地向阿根廷移民的高潮。他们聚居在首都布宜诺斯艾利斯的兰多沙和阿里贝诺斯交叉口一带发展商业，形成新的唐人街，人数达数万之众。[③] 因此也为后来形成与大陆新移民平分阿根廷华社秋色的局面打下了基础。

根据资料记载，到1983年，阿根廷华侨华人人数达3万人，1988年已逾5万人。后因当地经济不景气，约有1.5万人移居美国、加拿大、日本等国。1999年，阿根廷华侨华人约3万人，其中1.8万人来自台湾，其余来自中国大陆及其他各地。[④] 这样说来，到上世纪末，虽然中国大陆来的新移民人数已经不少，但仍比台湾侨民少。

这一时期台湾移民之所以比大陆移民多，是阿根廷的外侨政策造成的。阿根廷过去的移民法对台湾海峡两岸的中国人是分别对待的，即严格限制来自中国大陆的移民，原因是中国大陆属社会主义国家（对其他社会主义国家也是如此）。1984年9月，阿根廷拒绝受理中国大陆公民的入境申请。1987年7月，阿根廷重申中国大陆公民不得以旅游签证去阿根廷定居。与此同时，对来自台湾的、携带资金和技术的移民，阿根廷则大表欢迎，一般的申请很容易获批准。在冷战时

① 白俊杰：《阿根廷华侨华人概述》，周南京：《华侨华人百科全书》，北京：中国华侨出版社2002年版，第1页。

② 白俊杰：《阿根廷华侨华人概述》，周南京：《华侨华人百科全书》，北京：中国华侨出版社2002年版，第1页。

③ 白俊杰：《阿根廷华侨华人概述》，周南京：《华侨华人百科全书》，北京：中国华侨出版社2002年版，第1页。

④ 白俊杰：《巴西华侨华人概述》，周南京：《华侨华人百科全书》，北京：中国华侨出版社2002年版，第34～35页。

代，以意识形态划线是很多国家的通行做法，就是与意识形态不沾边的国际移民问题也难幸免。后来，阿根廷制定新的移民法，改变了这一歧视性做法。对中国大陆居民，只要符合移民法规定，也一样可以比较容易地获得入境签证。这一变化也为改革开放后中国大陆移民大量移入阿根廷提供了必不可少的前提。由于大陆移民的到来，阿根廷的华侨华人经济才得以迅速发展，从原来微不足道的力量，变为阿根廷经济中不可忽视的力量。

综上所述，阿根廷的华侨华人可分为三部分：一是老（传统）华人，人数不多，他们多来自广东、浙江青田和山东；二是20世纪70年代以后移居阿根廷的华侨华人，以台湾人或大陆去台人员居多（约占95%以上），其余则是上海、山东、广东和香港人，他们95%以上居住在首都及其近郊，其他零星分布在科尔多瓦、罗萨里奥、图库曼及福摩萨等省市；[①] 三是20世纪90年代以后来自中国大陆的新移民，没有准确的人数统计。截至2011年的消息，阿根廷的华人约有8万人（其中福建人占一半以上），主要从事超市、餐饮、进出口贸易等行业，其中超市业者占绝大多数。[②] 通过十几年的奋斗，他们已在南美大地成功着陆。下面所谈，主要是第三部分移民。

三部分华侨华人的经历有很大区别。早期旅居阿根廷的华侨以经商居多。当时他们所经营的多为饮食业和杂货业。直至20世纪70年代，旅居阿根廷的华侨华人主要经营水果店、洗衣店、餐馆、杂货店及中餐外卖店，多属小本经营，另有一些人则以打工谋生。这之中，应包括20世纪70年代从中国台湾等亚洲“四小龙”移民来的侨民。随着阿根廷经济的稳定，华侨华人经济亦有相应的发展。尤其是那些从中国台湾、中国香港、韩国到阿根廷的投资移民，开始逐渐涉足一些新的经济领域，使华人经营的经济趋向多元化，有的已具一定规模。[③]

阿根廷华侨华人的经营相对较为集中，以经商为主，经商者中又以餐饮和杂货业为主，此外还涉及百货、旅游、娱乐、美容、进出口等行业。到20世纪90年代末，上述所有行业共约3 000家，其中大小超级市场就有1 800家。餐饮业一度十分饱和，导致一些餐馆停业或转业。其他行业如工艺礼品、钟表、眼镜、皮货、服装、五金和百货等，五花八门，这里就不赘列了。[④]

2010年是阿根廷独立200周年，同时也是一个对旅居该国的华侨华人进行历

---

① 白俊杰：《阿根廷华侨华人概述》，周南京：《华侨华人百科全书》，北京：中国华侨出版社2002年版，第1页。

② 刘一：《阿根廷华商掀起“反黑”风暴》，《北京青年报》，2011年8月20日。

③ 白俊杰：《阿根廷华侨华人概述》，周南京：《华侨华人百科全书》，北京：中国华侨出版社2002年版，第1页。

④ 国务院侨办侨务干部学校编著：《华侨华人概述》，北京：九州出版社2005年版，第156页。

史性评价的重要契机。对于华侨华人移民为阿根廷经济社会发展作出的积极贡献，阿根廷各方都给予了高度评价。阿根廷外交部亚大司司长奥拉西奥·萨尔瓦多当天在接受新华社记者专访时指出，作为一个传统的移民国家，阿根廷欢迎华人合法移民来到这里生活和发展，永远向他们敞开大门。他说，阿根廷的华人移民勤劳守法，堪称移民的典范。华人在超市业等领域发展迅速，已经在这些行业占据重要地位。阿根廷社会受到中国文化的影响也日渐深远。阿根廷政府希望华人社会能够继续发展下去，取得更大成就。中国驻阿根廷大使曾钢则表示，阿根廷作为一个开放的移民国家，对来自世界各国的侨民都非常包容，这为中国侨胞在阿根廷生存发展创造了一个好的生存环境。旅居阿根廷的侨胞一方面受到了阿根廷政府和人民热情友好的对待，另一方面通过自己的辛勤劳动以及中华民族的优良传统，对阿根廷的政治、经济和文化发展以及推动中阿两国的友谊都作出了积极的贡献。[①]

2. “三分天下有其二”的福建新移民

以福建人为主的中国新移民大多是赤手空拳去的。“一个包袱，一把雨伞”是他们的形象比喻。从打工开始，一个比索（阿币）一个比索地积攒，继而小本经营，逐渐发展。这种艰苦，甚至老一辈华人也难同日而语。据说在阿根廷打工，住宿是最大的难题。许多为超市打工者，便在超市夜宿，但超市是不许住宿的，所以，他们便时刻准备着，晚上躺下也睁着半只眼睛，一有动静就卷起铺盖，消失在茫茫夜色中，过着“游击队”的生活。

在阿根廷闯荡期间，正值国际化大超市进入阿根廷的时候。这对大陆新移民来说也算是天赐良机。因为开超市的资金回笼快，语言要求也不高，于是，许多移民便抓住机遇，进军超市行业并取得成功。这一群人中，以福建移民做得最好。如今，首都布宜诺斯艾利斯有 1 300 多家超市（笔者注：应指华人超市），90% 是福建人开的。超市于是成为福建移民的支柱行业。再就是餐馆业，比较好的中餐馆有很多，如“福州扁肉店”、“连江鱼丸店”等。还有加工业，食品方面有兴化米粉、豆腐制品，有金银首饰、皮革制作等 。此外还有农产品批发以及洗衣行业等。[②]

概而言之，以福建籍为代表的阿根廷华侨华人在阿根廷经营的成功，可以概括为两点：一是“一个带一个，一批带一批”的乡缘群体的迅速壮大；二是这个群体很好地抓住了阿根廷经济发展的机遇，尤其是超市业兴起的难得机遇，建

① 欧占明、冯俊扬：《阿根廷庆祝独立 200 周年，华人贡献获得高度评价》，新华网，2010 年 5 月 24 日。

② 黄文麟：《棒哉，旅阿闽人敢拼会赢——赴阿根廷考察有感》（下），福建省企业与企业家联合会网站。

立起自己的半壁江山。在这方面，严云祥是一个典型案例，值得一提。

严云祥为阿根廷华侨华人联合总会副主席、阿根廷阿中福清同乡联谊总会副主席、阿根廷华侨三福（福建、福州、福清）企业商会会长。1993 年，他来到阿根廷，他此行原是为了绕道阿根廷到日本打工的。在阿根廷逗留期间，由于语言不通，又缺乏资金，他只好到老华侨经营的餐馆和超市打工，其艰辛可想而知。接着，他按计划到日本打工。4 年后，他从日本重回阿根廷，却发现福清人自己经营的超市已有三四十家。于是，他“见异思迁”，在阿根廷就地安家了，并马上加入了超市行列。他用在日本打工掘得的第一桶金作为资本，开了一家超市，取名“月亮”。那年，严云祥 29 岁。在他悉心经营下，阿根廷有了第二家、第三家……第 N 家“月亮”超市。消息传回严云祥的家乡福清江阴，堂伯叔侄、姑表姨舅、邻里朋友为之心动，乃纷纷筹措盘缠，漂洋过海到阿根廷投奔严云祥。严云祥高兴地打开大门欢迎自己的乡亲。他又是借资金，又是帮忙找店面，又是传授经营之道，“扶上马，送一程”，直到他们能够自立才放手。几年后，“月亮”家族越来越多，达到四五十家，形成了连锁超市。按照连锁经营规则，严云祥本可向连锁店收取一定的费用，但他分文不取。他不但在经营上支持乡亲发展，还积极为乡亲纾困解难。严云祥的事例表明，以福建籍为代表的阿根廷华侨华人，是如何以乡缘为纽带吸纳同胞与乡亲进而迅速壮大华侨华人社会的。一批新客变成了老客，老客又引来另一批新客，如此新新老老，老老新新，交替不断，就像瓜藤一样蔓延开去，结出了一个个大瓜小瓜。诚然，严云祥创造的“月亮”超市业绩和他的急公好义精神，也使他在阿根廷华侨社会崭露头角，引起阿根廷政府的关注。1999 年，梅内姆总统接见严云祥等在阿根廷华侨经济界人士时，还专门与他们合影留念。2005 年，严云祥被推选为阿根廷华侨三福企业商会会长。这时，阿根廷的福清人已发展到两三万人，拥有四五千家超市，其中有一半是江阴乡亲开的。2007 年商会换届选举，因事缺席的他仍被乡们选为连任会长。①

若以各个分支的福建人群体论，人数达 6 000 多的兴化人是令人刮目相看的一群。其中有一个案例非常吸人眼球，这就是莆田北高王氏家族。这个家族现有在阿根廷人口 72 人，其中在阿根廷出生的孩子就有 21 人。这个家族拥有大规模的超市 22 家，以及 760 亩耕地的农场、畜牧场，还在首都购置了一座占地 1 万平方米的庄园，园内有足球场、游泳池、果园、主人屋、佣人屋、烤肉间、餐

① 黄意华、严天生：《为旅阿乡亲谋福祉——访阿根廷华侨三福企业商会会长》，《炎黄纵横》2009 年第 7 期。

厅、养花房、车库等。[1] 说实话，在当今第一代移民中就创造出这样的奇迹，堪称惊世骇俗。这在早年东南亚的华人社会中也曾出现过这样的“神话”，但那毕竟只是极少数人。今天，这样的奇迹出现在南美，应拜时代所赐。

千军万马过独木桥，绝对是商家的大忌。中国新移民当然深谙此道。就在大多数移民从事超市和餐饮行业时，有人就已瞄准商机，另辟蹊径，果敢地叩开了中阿进出口贸易的大门。如今，在阿根廷到处可看到中国商品，尤其是轻工产品。中国玩具占了阿根廷市场份额的90%。[2]

有消息称，华侨华人开办的超市总营业额超过家乐福，成为阿根廷一支新兴的商业力量。总的来看，新华侨华人是阿根廷发展最快的移民群体之一，为阿根廷经济社会发展作出了积极贡献，阿根廷华侨华人史乃至阿根廷经济发展史应该永远记上这一笔。

3. 风雨来也骤：近年经济危机下的营商形势

阿根廷华侨华人也非总是“风正一帆悬”。近年来，一些地方的营商环境有所恶化，根源于阿根廷经济运转中产生的若干严重问题，主要表现为严重的通货膨胀。阿根廷经济学家和研究机构预测，这个南美国家2010年全年的通胀率达到了25%～30%左右。这样的数字，应属恶性通货膨胀了，受影响最大的，无疑是中低收入阶层。据报道，2010年以来，阿根廷工薪阶层的薪资上调了三次，即便这样，工资的涨幅仍然赶不上物价的涨幅。另一方面，阿根廷政府2010年对于玩具和圣诞装饰品实行特别政策，有的实行反倾销措施，有的实行非自动许可证。这样，虽然中国商品降价了，但由于居民的收入水平下降，故购买力还是降低了。

最明显的例子是11区，这是阿根廷全国礼品的批发和集散中心，这个市场上销售的商品80%～90%自中国进口。本来，中国礼品物美价廉，颇受阿根廷消费者欢迎。每年圣诞节前夕，订单和客户总是让店家应接不暇，连街上的停车位也无一空闲，有时马路边甚至会停两排车。圣诞节期间，几乎每个阿根廷家庭的圣诞树上都装点着中国生产的饰品。但是2010年圣诞节期间的经营形势就急转直下，据11区部分商家估算，与2009年同期相比，这一年圣诞前夕，销售量平均下降了20%～30%，客流量下降了20%左右。而往年圣诞节前一个月左右，这里就出现购买热潮，2010年则与往年差若天壤，不仅街道上行人寥若晨星，就连店铺里也门可罗雀。由于居民消费水平下降，不少商家出现商品积压的情

---

① 黄文麟：《棒哉，旅阿闽人敢拼会赢——赴阿根廷考察有感》（下），福建省企业与企业家联合会网站。

② 黄文麟：《棒哉，旅阿闽人敢拼会赢——赴阿根廷考察有感》（下），载福建省企业与企业家联合会网站。

况。据阿根廷华人进出口商会会长、SMART 礼品批发和零售连锁店店主罗超西说，这是近 5 年来阿根廷圣诞市场最冷清的一年。[①] 显然，当物价上涨购买力下降时，中低收入人群首先要满足的，只能是基本生活需求，削减节日礼物支出便成了不得已的选择。但是，若连圣诞节也难以幸免，就说明生活困难确实达到临界点了。当然，阿根廷贫富差距大，对于富裕家庭来说，是感受不到商品涨价的影响的，因为他们所消费的，基本上是较为高档和昂贵的商品。阿根廷华侨华人营销的最主要对象却是中低收入人群，故而经济危机中，华侨华人首当其冲。

华侨华人经营情况不佳只是一个方面，祸不单行的是，近年来阿根廷华侨华人屡屡成为暴力事件的受害者，一些商户遭遇恶性事件，多名华人死伤。布宜诺斯艾利斯的翁塞（ONCE）区是华侨华人商铺较为集中之地，一些华侨华人商家因遭到不明身份者的敲诈骚扰而人心惶惶，更有甚者，有些华商因害怕黑帮分子报复而无心经营。除首都地区外，外省的华商也遭到敲诈。如 2011 年 8 月，在银海市（MAR DEL PLATA）、罗萨里奥市（ROSARIO）及门多萨（MENDOZA）等地的华侨华人超市就频遭暴力威胁，甚至出现流血事件，在社会上造成了极坏的影响，激起该市华侨华人超市代表举行了游行集会以抗议暴力事件。[②] 2011 年 8 月 15 日，恩特雷里奥斯省 4 家华人超市同一天接到敲诈电话，要他们各缴 5 万美元作为保护费。敲诈电话都来自布宜诺斯艾利斯，而其所提供的银行账号也只有一个。实际上，冰冻三尺已非一日之寒。自 2010 年年底以来，阿根廷华侨华人超市的袭击事件就频频发生，造成多名业者死伤。警方怀疑大部分袭击事件与黑帮敲诈有关。[③]

事实上，经济危机与社会治安恶化往往是一对连体婴，一旦经济危机发生，社会治安恶化常常与之相伴而行。问题是，为什么经济危机让华侨华人超市受损，而社会治安也让他们雪上加霜？为什么华侨华人超市会频频成为不法分子下手的目标？阿根廷华侨华人超市受到不法分子勒索或敲诈似乎“情有可原”，这是因为阿根廷华侨华人超市的发展太迅速。据阿根廷华人超市工会的统计，目前首都已经有 1 588 家华人超市，在全国已超过 1 万家，年销售额达 59.8 亿美元，约占超市业销售总额的 37%，在行业内居领先地位。且华人超市最近又恢复了几年前的开店速度，每月平均有 21 家超市新开业。[④] 华侨华人超市的蓬勃发展，本来就遭到不法分子的妒忌，在金融危机带来全国经济衰退的大背景下，更加容

① 冯俊扬：《阿根廷人节俭过圣诞》，河北新闻网，2010 年 12 月 24 日。

② 《阿根廷华人超市公会望华人团结反暴力盼政府重视》，中国新闻网据阿根廷华人在线网报道，2011 年 8 月 27 日。

③ 刘一：《阿根廷华商掀起“反黑”风暴》，《北京青年报》，2011 年 8 月 20 日。

④ 张红：《阿根廷华人超市——该如何成功“打黑”?》，《人民日报》（海外版），2011 年 9 月 28 日。

易成为众矢之的。因此，它们成为犯罪分子觊觎的对象，似乎也就不难理解了。

也有华人自身的原因，最重要的是华侨华人对纸币“情有独钟”。华侨华人喜欢使用现金，钱财携身，便让不法分子有了觊觎之心、作案之机。有数据显示，阿根廷其他社区连锁超市使用银行卡消费的比例已达35%，而华侨华人超市还不足5%。[①] 一些华侨华人店铺常常营业到深夜，固然体现了他们的勤劳，但另一方面也让犯罪分子有机可乘。更为可惜的是，有些华侨华人商户受到勒索敲诈后，出于种种原因（主要是受害人和目击者因怕遭报复）而没有报警，或者敢怒不敢言，沉默了事，忍气吞声（阿根廷华人超市公会认为华人遭劫后忍气吞声者竟占总数50%），以致罪犯逍遥法外，因而助长了敲诈者气焰。更有甚者，一些华侨华人喜欢采取“花钱消灾”的办法去应对，实在是饮鸩止渴。不法分子因此更加肆无忌惮，敲诈方式愈加直接和野蛮。当然，采取忍气吞声方式的华侨华人商家只是一部分。很多商家，特别是商会，则采取坚决回击的态度。表现突出的是阿根廷华人进出口商会，在得知有会员受到黑社会势力敲诈勒索后，该会在第一时间配合会员到当地警察局报案。这样的话，有利于警察局及时掌控局面，加强巡逻，增大警力，采取进一步行动，以防止恶性事件进一步发生。一般来说，阿根廷的当地警察分局以及联邦警察总局都非常重视华侨华人遭黑帮敲诈勒索的案件，也希望所有华人商家积极提供相关线索，对黑帮予以有力打击。

不管怎样，阿根廷华侨华人社会治安日益恶化，已经到了不能忽视的地步了。2011年8月17日晚，阿根廷华人进出口商会近百家华人商家会员在阿根廷布市翁塞区的一家咖啡厅内举行反击黑势力座谈会，中国驻阿根廷大使馆政务参赞蔡维泉以及领事部主任梁金安也代表使馆到会表示声援和支持。当天的紧急会议召开的目的是：维护翁塞区华商安定的经商环境，防止黑社会势力对该区进行渗透，依靠所有华商的团结，反对黑社会势力的敲诈勒索。[②]

华人进出口商会与阿根廷警方配合采取的主要行动包括：警察局已经在一些重要路口和街道布设便衣警察保护华人商家；所有相关的电话已经被警察局监听，希望华人商家能够放心投入经营；计划筹备“打黑基金”，与阿根廷治安机构配合打击黑势力；建议在所有的会员店面都张贴进出口商会的会徽标志，以取得当地警察分局的有效保护；商会已经和联邦警察总局重案组展开配合打击犯罪。[③]

---

① 张红：《阿根廷华人超市——该如何成功“打黑”?》，《人民日报》（海外版），2011年9月28日。

② 《阿根廷华人进出口商会召开反击黑势力座谈会》，浙江归国华侨联合会网站，2012年2月19日。

③ 《阿根廷华人进出口商会召开反击黑势力座谈会》，浙江归国华侨联合会网站（据阿根廷华人在线网），2012年2月19日。

搁笔细思，从长远来看，阿根廷华侨华人商家应对以被敲诈勒索为主要表现形式的当地社会治安恶化也是一项长期的、艰巨的社会工程，并不是等待此次经济危机过去之后就可以高枕无忧了。经济危机过去后，可能会减轻社会治安恶化的速度，或许会使社会治安有较大的好转。但是，社会治安是一个常态性问题，且会随着经济的好转特别是华侨华人社会商业的繁荣而加剧，不是任何一个特定的事件或者一个"万能"的政府可以一劳永逸地消除得了的。加上阿根廷有过殃及华侨华人的骚乱"前科"，就更应提高警惕。那是2002年，阿根廷全国发生骚乱，当地居民哄抢华侨华人超市，在首都及毗邻地区就有130家华侨华人（多为福建人）超市遭劫，造成直接经济损失达数千万元。（是年底阿根廷为挽救本国经济而终止本国货币与美元挂钩的联系汇率制度将本国货币贬值，同时冻结银行存款，将其转为10年期国债，更使在阿根廷的华人雪上加霜。）毕竟，殷鉴不远，华侨华人要在一个国家阴晴不定的社会治安中争取尽可能大的生命财产安全保障，最重要的途径，还是要积极融入当地社会、赢得更高的社会地位。华侨华人不仅要努力致富，还要遵守当地法律，并学会利用当地法律来保护自身权益。这就涉及华侨华人自身素质如何提高的问题。许多华侨华人不通当地语言，不懂当地法律，也不懂当地民族风俗习惯，自我保护意识和能力薄弱，这是一个普遍性的需要认真解决的问题。当然，要全部解决这些问题，肯定是一个长期的过程。但有些问题属当务之急，是需要认真对待的。比如，对当地法律和当地民族的风俗习惯，就必须下决心认真对待。只要持之以恒、坚持不懈、谦虚认真，是可以逐渐达到目的的。值得庆幸的是，今天阿根廷已有一些在当地接受教育的第二代华人移民开始走出了父辈的小圈子，从事律师和会计师等能够直接维护华侨华人权益的职业，这是一种可喜现象。

此外，华人还要学会发挥选票的力量，还要以捐赠等多种方式回报当地社会，改善华人的社会形象。坦率地说，捐款是华侨华人与政府官员建立关系的一种有效途径，尤其是"顶头"的省、市一级的民选官员和议员，他们经常要为选区拉赞助、拉投资，以便争取选民。华侨华人如果捐赠活动合法合理，又操作得当，既可以减免税金，又可以与当地民众建立感情，何乐而不为？

4. 故土情犹深

阿根廷的中国大陆新移民多是最近二三十年间来的，他们对祖国发生的重大事情非常关注，对来自中国的使者十分热情。例如，2008年1月27日，中国"雪龙"号极地科学考察船成员停靠布宜诺斯艾利斯，华侨华人派出代表登船为船员饯行，祝愿他们早日圆满完成任务。此前，在得知"雪龙"号停靠的消息后，华侨华人踊跃捐款，共募集了1.6万比索（约合5 130美元），同时向"雪龙”号赠送了200多箱蔬菜水果。[1] 又比如，2008年4月11日北京奥运火炬传递到阿根廷时，正值星期五，数千华人华侨、中资企业员工、留学生放下手中的生意、工作和功课，纷纷走向街头。在火炬传递起点、终点及沿线为奥运圣火加油助威。祥云火炬所到之处，红旗迎风飘扬，部分侨胞身披国旗，一直随圣火传递的队伍跟跑到终点。在他们的带领下，许多阿根廷民众也加入助跑的行列，形成激情似火、人潮舞动的壮观场面，使奥运圣火在布市传递成为盛大的节日。[2]

阿根廷华侨华人对祖（籍）国发生的自然灾害的捐助行动更是不遗余力。2008年中国南方发生雪灾，阿根廷华侨华人联合阿根廷华侨华人联合总会、阿根廷中华工商企业联合总会、阿根廷华人超市公会等侨团发起募捐行动。仅第一天，就募集到近2万美元，不少孩子将自己的压岁钱也全部捐献出来。[3] 这些捐款通过中国驻阿根廷大使馆转交给正在重建家园中的家乡父老。2008年5月12日四川汶川县特大地震后，阿根廷中国和平统一促进会一获得消息，即于5月13日晚8点30分召集旅居阿根廷的14个华侨华人社团举行支援祖国抗震救灾紧急会议，呼吁大家行动起来，尽己所能，为灾区人民抗震救灾重建家园贡献微薄之力。各侨团捐款意愿也十分高涨，同时在中国街设立募捐箱，展开全侨捐款活动。与会的台胞代表、阿根廷台湾中山协会会长陈碧华女士闻讯后，也向旅居阿根廷的台湾同胞发起捐款倡议，她说，当台湾发生“9・21”大地震时，大陆同胞慷慨为台湾同胞捐款解囊。这次祖国遇难，台湾人民参加赈灾责无旁贷。[4] 14个侨团代表将第一批赈灾款送到中国驻阿根廷大使馆，这笔善款计折合阿根廷比索112万多，创下了阿根廷华侨数次为祖国灾害捐款的最高纪录。[5]

二、以福建籍新移民为主体的华侨华人社团

近二三十年来，阿根廷华侨华人社团呈现蓬勃发展的态势。其兴盛的重要标志，则是以地缘为基础的新移民建立的社团相继出现。阿根廷华侨华人的地缘基础，主要是以福建省各地域为基础，此外，华侨华人还有来自广东等少数几个省籍的。

根据资料显示，中国驻阿根廷大使馆参赞霍洪海2007年7月8日在阿根廷温州同乡会成立大会时说，根据中国驻阿大使馆领事部不完全统计，在阿根廷的

---

① 《阿根廷华侨华人为赴南极的“雪龙”号船成员饯行》，新华网，2008年1月28日。
② 《中国驻阿根廷大使感谢华人留学生为圣火传递护航》，中国侨网，2008年4月25日。
③ 《阿根廷华侨华人积极为中国灾区捐款助其重建家园》，新华网，2008年2月18日。
④ 《阿根廷14家华侨华人社团积极为四川地震灾区捐款》，中国侨网，2008年5月14日。
⑤ 《为震区人民重建家园，阿根廷中国街流动华侨情》，中国侨网，2008年5月23日。

各种侨团、商会、同乡会组织已经近 30 个。[①] 而据 2011 年 2 月的信息，阿根廷的社团有 34 个。这个数目应该是目前基本定型的社团数目。其中福建侨领参与发起成立的阿根廷华侨华人社团最多，他们先后发起成立的社团达 14 个左右。值得注意的是，这 14 个社团并非全是福建人的行业组织，有的还是全侨性的，例如华人进出口商会、中国和平统一促进会等，其成员包括了其他省籍的华侨华人。

阿根廷华侨华人团体虽然按地籍划分的色彩很浓，但其理念都是一样的，就是“同心同德、同心协力、同甘共苦、同舟共济”，团结广大华侨华人，协调各方关系，调解内部矛盾，帮助乡亲排忧解难。具体来说，如应对反倾销调查，维护合法权益等，另外，还积极组织社会活动，接待国内领导人和演出团体，为国内灾区捐款等。

（一）全侨性社团

阿根廷华侨商会是 1992 年 11 月由朱治华发起组织的，传媒的报道均说它是阿根廷“第一个华侨社团”。显然，这里的“第一个”，所指的应是指新移民大量来到阿根廷以后的“第一个”，而与此前已经成立的老一辈华人传统社团和新老台湾侨民社团无关。

阿根廷华侨商会成立时，应是一个包括多省籍侨胞在内的全侨性商会。会长由朱治华担任，一直到 2003 年，他已经连任三届会长，这一年他再度当选为第四届会长，而这一年的会员人数已增至 500 余人。该会于 2003 年 10 月 19 日在阿根廷首都布宜诺斯艾利斯隆重举行成立十周年庆典大会。广东省海外交流协会向该会发了贺信。该商会成立以来，一直以平等、团结、和睦、互助、共进为宗旨，以热爱祖（籍）国、促进中阿两国的经济文化交流、协助发展华侨在居住国的商贸活动为原则，不断发展壮大，已成为以商贸为主体的专业性社团，在为促进中阿两国的经济文化交流合作、回馈社会和为会员服务等方面做了大量的工作。[②] 到 1995 年 7 月 16 日第二届商会时，温州侨胞郑祖权、陈世昌当选为常务理事。到 1999 年 7 月 25 日第三届商会时，郑祖权当选为副会长，陈世昌任监事兼商会监事。[③]

他们均为有较高威望的阿根廷侨领。朱治华原籍上海，早年于美国哥伦比亚大学专攻桥梁专业，1952 年移居阿根廷，经营珠宝、房地产及进出口贸易，时

---

① 越晓宇：《团结同乡建和谐侨社，阿根廷温州同乡会正式成立》，中国新闻网据阿根廷《新大陆周刊》报道，2007 年 7 月 10 日。

② 黄林炎：《朱治华先生蝉联阿根廷华侨商会会长》，广东侨网，2003 年 8 月 7 日。

③ 《阿根廷华侨商会》，中华侨讯网，2012 年 5 月 30 日。

为阿根廷华侨首富。他曾撰写《路漫漫兮——依恋神州大地》抒发爱国情怀。他竭力主张台湾回归中国，为此曾撰写《中国迈向二十一世纪展望》。在应邀参加中华人民共和国国庆五十周年阅兵大典和观礼活动后，写下热情洋溢的《光辉的岁月，祖国万岁》（均发表于《新大陆周刊》、《世界新闻报》等报刊上）一文。[①] 郑祖权则属新移民，他于1991年9月携全家移居阿根廷，经营温州饭店、总统大饭店和4家大型超级市场，1995年成立华商股份有限公司并任董事长。有一事曾使郑祖权、陈世昌等人饮誉阿根廷侨界。那是1996年9月2日，温州侨胞陈国良遭人绑架，危急万分，郑祖权、陈世昌等人日夜奔跑，报公安局出动侦察，派直升机解救，终于使陈国良脱险。郑祖权、陈世昌曾陪同会长朱治华接待来访的乔石委员长、朱镕基总理、吴邦国副总理等国家领导人。

阿根廷华侨商会热爱祖国，1997年7月香港回归时，曾组织滚龙、舞狮进行庆祝。1999年5月10日组织侨胞游行至美驻阿使馆，抗议美国轰炸中国驻南联盟使馆。1999年12月澳门回归，又集会庆贺。

阿根廷华人进出口商会成立于1996年，是目前最主要的社团之一。其成员主要集中在翁塞区，从事进出口贸易。该商会设有会员大会、理事会，设会长1名、副会长3名、秘书长1名。其主要职能为：举办或提供有关在阿根廷从事进出口业务的相关知识讲座及业务咨询；对阿根廷政府有关进出口的法律、规定进行咨询、讲解；会同中国驻阿根廷大使馆，对阿根廷政府针对某些中国商品进行的歧视性措施进行抗诉；组织会员经常性的联谊活动；调解会员之间的经济纷争；与有关政府部门进行交涉，维护会员合法权益不受侵犯；积极组织会员参加全侨界的重大活动；加强同中国的联系，促进阿中经贸关系。其会员为国内各省及港、台地区在阿根廷华人、华侨进出口商。[②] 根据2011年8月的信息，华人进出口商会的会员已经发展到100多位，涵盖了该区130多家店面。[③] 商会为当地创造了财富和工作机会，也为中国产品出口作出了不小的贡献。现任会长为黄菁。

该商会成立时，由20多个做进出口生意的同乡组成，袁建平是其组织者，他也被推荐为阿中商会的执行理事。袁建平出生于福州市，毕业于集美财经学校。他是靠做进出口贸易成功的。当初，他以2万多美元的借款，一个货柜的福建布鞋探路，克服销售渠道、语言不通等种种困难，背着样品一个鞋店一个鞋店去推销，终于打开了市场。他进而向轻纺和机械产品拓展，先后成立了廷生经贸

---

① 海鹰、汪毅：《阿根廷华人领袖朱治华的中国心》，《中华儿女》（海外版）2001年第4期。

② 《阿根廷华人进出口商会》，国务院侨务办公室网站，2011年10月31日。

③ 《阿根廷华人进出口商会召开反击黑势力座谈会》，浙江归国华侨联合会网站，2012年2月19日。

公司和泰山机械公司。1995年他受中国贸促会和香港华润集团委托，在根廷成功举办了大规模的中国商品展示会。[①] 由于他在中阿贸易方面的突出贡献，因此他受到中阿两国政府的重视。1999年10月1日，他应邀回国参加五十周年国庆大典。2001年江泽民访问阿根廷，他所在的阿中商会设午宴欢迎。在阿根廷总统欢迎江泽民的国宴上，袁建平夫妇是唯一作为阿方邀请出席的华人夫妇。2000年，阿根廷总统德拉鲁阿访华，他是随行者中唯一的华人。访华之后，他又随德拉鲁阿总统访问西班牙。之后，他又顺理成章地跟随下一任总统内斯托尔·卡洛斯·基什内尔到中国访问。能够以第一代成功新移民的身份，成为一国元首的座上宾，这样的例子还不多。2003年，袁建平被阿根廷政府授予"杰出移民勋章"，这也是旅居阿根廷的华人第一次获此殊荣。他后来任阿根廷华人进出口商会名誉会长，还任阿根廷中国和平统一促进会会长、中南美洲中国和平统一促进会副会长、阿根廷廷生贸易进出口有限公司董事长。[②]

后来的商会会长罗超西也是一位做进出口贸易的成功人士。罗超西旅居海外已经20多年。1991年，在海关工作的罗超西毅然放弃了令人羡慕的公务员职位，决心到海外闯天下，这反映出他"不安分"的个性。他只身来到阿根廷，靠200美元起家，先是打工，后开了第一家批发店，一直发展到目前拥有自主品牌"SMART"的批发店连锁集团。如今，"SMART"拥有两家总店和5家大型连锁店，还有一家颇具规模的小商品进出口公司，年销售额达数百万美元。位于阿根廷首都布宜诺斯艾利斯市中心的翁赛区是阿根廷最大的中小商品批发区。罗超西的礼品批发店就设在这里的一座四层小楼里。在阿根廷华人小商品批发商中，拥有如此规模店铺的人屈指可数。在阿根廷侨界，他被称作"陶瓷"大王。来自阿根廷全国各地的陶瓷批发商、零售商都来他这里进货。在2008年的阿根廷移民节上，他被阿根廷政府授予"杰出移民"称号。罗超西成为该奖项设立以来的第五位华人得主。

以罗超西为首的商会也做了不少切实的工作。有一次，联邦警察拿着法官的搜查令冲进一家华人进出口公司，开口就索要25万美元。商会了解情况后立刻向中国驻阿根廷使馆反映，使馆方面非常重视，由当时的领事部主任亲自出面与签发搜查令的法官交涉，法官当即命令以权谋私、公然勒索的警官赔礼道歉，马上收队。类似的情况发生过好几起，都在使馆的支持和配合下顺利解决，华商没

① 黄文麟：《棒哉，旅阿闽人敢拼会赢——赴阿根廷考察有感》（下），福建省企业与企业家联合会网站。

② 《袁建平：首获"杰出移民勋章"的华人》，《人民日报》，2009年3月5日。

有蒙受一分钱的损失。[①] 罗超西是江西人，他后来还担任了江西同乡会的首任会长。而这时由作为江西人的罗超西担任华人进出口商会会长，应是表明了该社团的全侨性。

阿根廷华人进出口商会的主要职责是保护商家会员的权益。其中一个行动是2011 年 8 月 17 日晚在阿根廷布宜诺斯艾利斯市翁塞区的一家咖啡厅内召集将近百家华人商家会员参加了当天的反击黑势力座谈会。

阿根廷中国和平统一促进会成立于 2001 年，是在阿根廷华人进出口商会和其他商会的倡导下，联合阿根廷所有侨社，如三福企业商会、兴化同乡会等 14 家社团组成的。袁建平当选为首任会长，各侨团、社团领导人为副会长或担任其他职务。这种在侨团、社团基础上的大联合模式，是当时世界各地和平统一促进会的首例，得到国务院侨办的充分肯定。在 2011 年 6 月 22 日新一届领导班子选举中，著名侨领陈瑞平在选举中获胜，荣任会长。[②]

阿根廷中国和平统一促进会成立后，旗帜鲜明地开展“反台独、促统一”活动。2004 年 6 月，阿根廷中国和平统一促进会主办了中南美洲中国统一促进会 2004 年年会，来自巴西、玻利维亚、智利、哥伦比亚、厄瓜多尔、圭亚那、墨西哥、秘鲁、乌拉圭、委内瑞拉和中国等 12 个国家和地区，代表着 12 个中国和平统一促进组织的 700 多名华侨华人代表出席了会议。[③] 国务院侨办、台办、中国和平统一促进会、中国驻阿根廷大使馆都派代表莅会。阿根廷外交部副部长受总统委托到会并发表讲话。值得注意的是，许多台湾侨胞不但前来参加，有的还主动帮助布置会场、参与接待。“和统会”还通过传统节日（如元宵节）的联欢活动加强与旅居阿根廷台胞的联系和沟通。通过关心台胞，为台胞分忧解难，取得对祖国统一的共识。这对于一个台湾侨民移民历史很久的国家来说，能够做到这一步，是十分不简单的。

阿根廷华人超市公会成立于 2004 年 4 月 27 日。成立之初无人担任主席。2005 年 2 月 12 日，公会决定公开选举主席，结果陈大明当选。公会成立后，陈大明带领公会妥善处理与各公司和商家的纠纷和冲突，树立了公会的威望和形象。目前，华人在阿根廷经营的超市有 7 000 多家。

身为阿根廷华人超市公会主席的陈大明为维护华侨华人超市业生存发展特别是在采取行动平抑物价方面功不可没。一个突出事例是，在阿根廷通货膨胀比较

---

① 《阿根廷华商家出了小神童》，《国际在线——世界新闻报》；《200 美元闯荡阿根廷——罗超西：改革开放给了我选择》，中国侨网，2008 年 12 月 11 日。

② 《阿根廷中国和平统一促进会选举，陈瑞平当选会长》，网易（来源：中国新闻网），2011 年 6 月 23 日。

③ 《袁建平：首获“杰出移民勋章”的华人》，上海侨务网站，2009 年 3 月 5 日。

严重的时候，华人超市公会最先执行主要商品降价、限价政策，并与政府签订物价协议，迫使其他大型零售集团也不得不与政府签订相似的协议，阿根廷物价因此得到了平抑。当供货商恶意抬高价格，超市备受消费者指责的时候，华人超市公会再次站出来，用最简单的方式——免费送涨价不合理的货品，维护顾客的利益，受到当地百姓欢迎。阿根廷华人超市公会的威望也日益提高。此外，还为侨胞排忧解难。每当侨胞遇到困难时，特别是要与警察局、税务局等部门打交道时，陈大明总是主动出面斡旋和谈判。此外，公会还设了两条24小时紧急专线为超市业侨胞服务。

由于阿根廷华人超市公会在促进阿根廷社会零售业发展、稳定当地物价、保护华侨华人等方面的出色表现，2005年至2010年间，阿根廷两任总统基什内尔与克里斯蒂娜先后8次会见陈大明等华人超市公会领导，鼓励华人业主在这个领域继续发展。2006年10月25日至28日，阿根廷副总统丹尼尔·奥斯瓦尔多·肖利对中国进行正式访问时，陈大明作为副总统率领的阿根廷来华正式访问团的随团人员，全程陪同访问了北京、上海等地。2010年7月，陈大明与他的团队再次陪同阿根廷总统克里斯蒂娜·费尔南德斯·基什内尔圆满完成了其在北京和上海的访问行程。①

针对2011年下半年以来华人超市暴力事件频发，范围从首都到外省市逐步扩大的情况，阿根廷华人超市公会于8月25日召开座谈会，就近期阿根廷华人超市频遭暴力威胁等问题进行讨论，商讨应对措施，呼吁严厉打击黑帮活动，希望侨界能够加强团结，共同维护华侨华人在阿根廷社会的形象和侨界的安全。

（二）地缘性社团

阿根廷的地缘社团肯定早就出现，也可以相信，那些旧的地缘社团今天仍然存在或者仍在活动。但要查觅它们的踪迹难度很大，这里只拟就近20年间出现的若干华侨华人社团作一梳理。实际上，如今在阿根廷叱咤风云的，主要是这些新移民地缘社团。

1. 福清籍会馆

阿根廷是福清新侨聚居的国家之一。在旅居阿根廷近8万华侨华人中，福州十邑侨胞占绝大多数，其中，福清乡侨就有2万多人。还有一种说法是，福清籍侨胞在旅居阿根廷的华侨中占有百分之五六十甚至六七十的比例。前一估计应较为可信。旅居阿根廷的福清华侨华人有“三会一馆”，即阿根廷华侨三福企业商

---

① 《一个“福清哥”的海外创业记——记阿根廷华人超市公会主席陈大明》，《炎黄纵横》2010年第12期。

会、阿根廷华侨福清同乡联谊总会、阿根廷华侨福清同乡会、阿中福清会馆。

阿根廷华侨三福企业商会于1996年1月27日在阿根廷首都由陈瑞平等人发起成立。其主要目的是：打击敲诈勒索的不法分子，调解侨胞乡亲纠纷，参与爱国政治活动，接待国家领导人及参访团，帮助困难侨胞，回馈社会。第一届会长为陈瑞平，现任会长为严云祥，名誉会长为陈金平。

阿根廷华侨福清同乡会是由阿根廷华侨三福企业商会牵头，于2000年1月19日在阿根廷首都成立的，凡旅居阿根廷的闽籍乡亲均可参加，以便加强交流、互相提携、共同发展。阿根廷华侨福清同乡会诞生时，福清乡亲人数为7 000多名。① 第一届会长为陈金平，第二届会长为严盛龙，现任会长为林文龙。

阿根廷福清同乡联谊总会则是于2003年6月22日在布宜诺斯艾利斯成立的，出席会议的代表有214位，该会代表着6 000多名旅居阿根廷的闽籍乡亲。会议选举出总会首届主席陈瑞平，副主席林道伦、林文龙、严盛龙。②

阿根廷福清同乡联谊总会是随着旅居阿根廷的闽籍乡亲事业的迅猛发展，特别是众多乡亲集资捐购会馆以来，两会并行给会务管理工作造成不便的情况下由众乡亲提议成立的，旨在为旅居阿根廷的闽籍乡亲谋福祉，为促进家乡经济发展和中阿两国经贸合作交流而继续努力。凡旅居阿根廷的闽籍乡亲均可参加，以加强交流、互相提携、共同发展。

阿根廷福清同乡联谊总会是阿根廷华侨三福企业商会、阿根廷福清同乡会和阿中福清会馆（即“两会一馆”）的最高权力机构。其目的是要使会务便于处理，管理更加完善。

阿中福清会馆更是体现了旅居阿根廷福清乡亲的凝聚力。它从2002年开始选址到2011年建成，经过了八九年时间。期间，旅居阿根廷的福清乡亲捐资200多万阿币购地 。地址是阿根廷首都布宜诺斯艾利斯的MORENO大街1729号，是一栋独立的多功能大厦，三层楼房，位于布宜诺斯艾利斯的市中心，占地1 200多平方米，建筑面积达3 000多平方米，面积在南美地区名列前茅。会馆离阿根廷国会、警察总署等重要机关仅一二百米，馆内篮球场、电影院、同乡会办公室和酒楼一应俱全，国内来访的代表团组以及旅居阿根廷的侨胞在会馆中举行了很多大型活动。

2004年6月24日阿中福清会馆举行隆重的开馆庆典。阿根廷内政部部长、阿根廷贸易商会会长、中国驻阿根廷大使馆临时代办王坚、国务院侨办国外司副司长杜志滨等有关部门领导出席并讲话。福清市市委副书记蔡萍萍率领的福清市

---

① 《旅阿福清侨胞三会一馆新任领导班子就职典礼举行》，中国网络电视台，2011年5月18日。

② 《阿根廷福清同乡联谊总会》，福清外侨办网站，2009年7月21日。

侨务经贸考察团也应邀出席了庆典活动，并带去家乡人民的美好祝福。国务院侨办、中华海外联谊会、世界福清同乡联谊会主席林绍良先生和福建省侨办等部门、单位都发来贺电，祝贺会馆的落成，国侨办还赠送了会馆一对石狮。①

陈瑞平是旅居阿根廷的福清人的领军人物，他在移民阿根廷前，在家乡已经有过相当丰富的社会阅历。1982 年 4 月 2 日，他创办了福清首批乡镇企业之一的星桥电感元件厂，鼎盛时吸收 550 多人就业。从这个时间来看，陈瑞平"下海"是比较早的，这在一定程度上体现了他"敢吃螃蟹"的勇气。1994 年 4 月 7 日，他踏上了到阿根廷的淘金之路，在国内创业 12 年的经历已经成了他在国外闯荡的雄厚资本。果然，他在布宜诺斯艾利斯创办了"三山连锁超市"、"五岳大酒店"和"安第斯酒业有限公司"，一个个企业的名字，大有气吞山河之势。如上所述，三福华侨企业商会是他为维护新移民权益发起并于 1996 年宣告成立的。此后，数十位福清籍新侨聚集在一起，拧成一股绳，抵制黑恶势力，维护侨界安宁。随着福清籍新移民的大量涌入，陈瑞平又倡议并相继组织成立了阿中福清会馆、福清同乡联谊总会。

由此看来，陈瑞平参与发起组织的这些福清籍会馆，彼此成掎角之势，具有明显的相互提携、共同发展、抱团取暖的功能，为本地籍同胞搭桥铺路、排忧解难。陈瑞平为侨社谋福祉，在华侨华人中享有很高威望。2007 年 4 月，阿根廷华侨华人总会、中华工商企业联合总会隆重成立，陈瑞平全票当选为"两会"主席。难得的是，他不仅要处理庞杂的会务，还常常放下生意为侨胞的细小之事奔波操劳。例如，很多新移民结婚，他乐于证婚；有的乡亲病故，他布置灵堂，主持追悼会，慰问家属。

陈瑞平爱国爱乡的精神广为传颂。他在中华海外联谊会、中国海外交流协会、中国和平统一促进会、中国侨联都担任过职务，还是世界福建青年联合会荣誉会长和福建省、四川省海交会副会长和福建省侨联常委。2006 年，作为海外 10 名侨领代表之一，陈瑞平首次列席福建省政协会议。2008 年 1 月，他荣任福建省十届政协特邀华侨委员。他不兼闲职，不负使命，积极参政议政，敢于反映侨胞心声，竭诚建言献策。会后，他还回到家乡，落实在福清的投资项目。② 为了出席政协会议，他从阿根廷出发，需三次转机，空中飞行 27 小时，从西半球到东半球，从南美之端到海峡西岸，几乎绕了大半个地球。

2. 福州十邑会馆

福州十邑是指旧制福建福州府所辖十个县，即闽县、侯官（闽县侯官二县辖

① 《丝雨 侨光 凝聚旅阿乡亲为我玉融争光阿中福清会馆举行隆重开馆庆典》，福建侨联网（原载《玉融乡音》第 243 期），2004 年 7 月 20 日。

② 陈鸿鹏：《万水千山总是情——记阿根廷华侨华人总会主席陈瑞平》，《政协天地》2011 年第 1 期。

今天的福州市区和闽侯县）、福清（包括今平潭）、长乐、连江、罗源、闽清、永福（今永泰）、古田、屏南。（一说指闽侯、福清、长乐、连江、平潭、罗源、闽清、永泰、古田、屏清）这十个县通行闽东语福州话，同属于福州文化圈，具有共同的文化认同感，都认为自己是福州人。这种认同感在海外十邑籍的华侨华人中尤为显著，即使在福州市辖境变迁以后（古田和屏南划归宁德市管辖），古田和屏南籍的华人仍认同自己为福州十邑人。据悉，世界福州十邑同乡会于1990年4月成立，总部在马来西亚，现在全球各地已经有52个分会，会员的人数超过400万，遍布世界150个国家和地区，成为世界福建乡亲、福州乡亲大联合、大团结的社团。①

2010年3月12日晚，阿根廷福州十邑同乡会在布市五岳大酒店举行成立仪式，严盛龙先生当选为首任会长。严盛龙是现任阿中福清会馆董事局副主席，也是阿根廷福清同乡联谊总会副主席，他曾经也是阿根廷华侨福清同乡会会长，因有会务经验和能力，经过福州十邑同乡的共同推荐而成为十邑同乡会会长。该同乡会成立仪式上，率领福建经贸考察团前来阿根廷访问的福建省副省长叶双瑜、中国驻阿根廷大使曾钢、旅居阿根廷的各华人社团侨领贤达、旅居阿根廷的福州十邑乡亲均到场为同乡会的成立表示祝贺。阿根廷福州十邑同乡会是经过长时间的努力才得以成立的，是世界福州十邑同乡会与阿根廷乡亲协调的结果。

阿根廷福州十邑同乡会的成立将为阿根廷的福州乡亲增进乡情，为中阿两国各方面的交流产生重要的影响。阿根廷也是拉丁美洲第一个成立福州十邑同乡会的国家。在2011年的中秋聚会上，阿根廷十邑侨网正式启动。十邑同乡会网站内容包括侨团新闻、侨团介绍、会长风采、侨领活动、侨团公告、会员生活、全球十邑和乡情传递等板块。②

3. 闽南籍会馆

阿根廷闽南同乡联谊总会于2008年6月29日在布宜诺斯艾利斯成立，是阿根廷首个以闽南乡贤共同组成的侨团，首任会长为漳州籍的林荣福先生，厦门籍的林志荣先生任副会长，现约有300位会员。华侨华人闽南工商企业联合会于2008年6月30日在布宜诺斯艾利斯成立，首任会长为漳州籍的陈细顺，厦门籍的张金明任副会长，约有会员300名。③

阿根廷闽南同乡联谊总会及华侨华人闽南工商企业联合会是先后成立的两个闽南地缘社团，两个社团秉承关怀互助，提升文化、品行涵养以及共建和平统一

① 刘时敏：《阿根廷福州十邑同乡会成立，促侨胞与祖籍国联系》，新华网，2010年3月15日。
② 《阿根廷福州十邑同乡会中秋叙乡情，侨网同步开站》，阿根廷福州十邑同乡会，2011年9月13日。
③ 《阿根廷闽南同乡联谊总会及华侨华人闽南工商企业联合会同时成立》，厦门侨务网站，2011年7月24日。

环境三项宗旨。它们的成立，标志着旅居阿根廷的闽南乡贤更加的团结和睦，为进一步融入当地主流社会，积极维护广大乡贤的合法权益，大力弘扬中华文化，促进中阿两国及与福建闽南、厦门的友谊和经贸文化交流，发挥更大的作用，作出新的贡献。

此外，旅居阿根廷的福建华侨华人社团还包括以下会馆：

阿根廷连江同乡会，该会成立于1999年。该会自成立以来，在几任会长的带领下逐步发展并壮大。在经商方面，经过努力拼搏，在超市、餐厅等行业均取得了较好的成绩，打下了坚实的基础。在保卫奥运圣火、救济汶川大地震灾民等历次侨界大事件中，同乡会都能充分发动乡亲出钱出力。2011年是阿根廷连江同乡会第五届选举，这一年4月17日起，陈彬当选为新一任会长。[①] 该同乡会今后最重要的工作仍然是“凝聚侨心，发挥侨力”，积极地做好成为乡亲们联系家乡政府、了解家乡经济的重要窗口，鼓励乡亲关心家乡，支援家乡建设，为乡亲们投资家乡建设提供一个便利的平台。

阿根廷平潭同乡会，成立于1999年，目前旅居在阿根廷的平潭侨胞约有400人，主要从事超市、进出口、餐厅、礼品、木材等行业。[②] 平潭俗称“海坛”，是福建第一大岛，平潭最近几年的快速发展尤其让海外的平潭人感到骄傲。到2010年，平潭同乡会已是第四届。在换届选举上，已回国发展的前任会长王榕生和前任副会长郑熙强一起担任名誉会长，周小洪当选为新一任会长。[③]

世界福建青年联合会阿根廷分会，于2010年10月1日晚在布宜诺斯艾利斯福清会馆正式成立，严祥兴当选首任会长，这标志着旅居阿根廷的华人华侨社团的团结、爱国精神在青年人身上得到延续。据说，世界福建青年联合会自2007年成立以来做了大量的工作，在组织侨胞恳亲大会、海外华人青少年夏令营，以及捐资创办华文学校等方面，发挥了越来越大的影响和作用。阿根廷分会的成立正是福建青年联合会阵容壮大的证明。[④]

除了旅居阿根廷的福建籍华侨华人社团外，还有浙江、广东等省籍的华侨华人社团，简介如下：

阿根廷浙江华侨商会（简称浙江商会），于2001年9月9日在阿根廷首都布宜诺斯艾利斯正式成立，由在阿根廷经商的浙江籍华侨华人组成。该会自成立以来，积极开展侨社活动，团结相亲凝聚乡情，在促进中阿两国经贸关系方面作出

---

① 《阿根廷连江同乡会成功改选，陈彬当选新任会长》，中国网络电视台，2011年4月25日。

② 《阿根廷华人华侨平潭同乡会举行第三届改选庆典》，中国新闻网，2011年1月14日。

③ 《阿根廷平潭同乡会换届改选，周小洪当选新任会长》，中国新闻网，2010年10月11日。

④ 《世界福建青年联合会阿根廷分会成立，严祥兴任会长》，网易（来源：中国新闻网），2010年10月11日。

了贡献。中国驻阿根廷大使馆王坚参赞2004年曾说，浙江华侨商会在阿根廷的华侨社团中虽然规模不大，但搞得非常有特色，会员们团结协作安居乐业，不仅在阿根廷有很好的发展，在国内也搞得有声有色。[①] 浙江商会的会长为旅居阿根廷多年、事业有成、热心公益的温州籍华侨张碎唐。

阿根廷温州同乡会，于2007年7月8日正式成立于布宜诺斯艾利斯，当时100余名温州老乡、各侨团代表欢聚一堂，庆祝这一盛会，中国驻阿根廷张拓大使等也到场祝贺。现有会员100余人，大多从事商贸服务业。该会的宗旨是：团结协作，互相帮助，共同发展和谐侨界；维护会员的正当权益；共同遵守阿根廷国家的法律，不参与阿根廷的政治活动。首届会长为谷建龙。[②] 温州侨胞虽然人数不多，他们谦称自己是社团里的小兄弟，但他们辛苦耕耘，共同奋斗，一样在阿根廷创造着未来。但据中国侨网消息，约2007年7月初，阿根廷温州同乡会筹委会在杭州大酒店召开全体常务理事会议选举产生了同乡会第一届领导班子，谷建龙当选为首届会长，从而标志着阿根廷温州同乡会经过半年多的筹备之后正式宣告成立。[③] 可能阿根廷温州同乡会是在阿根廷和家乡同时宣告成立，导致有这样的报道。因此，则更加意味着该同乡会与家乡的密切关系。有消息称，2011年1月12日，40多名温州市海外投资促进联络处的负责人会议传递了这样的信息：将利用分布在全球90多个国家和地区的70万海外温州人建立“内外温州人互动”平台，实现“内外温州人互动战略”，将对所在国温商资源进行一次全面的梳理，建立“温商资料库”和“温州投资项目库”。阿根廷华侨温州同乡联谊会会长谷建龙表示，要尽一切可能把海外温商资源整合在一起，更好地发挥海外温州人的优势。[④]

阿根廷广东广西华侨华人联谊总会是2007年12月25日正式宣布成立的，中国驻阿根廷大使馆政务参赞霍洪海、阿根廷二十几家华侨华人社团代表、近200位广东广西乡亲应邀出席了庆典。阿根廷广东广西华侨华人联谊总会会长为杨镜湖。[⑤]

与其他移民阿根廷时间不长的地籍社团不同，广东广西乡亲移民阿根廷历史比较长，阿根廷广东广西华侨华人联谊总会除了要维护会员正当合法权益，秉承团结、服务、凝聚乡亲的宗旨，为会员办实事做好事，建造一个团结友爱、相互

① 《阿根廷浙江华侨商会换届产生第二届理事会》，温州侨网，2004年8月25日。

② 《团结同乡建和谐侨社，阿根廷温州同乡会正式成立》，中国新闻网，2007年7月10日16。

③ 刘时敏：《阿根廷温州同乡会正式成立，谷建龙当选首届会长》，温州侨网，2007年7月5日。

④ 邹霏霏：《40多名海外联络处负责人出谋划策怎样打造“世界的温州”?》，《温州商报》，2011年1月13日。

⑤ 《阿根廷两广华侨华人联谊总会成立，中使馆表祝贺》，中国侨网据阿根廷《新大陆周刊》报道，2007年12月28日。

帮助、积极向上、同心同德、共同发展的社团这些任务外，还面临着第二代、第三代的中文教育问题。当然，其前提是要搞好新老侨民之间的团结，共谋发展。世界各国传统社团与新移民社团之间往往因为时空的因素存在着一些观念上的差距，但经过相互沟通是可以相互理解的。

阿根廷江西同乡会，于2010年4月24日晚在阿根廷布宜诺斯艾利斯宣告成立，罗超西先生当选首任会长。江西省外事侨务办公室主任林兴富受江西省人民政府委托，专程前来参加同乡会的成立庆典，中国驻阿根廷大使馆政务参赞霍洪海、阿根廷华人华侨联合总会主席陈瑞平以及旅居阿根廷的其他兄弟社团代表等应邀出席。江西省海外联谊会和江西省归国华侨联合会分别为阿根廷江西同乡会的成立发来贺电。① 作为阿根廷华人商会会长，又是江西同乡会会长，罗超西十分关心家乡建设。他在九江捐资60万元，设立罗超西奖助学基金，2011年是奖助学基金的启动年。②

台湾侨民在台湾的社团组织也是华侨华人社团的一部分。台湾人到阿根廷的时间比较早，人数也较多，成立了各种社团组织，但可惜目前难以检索齐全。比较老的社团有“中华会馆”（又名台湾会馆），是40多年前于阿根廷首都成立的，创始人杨镕鉴担任首任会长。该会为侨民提供活动集会场所。近年来，该区东方食品超市及中餐厅聚集，阿根廷人称该区为华人街，假日经常涌入大量参观人潮。据说杨先生创立的阿根廷自由华侨联合会（又称阿根廷台湾侨民联合会），为旅居阿根廷台湾侨民的最大社团；另创立侨联中文学校，为侨民提供华文教育，传承中华文化。

根据资料可知，阿根廷自由华侨联合会是杨镕鉴在1972年2月于布宜诺斯艾利斯创立的。会员400多人，是阿根廷华侨华人最大社团之一。③ 其宗旨是：维系和发扬中华传统文化和习俗，以促进海外侨胞和华人的团结；维护阿根廷宪法规定的自由；促进阿中人民之间的沟通，增进了解，加强团结；促进两国人民之间的文化和艺术交流；鼓励华侨华人学习当地语言和华文。平时，该联合会还重视与阿根廷政府的联系，了解政府法律法规颁布的动态，向华侨华人进行宣传。

台湾侨民的社团还有1985年3月成立的六堆同乡会，是以台湾高雄县美浓镇黄、钟、林、朱、陈家族为主体的客家人组织的社团，人数达100多人，首任

---

① 《阿根廷江西同乡会成立江西省外侨办主任出席致贺》，中国新闻网据阿根廷《新大陆周刊》报道，2010年4月28日。

② 《阿根廷侨领赴江西九江考察，将启动奖助学基金》，中国新闻网据九江市外侨办消息，2011年7月21日。

③ 国务院侨办侨务干部学校编著：《华侨华人概述》，北京：九州出版社2005年版，第156页。

理事长是巫均贵。节假日聚会时参加者有四五百人，无固定活动地点，大的活动主要在布宜诺斯艾利斯由同乡会员与当地华侨华人赠资兴建的俱乐部举行，常在中国传统节日时举办联欢会，促进乡亲情谊。会员对中华文化较感兴趣，尤其是年轻会员常在一起唱中国歌曲，跳中国民间舞蹈等。[①]

中华基督长老会，成立于20世纪80年代。主要参加者为华侨，多是从大陆去台然后从台湾移居阿根廷的人员。该会自成立以来，每逢星期天定期召集教友聚会，宣传教义。会员多为基督教长老和老教徒，星期天教友会有百余人参加，用普通话布道，由教友集资修建了教堂。另外还有中华基督教会，会员亦多台湾人，用闽南话布道。

台湾同乡会于1986年11月在布宜诺斯艾利斯成立，由郑昌地等人发起，有会员近百人。其宗旨是：联络同乡感情，沟通意见；发扬中华文化，促进与阿根廷人民的交流；维护同乡生命及财产安全，增进同乡福利，促进同乡社会地位，关怀乡土等。该同乡会还办有华文班及中国传统书法学习班、国画学习班等。[②]

这里所说的几个社团的信息来自多年前，今天的情况如何，还需进一步刷新。不过也应指出，由于近20年来台湾岛内嚣张的分裂势力，他们也向全世界各地华侨华人特别是来自台湾的侨民渗透，加强“台独”宣传，如在阿根廷，2002年成立的“全盟”阿根廷支盟就是这样一个组织。

三、阿根廷华侨华人文化回眸

同世界各国的华侨华人一样，阿根廷侨胞十分重视中华民族的传统节日，其中春节和中秋节的团圆与欢聚给人印象尤为深刻。春节期间，在阿根廷首都布宜诺斯艾利斯的中国街，华侨华人一般都会举办春节庙会，喜迎中国农历春节。不仅侨胞积极参与，当地民众也纷纷前来选购中国传统工艺品。每逢中秋倍思亲，当节日来临，各个地缘社团的同胞都会欢聚一堂，庆中秋、共团圆、叙乡音、唱酒歌，借以抒发怀念家乡、怀念亲人之情。同时，通过中秋的聚会，也加强旅居阿根廷乡亲和朋友之间的家庭融合和友情交流，更让大家加深对中华文化的了解，增加同胞之间的凝聚力。

有时候，还有来自祖国的文化团体前来慰问演出，更增加了节日的气氛。例如，2011年9月的中秋月圆之夜，来自祖国的近20位艺术家为阿根廷的华侨华人带来了蒙古族歌舞、民族乐器演奏、世界名曲演唱等精彩的节目，与在场的

---

① 国务院侨办侨务干部学校编著：《华侨华人概述》，北京：九州出版社2005年版，第156页。

② 国务院侨办侨务干部学校编著：《华侨华人概述》，北京：九州出版社2005年版，第156~157页。

2 000 多名观众一起度过了难忘的中秋之夜。“亲情中华”艺术团海外巡演活动由中国侨联主办，在中秋和国庆期间，一共在五大洲派出了 14 支艺术团。此次来阿根廷慰侨演出的艺术家主要来自内蒙古鄂尔多斯警官艺术团、中国音乐学院和中国杂技团。他们带来了具有蒙古族风情的舞蹈《欢腾的牧场》，还有用马头琴演奏的《万马奔腾》以及古老的喉音艺术——呼迈，另外艺术家们还演唱了《月亮代表我的心》、《我和我的祖国》、《浏阳河》等大家耳熟能详的歌曲，熟悉的旋律引起全场的大合唱。在场的华侨华人表示，虽然他们现在距离祖国十分遥远，但艺术家们的精彩演出抚慰了他们的思乡之情。①

阿根廷华侨华人积极利用重大场合，开展中华文化传播活动。例如，2008 年 8 月 8 日上午在首都布宜诺斯艾利斯的中国街举行盛大庙会，热烈庆祝北京奥运会举行。此次活动由中国街管理委员会主办、布宜诺斯艾利斯市旅游局协办，得到耐克公司的赞助，整个活动与北京奥运会开幕式同步进行。当地中国街附近的几条街道上，铺满了红地毯，临时搭建了简易牌楼，并在街道两边悬挂了红灯笼。整个场面充满了中国元素，营造出一派喜庆祥和的气氛。与此同时，阿根廷华侨华人还在 8 月 8 日和 9 日连续举办“奥运庙会”。同时向当地民众展示中国传统美食和手工艺品，并推出精彩的舞龙舞狮表演。两天的“奥运庙会”吸引了数以万计的当地民众参与，他们和阿根廷华侨华人一道，共享北京奥运盛会带来的欢乐。② 以中国传统庙会形式庆祝奥运，堪称是阿根廷华侨华人的创举。

另一方面，阿根廷华侨华人也善于把中华文化嵌进居住地的重要场合中去，使这些场合同时也成为传播中华文化的平台。2010 年 5 月 21 日至 25 日，阿根廷举行独立 200 周年的庆典活动。200 万阿根廷人走上街头，举行庆典活动，整个布宜诺斯艾利斯成为一片人潮涌动的欢乐海洋。阿根廷方面认为，截至目前，阿根廷独立 200 周年庆典是拉美国家中最为盛大的，汇集了拉美各国文化精髓，是一场不分种族、不分国籍的盛会。旅居阿根廷的世界各地侨民于 5 月 23 日在首都布宜诺斯艾利斯举行团结大游行。参加了当天游行的，共有 80 多个移民团体。主持移民游行活动的阿根廷外交部长豪尔赫·塔亚纳说，阿根廷是世界上移民族群最多的国家之一，但各国移民都能和谐相处。在阿根廷的 200 余名华侨华人也参加了当天的游行，他们穿上了中国各民族服饰，组成中国特色的方队，展现了中国各民族和谐相处的形象。精彩的舞龙舞狮表演博得了在场观众的热烈掌声。③

---

① 《“亲情中华”艺术团访问阿根廷，抚慰侨胞思乡情》，国际在线，2011 年 9 月 14 日。

② 《为北京加油助威，阿根廷华人将举办“奥运庙会”》，博卡拉中国教育城网站，2008 年 7 月 24 日。

③ 《阿根廷举行移民团结大游行，逾二百华侨华人参加》，留学网，2010 年 1 月 7 日。

在华文教育方面，台湾同胞做得比较早，曾办过4所中文学校。2001年阿根廷发生金融危机，中文学校受其影响，只剩下两所。根据2005年前后的材料，其中一所叫“阿根廷华侨子弟中文补校”，每周六下午上课，主要教汉语、音乐等，采用台湾教材。当时尚有9个年级，16个班，学生300余名。另一所叫“阿根廷华兴华侨子弟学校”，其前身为华侨子女假期补习班。当时有10个班，学生190人。据说当时正筹建一所中西文的双语学校。①

关于大陆新移民办华文学校的情况不详。但可以肯定的是，他们十分重视后代的文化教育。例如，旅居阿根廷的闽籍华侨华人在创业拼搏的同时，大力投资孩子的教育，把孩子送进当地最好的学校，甚至送往国外深造。为传承祖国优秀文化，不少乡亲还把孩子送回国内就学。②

阿根廷华侨华人历来重视办报。历史较长的报纸由台湾移民所办，新报纸则主要由大陆移民所办。影响较大的如下：

《阿根廷通讯》，1984年由解俊林夫妇创办，是阿根廷第一份华文报纸，为油印小报。1985年卖予赵诚意，改铅字打印，1988年5月4日改名为《新阿根廷通讯》继续出版。据说赵诚意当时是用3万美元从一位上海华侨手中购得这份最早的中文周刊的，他办报坚持两点：一是不登过期广告误导读者；二是两岸新闻一视同仁。后来历届社长仍坚守客观真实的诚信，所以一直受两岸侨民欢迎。互联网兴起后，周刊首先办起了“阿根廷华人在线网站”，成为拉美第一家带有博客功能的综合网站。

《阿根廷华侨通讯》，前身为《华侨通讯》，为阿根廷自由华侨联合会的会刊，1985年4月由该会理事长陈嘉卿创办，1987年改现名，时为赠阅型周刊。靠广告收入维持运转，发行量1 700份。

《侨心报》，1987年由闵天官创办，3日刊，发行1 000份，靠广告收入维持运转，不取不义之财，不收任何党派团体个人赠款，报道消息客观，尊重事实，对中国报道保持中立态度。

《民进报》，1987年5月创刊，为半月刊，阿根廷民进社编印，前身为《补破网》。③

上面所说，是20世纪80年代各报出现时候的情况。到1990年初，华文报纸共有6份，其中有台湾人谭刚办的一份《世界新闻》，立场偏于中立，成为阿根廷华文第一大报。1996年，福建人创刊第一份《大陆新闻》。一说阿根廷华文

---

① 国务院侨办侨务干部学校编著：《华侨华人概述》，北京：九州出版社2005年版，第157页。

② 黄文麟：《棒哉，旅阿闽人敢拼会赢——赴阿根廷考察有感》（下），福建省企业与企业家联合会网站。

③ 国务院侨办侨务干部学校编著：《华侨华人概述》，北京：九州出版社2005年版，第157页。

媒体最终只剩 3 份，包括两份大陆报和一份台湾中立报纸。这一说法应该比较可信。

第二节　智利

智利共和国（República de Chile）南濒太平洋，北靠秘鲁，东邻玻利维亚和阿根廷。首都圣地亚哥。国土面积 756 950 平方公里。智利北部在西班牙征服者到达以前是印加帝国的一部分。自 16 世纪起，西班牙人开始征服智利（1541 年圣地亚哥建城），南方的马普切人顽强反抗西班牙人的入侵。这里一直到 19 世纪中期才成为智利的一部分。1818 年 2 月 12 日智利宣布独立。19 世纪西班牙外的许多欧洲人移民到智利。在 1879 年到 1883 年的硝石战争中智利占领了其时属于秘鲁和玻利维亚的阿他加马沙漠。今天的智利位于安第斯山脉与太平洋之间，南北长 4 300 多公里，东西平均宽度却只有 200 公里（最宽处约 400 公里左右），堪称世界上国土最狭长的国家之一，故有“丝带国”之称，又因拥有世界上已知最大的铜矿而有“铜之王国”之称。全国人口约 1 609. 34 万（2004 年），主要为欧洲人（西班牙、德国、意大利、爱尔兰、法国和英国等）的后裔。

智利 1970 年 12 月 15 日就与中国建交，是南美洲第一个同中国建交的国家。2010 年 2 月 27 日凌晨 3 时 34 分，智利南部康赛普西翁发生里氏 8. 8 级地震（据悉本次地震所造成损失为同年发生的海地地震的 800 倍）。居住在智利的华侨华人积极参加赈灾，这是拉丁美洲国家华侨华人在自己居住国所参加的最大规模的赈灾行动，受到当地人民称赞。智利在社会治安方面属南美洲较为安定的国度，官员贪污的程度在拉美国家中也最低，因此有利于吸引华侨华人移民该国，在这里安居乐业，同时弘扬中华文化。

一、今天华侨华人构成的重要变化

一般的说法是智利的华侨华人史开始于 19 世纪中期，当时第一批契约华工被运到智利北部沙漠挖掘硝石，人数不详，亦不知所终。1879—1883 年，智利与秘鲁交战期间，一批华工不堪苦役而逃亡南下，在智利成为自由民，他们在市镇做帮工或小贩。[①] 抗日战争时期，智利华侨大力捐款回祖国支援抗战。那时他

① 白俊杰：《智利华侨华人概述》，周南京：《华侨华人百科全书》，北京：中国华侨出版社 2002 年版，第 604 页。

们积极响应祖国号召，以各种方式宣传动员捐款以支援祖国抗战。其方式大致有以下几种：一是月捐，由智利各地的抗敌筹饷后援会视各侨胞的经济情况定为甲乙丙丁四种，按月交纳；二是特别捐，每遇各纪念日，各地中华会馆同后援会开会纪念，举行演讲，鼓励侨胞踊跃捐输，并即席签捐，侨胞每每同仇敌忾，捐款抗日；三是购买公债等；四是办刊物宣传抗日形势，如有一份《中国青年》，用西班牙文出版，宣传中国民族抗日自卫的伟大精神。①

历史上，智利政府对华侨的态度比较好，华侨与当地人民之间的关系也比较好。有不少早期移民与智利妇女结婚。老华侨多时曾达到2 000人，多在北部硝石矿区从事开矿、挖鸟粪及制盐等工作。

智利移民法规定，在智利银行存入10万美元者，即可申办投资居留权，先取得临时居留权，每年延期两次，随附纳税证明，两年后改为永久居留，5年后可入籍。20世纪70年代后，从香港、台湾和中国大陆有大量移民进入智利。20世纪80年代智利共有华侨华人5 000多人。到1999年，华侨华人约为4 300人。当时华侨华人在智利主要从事商业和服务业，大小商业企业有300多家。许多华侨华人经营牛肉店，多是自宰自售。还有不少人开杂货店和餐馆。当时首都有大、中、小餐馆70～80家。除少数餐饮和杂货批发商具有一定规模外，大多数是小本经营。华营杂货店主要经营出售日用食品。②

20世纪90年代末，台湾籍华侨华人则主要经营百货业及进出口贸易，经营工业的有较具规模的塑胶编织袋厂、棉睡袋厂。织袜厂5家，占全国产量1/3。伊基克的台胞主要在自由贸易区从事转口贸易，经营额较大。③

华侨华人主要聚居在首都圣地亚哥和北部海港城市伊基克，其余散居各地。④ 智利老一代华侨一直以广东人为主，广东人中又以鹤山人为主，次有广东台山、开平、新会、恩平、中山等县人。据2010年的信息，整个智利有1万多名华侨，其中约一半祖籍鹤山。他们大多旅居在智利首都圣地亚哥市和各大中城市。在智利中华会馆近120年的历史中，鹤山籍乡亲一直担任中华会馆的主要职务。⑤ 这说明，直到现在，广东“一省独大”、鹤山“一县独大”的局面还没有

① 白俊杰：《智利华侨华人概述》，周南京：《华侨华人百科全书》，北京：中国华侨出版社2002年版，第603～604页。

② 白俊杰：《智利华侨华人概述》，周南京：《华侨华人百科全书》，北京：中国华侨出版社2002年版，第604页，。

③ 白俊杰：《智利华侨华人概述》，周南京：《华侨华人百科全书》，北京：中国华侨出版社2002年版，第604页。

④ 白俊杰：《智利华侨华人概述》，周南京：《华侨华人百科全书》，北京：中国华侨出版社2002年版，第1页。

⑤ 董平：《万名侨胞约一半祖籍鹤山，智利中华会馆报平安》，《江门日报》，2010年3月2日。

完全改变。显然，若追溯到从前，广东籍同胞在所有华侨华人中、鹤山籍同胞在广东籍同胞中所占的比例肯定更高。现在广东和鹤山华侨华人的比例之所以分别有所降低，是由于新千年后来自中国大陆其他省份的新移民增多的缘故。

现在中国大陆其他省份的新移民有多少，还没有权威的统计。但可以肯定的是，增加的幅度不少，且来源地也比较分散，新移民中似乎没有来源集中于一省两省的现象，反倒是“五湖四海”各皆有之。但是，不少人在经济上已可“呼风唤雨”，成为号令一方的“诸侯”了。

来自中国全国各地包括台湾而居住该国的华侨华人于2009年5月8日在圣地亚哥成立了智利华商联合总会。智利华商联合总会领导机构构成如下：名誉主席为世界华商联合总会主席余勇；名誉会长为智利中华会馆原主席陈桂陵（广东）；高级顾问为智利圣地亚哥华人基督教会主席朱原良（台湾）；会长王何兴（河北）；常务副会长有李国伟（广东）、周瑞生（浙江）、车星利（辽宁）、王银安（福建）、徐慧勇（江苏）、张勤（江苏）、沈咏菡（台湾）；副会长为李红光（广东）、王银乐（福建）、郭向歉（北京）、吴彦玉（山东）、成建新（浙江）、陈晓岚（贵州）、张守林（河南）、胡伟民（四川）、曾庆文（广东）、林正钱（浙江）、奚长青（辽宁）、林文强（福建）、王建曦（福建）、王雪琰（浙江）、王 玮（北京）、潘守业（辽宁）、许敬言（河南）、韩麗（辽宁）、邹建兵（浙江）、赖秋强（广东）、员国明（辽宁）、张希忠（上海）；理事为徐一评（浙江）、黄春（福建）、王本证（山东）、任勇（河南）、金荣南（浙江）、吴春生（香港）、王建宏（福建）、彭国林（江西）；秘书长为秦戈（山东）；常务副秘书长为徐一评（浙江）、包容（辽宁）；副秘书长为周小荣（广东）、张亮（山东）、钱海平（江苏）、季礼达（浙江）、娄志芳（浙江）、赖镇雄（广东）、夏千晴（上海）；财务总监为李国伟（广东）。[①] 笔者在这里所以详细摘录这份智利最重要社团的领导班子名单，是因为这个名单所传递的信息是明确的：其一，智利新华侨华人的来源地现在已经远不止广东一省，而是遍及中国大陆各地（主要是沿海省区）以及台湾和香港地区（每省包括台、港均各有代表）；其二，他们虽然来自五湖四海，但是，为了一个共同的创业目标，已经走到一起，共同拼搏，共同维护自己的权益，在异国他乡争取共赢。

智利之所以能够汇聚来自五湖四海的中国移民，很重要的一个原因是：智利实行全方位开放，鼓励国际竞争，诸如圣地亚哥的公共汽车这样的公共事业都拿来国际招标，自然资源如铜矿也允许自由买卖，而这在很多国家是难以想象的。有人这样评论智利：发展中国家的经济环境，美国的管理制度，欧洲的生活方

① 《智利华商联合总会》，智利华人网，2011年7月20日。

式。但外界对这个国家比较欣赏的一点是：智利官员比较廉洁，办事透明，税法严明。一般来说，智利这样的政治经济环境更有利于华侨华人发挥自己的聪明才智，特别是最适合受教育程度较高、有现代化管理理念的华侨华人发展。这应是五湖四海的中国人愿意到智利发展的内在原因。智利华侨华人也愿意通过法治的渠道提高自身素质，维护自身权益，增强在居住地的社会和文化适应能力。自然，在智利生存发展，也要受到劳工法和“拉美式”人文习俗的制约，例如当地人讲究享受，没有积累意识，喜欢透支等。①

二、争相竞秀的华侨华人社团

智利的华侨华人社团，既有老一辈华人成立的社团，也有新移民成立的社团，多“极”并存的现象十分明显。虽然现在还没有把握将尚存在的所有社团搜揽无遗，但最主要的社团应该包括在下面所列：

历史最久远且尚存在的华人会馆无疑是智利中华会馆，又称智京华侨协会。智利中华会馆，是以广东籍会员为基干的资深社团，约创立于1893年，馆址在智利首都圣地亚哥。最初宗旨是联络旅居智利侨胞，为新抵智利的华工提供帮助。后来，随着智利各地华侨人数日益增多，在华侨比较集中的伊基克、阿里卡、阿托法加斯塔、托皮科、瓦尔帕莱索和比尼市等都成立了中华会馆。

值得注意的是，伊基克等地的多个中华会馆与智利中华会馆彼此之间没有隶属关系，但互有联系，那么，伊基克等地的多个中华会馆也必然是彼此之间没有隶属关系但也互有联系的。在各国的社团发展史上，首都或华侨华人居住的中心城市的中华会馆（一般称总会馆）与各地的中华会馆多有某种形式的隶属关系，而且，总会馆的成立一般是在已经建立的各地“分”会馆的基础上依靠民主的方式选举产生的。智利中华会馆的这种“别具一格”的现象，反映了该国早期华侨华人人数较少以及彼此之间因交通等多方面原因而联系不密切的状况。

目前，智利中华会馆有会员单位500多户，办有国务院侨办支持建立的中文学校（见下述），有学生近百人。智利中华会馆还办有会员通讯杂志月刊《旅智华声》。②

由于历史的原因，100多年来智利中华会馆都是以广东籍华侨华人为主，这种状况至今没有改变。但是，最近二三十年智利华侨华人社会最大的变化，无疑

---

① 林克风：《巴西、秘鲁、智利华侨华人经济与中国企业“走出去”》，吕伟雄主编：《海外华人社会新观察》，广州：岭南美术出版社2004年版，第66页。

② 《智利中华会馆》，智利华人网，2011年7月20日。

是来自中国大陆以沿海省份为主的新移民的大量出现。于是，一个新的能容纳更多新移民的机构也就应运而生，这就是智利华商联合总会。

下面谈谈目前在智利最活跃的智利华商联合总会与其他地缘性商会。

智利华商联合总会是2009年5月8日在圣地亚哥成立的，是由智利各界知名华商40余人发起、正式注册的华人社团组织。成立前，总会筹备了近一年时间。根据其正式成立前一年间的主要活动，也可看出这个社团产生的某种必然性。2008年9月7日，智利华商联合总会筹备委员会第一次会议在圣地亚哥市中心的美利华餐厅举行，智利侨界40多位侨领参加了这次重要的会议。筹备委员会会长和发起人王何兴主持会议，经过讨论最后举手通过大会的倡议，智利华商联合总会正式进入筹建阶段。2008年10月11日，智利华商联合总会筹备会第二次会议召开，讨论通过了联合总会的章程和理事会人员名单，标志着智利华商联合总会根据智利相关社团法律正式进入注册的法律程序。2008年11月8日，智利华商联合总会筹备委员会在圣地亚哥中国商品贸易中心举办了知识产权讲座，邀请智利国际调查局负责人针对商品知识产权的保护和侵权的惩戒举行专题讲座，以实际行动向智利华商表明服务华商的信心和能力。2008年12月10日，智利华商联合总会成立文件在智利官方日报登报。2009年1月1日，智利华商联合总会主办的《智利华商报》正式出版发行，为智利华人社会提供了一份全新的媒体和展示旅智华人侨商新形象的新平台。[①]

智利华商联合总会的宗旨是凝聚侨心，维护侨益，服务侨商，壮大侨力。该总会成立后，实行会长选举制，每3年一届。作为新兴社团，它广泛争取和代表当地华社商家力量，配合驻智使馆与当地政府，开展合法生存、合法经营、提高素质与促进智中两国商务交流的活动。总会还办有西班牙语学习班。[②] 总会还参加和举办弘扬中华文化的活动，且见后述。华商联合总会已不仅仅是华侨华人的商务机构，它的职能已经扩及其他方面。

智利华商联合总会非常重视与中智两国政府间的沟通和交往，力争成为智中两国经贸往来和文化交流的民间平台。在智利华商总会创立期间，先后得到包括中国驻智利使馆、商务处、智利中华会馆、智利江苏商会、智利华商联谊会、中国商品贸易中心等各界的参与和支持（后面3个社团显然成立在先）。中国侨务办公室主任李海峰、中国侨联主席林军也分别为智利华商联合总会题词。[③]

该组织成立时，智利数百名华商以及智利政府官员、议员和中智两国外交官

---

① 王何兴：《智利华商联合总会召开年度理事会，会长总结报告》，智利华人网，2012年1月8日。

② 《智利华商联合总会》，智利华人网，2011年7月20日。

③ 包容：《开启智利华人历史的新篇章》，天涯社区网站，2008年12月23日。

员代表出席了成立大会，智利驻中国大使费尔南多·雷耶斯专程回国参加成立大会。总会汇集了在智利从事矿业、贸易、服务业、旅游业等各行业的华商（在智经营的50多家华侨华人企业）。[①] 联合总会主席王何兴在成立大会上表示，该会在中智两国经贸关系日益密切的背景下应运而生，其宗旨是帮助智利华商合法经商，更好地融入智利社会，促进两国经贸往来进一步发展。费尔南多·雷耶斯在接受新华社记者采访时，则认为华商联合总会将为智中两国搭起一座民间桥梁，为双边贸易创造更多机会。他高度评价了两国保持了近40年的友好关系，并相信在两国关系的下一个40年中，两国将共同创造更友好、更繁荣的未来。费尔南多·雷耶斯显然是把华商联合总会作为两国间最重要的民间经贸平台看待的。这似乎表明，希望进一步发展对华经贸关系的智利政府看好华商联合总会的现有实力架构。

2010年9月，智利华商联合总会举办新会址落成典礼，智利政府内政部以及外交部代表、中国驻智利使馆代表、智利警方高层、智利企业家代表及华侨华人等300余人参加。[②] 典礼上，智利华商联合总会同智利圣地亚哥企业集团签署协议，以增进两机构成员间的交流，同时加强华商与智利同行间的互动。华商联合总会在加强与智利政府及当地民族关系方面也作出了引人注目的努力。例如，在2010年2月智利中南部地区遭受重大地震和海啸灾害后，该组织曾向灾区群众捐款2亿智利比索（约合40万美元）。

2010年10月27日，智利议会副议长何塞·安东尼奥（JOSE ANTONIO）在智利瓦莱帕莱索议会大厦宴会厅会见并宴请了应邀前来的华商联合总会王何兴会长一行。何塞副议长高度评价华商在中智两国贸易中的重要作用，对广大华商积极参与智利社会的慈善募捐及地震赈灾表示感谢，对总会从中所起的组织和协调工作予以高度肯定。他表示，在智利的华商能组织起来，成立正式合法民间社团机构，并积极参与智利当地社会事务，华商联合总会的工作给智利政府部门及议会留下了良好的印象。智利议会将给予智利华商联合总会的工作以支持和配合。[③] 智利议会及何塞副议长此次的特别邀请和谈话，表明智利华商联合总会在促进中智贸易交流、为华侨华人和当地人民谋福祉方面的举措得到了智利议会政府的大力支持和智利各界的拥护。2011年，总会会长被中国全国政协特邀作为两会的海外代表，智利总统也曾两次委派代表参加总会承办的“亲情中华”文

① 《智利华商联合总会在圣地亚哥成立，中国大使出席》，厦门侨务网站，2009年5月9日。

② 栾翔：《智利华商联合总会举办新会址落成开业典礼》，智利华人网，2010年9月14日。

③ 《智利议会副议长宴请华商总会领导 肯定侨团工作》，网易（来源：中国新闻网），2010年10月29日。

艺演出以及中国商品及技术智利展览会的开幕式。[①] 以上情况，表明了总会在两国政府间的作用。

从材料来看，智利华商联合总会并非第一个在智利土地上成立的华商会，在其成立之前，还有一些地缘性商会。也可以说，目前在智利土地上存在的商会，是先有地缘性的“子”商会，再有总商会，但“子”与“总”之间没有隶属关系。

在地缘性商会中，智利江苏商会于2006年在智利首都圣地亚哥宣告成立。智利江苏商会的目的是加强在智利江苏商人之间的交流，共同维护当地中国商人的合法权益。该商会的会长为郁飞。在商会成立仪式上，中国驻智利大使李长华希望在智利的华人团结在一起，提高华侨华人的整体形象和素质，遵守当地法律，借中智自由贸易协定的东风，为贸易交流多尽一份力。据郁飞介绍，近年来，随着中智两国贸易交流不断深入发展，越来越多的江苏籍商人来智利投资经商，主要从事以纺织品、日用百货为主的进出口贸易，年贸易额达到4 000多万美元。但由于语言不通，不了解当地法律，许多人在经营过程中吃过不少亏，走过很多弯路。此外，随着市场竞争日益加剧，一些贸易公司之间的价格战也使中国商人受到很大损失。[②] 在这种情况下，便迫切需要成立一个团体，团结当地华商，共同协调经营中出现的矛盾，解决面临的问题，提高应对困难的能力，维护华商合法权益。

智利温州商会的成立时间应是在最近几年中，目前有100多家温商会员单位，总部设在圣地亚哥，会址在智利中国商品贸易城3楼。现任会长为周瑞生。[③] 智利中国商品贸易中心是温州人在智利首都圣地亚哥开设的第一家中国商城，被当地华人华侨称为“温州商城”。在这个三层建筑中，约有150名温州经商者。据周瑞生说，智利约有浙江籍华侨华人五六百人，大部分集中在圣地亚哥，职业以从事贸易为主。

“温州商城”是迪拜温州商会会长陈志远牵头办起来的，其物业属于圣地亚哥市政府，原本是自然形成的小市场，一楼零散开着一些店铺。温州商人从市政府手里租下二楼和三楼办市场（后被称作“商城”）。“商城”开业后的第二年，陈志远因为事务繁忙就把股份转给了林正钱，后转由林负责管理。

林正钱目前任智利浙江商会会长、智利中国商品贸易中心副总经理、智利林雄国际进出口贸易有限公司董事长。据他说，在2006年之前，智利的温州人还

① 王何兴：《智利华商联合总会召开年度理事会，会长总结报告》，智利华人网，2012年1月8日。
② 《智利江苏商会》，新华网，2006年12月11日。
③ 《智利温州商会》，智利温州商会，2010年6月20日。

是极少的。2006 年中国商品贸易中心开业以后，温州人陆续到来。很多人都从贸易中心起步，生意越做越大，店铺也从商城发展到当地的火车站市场、北部的伊基克等，于是贸易中心这边便成了总部。不仅如此，温州城所在的这条街也被带动起来，租金涨了许多。“商城”也转变定位，做零售、做特色，引入餐饮、娱乐等内容。现在商城里已有 200 多名温州人，80 多家店铺，只有两家非温州人所有，故称“温州商城”。①

智利浙江商会是 2011 年 2 月 8 日成立的，浙商及各界来宾 300 多人出席了在圣地亚哥小熊猫大酒店宴会厅举行的成立大会。该商会成立的背景是浙商力量迅速壮大。商会成立时，已经有 1 000 余浙商在智利从事各种贸易活动。从前期的中国商品城（温州商城）到后来成立的中国服装广场，基本上是浙商在操盘。智利浙商也积极参与当地各种侨务事业及当地社会的公益事业。在 2010 年智利大地震抗震救灾中，浙商表现突出。因此，在浙商的要求下，经过酝酿和广泛征求各界意见而成立并经选举产生了以林正钱为会长的智利浙江商会理事会。② 商会的宗旨包括：增进智利浙江华商的凝聚力，团结互助，积极参与智利华社发展，维护浙商的合法权益，加强与各社团的合作，协助浙商合法经营，和谐发展，促进浙商间相互往来与交流，协助沟通浙商企业与政府间的联系，壮大智利浙商的实力和影响力，弘扬中华民族优秀文化。③

一个现当代海外华侨华人商会能否在当地立足，不断走向兴旺，关键在于以下几个方面：

第一，能否紧紧依靠广大侨胞，服务侨商，维护侨益，从大局出发，从华商的整体利益出发，为华商积极排忧解难，思华商之所思，想华商之所想，急华商之所急，并付诸行动。

以智利华商联合总会为例，2011 年年初，一家规模较大的自助餐厅被当地卫生局下令永久关闭，为投资者带来了上百万美元的经济损失，也为多数华商带来了很大的精神困惑。餐厅的主人，四处奔走，效果甚微，无能为力。华商总会多次召开理事会议，专题研究解决问题的办法，曾先后致函总统、内政部长、卫生部长、执政党和在野党的主要负责人、国家议会领导、外资委执行副主席、外交部领事司司长、外交部出口局局长等高官或机构，并通过多种研讨会，利用不同的方式和渠道，阐述观点，表达立场，既维护中华民族和旅智侨胞的尊严，又有利于推动智中两国的经贸发展。经过半年多的努力，该餐厅重新开业，其合法

① 《林正钱：南美洲依然是温商的“新大陆”》，世界温州人网站，2011 年 5 月 13 日。
② 《智利浙江商会隆重成立》，智利华人网，2011 年 2 月 10 日。
③ 《智利浙江商会》，智利华人网，2011 年 2 月 10 日。

权益得以维护。①

第二，能否紧跟时代潮流，准确把握居住国市场的脉搏，捕捉商机。尤其要正确把握居住国的国情和商情，提高华商对居住国商业环境的了解与认知度。

目前圣地亚哥就有500多万人口，对物美价廉的中国产品的消费力还是不错的。伊基克市因为有自由贸易区，对南美洲的辐射力比较强，要做阿根廷、秘鲁、玻利维亚等国的生意，主要去伊基克市。但另一方面，目前的智利是全世界签署自由贸易协定最多的国家。这样，就需要建立一系列关于商品进出口的通关法律法规。据说目前在南美，智利属正常通关，享有较好的商誉（而巴西和阿根廷大多还是灰色清关）。能够正常通关，当然是良好的外贸秩序的最重要表现，但对于不少智利华商来说，客观上便会面临质量鉴定证明等一系列需求，一切只能遵循法制，依法办事，这是旅智华商必须面对的挑战和考验。在这种情况下，商会等社团组织就要帮助华商循法律途径解决困难和问题，而不能总是打别的主意。

据不完全统计，智利约一万多华侨华人中，很多人主要从事矿业、进出口贸易、餐饮、零售、旅游等工作。由于语言不通，对当地法律法规不甚了解，华商往往会遇到各种各样的问题，不但影响了企业的经营，甚至还对华商在智利的整体形象造成损害。为此，智利华商联合总会与智利内政部达成协议，由内政部下属的移民局、劳工局、税务局、海关服务总局及警察局等职能部门派出经验丰富的官员，以讲座形式，为智利华商讲解有关移民、税务、安全等方面的法律法规。2009年和2010年，智利内政部和智利华商联合总会先后联合举办了两期别开生面的服务华商系列讲座，以便广大华商做生意时少走弯路，避免不必要的经济损失，有效地维护自己的合法权益。两期讲座得到智利有关高层的大力支持。

第一次讲座由华商联合总会与智利内政部及智利阿空加瓜大学在中国商品贸易城联合举办，开始于2009年8月8日。这次系列讲座共分8个专题，涉及华商在智利生活、经营的方方面面。目的是让华商真正了解当地的安全、海关和税务等相关政策，真正帮助他们解决问题、避免纠纷，使华商能够在智利和谐生存，从而进一步促进中智两国的经贸发展。讲座结束后，智利阿空加瓜大学还为参加讲座的华商颁发学习证书。②

第二次讲座开始于2010年10月3日。参与的智利政府相关部门更多，包括智利内政部公共安全局、移民局、智利劳动保障部、智利卫生部、市政府等单位。这次系列讲座为期半年，每月两次，涉及的内容有移民、劳工、养老及医疗

---

① 王何兴：《智利华商联合总会召开年度理事会，会长总结报告》，智利华人网，2012年1月8日。

② 赵凯：《智利内政部与华商联合总会举行服务华商系列讲座》，新华网，2009年8月9日。

保险、社会保障、餐饮卫生等华人华侨在智利从事商业活动必须面对的相关问题。智利内政部公共安全局局长代表、移民局负责人、各侨团领导以及近百名华商出席了开幕式，中国驻智利大使馆相关官员也到场表示支持。[①]

另外，为了维护华商利益，减少不必要的损失，2011 年华商联合总会与智利圣地亚哥大学（国立）和智利首都中小企业家协会联合签署了三方长期合作协议，协议涵盖以下内容：建立人才培训基地，搭建技术服务平台，沟通信息，设立科研中心，提供产品质量鉴定，共同组织各类研讨会和培训班，加强两国科技、经贸人员的语言、法律、税务等方面的培训和教育，培养更多的技术人才，创造更多的合作机会。[②] 这个合作平台为华商联合总会的发展壮大奠定了坚实的基础。

第三，必须看到，智利华商毕竟是“华”之“商”，他们的特长和优势在于既通居住国智利的国情商情，又通祖国的国情商情，可以在其中起桥梁和纽带作用。所以，他们在“通智”、“事智”的同时，也应“通华”、“事华”。主要表现在：一方面，作为制造业大国的中国，由于劳动力成本增大，致产品成本越来越高，低成本的优势早晚要被劳动力价格更低的国家所取代，而品牌的塑造又不能在短期内完成。如果未来中国的商户不再拥有成本优势，市场的空间将越来越小。为保证中智商贸可持续发展，就要大力推动中国优质产品和高科技产品的出口。另一方面，包括智利在内，南美的机会还是非常多，需要中国商人准确而敏锐地去把握。

上述两方面中，第一方面更显重要。近几年来，智中两国的经贸往来迅猛发展，中国已成为智利的第一大贸易合作伙伴。然而，中国在智利的投资和高科技及优质产品在智利市场的占有份额却没有明显的提高。熟悉两国语言的科技人员和高级管理人员非常有限，文化和科技人员的交流还不够畅通，这主要是因为缺乏对专业人才有针对性的培训。为此，2011 年 10 月 20 日，智利华商联合总会与智利圣地亚哥大学和首都中小企业家协会签署了三方长期合作协议，旨在中智企业家与大学之间建立一个人员交流培训和科技合作方面的良好平台，从而推动两国间学生交流、商务人员培训和科技投资方面的合作与推广，加强引导中国企业投资智利和南美，提高中国优质产品的信誉和影响力，扩大智中两国的文化、经贸、科技等方面的合作空间。这个协议的签署具有长远和历史意义，为推动智中两国间的高层次科技交流和加强两国人民的相互了解和友谊搭建起一座有效的合

① 《智内政部/华商联合总会共同举办第二期服务华商系列讲座》，智利华商联合总会网站，2010 年 10 月 3 日。

② 王何兴：《智利华商联合总会召开年度理事会，会长总结报告》，智利华人网，2012 年 1 月 8 日。

作平台。圣地亚哥大学校长 JUAN MANUEL ZOLEZZI 高度评价了本协议的签署。[①]华商联合总会协同中国对外贸易经济合作企业协会、中国科技部火炬高技术产业开发中心于 2011 年 11 月 25 日至 27 日在圣地亚哥 MAPOCHO 文化中心举办了中国商品及技术展览会。70 多家国内参展单位的展品以科技产品为主，如再生能源、海水净化、污水处理、垃圾焚烧、矿山机械、农业机械、医疗设备等。考虑到智利是一个开放性的国家，对进入本国市场的产品质量要求越来越高，对华商经营的产品和质量有新的要求和标准，为维护华商合法权益和经贸发展的持续性，展会之前，总会与智利圣地亚哥大学和智利中小企业家协会正式签署了一份长期合作协议。展会期间，经五方平等互利的友好协商，又联合签署了五方长期合作备忘录，旨在推动中智两国的双边投资和技术合作。总会还将继续寻找机会，共同集资建立华商销售中心和中智科技园。[②] 可以相信，以上合作多方将借此东风，广泛推动两国科技企业间的合作和交流，为此搭建平台，疏通渠道，把智中两国的经贸往来和科技合作推向一个新的台阶。

越来越多的事实表明，华侨华人要在居住地更好地生存发展，除了融入当地社会外，还要以慈善行动等方式做好回报当地社会的工作。智利华商联合总会这方面的工作也已初露端倪。2010 年，智利首都大区 ESTACION CENTRAL 市政府为 50 名极端贫困儿童专门筹划了一片土地，建起了一个足球场，空余的时间让这些孩子集中到这里学习踢足球，以使他们成为社会的有用之才。智利华商联合总会得知消息后，将之作为引导华商积极参与当地社会公益事业的好机会，特组织华商为这些儿童捐助足球运动服及用品。经与市政府联系，于 12 月 19 日周末上午举办了捐助仪式，此举获得了当地民众的极大好评。[③]

下面再来谈谈智利的联谊性社团。这里所谓联谊性社团，并非意味着只进行休闲性的“联谊”活动，有时一些联谊性社团也会进行文化娱乐活动，有的还会进行慈善捐赠活动。

智利的联谊性社团首先是几个青年会组织：

智利华裔社团青年会，创立于 1943 年，是个老侨民组织，会员多为第二代旅智广东华侨的后裔。经过 60 多年的风风雨雨，当年风华正茂的青年如今都已是白发苍苍的耄耋老人。这个社团初期不应是个联谊性社团，但时过境迁，到今天，已经成为一个纯联谊性社团。2011 年 2 月 27 日，中国驻伊基克总领事韩莉应邀出席了智利华裔社团青年会举办的茶话会，数十位华裔和家人以及第二代旅

① 《智利华商会与智著名大学/企业家协会签署三方协议》，智利华人网，2011 年 10 月 22 日。

② 王何兴：《智利华商联合总会召开年度理事会，会长总结报告》，智利华人网，2012 年 1 月 8 日。

③ 《智利华商总会牵头　华商捐物帮助当地极端贫困儿童》，中国网络电视台（来源：中国新闻网），2010 年 12 月 23 日。

智广东华人的唯一健在者——102岁高龄的胡里奥·冯与其妻一道与会。会员们纷纷在发言中表示，与父辈相比，他们是幸运的。现在华侨华人华裔在智利受到尊重，虽然年事已高，但他们为身上淌着中国人的血感到光荣。[①]

智利华人青年会，于20世纪80年代末期成立于圣地亚哥市。有会员70多人，多数为土生华裔青年自由职业者和职员，经济条件好，文化水平高，虽不谙华语华文，却热心于学习和宣传中华传统文化。中国大陆、台湾及香港等地新华侨青年虽可入会，但无选举权和被选举权。[②]

智利福建青年会，成立于2001年10月8日。福建青年会的口号是："做一个爱国有骨气的进步青年！不成为任何个人、团体或组织的附庸！"会长王建曦（智利称谓：马丁）为智利新青年党创始人（主席）、智中友好协会副主席，也兼智利华商联合总会副会长。名誉会长兼律师顾问是FERNANDO SAlVADOR（智中友好协会主席、智利著名诗人）。名誉会长是林建川（福清市），他也是香港京晟国际集团有限公司总裁，林秉群（福清市），海外投资移民公司董事长。该会总顾问为杨爱华（福建福清市兄弟会前会长）。该会的一个重要特点是，作为公益社团，不收取任何费用，一切日常开支全部由会长王建曦个人承担。为团结会员，加强交流沟通，每周末在本会总部举行聚会，总部会所设在王建曦会长私人房产物业中，聚会提供免费酒茶水、香烟点心，并配有无线网络WIFI，有豪华休息室、棋牌室等供会员娱乐交流。另外，本会所有会员到中国福建考察将均由本会总顾问杨爱华先生安排款待。[③] 有关该会的活动报道很少，2008年汶川地震时，该会曾经捐助灾区。为此，王建曦会长收到了福建侨联发来的感谢函。

伊基克华商联谊会成立于2000年7月29日，是在中国驻伊基克总领事馆的帮助下，由驻智利伊基克的中国公司发起的。从第三届组织机构便可以看出其自身特色：除了理事会（由会长、常务副会长、副会长、秘书长、会计、理事等组成）、监事会、名誉会长和顾问外，组织机构包括成人教育部、儿童教育部、文娱部、宣传部、自然灾害应急部、对外联络部、对内联络部、信息部、电脑操作咨询部、公司运营管理疑难问题咨询部、高尔夫协会、摄影协会、网球羽毛球协会、棋牌协会、垂钓协会、歌咏协会、美食协会。[④] 这些充分体现了伊基克华商联谊会"团结在伊基克的华侨华人，开展各种有利于会员工作和生活的活动，维护会员的正当合法权益，帮助会员与智利政府和中国驻智利使领馆的沟通和联系，搭建信息平台，促进会员间的交往与友谊，壮大华侨、华人的实力和影响力，

---

① 《智利华裔社团青年会举办茶话会，中领事应邀出席》，中国外交部网站，2011年3月2日。
② 据百度百科资料。
③ 《福建青年会》，智利华人网，2010年12月17日。
④ 《伊基克华商联谊会》，智利华人网，2010年11月23日。

宣传、弘扬中华文化，推动中智两国民间的友好交往”的宗旨。

伊基克华商联谊会成立后，很多新老会员为广大华商和各界做了很多实事，他们扶危济困，到2010年，组织了数次的捐款：一是捐助来自国内的自行车环球旅游的同胞；二是捐款帮助在伊基克遇到车祸的同胞；三是为汶川大地震中受灾的同胞捐款87 696美元；四是为台湾风灾中受难的同胞捐款1.2万美元。在2010年智利中南部的大地震中，华商联谊会也收到很多公司的踊跃捐献。①

（圣地亚哥）华商联谊会于2004年1月17日在圣地亚哥成立，为智利华商自发组织的非营利性民间社团，现有公司会员约20个。这是中国企业家继智利伊基克华商联合会之后在这个南美国家成立的又一个华商联谊社团，其宗旨是通过相互交流加强华商之间的信息沟通，加深对智利市场及法规的认识与了解，促进中智经贸合作和增进中智人民之间的友谊，同时联谊会还将维护该会会员的合法权益。②

智利华侨联谊会成立于1981年，会员以台湾移民为主体，实行理监事负责制，会长由会员代表大会选举产生，每两年选举一次。该会自成立以来，致力兴办社会福利事业，办有小报《智利侨讯》和一个华文学习班，并在伊基克等地区设立分会。

2010年10月1日，由中国国家汉办孔子学院总部资助、智利圣托马斯大学孔子学院主办、中国驻智利使馆文化处协办的首届智利汉语教师大会及智利中文教师协会成立大会在智利圣托马斯大学孔子学院隆重举行，来自智利12个地市的50余位代表出席了本次大会。根据中国驻智利使馆文化处的建议，大会期间还成立了智利中文教师协会，也可以看作是个联谊性组织。③

智利全国华裔协会的成立时间不详，其宗旨也不清楚，这里暂将之归入联谊性社团。2010年10月12日，主席李蒲英曾率团参观广东华侨博物馆，表示将协助广东华侨博物馆在智利征集华侨文物文献资料。此次协会成员利用到广东访问之机，将征集到的一批反映智利华侨华裔20世纪初生活情况的珍贵照片捐赠给华侨博物馆。他们还表示将继续在智利协助征集华侨文物，补充和丰富广东华侨博物馆陈展，让更多的人了解智利和智利华侨历史。④

艺术类社团是智利华侨华人社会的一个特色。到目前所知，智利华人艺术团是唯一一个华侨华人艺术团体，它于2009年成立于圣地亚哥。该团是由智利华

---

① 《华商联谊会第一天捐款情况汇报》，智利华人网，2010年3月2日。

② 《智利首都成立华商联谊会 拥有20个公司会员》，新华网，2004年1月18日。

③ 《智利中文教师协会》，智利华人网，2010年10月5日。

④ 《智利全国华裔协会向广东华侨博物馆捐赠珍贵照片》，博宝艺术网（来源：中国新闻网），2011年2月21日。

社爱好文艺的骨干自发组织筹建，创建之初就得到了智利江苏商会的鼎力支持，不但为演出无偿提供排练场地及演出服装，更大力提供多方面的支持。华人艺术团发展迅速，得到使馆及侨界的高度认可及支持。据悉，目前已经成为南美华界出色的华人艺术团之一。[①]

智利华人艺术团有两场演出比较引人注目。一是2009年12月13日在圣地亚哥江苏商会总部大楼内隆重举行的初建演出。演出精彩亮相，获得满堂喝彩。智利华人艺术团负责人、创始人之一的刘瑞华说，此次有近20个节目演出，不但有合唱、歌舞、独唱等传统节目，更推出了对口快板及传统大众表演形式三句半。此次演出，也是大家为江苏商会的长期支持而做的回报演出。因此，全体艺术团成员一致公推郁飞先生为艺术团名誉团长。观看演出的郁飞表示，他本人及江苏商会一定会提供大力支持和无私帮助，并决定提供其总部二楼作为艺术团活动场地并且增加音响舞台设备，当场为智利华人艺术团提供了200万智利比索的资金帮助。郁飞表示，华人艺术团是属于智利全体华侨华人的，是为丰富华社文化生活而建立的，他及江苏商会一定做好艺术团的坚强后盾。[②] 二是2010年6月19日在圣地亚哥泰莱顿剧场的精彩合唱演出，赢得了各界一致好评。为此，6月27日，在圣地亚哥的兴顺酒家举行了一场庆功宴会。华人艺术团合唱队负责人刘瑞华向大使馆对艺术团的一贯支持表示感谢，之后她又向郁飞、许敬言等华侨的鼎力资助表示由衷的感谢。最后全体合唱团员以鼓掌的形式通过了以许敬言为团长、郁飞为名誉团长的决定。[③] 可见，智利华人艺术团的特点是：由热心艺术的华人商人和商会提供资金支持，扶持其发展壮大，为活跃华侨华人的文化生活服务，为弘扬中华文化贡献力量。当然，智利华人艺术团日后的发展还可能面临着多种选择，其中最主要的为两种基本方式：一是由“商会养团”；二是“以演养团”。无论哪种方式，在海外华侨华人中都是一个创举。目前海外专职的华侨华人艺术团体尚不多见，发展道路肯定是不平坦的，希望智利华人艺术团能够走出自己的艺术发展道路。

目前所知的智利唯一一个华侨华人政治性社团是成立于2002年2月23日的中国和平统一促进会。它是一个在中国驻智利大使馆的大力支持下，由在智利的华侨华人自发成立的非营利性民间政治团体，当时的任景玉大使为该会的成立题写了会名。促进会的组织架构包括：永久荣誉会长、顾问、理事会常务理事、理事会理事、会长、副会长、秘书处、财务部、交流部、文化部。在中国和平统一

---

① 《智利华人艺术团》，智利华人网，2010年7月1日。

② 《智利侨界成立华人艺术团》，智利华人网，2009年12月15日。

③ 小刀：《智利华人艺术团举行隆重庆祝会》，智利华人网，2010年6月29日。

促进会公开申明的原则中，有几点是十分引人注目的。第一，从其宗旨来看，包括三点：一是维护一个中国原则，反对任何分裂国家的行径。以中华文化为纽带，构建华夏共同文化精神，深化华夏同胞的交流与合作，促进祖国和平统一；二是深化智中两国人文交流，促进智中人民友好，为祖国和谐社会建设创造有利的国际人文条件；三是积极参与祖国和谐社会建设，为中华民族之伟大复兴奉献自己的力量。促进会的价值理念是：和谐世界，以道相通；天人合一，道济天下；天地相通，不同而和；和而不同，生生不息；和谐合作，人和事兴。第二，从其发展方式来看，则是“洋为中用，古为今用；以人为本，求真务实；兼仁守中，沟通交流；深化交流，厚植友爱；广交朋友，深交朋友；共聚友情，增进共识；携手合作，共创双赢”。第三，促进会提出其发展动力是精英组成团队，厚积才能薄发，共识结聚人才，人才聚合能量，能量爆发力量，力量推动发展。

现任（第四届，2010 年 12 月选举）会长王卫江，祖籍广东肇庆，1986 年毕业于广州中山大学外语系。1992 年到香港创业，从事与非洲的贸易，后来移民智利。现任智利阿拉斯加进出口公司董事长、智利中国和平统一促进会会长、亚太商会中国委员会会长。① 上一届会长彭奋斗，被第四届理事大会聘请为永久荣誉会长。

作为妇女社团，智利华人华侨妇女联合会（Corporacion De Mujeres Chinas Residentes En Chile，简称“CMCRC”）应是目前智利唯一的妇女社团。它于 2011 年 8 月 19 日晚在圣地亚哥 RITZ-CARLTON 大酒店宣告成立，中国驻智利使馆官员、智利华社社团代表、智利友人及妇女联合会成员 80 余人出席了妇女联合会成立宴会。② 2011 年 12 月 20 日，智利华人华侨妇女联合会创办了“爱心妈妈”活动，并称将长期持续不定期地开展这一活动。这项活动的主题是：爱心无国界——向智利聂鲁达社会福利儿童院赠送圣诞礼物。捐赠方为所有自愿奉献爱心的智利华侨个人和企业，年龄、性别不限，受赠方为聂鲁达社会福利儿童院，捐赠物资为可以作为圣诞礼物的玩具、服饰等，并有赠送地点、赠送时间、活动集合地点、活动集合时间。③

三、华侨华人与轰轰烈烈的中华文化传承活动

1. 规范化的华文教育——以智利中华会馆中文学校为例

智利历史上的华文教育情况如何，已经难于细考。有记载圣地亚哥中华会馆

① 《智利中国和平统一促进会简介》，智利华人网，2011 年 7 月 20 日。

② 《智利华人华侨妇女联合会宣告成立》，智利华人网，2011 年 8 月 23 日。

③ 《智利侨界妇女联合会发出爱心妈妈活动倡议书》，智利华人网，2011 年 12 月 15 日。

曾创办过培英学校，学生约100人，后由市教育局接办。学校有华侨子弟及智利学生，开设华文课程。校董会仍由华人组成，经费由中华会馆补贴。[①] 不过该国侨社有这样的报道：“开办一所中文学校是旅智华人百年来的愿望，由于历史的原因，这个愿望一直未能实现。”此说不正确。与早年的培英学校连贯起来看，创立于2003年7月5日的智利中华会馆中文学校，可以看作是历史上对华文教育的继承与发展。中华会馆中文学校的创办，可以让人们对这个国家华侨华人社会的华文教育刮目相看，因而也让人们对这里的华侨华人后代真正承担起传承中华文化的历史重担重新燃起了希望。

纵观智利中华会馆中文学校的华文教育实践，可以看出其已经走过了草创的阶段，迈进了规范化的轨道。

首先，教育目标与理念明确。智利中华会馆中文学校是智利中华会馆理事会为旅智华侨华人子女学习中文和中华文化而集资创办的公益性学校。其宗旨是通过传授中文和中华文化，提高华人华侨子女的文化素质，密切他们同祖（籍）国——中国的联系，增强他们在未来世界的竞争力。[②]

难能可贵的是，该校奉行“就算只有一个学生也要开校”的理念，教育学生好好学习中文，学习中国文化，也学习其他国家包括智利的优秀文化，将来成为推动中国同智利乃至全世界友好交流的“小大使”。从该校举行的2011年结业仪式暨颁奖文艺演出（中国驻智利使馆政务参赞、文化参赞、领事等使馆官员，该校百余师生及旅智侨界代表出席）可以看出，该校教学形式多样、寓教于乐。文艺表演生趣盎然，合唱、朗诵、武术表演、相声、小品、时装模特秀等，应有尽有，让人感觉到这些身在外国的中国娃娃有“八仙过海各显神通”的本领。[③]

其次，教学设计包括课程设置、教育规模、对象、教材、课时等均合理有序，有章可循。鉴于学校所招的学生基本上都是在智利出生，其父母大多也只会说粤语、客家话和闽南话，没有普通话的语境，学校目前只开中文课。课程设置有汉语拼音、中文口语、中文读写和自习课，适当讲授中国历史地理文化知识。学生课本是中国国务院侨办推荐的由中国暨南大学主编并出版的《汉语》系列教材和《中文》系列教材。学校每年开课两个学期，每学期4个月，共计38个工作日。每学期末举行中文口、笔考试，年末给学生做年度品行学习鉴定。学生在校人数每年保持在70至90人不等。学生年龄在6至16岁，按中文水平和年龄分班。到2006年，学校有六个教学班，每星期六上课4个小时，不影响他们

① 白俊杰：《智利华侨华人概述》，周南京：《华侨华人百科全书》，北京：中国华侨出版社2002年版，第604页。

② 《智利（智京）中华会馆中文学校介绍》，中国青田网，2007年4月9日。

③ 《驻智利使馆出席智京中华会馆中文学校结业典礼》，中国外交部网站，2011年11月30日。

平时在智利学校的正常学习。① 学校从成立起就这样做。通过每周末坚持来学校学习汉语，使学生在熟练掌握语言的基础上，不忘祖国文化。据2006年的资料，开课以来，学生分别学习了汉语拼音，《说话》一至四册，《中文》一至五册，另外还有一些文史地理知识，共举行了8次考试。全体教师克服了不懂西班牙语、缺乏教学工作经验等办学过程当中遇到的种种困难，工作初见成效。绝大部分学生坚持到校，遵守纪律，有礼貌，学习刻苦，在中文学习上取得了显著进步。②

再者，学校管理有序。学校在智利中华会馆理事会的领导下进行工作，设专职教务长一人（由校长兼任），有业余教师7~8人。教务长主要负责学校管理、教学事务、财务支出、校刊编写、同家长的联系等，教师负责上课、学生在校生活和安全等。学校每年召开一至两次有会馆理事会有关领导和全体教师参加的工作会议。③ 可以相信，到今天，学校管理运转正常，已经步入正轨。

最后一点，学校坚持学以致用，坚持课堂内外相结合的方针，同时与中国有关部门主动积极配合开展教学。该学校还经常组织学生参加中国国务院侨办和中国海外交流协会举办的海外华裔青少年中国寻根之旅冬（夏）令营活动。到2011年11月，智利中华会馆中文学校作为冬令营的组织单位，已成功组织了4次活动。活动内容是学习汉语基础知识和中国历史文化常识、中国民族舞蹈和中华武术基础知识。④ 学校还积极组织课外活动，激发学生的学习兴趣。2008年北京奥运期间，中国驻智利大使馆与智利中华会馆中文学校联合举办了“北京欢迎你”图片展观后绘画和作文有奖大赛。不少华人华侨利用周末时间纷纷携子女前去观看展览，然后挥笔作画、写作文。经过中文学校评选，9月13日在中华会馆举行颁奖大会。中国驻智利使馆官员和中华会馆、智利中国和平统一促进会负责人以及中文学校全体师生和部分家长一百五十六十人出席了颁奖仪式。用该校校长韩平伟的话来说，“学生们虽然没有参加奥运圣火的传递，也没有参加奥运服务，但是他们用自己的画笔参与了奥运，表达了他们热爱祖国、参与奥运的纯朴童心”⑤。

中华会馆理事会对中文学校的关注和投入是可圈可点的。2003年理事会上任后，立刻把办校一事列入工作日程。要办一所中文学校，困难是可以想见的，

---

① 《智利（智京）中华会馆中文学校介绍》，中国青田网，2007年4月9日。但据《驻智利使馆出席智京中华会馆中文学校结业典礼》（中国外交部网站，2011年11月30日）的资料，学校设置八个年级，学生人数每年70~110人左右。

② 《智利（智京）中华会馆中文学校介绍》，中国青田网，2007年4月9日。

③ 《智利（智京）中华会馆中文学校介绍》，中国青田网，2007年4月9日。

④ 《智利中华会馆中文学校吁侨胞报名参加寻根冬令营》，智利华人网，2011年9月29日。

⑤ 《“北京欢迎你”图片展观后绘画和作文有奖大赛在智利成功举办》，中国文化网，2008年9月23日。

但众志成城，泰山可移。他们集资建造了校舍，同时还做了大量的组织、联络和宣传工作。全体侨胞积极行动，向学校捐款捐物。家长们不仅说服子女要学好中文，而且鼓励他们克服困难坚持下去。

这里还应指出的是，中文学校从筹备到开学上课，并能坚持下来，一直得到中国全国人大华侨委员会、中国国务院侨务办公室、中华全国归国华侨联合会、中国驻智利大使馆、智利（智京）中华会馆理事会、部分驻智中资公司、全体家长及侨界各方的关心和支持。中国大使馆对办校一事表示积极支持，向学校赠送了电脑、家具、书籍等办公和学习用品。开学后，由于大使馆的积极联系，当年8月和2005年1月，中国国务院侨务办公室先后两次向学校赠送中文教科书和少年儿童读物。2004年8月，广东省侨务办公室还向学校赠送了乐器、图书、文具等物品。每年都有全国人大侨委、国务院侨务办公室和中华全国归国华侨联合会的领导来学校参观和指导工作。同样难得的是，学校找到了一批热心公益、不计名利的老师。[①] 智利当地的华商会也在物质上和精神上给予了支持。如2009年9月，智利江苏商会在圣地亚哥举行酒会庆祝教师节，宴请中国派遣赴智利从事汉语教学的志愿者和孔子学院教师及中华会馆中文学校教师。会长郁飞表示，江苏商会一定会重视当地的华文教育，当场解决了中文学校一批演出服装的运输问题，并与中文学校共同倡议成立智利华人合唱团，由江苏商会无偿提供场地及中式服装。[②] 所有这些，对学校的发展起到了极大的推动作用。

由此可见，海外华文教育，至少在目前阶段，还离不开祖（籍）国精神上及物质上的支持。同时也要看到，中华会馆中文学校的教育对象毕竟是以讲广东地方方言的学生为主，对讲其他方言或普通话的学生还是有一定差别的。特别是在今天来自中国大陆各地的新移民越来越多的情况下，他们的后一代的华文教育最好还应有更适合他们的中文学校。相信适合各来源地新移民后代的中文学校会相继出现，智利的华文教育一定会迎来更加灿烂的春天。

2. 智利两所孔子学院与华侨华人在其中的文化参与

智利有两所孔子学院。这起源于中智两国2004年签署的《中智教育备忘录》。根据《备忘录》精神，智利将汉语首次纳入了国家中等教育外语选修课程，智利的天主教大学和圣托马斯大学分别与南京大学和安徽大学合作先后建立了孔子学院，除教授语言外，还组办各种丰富多彩的文化活动，吸引了越来越多的各阶层人士学习汉语，了解中国文化。两所孔子学院也在发展中不断完善自身

① 《智利（智京）中华会馆中文学校介绍》，中国青田网，2007年4月9日。

② 《智利江苏商会慰问驻外汉语教师倡华社重视华教》，中新网，2009年9月8日。

建设。①

安徽大学与圣托马斯大学合办的孔子学院建立于2008年4月28日（2001年安徽大学就与圣托马斯大学建立了姊妹学校关系），位于智利海滨城市维尼亚德尔马市圣托马斯大学校区。这是经中国国家汉办批准，在中国驻智利大使馆的大力支持下建立的南美第一家孔子学院。这首先应归功于智利方面对孔子学院功能的高标准定位。该孔子学院院长魏因斯布恩说：“中国已成为智利最大的贸易伙伴，但两国关系不应仅局限在经贸方面。孔子学院在智利的建立将有助于两国在文化、教育等其他领域的交流和合作。”他还表示：“圣托马斯大学方面将和安徽大学紧密合作，力争将该孔子学院做成全球孔子学院的典范。”② 智利天主教大学与中国南京大学合办的孔子学院则于2009年5月5日在圣地亚哥举行揭牌仪式。③ 自建立两三年来，两所孔子学院在中华文化的弘扬方面业绩显著，且屡有不俗表现。

这主要表现在两所孔院频繁举行与中华文化有关的活动，且别出心裁、匠心独具。可以举出的活动有：

为庆祝新中国成立60周年，两所孔子学院于2009年10月分别在各自校园内举办了庆祝活动，中国驻智利大使馆大使刘玉琴和使馆官员，圣托马斯大学校长，该校维市大学校长，天主教大学校长以及当地军政、文化、企业等各界人士出席了庆祝活动。整个活动也凸显出孔子学院的“红利”：圣托马斯大学校长JAIME VATTER、天主教大学校长PEDRO PABLO ROSSO在致辞中表示愿为孔子学院的语言教学提供最大的便利，发挥孔子学院的文化传播作用，使更多的智利人学习汉语、热爱中国文化，从而为智中两国的交流作出贡献；智利著名企业家RICARDO LESSMANN和智利中央银行理事SEBASTIAN CLARO分别在两校作了关于中国历史及现状和中国经济发展的生动翔实的主题报告；圣托马斯维市大学孔子学院还为庆祝新中国成立60周年举办了内容丰富的“中国孔子周”。④

2010年8月19日，智利圣托马斯大学孔子学院“第二届孔子学院周”暨“庆祝中智建交40周年——中智关系研讨会”在维市圣托马斯大学孔子学院举行。中国驻智利大使吕凡、智利前驻华大使费尔南多·雷耶斯·马塔等出席了活动。吕凡在研讨会上作了题为“中国、智利——真诚、可信的朋友”的演讲，并以图文并茂的生动形式向与会来宾介绍了中智建交40周年以来，两国在政治、

---

① 《驻智利大使吕凡出席第二届伊比利亚美洲孔子学院联席会议开幕式》，中国外交部网站，2010年7月22日。

② 《孔子学院落户智利圣托马斯大学》，中国文化网，2008年5月7日。

③ 《智利天主教大学孔子学院正式成立》，中国文化部网站，2009年5月21日。

④ 《智利孔子学院成为传播中华文化的良好平台》，网络孔子学院，2009年11月9日。

经济、文化、教育等领域的发展情况以及中国文化概况。①

2010 年 10 月 27 日到 29 日，智利圣托马斯大学孔子学院在世界最南端城市蓬塔阿雷纳斯举办了由孔子学院总部支持的汉语教材图书展，同时开展了一系列丰富多彩的中国文化推介活动。10 月 28 日上午，在蓬塔阿雷纳斯多功能文化中心举办的圣托马斯大学蓬塔校区的毕业典礼上，孔子学院进行了此次活动的造势宣传。10 月 29 日，汉语教材图书展在圣托马斯大学蓬塔校区进行，来自多所大中小学校的学生和当地市民参加了当天的活动。开幕式上，蓬塔校区的 JORGE VILLABLANCA MOUESCA 校长发表了热情洋溢的欢迎致辞，中国驻智利使馆文化处官员许韵哲介绍了中国政府正在智利开展的多项文化、教育交流项目。受中国驻智利使馆文化处之托，中方院长杨晓黎还与文化处官员许韵哲一起参观并考察了计划建立孔子课堂的麦哲伦大学附属中学，并与学校领导进行了座谈，介绍了创办孔子学院的经验和体会。为了深化中智两国间的文化交流，扩大孔子学院在当地的影响，中国驻智利使馆文化处官员和孔院中方院长还在 JORGE VILLABLANCA MOUESCA 校长陪同下，分别拜会了蓬塔阿雷纳斯副市长和教育局局长，同时接受了多家媒体的采访，世界最南端的麦哲伦海峡之滨，劲吹令人沉醉的中国风。②

2010 年 11 月 15 日，由智利天主教大学孔子学院主办，中国驻智利使馆协办的“中国元素”平面设计展在天主教大学展映中心开幕。张润代表中国使馆在开幕式上致辞，他指出，这次展览是一次高水平、充满中国元素的展览。这次展览反映了改革开放 32 年后，中国社会开放、包容的面貌和中国人既注重传统又开拓创新的精神。此次展览为中智建交 40 周年系列活动又增添了新的亮点。从 15 日开始的一个月内，中智双方还将以各种形式庆祝这一具有历史意义的时刻，将中智友好提升到新的高度。③

2011 年 2 月，智利圣托马斯大学孔子学院在美丽的海滨城市维尼亚德尔马市举行了场面盛大的新年庆祝狂欢活动。据悉，这是智利第一次面向社会大众的中国农历新年庆祝活动。④

2011 年 7 月，天主教大学孔子学院举办的“中国文化周”在圣地亚哥市纽诺阿剧院隆重开幕。⑤

---

① 《智利圣托马斯大学孔子学院举办第二届孔子学院周》，中国青年网，2010 年 8 月 23 日。

② 《世界最南端城市刮起“中国风”——智利圣托马斯大学孔子学院南部系列活动纪行》，汉办官网新闻中心网站（来源：圣托马斯大学孔子学院），2010 年 11 月 5 日。

③ 《智利孔子学院举办“中国元素”平面设计展》，网易（来源：中国新闻网），2010 年 11 月 17 日。

④ 何翔宏：《智利圣托马斯大学孔子学院师生欢庆中国农历新年》，天津网，2011 年 2 月 15 日。

⑤ 《文艺搭台语言唱戏 智利高校孔子学院文化周开幕》，凤凰网（来源：中国新闻网），2011 年 7 月 13 日。

2011 年 10 月 17 日至 21 日，智利圣托马斯大学孔子学院和智利维尼亚德尔马市文化厅联合举办了“中国文化周暨中华人民共和国成立 62 周年庆”系列活动。这场大型文化盛事集中展示了中华文明的魅力，让智利人民更加了解中国、喜爱中国。在 18 日举行的开幕式上，维尼德尔玛市市长 ALCALDESA VIRGINIA REGINATO 女士亲自给智利圣托马斯大学孔子学院颁发了荣誉奖章，肯定和褒奖了该院在传播中国语言和文化、促进维市多元文化发展方面所作出的杰出贡献。①

2011 年 12 月 22 日在智利美丽的海滨城市维尼亚德尔马市召开了 2012 年夏季文化节活动新闻发布会，市长 VIRGINIA REGINATO 女士发布了文化节活动日程，作为最有吸引力的项目之一，智利圣托马斯大学孔子学院庆祝中国龙年春节活动同本地的网球比赛、国际工艺品博览会、沙雕大赛和国际音乐节等一起被正式纳入市政府夏季文化节日程。②

可以看出，两所孔子学院在短短的两年时间内就举行了如此多场丰富多彩的活动，在世界各地的孔子学院中也是引人注目的，其背后凝结着两院师生的辛勤汗水和聪明才智。所举办或参与举办的每次活动都充满了中国元素，吸引和打动了当地观众，收到良好效果。

在 2009 年 10 月两所孔子学院举办的庆祝活动上，圣托马斯维市大学孔子学院邀请了智利舞狮联合会的舞狮表演，天主教大学孔子学院邀请了本校的学生乐队助兴。天主教大学的汉语学生 FRANCISCA 用熟练的汉语在大会上发言，讲述自己学习汉语的经历，获得了来宾的阵阵掌声。孔子学院周期间，还举办了丰富多彩的中国语言与文化推广活动，包括开设体验汉语课程、教唱中国歌曲、播放中国影片、教授太极拳与毽子、制作中国生肖姓名卡、表演舞龙舞狮等。③ 这一次两校的活动也是两校孔院的“开局”之举，具有指标性意义，表明孔子学院可以成为在智利传播中华文化的良好平台。

2010 年 10 月 27 日到 29 日蓬塔阿雷纳斯举办的汉语教材图书展在当地社会掀起了一股颇具影响力的中国潮。10 月 28 日上午，在蓬塔阿雷纳斯多功能文化中心的造势宣传上，优美动听的民歌演唱，风格浓郁的中国剪纸以及行云流水的太极表演等节目，深深打动了在场数百名观众，在连接大西洋和太平洋的麦哲伦海峡扬起浓厚的中国风情。在 10 月 29 日圣托马斯大学蓬塔校区举行的书展上，种类多样的教材图书吸引了一批又一批热情的观众，新颖神奇的汉语有声挂图更是让每一位到场的观众惊叹。不少学生和市民纷纷打听何处可以参加汉语学习，

---

① 《安徽大学智利孔子学院举办中国文化周活动》，中安教育网，2011 年 11 月 14 日。

② 《智利圣托马斯大学孔子学院龙年春节活动》，南美新闻网，2011 年 12 月 28 日。

③ 《智利圣托马斯大学孔子学院举办孔子学院周活动》，安徽大学新闻中心，2009 年 10 月 12 日。

一些带着孩子前来参观的家长更是询问再三，久久不愿离去。同时进行的还有多种形式的中国文化推介活动："为你制作中国生肖姓名卡"成为当天活动中人气最旺的项目；"教你踢毽子"吸引了许多大中小学的学生和儿童；"跟我学剪纸"桌前挤满了不同年龄段的热情女性；"中国书法展"区域则成为观众拍照的热门场地。近8个小时的书展和文化活动，参加的观众络绎不绝。有个叫露西亚（LUCíA）的女孩，一天来了5次，每次都会带来一批包括家人、同学、朋友在内的新观众，离开时还总是忘不了用刚学会的"谢谢"与大家道别。①

2011年7月天主教大学孔子学院举办的"中国文化周"正值智利隆冬季节，但600人的剧院几近满座，观众中有老人，有年轻人，也有小孩，其中有很多是一家老小齐来观看。学院此次特别联合智利舞龙舞狮协会、智利道家学会及智利华人艺术团策划了一台独具匠心的演出，其中具有专业水准的二胡独奏《赛马》和《人鬼情未了》令观众深深陶醉，演员几次谢幕又几次登台；京剧曲目《庆功酒》唱撼全场；孔子学院老师也特别向观众展示了该院近期舞蹈班所教授的舞蹈《水袖舞》和《秧歌舞》，观众们评价说："中国舞真美，演员们在舞台上飘来飘去好似仙女一般。"为了推广孔子学院的汉语教学，孔子学院中方院长现场为观众上了一堂简短而生动的汉语公开课。这次演出活动非常成功，演出结束后观众迟迟不愿离场。开幕式结束后，未来一周内纽诺阿区的居民将有机会在此亲自体验中华文化，比如中国书法、针灸、太极、推拿等，所有活动都对公众免费开放。②

2011年2月智利圣托马斯大学孔子学院举行的场面盛大的新年庆祝狂欢活动现场人潮拥挤，精彩的节目表演吸引了上百名观众到场，他们看得目不转睛，活动结束后还纷纷和演员们合影留念。由圣托马斯大学孔子学院组织筹办的中国农历新年庆祝活动拉开帷幕，早在彩排时就等在一边的当地民众立马将舞台里三层外三层地围了起来，晚来的观众只能仰着脖子、踮着脚站在外围。演出一开始，一曲古朴的二胡乐曲将现场观众带入了神秘的东方意境，这种独具东方特色的乐器还不为智利人所熟知，但音乐无国界，观众无不为东方音乐特有的魅力所折服，一曲终罢，掌声雷动。来自当地武术学校"中华文化中心"的师生给大家表演了太极扇、长拳和散打套路等，或行云流水、写意风流，或真枪实刀、威风赫赫，精彩而不乏艺术韵味的武术表演将现场气氛推向了高潮。接下来，来自圣地亚哥的中华威风鼓队衣着鲜亮，动作整齐划一，表演一开始就获得了满堂喝

① 《世界最南端城市刮起"中国风"——智利圣托马斯大学孔子学院南部系列活动纪行》，汉办官网新闻中心网站（来源：圣托马斯大学孔子学院），2010年11月5日。

② 《文艺搭台语言唱戏 智利高校孔子学院文化周开幕》，凤凰网（来源：中国新闻网），2011年7月13日。

彩。锣鼓表演是一种流行在中国北方的民间广场艺术。随后的中国龙狮舞蹈、新疆舞、牧羊曲演唱等节目将中国新年的喜庆气氛演绎得淋漓尽致。新年演出在中国南方狮舞表演中拉下帷幕。表演结束时现场观众仍然意犹未尽，很多人问到兔年的含义、中国人过新年的习俗等问题，想更多地了解中国文化。作为本次农历新年庆祝活动的组织者，圣托马斯大学孔子学院外方院长李莲（LILIAN ESPINOZA GUERRA）这样说："智利人对中国文化充满了强烈的好奇心，他们希望能够学习这种语言、了解这种文化。今天在这里庆祝中国新年，队伍中有中国人也有智利人，这本身就是一种文化交流和体验。"①

2011 年 10 月 17 日至 21 日圣托马斯大学孔院和智利维尼德尔玛市文化厅联合举办的"中国文化周暨中国 62 周年国庆"系列活动期间，20 余场形式多样的中国文化活动和艺术表演轮番上演，涉及中国民间故事表演、书法、剪纸、太极武术、中国茶艺表演、中国风筝展、中国传统服饰展及学术讲座等。丰富的活动内容、多样的表演形式展示了多姿多彩的中国文化，吸引了数以千计的当地民众前来参观。本次中国文化周得到当地政府的高度重视，得到了中国驻智利使馆的支持。②

2011 年 12 月 22 日关于 2012 年夏季文化节活动新闻发布会上，代表中国新年活动的舞狮队一出场就引起了在场媒体和人群的瞩目。

据悉，在中国驻智利大使馆的支持下，智利圣托马斯大学孔子学院将与当地维尼德尔玛市政府合作，在 2012 年中国农历春节期间推出隆重的庆祝活动。届时，中国鼓队、舞龙舞狮队和欢乐嘉年华队伍将在城市主要街道游行表演，来自中国山西歌舞剧团的 20 多位演员也将为市民带来名为"魅力黄河"的精彩演出，为新年庆祝活动锦上添花。③

应该指出的是，智利孔子学院虽然在拉美算最早成立的，但成立的时间不长，到目前为止所举行的活动主要起造势的作用，其效果是显著的。智利孔子学院，已经引起了某种轰动效应。究其原因，主要是当地民众对前所未闻的中华文化各种存在样式感到新鲜好奇，因而在初始阶段，容易为之着迷，喜而爱之。让人乐观的是，不少当地民众对中华文化的喜好不是表面的，而是深入到内心的，也不是"附庸风雅"式的，而是达到了一定的层次。例如，2011 年 7 月天主教大学孔子学院举办的"中国文化周"演出接近尾声时，舞龙、舞狮登台，他们不仅在台上舞，而且还走下来与观众互动。更令人惊叹的是，这些身手不俗的舞

① 何翔宏：《智利圣托马斯大学孔子学院师生欢庆中国农历新年》，天津网（来源：中国新闻网），2011 年 2 月 15 日。

② 《安徽大学智利孔子学院举办中国文化周活动》，中安教育网，2011 年 11 月 14 日。

③ 《智利圣托马斯大学孔子学院龙年春节活动》，南美新闻网，2011 年 12 月 28 日。

者并非中国人，而是土生土长的智利人。[①]

智利存在着大量念祖爱乡、热爱中华文化且对中华文化有较好修养的华侨华人，特别是新近从中国移民到智利的新华侨华人，他们是愿意参与到孔子学院的活动中去的。他们的参与，既加强了弘扬中华文化的主力军，也有利于提高他们的自信心，增强民族凝聚力。例如，2011 年 2 月圣托马斯大学孔子学院举行新年庆祝狂欢活动表演的当天，一些华侨华人不远千里从圣地亚哥赶到维尼亚德尔马市。在现场，他们表达了由衷的喜悦之情，一位华人说："全球化突显了中国文化的重要性，当地人急切地想了解一切与中国有关的事情。这种兴趣与日俱增，越来越多的智利人学习汉语、越来越多的人要去中国，这已经不再是一个遥远的事情。"[②] 2011 年 10 月 17 日至 21 日举行的"中国文化周暨中国 62 周年国庆"系列活动，也得到旅智华人华侨的大力支持。[③] 相信今后会有越来越多的华侨华人参与。

智利孔子学院建设的成绩和经验得到了中国有关方面的肯定。2010 年 7 月 17 日至 19 日由中国国家汉语国际推广领导小组办公室（国家汉办）主办、中国驻智利大使馆协办、智利圣托马斯大学孔子学院承办的第二届伊比利亚美洲孔子学院联席会议在智利海滨城市维尼亚德尔马市举行，可以看作是有关方面予以肯定的证明。中国驻智利大使吕凡在 17 日联席会议开幕式上的致辞指出："此次国家汉办选择智利举办第二届会议，意义非同寻常。一方面，体现了长期以来国家汉办对智利汉语教学的发展给予的重视和支持；另一方面，也体现出对智利孔子学院建设和推动汉语教学工作取得的成绩予以的肯定和充分信任。"伊比利亚美洲孔子学院联席会议已经成为全球西语、葡语国家孔子学院交流经验、增进沟通、探求发展的良好契机和广阔平台。此次联席会议，有来自伊比利亚美洲 10 个国家的 25 所孔子学院的中、外方院长和与其合作的中国 25 所高校领导和代表，以及中国驻阿根廷、巴西、智利、哥伦比亚、葡萄牙五国使馆的文化、教育参赞参加，代表们还参观了智利圣托马斯大学孔子学院和天主教大学孔子学院。[④] 关于对智利孔子学院的评价，可用中国国务院参事、国家汉办主任、孔子学院总部总干事许琳在会议上的话来说明，她说，孔子学院自 2008 年 4 月正式启动运营以来，稳扎稳打，踏实工作。今年刚刚过半，孔子学院已开设了 20 个

---

① 《文艺搭台语言唱戏 智利高校孔子学院文化周开幕》，凤凰网（来源：中国新闻网），2011 年 7 月 13 日。

② 何翔宏：《智利圣托马斯大学孔子学院师生欢庆中国农历新年》，天津网（来源：中国新闻网），2011 年 2 月 15 日。

③ 《安徽大学智利孔子学院举办中国文化周活动》，中安教育网，2011 年 11 月 14 日。

④ 《驻智利大使吕凡出席第二届伊比利亚美洲孔子学院联席会议开幕式》，中国外交部网站，2010 年 7 月 22 日。

汉语班，招收学员300余人；组织各类文化活动16次。如果不计算学期放假和地震所造成的影响，相当于几乎每周都有孔子学院的活动。她认为，圣托马斯大学孔子学院的这些成绩、经验在伊比利亚美洲孔子学院当中是领先的。①

3. 华侨华人的文化热情与文化活动

智利华侨华人社团历史比较悠久，传统华人以对家乡风俗习惯的坚持，来表达对家乡的思念，对自己的根的守望。不过，在过去的岁月里，由于老一代华人故去，新一代华人因为远离家乡的缘故，这种坚持、思念和守望难免出现衰变，对中华文化的认知也慢慢淡化。就以中华民族最重要的节日——春节来说，长久以来，智利华人过年几乎感觉不到节日的气氛，老华侨逐渐淡忘中国传统节日的重要性，华人华侨的子女根本没有过年的意识，甚至不知道什么是过年。

另一方面，他们过去从家乡带去的风俗习惯多是属于小传统的，十里不同俗，到了异国他乡后，不同的小传统只能在不同的狭窄的风俗圈里支撑着，彼此没有多少联系。因此，随着岁月的消逝，小传统所体现的中华文化会趋向于碎片化，这对年青一代传承中华文化是不利的。我们还要看到，过去传统华人坚持中华文化，因为得不到主流社会认同，是难以直得起腰杆的，只能在居住地民族看热闹的眼光中甚或在个别人的嘲弄声中艰难维持。这显然与过去祖（籍）国低弱的国际地位息息相关。今天，随着中国的强大和国际地位的提高，华侨华人各种各样的风俗习惯，包括老一辈留传下来的，或者新移民新近带过来的，都水涨船高地获得了应有的地位。当地民族也不再以异样的目光看待华侨华人的文化行为，进而，新老华侨华人也不再因为坚持自己的文化传统而自惭形秽，而是自豪地挺起腰杆宣示自己的文化，以平等的心态与居住地民族进行文化交流。

中华文化是海内外中华儿女自强不息的强大精神支撑。这一点在今天的智利得到越来越多的华侨华人认同。在智利，华侨华人包括传统华人群体和新移民两大群体，他们各自传承弘扬的中华文化也有一定的区别。传统华人的后裔很多来自广东，喜欢家乡的小传统文化，即使是广东来的新移民，如果融进了他们的行列，也多喜欢小传统文化。而来自中国其他地方的新移民，也各有自己家乡的小传统文化。所有这些，都是十分正常的移民文化现象。在几乎所有国家，特别是在拉美这样的第三世界国家，因为移民多来自中国农村地区，小传统文化的兴旺是可以理解的，丝毫不应该受到歧视。

在看到像智利这样的国家的新老华侨华人保留小传统文化的同时，也应该看到各自的小传统文化中，也有大量的中华大传统文化的元素，也有不少共同的文化表现形式。比如，中国传统节日特别是春节就是所有保留小传统中华文化的华

① 《国家汉办充分肯定我校在智利的孔子学院工作》，安徽大学新闻网，2010年8月25日。

侨华人的最共同的文化符号（春节本身也属于中华大传统文化），具体的元素如舞狮、舞龙、击鼓等，现在也成了所有华侨华人的最共同的文化符号。实际上，如果要梳理的话，还可以找到更多这样的文化符号。最近几年，智利华侨华人在积极参与中华文化活动的同时，也在寻找共同文化符号，也在加强与祖（籍）国在扩大中华文化共同符号方面的沟通。他们的行动得到了中国侨务部门的支持。例如，2011 年 10 月 13 日，智利中华会馆吕玉松副会长一行拜访广东省侨办，受到省侨办郑建民副主任亲切会见，双方就关于海外侨社传承和弘扬中华文化方面进行了交流。吕玉松谈到，会馆拟在明年春节举办系列的庆祝活动，以弘扬、传播中华文化，希望得到省侨办的支持。郑建民对智利中华会馆长期以来推动中华文化在智利的传承与发展表示赞赏，并表示将赠送一批华文教材和文化用品给会馆，以支持会馆开展传承和弘扬中华文化活动。① 2012 年春节，旅智各侨团按照先前中国大使馆的期望，重视办好近期有关节日尤其是春节的庆祝活动，通过举办各种文艺活动，加强相互沟通，宣传中国文化，特别是要让龙年春节真正成为“欢乐春节”、“文化春节”。②

2011 年，智利华商联合总会的重头戏活动是围绕着如何弘扬中华文化展开的，且具列之：

其一，在 2011 年 2 月 3 日（中国农历正月初二），在中国驻智利大使馆、圣地亚哥市政府和各侨界的大力支持下，智利华商联合总会举办了大型中华舞龙舞狮、威风锣鼓贺新年迎新春大游行活动。据侨民说，“这样的活动在智利是首次，是侨界的盛事”。

其二，2011 年 2 月 4 日和 9 月 8 日在智利各侨团的共同努力和积极配合下，成功地接待了中国国务院侨办组织的《文化中国·四海同春》艺术团和中国侨联组织的《亲情中华——欢聚智利》艺术团的来访。同时也邀请到智利政府界、议会界、外交界、军界、文教界和企业界的主要官员 300 多人出席。

其三，2011 年 11 月 27 日在智利中国商品及技术展览会的闭幕式上，总会成功地举办了 20 多所智利学校舞龙舞狮比赛大会。据说，比赛吸引了上千名观众，有的为了不丢掉自己的座位，委托朋友订购盒饭，从上午 10 点开始到下午 5 点结束，很多观众都没有离开过自己的座位。

其四，2011 年 8 月 8 日曾协助华人艺术团振新中华鼓队在圣地亚哥市中心 PLAZA ARMA 广场进行了艺术表演，向当地民众展示了中国民族文化的精粹，

---

① 《智利中华会馆吕玉松副会长拜访广东省侨办》，广东侨网，2011 年 10 月 17 日。

② 《驻智利使馆出席智京中华会馆中文学校结业典礼》，中国外交部网站，2011 年 11 月 30 日。

是智利华社整体形象的一个极佳展现。①

其五，2011 年 9 月 8 日晚，中国侨联“亲情中华艺术团”在圣地亚哥著名的智利警察文化中心礼堂奉献一场饱含浓郁中国民族风味的文艺演出，据说这是到目前为止智利华侨华人社会组织的规模最大、规格最高的文艺演出活动。智利总统皮涅拉发信表示祝贺，智利总统皮涅拉的特别代表何塞·米盖尔，在现场宣读了总统贺信。艺术团为智利观众带去了歌舞、杂技、民族器乐演奏等文艺节目。值得注意的是，近半观众是“老外”。正在智利国内的驻华大使路易斯·施密特对这场晚会赞不绝口，他在接受记者采访时表示，虽然已在中国生活多年，但今天是他所看过的最为精彩和丰富的中国文艺表演。②

中国锣鼓文化源远流长，山西锣鼓更是以其粗犷、剽悍、雄奇、自然的地域特色表现了黄河儿女淳朴、率直、激昂、豪迈的情怀，蜚声海内外。智利华侨华人艺术团团长许敬言多年前就有在异国他乡弘扬中华锣鼓文化的念头，于是建立了中华振兴鼓队。他从山西邀请锣鼓表演艺术家当教练，让队员们真正掌握中华“威风锣鼓”的要领，原汁原味地展现中华锣鼓文化的精髓。虽然队伍规模不大，但在 2010 年春节鼓队在智利一亮相，便引起热烈反响。2011 年 7 月 16 日，智利华侨华人组织发起的中华“威风锣鼓”讲习班在圣地亚哥举行开班仪式。艺术团专门邀请中国山西临汾著名锣鼓表演艺术家张勇担纲讲习班教练，授课时间为 1 个月，讲习班学员多是智利当地华侨华人。③

今天的智利华侨华人传承中国文化已不满足于粗制滥造，而是懂得包装，注重宣传，善于推销。例如，为华商搭建信息平台，总会的华商报在副秘书长的精心负责下，出钱出力，在自己生意非常繁忙的情况下，保证每月不间断发行，从内容和文字编辑方面都做得很好，得到了国内同行业的肯定和支持，也受到《人民日报》（海外版）负责人的高度认同和赞扬。2011 年 7 月，在人民日报海外版新闻代表团访问拉美期间，主动提出与华商总会签署新闻合作协议，此协议已正式生效。④ 又如，就是在为智利地震赈灾这样的事情上，他们也懂得把握好宣传华侨华人形象的机会。他们认真制作印刷品广告，在火车站区域，扩大华商募捐活动的影响力和树立华商良好形象的宣传。

顺便说明，智利原也有华文报刊《华侨周刊》，创刊于 1950 年，每期 400 份，现已停刊。《旅智会声》创刊于 1986 年，由圣地亚哥中华会馆主办。还有

① 王何兴：《智利华商联合总会召开年度理事会，会长总结报告》，智利华人网，2012 年 1 月 8 日。

② 《亲情中华艺术团慰问智利侨胞智利总统发信祝贺》，中华全国归国华侨联合会网站，2011 年 9 月 9 日。

③ 赵燕燕、叶书宏：《中华“威风锣鼓”走进智利》，智利华人网，2011 年 7 月 17 日。

④ 王何兴：《智利华商联合总会召开年度理事会，会长总结报告》，智利华人网，2012 年 1 月 8 日。

《智利侨讯》，由联谊会主办。

2007 年，智利华侨华人创办了“智利华人网”网站。在此基础上，华文报纸《智利华报》于 2008 年春节创刊。该报的目标是办成一份周期短、信息量大、水准高的综合性报纸。目前由智利华人网主办，社长秦戈、总编包容、智利华人网的部分管理人员参与编辑。《智利华报》是一个服务全体智利华侨华人的平台，其宗旨是服务包括台、港、澳同胞在内的全体智利华人，弘扬中华文化，致力于成为全体在智利华侨华人的传声筒和坚实舞台，致力于提升在智利华侨华人的社会地位和社会影响。试刊期间，《智利华报》以双周报的形式出版。报纸为四开八版，内容以文摘为主，采编为辅，逐渐过渡到以采编为主的周报。①

综上所述，智利的新老华侨华人移民都是十分优秀的“海外中国人”群体。传统华人虽然融入当地社会的程度已经很深，但对从家乡带来的传统文化依然一往情深，特别是对后代的中华文化教育紧抓不懈，给外界留下了深刻印象。智利是个新移民人数较多、来源地也较多的国家，新移民与传统华人表现出较好的聚合力。新移民则表现出较强的经贸活力，他们成立了各自的社团，同时加强彼此之间的合作，共同应对复杂多变的经济形势，努力搞好与居住国政府和居住地民族的关系，加强与中国在各个方面各个渠道的联系，与此同时，努力传承弘扬中华文化，在海外华侨华人社会的灿烂天空中，绘画出一道美丽的彩虹。

第三节　秘　鲁

秘鲁全称秘鲁共和国（República del Perú），北邻厄瓜多尔和哥伦比亚，东与巴西和玻利维亚接壤，南接智利，西濒太平洋。国土面积 1 285 216 平方公里，首都利马，全国人口 2 867.5 万人（2007 年），主要民族为印第安人，印欧混血种人，主要宗教为天主教，主要语言为西班牙语。作为一个多民族国家，秘鲁在过去 5 个世纪中由不同族群融合而成。印第安人在西班牙人殖民统治之前已在秘鲁土地聚居数千年。秘鲁曾孕育了一个最早的文明——小北地区史前文明，即前哥伦布时期美洲最大的国家印加帝国。16 世纪，西班牙征服了印加帝国，建立秘鲁总督区，包含其在南美洲的大部分殖民地，到 1821 年 7 月 28 日才获得独立，因此，西班牙文化和语言对秘鲁的影响很深。在殖民地时期，西班牙人和非洲人大量涌入，与原住民互相融合。秘鲁独立后，有来自英格兰、法国、德国、意大利和西班牙的欧洲移民。

① 《智利华界第一份报纸〈智利华报〉出版》，智利华人网，2008 年 2 月 3 日。

1874年6月26日，中秘两国代表在天津签订《中秘友好通商行船条约》，宣布两国正式建立外交关系。1878年清政府任命陈兰彬为驻美西秘三国首任公使，1881年郑藻如被任命为第二任驻美西秘三国公使，并于1884年6月抵秘，清朝政府正式设立驻秘鲁公使馆。然而，秘鲁与中华人民共和国的外交关系到1971年11月2日才建立。

一、历史生存环境得天独厚的华侨华人移民

秘鲁是拉美地区华侨华人人数最多、移民历史最悠久的国家。秘鲁经过独立战争于1821年宣布独立后，百废待兴，需要大量劳动力开展建设，而当时秘鲁地广人稀，全国100多万平方公里土地面积中，人口刚过200万（1850年），平均每平方公里仅有2人。本来，其时印第安人占全国人口70%，但每家均有自耕地，不愿离乡背井到生活条件恶劣、工资极低的沿海、矿山或农场劳动。而在大矿山、大农场中的黑人奴隶又因国际废除黑人奴隶制的呼声高涨，国内黑奴反抗而来源中断。于是，鸦片战争后生存环境越来越恶化的中国粤、闽等地人民便“顺理成章”地填补了秘鲁劳工短缺之口。

实际上，据文献记载，明清时期就有中国商人、工匠、水手抵达秘鲁经商、做工，但因为缺乏相关数据，在人们的著述中常常语焉不详。只有秘鲁利马的粤东华侨会馆史料有关于华人移民的比较翔实的记载：清道光二十六年（1846年），华人“在澳门被番人拐骗，由帆船而来，直到庇噜（秘鲁）国哩吗（立马）埠发卖”①。不过，一般的说法是，首批“契约华工”运抵秘鲁是在1849年。秘鲁官方也认可这一说法，具体原因且参后述。1851年，秘鲁宣布废除奴隶制后，提出用华工代替黑奴。此后25年，约有10万名“契约华工”来到秘鲁开矿、垦荒、筑路等（一说1849—1875年间被运入秘鲁的华工达20余万人）。秘鲁闻名于世的中央铁路及许多重要的公路、矿山、港口，都凝聚着华工的生命和血汗。

“二战”后，特别是1956年普多拉总统上台后，秘鲁政府多次颁布法令，放宽中国人出入秘鲁的条件，于是秘鲁华侨华人的人口稳步增长。20世纪70年代约有3万人。20世纪70年代中期，一些华侨华人因政治等原因移往美、加，人口有所减少。其后局势缓和，华侨华人回归，与此同时，中国香港移民和来自中南美洲其他国家的不少华侨华人移入秘鲁，华侨华人人数再次上升，1988年达54万人，其中华侨11万。20世纪90年代后，政府进一步放宽对中国人的入境

---

① 吴凤斌：《契约华工史》，南昌：江西人民出版社1988年版，第28页。

限制，遂形成中国人移居秘鲁的新高潮。[1]

早年的华工多在种植园种甘蔗、棉花。契约期满后，若能活下来，便逐渐流向内地谋生。一些人冒死进入秘鲁东部亚马逊河流域的林区，从事割橡胶、淘金、种水稻、种蔬菜和小商贩等职业。一些华工把农产品运到橡胶园和淘金地推销，或以货易货，把换来的橡胶和黄金运到市场出售，返回时又满载林区所需货物，沿途向当地人销售，因此，逐步积蓄了华人经济的基础。历史上秘鲁华人经济的一个特点是农业十分引人注目，到 20 世纪 70 年代初，华人尚有农场 30 多个，规模大者拥有地百余亩，员工 90 多人。实际上，华人农业经济最辉煌的时候是在战前，经过战后土地改革和 20 世纪 70 年代的国营化，这里所说，已是落日余晖，但华人商业在 20 世纪 70 年代后蓬勃发展。1991 年，仅利马市就有华侨华人商店 900 余家，其中餐馆最多，约 500 家，其他包括杂货、贸易等商店。到 20 世纪 90 年代末，利马的华侨华人商店一跃到 1 400 多家。华裔王炳辉经营的大型百货超市，在利马就有 17 家连锁店。也有以华侨华人为大股东的大银行，华商陈国雄等于 1990 年起收购秘鲁发展银行，创办了秘鲁最大的一家金融机构。[2] 其他行业也十分耀眼，在此不一一列述。

从华人抵秘 160 周年的 2009 年开始，秘鲁华侨华人每年都会举办有关中国文化、美食、电影节等一系列活动隆重庆祝。2009 年，秘鲁隆重纪念华人抵秘 160 周年，秘华协会和秘鲁邮政推出了一枚纪念邮票，由秘鲁总统阿兰 · 加西亚、中国大使赵五一、秘华协会主席黄路等为纪念邮票揭幕。连秘鲁总统府也挂出了“秘鲁的发展充满了华侨华人的付出”的大幅中文标语，表达了秘鲁政府对华侨华人历史贡献的充分肯定。可见，1849 年为华人最早抵达秘鲁之说，已成官方定论。

秘鲁政府为什么“钟情”于 1849 年之说？笔者认为主要原因是秘鲁政府 1849 年 11 月 17 日通过并颁布了一项《移民法》所致，该法案的主要目标是争取中国人来秘，故通称为《华人法》。该法律为华人大量移居秘鲁提供了前提条件。颁布此法的一个主要原因是：当时急需资金的秘鲁政府要在占乍诸岛开采鸟粪，此举可让一笔可观财富唾手可得。为此，秘鲁当时有名的政治家兼大庄园主多明哥 · 埃利亚斯等向秘鲁政府提出增加外国移民的要求，经多方努力，乃有《华人法》的出台。在后来的 9 万多名来秘华工中，约有一万人被派去沿海岛屿挖鸟粪和筑铁路，其余大多数都被赶到沿海各地的庄园做工，亦有从事建筑港口、公路及其他各项职业者。这里应指出的是，各地华工的生活和劳动条件是十

① 国务院侨办侨务干部学校编著：《华侨华人概述》，北京：九州出版社 2005 年版，第 149 页。

② 国务院侨办侨务干部学校编著：《华侨华人概述》，北京：九州出版社 2005 年版，第 151 页。

分恶劣的，其中以鸟粪开采为最。鸟粪在岛上堆积如山，岛上寸草不长，又长年无雨，水源奇缺，臭气郁蒸，为典型的“毒瘴之区”，干上两三个月的活就可能会患类似坏血病的疾病而死亡。[①] 即使如此，华工仍然被勒令每人每天挖四至五吨鸟粪，要把为数 100 小车鸟粪推到船舱里，如果当天做不完，就要加班加点，不少人因忍受不了非人虐待而自杀。华工其他工作也好不了多少，且不赘述。华工所受的虐待，遭到国际舆论的猛烈抨击，连国内公众也甚表不满。华工为了挣脱奴隶锁链也不断进行了从怠工、逃亡到起义等各种形式的反抗和斗争，同时还不断向清政府上控告书、请愿书。秘鲁政府无奈，乃于 1856 年废止《华人法》，停止输入华工。但由于大种植园主的压力，1861 年又取消了这一禁令。事实上，在禁令期间，也没有停止华工的输入。

不过，近年秘鲁移民史研究的成果表明，还有比上面提到的 1849 年早得多的华人抵秘说。2006 年，秘鲁东方文化学者费尔南 · 阿莱萨先生以秘鲁《1613 年定居在秘鲁的利马城的印第安人名录》为依据，在《名录》中 2 113 名被称为“印第安人”的名单中，发现了其中记录的 114 名住在利马城、为西班牙人服务的人，有些来自中国，证实中国人移民秘鲁历史有 393 年，从而把 1849 年第一批华工抵秘的 157 年历史，提前了 236 年。不过此说目前还停留在学术讨论层面。

目前，华侨华人的总人数已发展到约 130 万人，其中土生华裔或混血华人后裔约 120 万人。[②] 也就是说，华侨华人中的土生华裔或混血华人后裔与非土生华裔或混血华人后裔两者之比为 12：1，两者差距非常大。这正是因为华人移民历史久远的缘故。自 20 世纪 80 年代以来，中国有三四千人移民秘鲁，将之加到非土生华裔或混血华人后裔这一边去，这部分人数仍然是微不足道。所有的华侨华人中，大部分居住在西部沿海地区，仅首都利马一市就聚居着秘鲁 60% ~70% 的华侨华人，可见密集居住程度之高。老一辈秘鲁华商，大多经营餐馆及中小工商企业。一说年轻一代的华裔则从事医生、教授、工程师、艺术家和军政官员等职业，应是指精英阶层，不可能人人如此。

在本书所述的拉丁美洲国家与属地中，秘鲁、巴西、巴拿马是吸纳中国移民最多的拉美国家，其中尤以秘鲁居首。2008 年秘鲁华人约占秘鲁总人口的 10%，多为广东和福建等地移民。其他移民还包括阿拉伯人和日本人。秘鲁是拉美多民族国家中华人比例在居住国“排名”比较前的少数国家之一，缘因于华人来得最早，移民及后裔人数较多。

---

① 管彦忠：《秘鲁：华人移民 150 年》一文，http：//www. com. cn，1999 年 11 月 12 日。

② 一说目前在秘鲁的华侨华人，加上有华人血统的秘鲁人，总数已达 250 万人，占秘鲁总人口的 10%。

若与其他国家相比，秘鲁华侨华人行业经营中的中餐馆比例应属最高之列，这与秘鲁特殊的移民历史有关。经过长期的磨合，中餐已经成为秘鲁民间饮食文化不可分割的组成部分，也是华侨华人生存发展的必不可少的经济支柱，且餐馆业入门快，容易积累。秘鲁大企业、大集团掌握着国家经济命脉的70%，其背后是权势显赫的国会议员等重量级人物，一旦某些行业触及自身利益，就通过政府决策来维护其既得利益。如对华侨华人擅长做的行业——进出口的监管就非常严。加上秘鲁政局不稳，工会权力也很大，所以在秘鲁，华侨华人不敢轻易像巴西的同胞那样做生意，也极少投资办厂，除非是资金雄厚、与上层关系铁硬且熟悉“游戏规则”者。①

华人在秘鲁的地位比较高，首先体现在华人参政基本没有种族障碍，从秘鲁部长会议主席（总理）许会，到秘鲁北方自由省省长陈汉威，都是在秘鲁参政的华人代表人物。藤森任总统的时期，是秘鲁华人从政的高峰。1995 年秘鲁议会选举中，有 6 位华人当选，占总数的 5%。此外，具有华人血统的政治家更多，藤森政府中，最多曾有 7 名部长具有华人血统。在秘鲁，还有不少华人进入了军界，比如杨赫脱，就是在警界服务多年后，于 1990 年获得少将军衔的。②

华人参政是一个国家的华侨华人融入居住国程度以及其社会地位的重要标志。拉美各国中，秘鲁在这方面已经走在前面。不过话说回来，对华人参政也应持冷静理性的态度。笔者认为，华人参政有三种基本结果。一是“去华化”的华人参政，即在参政后，全面淡化甚至洗刷原先的华人色彩。在政坛上，不维护华侨华人合法权益，不在当地民族和华族之间维持必要而合理的平衡，甚至与华侨华人作对；二是“模糊化参政”，即刻意隐去自己的华人身份，也不刻意站在华侨华人的对立面，而是以非主流民族的“泛少数民族”身份参与政治，在发生华人与当地民族利益冲突时，着意避离，不轻易表态；三是“华族化”的华人参政，即在登上政坛后以广义的华族代表作为自身定位，注意维护华侨华人的合法权益，在当地民族与华族发生冲突时能够巧妙地维护两者间的利益平衡，同时致力于实现多元民族的和谐。最后一种华人参政是人们所企盼的，也是绝大部分海外华侨华人所渴望的。秘鲁的华人参政可说是这方面的成功范例。

华人地位和声誉主要是来自他们为当地社会和民族所作的历史贡献。例如，戴宗汉（广州市荣誉市民，已故）就是其中的代表。戴宗汉于 1918 年由香港赴秘鲁，从事农业生产。1942 年创造“平面弯形引水法”，解决了秘鲁北部沿海旱

---

① 林克风：《巴西、秘鲁、智利华侨华人经济与中国企业“走出去”》，吕伟雄主编：《海外华人社会新观察》，广州：岭南美术出版社 2004 年版，第 66 页。

② 范剑青：《秘鲁华人地位高，但在其他拉美国家，华人还没真正融入当地社会》，《环球时报》，2005 年 3 月 28 日。

地种植缺水问题，把秘鲁北部变成全国第一产米区。1963 年，戴宗汉创办种植水稻技术中心，把当地水稻单位面积产量提高了 3 至 5 倍。为此，秘鲁政府授予戴宗汉农业勋章。① 又如，华裔商人黄炳辉曾开办了利马最大一家超市，共有 24 家分店，销售额占利马日用消费品总额的 30% 左右。②

当然，秘鲁在外来移民方面所形成的历史特点明显优于其他国家，对华侨华人在该国的生存和发展更为有利。这主要表现在人种结构方面。秘鲁早期以种植园经济为主，曾从中国大量引入劳工。秘鲁的特殊之处在于，该国印第安人占人口总数的 40% 以上，印欧混血人种占 30% 多。这些人与华人外表相似，加上长期受欧洲殖民者的压迫，与华人的历史境遇相似，没有种族优越感，对华人的歧视和限制较少，这是华人在秘鲁能进入政、军、外交界的一个重要原因。而在其他很多国家，由于印第安人多被殖民者“赶尽杀绝”，白种人占了主要地位，后者往往有天然的优越感和自尊感，对显示自身地位的政界，往往全盘垄断，不让少数族裔沾边，是故华人在拉美其他国家只能以经商为主。人们在谈到这个问题时，一般只是认为华人衷于赚钱而对政治不感兴趣。这没有错，但只说对了大半，还有一半是，很多时候很多地方的华人希望参政但被排斥在外，在问政无门的情况下，只好“安心”经商了。

有一个称呼很能说明中国人的地位。秘鲁人喜欢把中国人称为“CHINO”，这个称呼在秘鲁没有丝毫贬义，是一种昵称，由此也延及日本人、韩国人，甚至不少印第安人，只要有一张长得像亚洲人的面孔，秘鲁人就会叫他为“CHINO”。“CHINO”便成了取得大众广泛认同的最便捷符号。连祖籍日本的秘鲁前总统藤森，也被秘鲁报纸和电视台叫做“CHINO”。藤森默认了这个称呼，竞选时，还特别编了一首叫“CHINO”的歌曲，因为这样可以拉到更多的选票。

秘鲁华侨华人跟其他国家的华侨华人一样，对祖（籍）国保持高度关注。遇到大的自然灾难，他们总是争相伸出援手。例如，2006 年广东遭受的百年一遇的台风灾难，同样牵动着旅居秘鲁华侨华人的心。中华通惠总局在秘鲁侨界掀起了一场募捐赈灾活动，包括福建同乡会、台商会、外埠中华会馆、大使馆、中资公司等，不分地域，积极认捐，体现了旅居秘鲁侨胞的凝聚力，更表达了旅居秘鲁侨胞爱国爱乡的可贵精神。在这次赈灾活动中，通惠总局在短短的一周时间里共筹得 8 万多美元赈灾善款，在这个过程中，“血浓于水”的同胞之情让人感动。又比如，2006 年里，中华通惠总局向 2008 年北京奥运会、中国华侨历史博

---

① 范剑青：《秘鲁华人地位高，但在其他拉美国家，华人还没真正融入当地社会》，《环球时报》，2005 年 3 月 28 日。

② 吴德明：《拉丁美洲民族问题研究》，北京：世界知识出版社 2004 年版，第 320 页。

物馆捐赠“镇会之宝”——1886 年成立时的木匾对联，并请侨联向 2008 年北京奥运会转交了赠款一万美元，加深了秘鲁华侨与祖国的深厚情感。另外，秘鲁华侨华人也对当地遭受自然灾害的居民伸出援手。2007 年 8 月 15 日，秘鲁南部地区发生里氏 7.9 级大地震，造成重大人员伤亡和财产损失。秘鲁中华通惠总局除了组织当地华侨华人捐赠衣物、食品等物资外，还组织大型赈灾筹款晚会，共募集了 8 万美元赈灾款，捐赠给秘鲁政府。

难能可贵的是，一些华裔对中国仍然保留着跟第一代华人一样的情感。例如，进入新千年，秘鲁华裔实业家黄路赞助在首都利马新圣胡安区修建了一条“中华人民共和国大道”，这条大道位于全国人口最多的市属区——新圣胡安区的主要交通干道上。大道长 200 米，宽 20 米，两旁的街心公园绿草如茵、花木葱郁，还建有供人休息的中国亭和木凳。2001 年 2 月初，大道竣工，在新圣胡安区举行揭幕仪式，中国驻秘鲁大使麦国彦、新圣胡安区区长齐洛盖和黄路本人一起为刻有五星红旗图案的大道纪念碑揭幕，当地军政官员和近千居民也参加了揭幕仪式，通惠总局也派出瑞狮团表演助兴。[①] 黄路是秘鲁著名的实业家，其家族经营的连锁超市是秘鲁同行业中的佼佼者。平心而论，这条大道算不上恢宏，但作为一个华裔，黄路用中国的名字为大道命名，充分表明了秘鲁华裔对祖（籍）国的真挚情感，也表明了新一代华裔企业家仍然发扬中华民族的优良传统，为促进秘中友好积极贡献力量的可贵精神。

二、众星拱月的秘鲁华侨华人社团

秘鲁华侨华人历史悠久，因而社团出现时间早，数量也不少。今已难一一考析。据台湾方面的资料可知，到 20 世纪 80 年代下半期，秘鲁的华侨华人团体共有 60 多个，若加上各侨团地方分部组织，超过 100 个（包括国民党各地分部组织 28 个左右）。在其时 100 多个侨团中，有超过 100 年者，如秘鲁中部的赞乍米玉、圣拉蒙的中华会馆已超过 120 年历史，其次如中华通惠总局、南三顺会馆（前身为南海会馆），皆有 100 多年历史，其他侨团大多有七八十年历史。[②] 到 20 世纪 90 年代，经常活动的社团尚有 40 多个。[③] 下面只择若干作一简析。

今天一般的说法是，秘鲁最早的华侨华人社团是 1860 年（一说 1867 年）创立于利马市的“秘鲁古冈州会馆”。秘鲁古冈州会馆，包括来自广东五邑（新

---

① 《秘鲁建成“中华人民共和国大道”》，《人民日报》（海外版），2001 年 2 月 5 日。

② 袁颂安：《秘鲁华侨概况》，台北：正中书局 1987 年版，第 41 页。

③ 国务院侨办侨务干部学校编著：《华侨华人概述》，北京：九州出版社 2005 年版，第 151 页。

会、开平、恩平、台山、鹤山）籍的华侨。会馆为中国式庙宇建筑，内堂供奉关圣帝君。其宗旨是：和衷共济，精诚团结；为远渡重洋到秘鲁的同胞提供栖身之所，并设法予以照顾；解决侨胞之间的争端；推行各项福利事业。到 2009 年 8 月，为庆祝华人抵秘 160 周年，在利马举办了第三届华侨运动会，古冈州会馆诸多同仁积极参与了活动。①

今天，若一提秘鲁的华侨华人社团，几乎无人不知秘鲁中华通惠总局（TONG HUY CHONG KOC SOCIEDAD CHINA DE BENEFICBNCI）。它是秘鲁华侨的全国性总机构，因为成立时间早、影响大，其权威被广泛认可，从而在所有社团中呈众星拱月之势。据百度百科等资料可知，它于 1884 年开始筹建，1886 年正式成立，创始人为清廷驻秘鲁公使郑藻如。光绪十年（1884 年），清朝政府派出光禄卿郑藻如（香山人）出使美国、西班牙、秘鲁三国。郑藻如于当年 6 月抵达秘鲁，大力维护被歧视、侵犯的华侨权益。他发现散居在秘鲁的华侨华人近六七万人而无一个统一组织，亦无具有规模的慈善机构，遂建议组织中华通惠总局。“通惠”之意是通商惠工。华侨华人反应热烈、积极参加并踊跃资助，至 1886 年春天筹得款项 3 万余梳（秘币名称），购下爱育街 811 号为会址。同年由郑藻如通过外交途径获得秘鲁政府批准成立。其宗旨是总理秘鲁华侨的慈善公益事业，加强华侨相互扶助，继承和发扬中华民族传统，维护华侨权益。

1889 年对会所进行第一次重建，1957 年总局举行的全体华人代表大会，同意第二次重建总局，并成立以常务理事叶静宇为首的 15 人筹建委员会。1959 年 10 月 10 日举行 4 层会所大厦开幕典礼，秘鲁总统巴拉那亲自主持剪彩。

1921 年中华通惠总局发起组织筹贺秘鲁百年庆典委员会，侨胞们踊跃捐款，在利马大公园建大喷水池一座及大理石纪念像和钢质纪念像两座作为贺礼。1935 年 1 月，为庆祝利马建埠 400 周年，以秘鲁华侨名义，在利马共和公园竖立有关秘鲁历史铜像 3 座。这些举措提高了华人在当地人民心目中的地位，加强了侨社和秘鲁社会之间的联系。

1986 年 9 月，该总局举行成立 100 周年纪念庆典，编辑出版《秘鲁中华通惠总局成立 100 周年纪念特刊》，填补了秘鲁华侨史的空白。中国驻秘鲁大使杨迈出席庆祝活动，中国侨界武术气功代表团前往庆贺和表演。

中华通惠总局还有自己的章程，组织完善。该局初期组织为董事制，1947 年起改为理监事制。现该局采用团体会员制度，中华通惠总局全秘鲁代表大会由 19 个社团的代表组成，仅利马地区便有番禺会馆、中山会馆、古冈州会馆、花邑会馆、同升会馆、龙岗公所、鹤山会馆、卡亚俄中华会馆八大社团。利马市以

① 据百度百科资料。

外较有影响和实力的侨团还有特鲁西约中华会馆、奇克拉约中华会馆、标拉中华会馆等。① 利马和外埠会馆均属总局管辖，但各会馆又都有自己的会址，独立地在华侨华人中开展活动。

总局拥有永久会所，为自有产业，位于利马唐人街，总局 2001 年 1 月 20 日修订通过的章程规定，该产业“永远保留，不得变卖，不得按揭，确需必要时，得由全侨代表 1/3 以上裁决”。

总局实行代表大会制，常务机构是代表大会选出的理监事会，还根据工作需要，把理事和监事分成若干工作组。具体来说，总局下设总务组、侨务组、交际组、文教组、青年组、妇女组、物业保管组、爱华文艺社和瑞狮团等机构。根据章程规定，总局理事会、监事会及财政任期 3 年，名额 25 人。目前主持总局事务的为萧孝权、杨学勤、徐明敏。

十大会馆是中华通惠总局的基础和骨干力量，根据总局总章程规定在理事选举方面享有某些“特权”：一是十大会馆均可各自选派一名代表出席总局代表大会，且可各选派一人作为当然理事参加总局由 25 人组成的理事会，无需代表大会选举；二是总局其他理事的候选人也由十大会馆分别提出，再交代表大会选举。具体来说就是，中山、番禺、古冈州、同升、花邑、鹤山、龙岗、介休各举一名会馆理事为总局当然理事，其余理事 17 人，候补理事 5 名，监事会监事 7 人，候补监事 2 名，财政主任 1 名均由代表大会选举产生，主席、监事长、财政可连任一届。

今天总局的宗旨是办理全体旅秘华侨各种福利事务，包括：提倡教育事业，弘扬中华文化，培育人才；协助安置贫老无依无靠之华侨进驻老人院安度晚年；贫孤老侨愿意或要求回国归根的，总局在可能范围内资助其回国路费；协助属下各会馆社团办理公益慈善事业；参照法律，依法调解华侨中发生纠纷事件；协助华侨向我使领馆申请发给回国护照所需一切证件；维护华侨享受侨居国一切正当权益；协助使领馆保护华侨之生命财产，及办理上述各项所需手续；提高华侨爱国爱乡精神，加强国民外交，增进友邦关系。

通惠总局的主要工作是福利性的。该局曾于清末年间（约 1909 年）筹捐大宗款项，遣送贫老华侨回国，在广州市设立秘鲁华侨安集所，收容归国老华侨，并购置产业，以增收益。近几十年来，总局曾多次发动全侨参与国内外的赈灾活动；总局开设免费诊所，免费为华侨进行健康检查，长期义务为贫老华侨服务；

① 一说至 1986 年，总局在利马共有番禺、古冈州、中山、同升、鹤山、南三顺、龙冈亲义公所、观花埠秉正会等 10 个主要属会；在秘鲁北部、南部和中部则有华拉、华造、华冷架、加益地、毡乍、湾奴古、横佳玉中华会馆等 20 个属会。

每年派员慰问和送日用品、食品给老人院的老华侨；每逢春节诚邀善长仁翁与总局一道，向贫老侨胞赠送红包利是。

总局很多工作也越来越多地是公益性的。近几十年来，总局为新来的华侨举办西班牙语补习班；为华裔办中文学习班、太极拳学习班等社会公益事业；联同当地医院举办医学讲座；成立了总局龙狮团，经常受邀于各地表演，弘扬中华文化；专设了中文图书馆，免费向侨胞借书和出借录像带；特设律师、会计师免费咨询服务处，使广大侨胞对居住国的法令有所了解，为侨胞排疑解困；与政府有关部门交涉、商谈，为侨胞伸张正义，争取平等权利和待遇；协助当地警方改善警民关系，扑灭罪行、维持治安；协助和配合大使馆、国内涉侨单位举办各类型的座谈会、庆祝会、联欢会；接待很多来自祖国的各级访问代表团，促进了秘中交往和友谊。

几十年来，总局对当地华侨华人社会、秘鲁和祖国贡献良多。例如，1925年，总局筹集侨资创办中华学校，初租南海会馆为校址，翌年迁移至通惠总局前楼，校务逐年改善。1937 年中国抗日战争爆发后，该局组织对日宣传筹饷会，并在秘鲁各埠设立分会，领导侨胞捐款（共捐款 100 多万美元）支持祖国抗战。1982 年秘鲁北部大水灾，总局在短时间内筹得灾款 2 800 万索尔，受到秘鲁政府与舆论界的好评。从 1982 年起，配合政府建立伤残儿童医疗和康复中心，连续 4 年进行 4 次全国性电视筹款将所得义款以全体秘鲁华人的名义交给筹款委员会。2001 年 11 月 8 日筹办《秘华商报》，从此有了自己的报章、喉舌。

总之，秘鲁中华通惠总局无论在清朝、民国年代，还是在中华人民共和国成立以后，始终不辱使命，起到了应起的作用。相对于其他拉美国家而言，秘鲁华侨华人社团的一个重要特征是“众星拱月”，即秘鲁各地方的华侨社区的社团一般都隶属于一个“超级社团”——中华通惠总局，作为中华通惠总局的团体会员存在，并将其运行置于中华通惠总局影响和指导下。

据说秘鲁社团活动的高潮是在 1920 年前后，当时计有 100 多个华侨团体在活动。关于这些社团今天是否仍然存在，以什么方式开展活动，已难以一一廓清并具列无遗。这里且根据卜君哲先生对其中几个影响较大的社团的阐述，再作一梳理和补充。

首先是几个成立较早且较大的中华会馆。

一是毡乍埠中华会馆。毡乍埠为秘鲁南部一大商埠，20 世纪初华人最多时有 1 000 多人。该会存有书于清光绪二十六年（1900 年）的“浩气凌云”牌匾。该会应创立于 19 世纪末。1962 年，主席李金河发动重建会所，侨胞们踊跃捐款，至 1965 年，建成秘南最辉煌的会馆。

二是华拉埠中华会馆。原名为华兴会馆，成立于 20 世纪初，其时为华拉埠历史上华侨人数最多的时候，参加该会馆的华侨有数千人。会馆位于当地市中心商业区，会所及相邻建筑占地 2 200 平方米，另管理着一处约 2 700 平方米的华人墓地。1984 年重建新会所，改会名为华拉埠中华会馆，会内成员增加，活动内容扩大。

三是标拉中华会馆。皮乌拉（PIURA，华人称标拉）市为秘鲁北部政治、经济和文化中心。20 世纪初由雷宜溪、张坤贤、杨添、徐国权等于标拉市发起成立。旨在团结华侨，共同创业，互相帮助，共谋福利。早期，该会所与中国国民党标拉支部共同租赁，在郊外有华人坟场。1960 年召开侨民大会，决定筹建独立会所，随即在市中心买地兴建。1961 年 4 月建成两层会所大楼，面积达 423 平方米，楼下店铺出租以补充经费不足。会所内设有房间用以收容无依无靠的老华侨，并负担养老、医疗和死葬等费用。1975 年曹敏峰及时联合土生会组织救护小组，协助修建好店铺恢复营业，还组织会员在每年清明节到华人坟场献花祭奠。曹敏峰为该会老资格侨领，1975 年起连任主席 12 届以上。该会馆是个十分明显的作为补充血液的第一代华侨越来越少的“华裔型”会馆。20 世纪初就有华侨到此谋生，20 世纪 50 年代有华侨 120 多人，20 世纪 80 年代中期有华侨 40 多人，而其时华裔已有 4 000 多人。[①]

秘鲁的地缘性同乡社团组织多数称为会馆，也有的称同乡会。上述在秘鲁首都利马和卡亚俄港存在的 10 大会馆亦即地缘性同乡社团组织，这类社团的组合形式不尽相同。地缘组织多数以县为单位，其中又可分单县会馆和多县（含双县）会馆两类。单县的如中山会馆（中山县籍人的团体）、番禺会馆（番禺县籍人团体）、鹤山会馆（鹤山县籍人团体）、花邑会馆（花县籍人团体）；多县的如古冈州会馆（台山、开平、惠平、新平、鹤山五县籍人团体）、南三顺会馆（南海、三水、顺德三县籍人团体）；还有以方言区为单位的，如同升会馆（客家籍人团体）等。

鹤山会馆，在 1929 年 8 月 30 日召开的旅秘鹤邑侨大会上正式成立。在此之前的 1928 年秋，在香港鹤邑平民促进会的推动下，利马鹤山籍侨胞曾成立旅秘鹤邑平民促进会分会，因该会未能代表旅秘数千名鹤邑侨胞，由钟玉堂等人发起成立会馆筹委会，推举黄虚等 8 人组成起草会馆章程委员会，其后遂有 1929 年立会之举。该会初借旅秘鹤邑平民促进会分会所为临时办事处，后改为正式会址。1967 年业主收回会所。1968 年由邓荦平等发动筹建馆基金，共筹得 20 多万元，购得现会址，所缺金额由邓荦平、邓炳光、李国璋等借垫。会馆开幕之日，

① 卜君哲：《秘鲁华人社团的形成与发展》，《八桂侨刊》2003 年第 1 期。

邑侨送各种办公家具和贺仪。[①]

古冈州会馆，约 19 世纪 60 年代成立于利马市。会馆为中国式庙宇建筑。今该馆会所为一幢二层楼建筑，经 1928 年和 1972 年两次重修，仍然保持原来基调，古香古色，红墙绿瓦，被列为利马市政局有历史价值之古建筑。内堂供奉关帝像，两旁金字对联为："浩气凌云千秋义勇无双士；丹心拱日万古精忠第一人"。中堂门两旁的对联是："秉公心自然侃谈公道；敦本业尤须默念本源"。[②]其宗旨是：和衷共济，精诚团结；为远渡重洋到秘鲁的同胞提供栖身之所，并设法予以照顾；解决侨胞之间的争端，推行各项福利事业。该馆曾动员侨胞为中国辛亥革命和抗日战争捐款良多。

同升会馆，又称利马客籍会馆、秘鲁利马客籍华侨会馆，顾名思义，是个客籍侨胞会馆。1891 年建于利马湾打街 174 号，供奉关帝君、北帝，并设庙祝。旨在团结同胞，互襄互助，推进福利，并为刚到秘鲁华侨提供栖身之地，亦为善男信女提供烧香求签、祈求平安之所。会员曾一度逾 2 000 人。[③]

血缘性宗族社团组织多称宗亲会馆，一般以姓氏为组合基础。如利马龙冈亲义公所，便属此类会馆。该公所成立于 1910 年，是由刘、关、张、赵四姓华侨组成的社团。其前身为务本堂。1948 年四姓兄弟议购新址建四层大厦，1954 年建成。四楼会议厅设刘、关、张、赵四神像及神台，神位两侧有联曰："龙虎会风云，令鸟原兄弟义重桃园正统蜀国；冈陵超日月，鱼水君臣忠扶汉室盟缔古城"。[④] 按惯例，公所每年由四姓兄弟轮流当主席。后因关、张、赵三姓兄弟日少，故权衡处理。历任主席均致力于公所的内部团结与互助合作。

不过，以笔者之见，像利马龙冈亲义公所这样的宗亲会馆，只能算是名义上的血缘性宗族社团，因刘、关、张、赵四姓只是基于三国的结义故事而非基于真正的血亲关系。这种情况在北美和东南亚的华人社团中不乏其例。真正属于血亲关系的血缘性宗族社团在秘鲁肯定有，此不赘举。

这里尤应指出包括上列社团在内的传统华人社团在对华人慈善事业和福利方面的历史贡献。历史上，各传统华人社团均十分乐意资助"华人寓秘老疾瞽目无依者"，蔚为风气。如利马同生会馆，为刚到秘鲁的华侨提供栖身之所；标拉中华会馆，在会所内设有房间收容无依无靠的老华侨，并负担这部分人养老、医疗和死葬的费用；利马番禺会馆，曾设立养老所，收容了十几位无依靠的老华侨，直到 1980 年代中期因无老华侨方停办。与此相联系，集资购地置义冢，帮助侨

① 卜君哲：《秘鲁华人社团的形成与发展》，《八桂侨刊》2003 年第 1 期。
② 卜君哲：《秘鲁华人社团的形成与发展》，《八桂侨刊》2003 年第 1 期。
③ 卜君哲：《秘鲁华人社团的形成与发展》，《八桂侨刊》2003 年第 1 期。
④ 卜君哲：《秘鲁华人社团的形成与发展》，《八桂侨刊》2003 年第 1 期。

民“入土为安”，使流落异域的同胞有个善终之地，也是秘鲁侨社一项重要职责。如标拉中华会馆，在郊外设有华人坟场，组织会员每年清明节到华人坟场献花祭奠；杜禧玉中华会馆，于1896年由李本立主持修建华人坟场，以入土为安为宗旨。①

秘鲁华人社团在帮助华侨华人的精神寄托方面也做得非常出色，其突出表现在常出面组织修建关帝庙。在秘鲁“是以侨居之乡，工薮之邑，辄其关庙无虑百十”②。如利马同生会馆，供奉关圣帝君、北帝，并设庙祝，为善男信女提供烧香求签与祈求平安之所；秘鲁番禺会馆设有神台，供奉关公神像，以关公的“忠、义、勇”作为会员的信条和行为准则；古冈州会馆，内堂供奉关圣帝君。③

与之相联系，秘鲁华侨华人社团直接兴办或间接兴办华文学校，将之作为一项义不容辞的职责。最主要目的是向年轻的华裔新一代灌输中华文化，使其掌握华文华语。有关事迹可参本节第三部分。此外，秘鲁华侨华人社团支持中国革命，特别是支持辛亥革命和抗日战争的事迹更是可圈可点，各种著述多有详细介绍，这里就从略了。

业缘性同行业社团就是人们常说的行业商会、行业公会或其行业性联谊组织。例如，秘鲁华侨中西餐馆同业会，1982年成立于利马市。该会自成立以来，加强与餐馆业务有关的业务活动，如培训中餐烹调技术人员、推广中餐名菜谱等，同时，在中西餐馆业业务交流与信息沟通等方面也发挥了很大作用。再如秘鲁远东贸易中心，是以秘鲁商界华人为主体组成的业缘社团。1978年成立于利马市。④

其他类型的华侨华人社团还有很多：文体类型的社团如秘鲁中国象棋协会等；宗教类型的社团如利马华侨宣道会等；体育类型的社团如利马华侨体育会等；革命类型的社团如利马爱国会等；青年与妇女类型的社团如1965年成立于利马市的秘鲁华侨妇女会、秘鲁土生会、秘鲁华侨青年联谊会、衣架华侨青年体育会等。⑤ 显然，有的社团的功能是相互交叉的。

这里且对若干成立时间比较长，也较有影响的会馆作一简介。

秘鲁华裔俱乐部，也称土生华裔联合会，简称土生会。据百度百科资料，该会于1961年8月6日创立于秘鲁首都利马市，为秘鲁华裔文化、体育和互助性质的民间团体。该会成立时得到秘鲁中华通惠总局、中山会馆、番禺会馆的支持

---

① 卜君哲：《秘鲁华人社团的形成与发展》，《八桂侨刊》2003年第1期。
② 福建师范大学选编：《晚清海外笔记选》，北京：海洋出版社1983年版，第246页。
③ 卜君哲：《秘鲁华人社团的形成与发展》，《八桂侨刊》2003年第1期。
④ 卜君哲：《秘鲁华人社团的形成与发展》，《八桂侨刊》2003年第1期。
⑤ 卜君哲：《秘鲁华人社团的形成与发展》，《八桂侨刊》2003年第1期。

和帮助。该会旨在组织和团结秘鲁华裔青年认识自己，并为华人社团作出贡献。

说到秘鲁华裔土生社团，应该提到秘华文化中心，由秘鲁华裔专业人士于1981年组建，会员以知识分子居多。该中心多年来，为传承中国传统文化，促进中秘两国文化交流起到了重要作用。该组织最重要的活动有：每年举办敬老活动，吸引着越来越多的秘鲁华人参加；2006年，该中心在占地近万平方米的“中心”俱乐部“土生村”筹建为老年人提供颐养天年的地方“老年人之家”；中心还举办“华裔小姐选美”，到2006年已经举办过4届，在秘鲁颇具知名度；到2006年，中心成立25周年时，曾举办大型联欢活动。当时估计会员发展达到3 000人。25年来，一共有7位华裔人士被选举担任该中心主席，其时任秘华文化中心主席的是戴国威。①

创办于1999年的秘华协会也可看作是个秘鲁华裔社团。该会下属有4个社团，以“讲信用、勤劳、忠诚、尊老”作为协会宗旨。秘华协会设在秘鲁最大的超市集团之一的E. WONG集团公司。该会的会员全是华裔，层次较高，秘鲁驻华大使路易斯·陈也是该协会成员。秘华协会成立的初衷是联合一些在秘鲁出生的华裔，通过集体团结华裔各阶层，弘扬中华民族的优良传统。另据报道，秘华协会自2003年起开办汉语班，由李金球（PABLO LISUNG）负责。到2011年，该协会开有5个班，华裔教师1人，共有学生60人。②

E. WONG集团公司的前身是黄业生先生的父亲于1983年开办的杂货店。黄老先生与当地人结婚后，育有四子一女，兄弟4人均到美国留过学，黄业生为老大，留学美国时，专门学习超市营运管理专业，学成后将现代化的营销管理理念运用到E. WONG集团公司的经营中。到2004年，该集团公司已发展成为一家有14个子公司、27间连锁超市的企业集团，占有秘鲁超市市场份额的1/3，在当地有较大影响力。E. WONG的高层基本由出生在当地的华裔组成，语言以西班牙文及英文为主。难能可贵的是，公司每年都举办企业文化节。在文化节中，公司员工游行活动中舞龙舞狮、表演中国传统的节目等，将中华文化融入到文化节的表演中。③由此可见，秘华协会与E. WONG集团公司结缘并非偶然。

秘鲁华侨总会成立于1972年6月。据说该会是台湾当局在秘人员在中秘建交后策动成立的。④ 会员多为年迈的中国国民党党员及其子女，常务理事长为叶炳荣。该会宗旨是团结互助，加强联络，增进情谊。下辖两个会馆，内设“巡回

① 《推动中秘文化交流秘华文化中心庆祝成立25周年》，广东侨网，2006年8月28日。

② 据汉语国际推广南方基地网资料。

③ 《访问秘华协会接触华裔企业家》，广东侨网，2004年1月12日。

④ 袁颂安：《秘鲁华侨概况》，台北：正中书局1987年版，第41页。但该书云，秘鲁华侨总会的成立时间为“中华民国”六十三年（1974）6月1日。此采1972年成立之说。

小组”。该会自成立以来，每年“双十节”、孙中山诞辰、国民党青年节等，都举行较大的庆典活动。“巡回小组”每年不定期到各大城市慰问联络侨胞。

秘鲁近10年来也成立了一些重要的新移民社团。这里且以东莞同乡会和福建同乡会为例。

秘鲁东莞同乡会成立于2006年5月18日，中国驻秘鲁大使馆、秘鲁中华通惠总局以及利马八大会馆赠送花篮表示祝贺，中国驻秘鲁大使馆王刚政务参赞代表殷恒民大使到场祝贺，东莞市政协主席袁李松专程来秘参加成立活动。成立大会上，袁李松代表东莞市政府向秘鲁东莞同乡会捐赠20万元人民币，香港东莞同乡会也捐赠3万港币支持社团发展。据笔者所知，东莞市政府是中国内地目前已知的唯一一个在政府计划中确定拿出一部分资金资助海外会馆活动的地方政府。东莞同乡会以团结旅秘乡亲、加强与祖国联系、为家乡作出贡献为己任。第一届“同乡会”理事会主席为梁钟琦、理事会会长为周惠明。①

福建人移民秘鲁距今已有160多年的历史，曾经成立过福建会馆、福州会馆和华安会馆等组织。但由于历史原因，这些组织未能延续下来。随着中国的改革开放，越来越多的福建人来到秘鲁寻求发展。2000年12月26日，以福建新侨为主体的秘鲁福建同乡会正式成立。② 到2010年4月14日，秘鲁福建同乡会在首都利马拉维多利亚区的新会馆举行揭幕庆典活动，因而，在秘鲁的福建籍华侨华人有了一个自己固定的“家”。中国驻秘鲁大使赵五一、专程前来庆贺的中国福建省侨办主任曾晓明、中华通惠总局主席杨学勤、萧孝权、周锐波主席、利马市长代表胡安·奥拉萨瓦尔以及利马各大华侨华人团体代表、秘鲁各界友好人士300余人出席了当天的庆典。

秘鲁也有一华侨华人文艺团体，称“爱华文艺社”，是秘鲁华侨自发组织的业余文艺团体。它的成立起因于1997年香港回归中国。当时秘鲁中华通惠总局举办一次庆祝活动，林小江等侨胞为此编排了一台文艺节目，还首次自编自演了中国民族舞蹈《太湖美》。演出结束后，组织者和演员们兴奋地不愿散去，大家商议成立一个表演团。于是，“爱华文艺社”成立了。到2010年时，有正式成员23人，平均年龄超过40岁，除一名独唱男演员外，其余都是女性。

为了编排出新的舞蹈，文艺社艺术总监林小江每天守在电视机前，收看中央电视台国际频道的文艺栏目，有好节目就录下来。林小江负责挑节目、选音乐，几个核心演员构思和编排舞蹈动作，一个又一个新舞蹈就这样被搬上了舞台。在秘鲁的表演团队中，这是唯一一个能够独立完成一台完整的、纯中国歌舞晚会的

① 《“秘鲁东莞同乡会”正式成立》，广东侨网，2006年5月23日。

② 张国英、赵宇红：《秘鲁福建同乡会举行新会馆落成揭幕庆典》，中国新闻网，2010年4月16日。

文艺团体。很多秘鲁人也很看重“爱华文艺社”的表演。由于工作变动、移民其他国家，以及一些年轻人结婚生子等原因，有一段时间，“爱华文艺社”流失了很多人，进入了低潮期，但这个文艺社最终还是坚持下来。2008 年到 2009 年，有很多大事件发生，如“汶川地震赈灾义演”、“北京奥运会”、“纪念华人抵秘 160 周年”和“建国 60 周年”等，“爱华文艺社”重新活跃在秘鲁舞台上，执著地传播着中国文化。此外，每当秘鲁侨界、中国大使馆举办春节联欢、迎国庆等大型活动时，都会有一支小型文艺表演队登台献艺，带来一支支中文歌曲以及一个个中国民族舞蹈。[①]

顺便提及，秘鲁有中资企业协会（协会中文名称：秘鲁中资企业协会，简称：中企协；西文名称：Asociación de Empresas Chinas en el Perú，简称：AECP；英文名称：Chinese Enterprises Association in Peru），2011 年 8 月 6 日下午在驻秘鲁使馆经商处成立，中石油秘鲁公司当选为第一届理事会会长单位，首钢、华为、万新集团等单位当选为副会长单位，中铝等 7 家企业当选为理事单位。该会旨在促进中资企业交流及与当地政府和工商界的沟通中发挥作用，并勉励中资企业在秘鲁积极开拓。[②] 秘鲁中企协于当年 11 月完成注册，现有会员企业 48 家。

也顺便指出，作为一个“台湾当局”长期经营的华侨华人老移民国，秘鲁原来也存在着很多与台湾方面关系比较密切的社团，此处不一一赘列。应当说明的是，当 20 世纪 70 年代秘鲁政府与“台湾当局”中断官方关系后，这些社团便由“中央社”驻中南美洲办事处主持，继续在华侨华人社会及政府高层中开展政治活动，同时进行各种商务活动，推进商业发展，此外还进行各类型文化活动。

三、悠久、浓郁、厚实的秘鲁华侨华人文化

可能是以广东籍人为主体的秘鲁华侨华人历史比较久远之故，该国华侨华人文化的一个突出亮点是华侨华人带来的饮食文化。应说明，秘鲁的饮食文化指的是以中下层民众为服务对象以中餐馆为载体的大众饮食文化，当然也包括高档消费阶层享受的美食文化，这里要谈的主要是大众饮食文化。

或许可以说，如果饮食文化只是局限在华侨华人群体内部，则很难在文化层面上得到提升。一个重要原因是，绝大多数华侨华人在早期基本上属于劳工阶层，满足于日求三餐夜求一宿，日出而作，日落而息。虽然他们从中国带到居住

① 《秘鲁“爱华文艺社”用执著和努力传播中国文化》，中评网，2010 年 3 月 7 日。
② 《秘鲁中资企业协会举行成立仪式驻秘鲁大使出席》，中国外交部网站，2011 年 8 月 11 日。

地的很多饮食堪称上乘，但他们自己很难感觉到祖祖辈辈吃的东西会好到哪里去。只有华侨华人的饮食也传播到当地民族中并被广泛认可的时候，华侨华人饮食才有可能被重新定位，乃至有可能被“文化化”。这是因为，有比较才有鉴别，当当地民族“接收”了外来民族的饮食后，当地人才可能在比较中体味到这一饮食的美妙。当然，这一体味不是在朝夕之间完成的，它需要从冷淡到接受，到好感，到提高的渐次升华的过程。在中餐到来之前，秘鲁人餐桌上的主食是面包、玉米和马铃薯，他们还嘲笑过中国人吃大米饭。但随着时间的推移，中国人把水稻种植技术传到了秘鲁，秘鲁人慢慢认识了大米，并且喜欢上大米饭。因而，秘鲁人慢慢地喜欢上中餐。实际上，中餐被秘鲁人接受，也不仅仅是一个秘鲁人向中餐靠拢的过程，同时也还是一个中国人适应秘鲁民族饮食习惯的过程。在这样一个双向趋近的过程中，中餐在秘鲁不断被改良，逐渐同当地食谱融合，向当地饮食习惯靠拢，从而逐渐受到当地人喜爱。所以说，中餐在秘鲁的最大贡献是改变了秘鲁人的生活习俗。今天的秘鲁人对中餐情有独钟，已不把它当“外来”餐了。

当然，完整的饮食文化还应包括一个精神层面的问题，这需要对之进行理论上的升华。严格来说，饮食的真正“文化化”，还不只靠饮食工艺的改进，还要靠理论上的升华。客观地看，当年忙忙碌碌、文化水平不高的华侨华人难有这样的造诣。那么，今天的华侨华人与当地民族有没有在这方面下过工夫呢？这是一个值得继续探讨的问题。

今天，中餐已成为中秘文化交流和人民互相了解的桥梁。今天的很多秘鲁人可以脱口说出一长串他们喜爱的中餐名字。据说“炸馄饨”、“炒米饭”、“馄饨汤”、“柱侯鸡”这些菜，秘鲁人都百吃不厌。早期中国移民的一句粤语发音“CHIFA”（“吃饭”），后来成了中餐馆的代名词。据统计，目前秘鲁仅首都利马就集中了4 000多家大大小小的中餐馆，而且还有不断增加的趋势。[①] 有些当地风味的餐馆为了招揽食客，也打了“CHIFA”的招牌。“CHIFA”是秘鲁独创的，也是秘鲁特有的招牌。秘鲁国会主席路易斯·冈萨雷斯说，中餐已经成了秘鲁人食谱的一部分，在利马，到处都有“CHIFA”，而且和当地的口味融合在一起。[②]

今天中餐的崇高地位还可以“秘鲁中华美食文化节”来说明。尤其值得提及的是，2007年10月19日晚，在利马开幕的第二届秘鲁中华美食文化节上，秘鲁总统加西亚亲自参加了开幕式，并高度评价了中华文化，特别是中华饮食文化

---

① 另一说法是，目前秘鲁全国共有大约一万家以“CHIFA”为名的中餐馆，其中仅在利马就有大约7 000家。参《综述/秘鲁华人历史与未来》，大公网，2008年11月24日。

② 《秘鲁人对中餐情有独钟，首都利马有4 000家中餐馆》，《环球时报》，2008年1月18日。

对秘鲁的深远影响。他说，中国友人为秘鲁工农业发展作出了重大贡献，也带来了许多智慧和思想。他鼓励秘鲁人学习中国人勤奋的工作精神以及中文，借鉴丰富多彩的中华饮食文化。[①] 有消息说，热爱中国文化的加西亚在开幕式中式晚宴上对来自中国中山市的名厨的手艺赞叹不已。陪同的利马市长透露，总统一般参加晚宴的时间不会超过半个小时，往往品尝四五个菜式就会离开。但这一次，他从开餐到结束，足足待了一个半小时，在耐心品尝完所有的菜肴后才离开。[②] 秘鲁生产部长拉斐尔·雷伊、外贸和旅游部长梅塞德斯·阿劳斯、利马市长路易斯·卡斯塔涅达，以及中国驻秘鲁大使馆官员及当地华侨华人代表也应邀出席了开幕式。这届秘鲁中华美食文化节是由中国驻秘鲁大使馆、秘鲁中华通惠总局和富临门大酒楼等当地中餐馆共同主办，为期一周，由来自中国广东省的 4 名厨师做了厨艺展示，还开展了经验交流和人员培训等系列活动。

华侨华人在中国节日期间喜欢舞狮，秘鲁华侨华人也不例外，在此不赘。值得注意的是，秘鲁中华通惠总局有一个专业文艺团体，叫“瑞狮团”，约成立于 20 世纪 80 年代初。瑞狮团成立 20 多年来，无论是新年到使馆团拜采青，还是华人的生意开张，通惠总局瑞狮团足迹遍布秘鲁各个角落。[③] 2008 年 11 月 23 日，瑞狮团还为庆祝亚太经济合作组织第十六次领导人非正式会议闭幕举行了文艺表演，富有中国文化特色的舞狮引人注目。[④] 其中 19 岁的华裔奥斯卡卖力地舞动硕大的狮头，跟随民乐《喜洋洋》的节奏，踏出喜悦灵动的步伐。他是第三代华人移民，已经不会讲华语，却仍然自认是个不折不扣的中国人。他深深被中华文化吸引，为自己是中华文化的继承者感到骄傲和自豪。他说自己之所以参加瑞狮团，是因为舞狮艺术是中华文化的组成部分。[⑤]

秘鲁首都利马有唐人街，每年随着农历新年临近，节日气氛便日渐浓厚。春节期间，更是热闹非凡，其程度一点也不亚于世界上其他国家的传统唐人街。舞龙舞狮表演是必备节目。每年春节，秘鲁中华通惠总局的醒狮队便做好了各种表演的准备，街头彩排，舞狮虎虎生威，博得路人的阵阵掌声。[⑥] 此外，春节期间，常常有诸如“中国国画展”、“中国电影周”、“中秘美食节”和民间艺人节庆演出等活动。更有意思的是，春节期间，唐人街上、华人食肆中，到处都有中国传统的十二生肖像，华人与当地民众乐谈十二生肖。这在一定程度上反映出中

① 《第二届秘鲁中华美食文化节揭幕》，中国 369 会网站，2007 年 11 月 21 日。

② 《中山名厨赴秘鲁中华美食文化节献艺满载而归》，中山日报，2007 年 12 月 14 日。

③ 《秘鲁中华通惠总局瑞狮团有位日本“妈妈”》，中国侨网，2005 年 12 月 14 日。

④ 栾翔、陈威华、刘国强：《活跃各领域，秘鲁华人开创一条不平凡的发展之路》，网易（来源：新华网），2008 年 11 月 24 日。

⑤ 《APEC 会议花絮：舞狮的秘鲁华人奥斯卡》，中国青年网，2008 年 11 月 24 日。

⑥ 万后德、林彬利马：《秘鲁华人喜迎春节》，新华网，2009 年 1 月 22 日。

国民俗文化在秘鲁的普及程度。

最近几年，秘鲁华侨华人的春节因“文化中国·四海同春”艺术团的访问而变得更加热闹。例如，2009年春节有国务院侨办副主任赵阳率领的“文化中国·四海同春”南美艺术团，秘鲁是其访问的其中一站。2010年访问秘鲁的“文化中国·四海同春”艺术团则由国务院侨办副主任马儒沛率领。这些艺术团来到秘鲁，带来了中国政府对秘鲁侨胞的关爱，带来了乡情和祖（籍）国对秘鲁侨胞的牵挂，也带来了国务院侨办和中国海外交流协会对秘鲁侨胞最美好的祝愿。通过艺术团的演出，旅居秘鲁的华侨华人与全球华侨华人和祖国同胞一道，共同分享一年复始、万象更新、新春祥和的节日气氛。

来自祖（籍）国的文化支持还包括海军和平舰队的来访。中国海军舰艇编队至少已经进行了三次访秘，每次访问，在带去祖（籍）国对海外侨胞问候的同时，也积极进行文化交流。例如，2009年12月3日，北海舰队副司令员王福山少将率领的中国海军舰艇编队抵达秘鲁卡亚俄港，对秘鲁进行为期4天的友好访问，这是中国海军第三次访问秘鲁。海军兵抵达当天，利马华侨华人1 700余人到港口迎接中国海军官兵并参观军舰。秘鲁侨胞对中国海军官兵的到来表现得特别热情，他们的“出海迎接”之举，令人动容。当得知中国军舰即将进港时，中华通惠总局主席肖孝权就预先于12月1日带领华侨华人舞狮队，设法乘秘鲁海军军舰前去海上迎接中国海军官兵，并在秘鲁军舰甲板上为旅途劳顿的官兵进行舞狮舞龙表演。肖孝权和通惠总局的另一位主席周锐波还一起代表华侨华人向中国海军舰艇编队赠送了一块匾额，上题“扬我侨威”。在联欢会上，海军战士深情地唱起军旅歌曲《我爱这蓝色的海洋》，华侨马海燕女士演唱的《今夜无眠》以及王福山少将的京剧清唱、赵五一大使歌颂海军的歌曲博得阵阵喝彩。秘鲁爱华文艺社的姑娘们在欢快的乐曲声中跳起舞蹈《好日子》。中国海军舰艇编队战士于洋演唱的《五星红旗》把联欢会推向高潮。台上精彩的演唱，台下海军官兵和华侨华人随着节奏拍手合唱，深情感人的互动场面，让到场的官兵感受到当地华侨华人的真诚祝福，也让华侨华人感受到中国亲人的关怀。①

秘鲁的华文教育是中华文化在当地保持长久发展的重要基础。就整个拉丁美洲来说，秘鲁在这方面具有标志性。秘鲁有一所著名的侨校，叫“中华三民联校”，素有“美洲第一侨校”之誉，历史久远，堪称拉丁美洲之最。早在1925年，旅居秘鲁的华侨就建立了第一所以教授汉语为宗旨的华侨子弟学校——中华学校。到1935年，又建立了三民学校。两所学校平行地存在到1962年，这一年，两校合并，称“中华三民联校”。

① 《欢歌笑语叙亲情 海军舰艇编队与秘鲁华人联欢》，新华网，2009年12月7日。

中华三民联校成立初期，学校所设课程均用中文教授，教师亦为有一定文化程度的华侨担任。但是近年来，为了与秘鲁的教学大纲接轨，学校的课程均改用西班牙语讲授，同时开设汉语课。① 到 2011 年，该校有教师 130 人，学生 1 280 人，该校在秘鲁全国综合教育水平评比中名列前茅。②

中华三民联校自治会原主席为梁光原，其父是第一代华人移民。梁光原自幼在父亲的严格要求下，继承了中华民族优秀传统。“中华三民联校”在他的管理下，目前已拥有一所总校、两所分校。该校每年的高中毕业生，均有 90% 以上能够进入秘鲁各所名牌大学。秘鲁国会、教育部多次表彰该校办学成功。2005 年，秘鲁国会向梁光原颁发一枚荣誉勋章，表彰他在教育事业中的突出贡献。2007 年 9 月 26 日，梁光原不幸病逝，享年 82 岁。③

若望二十三世学校成立于 1962 年，2007 年时有学生 1 580 人，其中华裔子女占 60%。该校于 2002 年建成语言实验室，并将汉语列为学生的必修课程，每周 3 课时。2007 年时有汉语教师 8 人，其中 6 位为华侨和华裔，其他 2 位为秘鲁人，其教材采用中国国家汉办提供的教学软件和课本。2007 年是该校成立 45 周年。6 月 3 日，该校举行校庆活动，学生和老师们还表演了武术和“红绸舞”等具有中国传统文化特色的舞蹈，并用中文演唱了一些中国歌曲。高正月大使在使馆文化参赞吕德胜陪同下，参加了校庆活动。高大使在致辞中称赞该校 45 年来为推动秘鲁华人教育发展所取得的成就，鼓励该校学生努力学习汉语和中国文化知识，为中秘友好关系的发展作出贡献。高大使还代表使馆向该校赠送了 2 套电脑设备和 1 套图书。④

秘鲁的华侨华人中出现的高雅文化尤为引人注目。他们经常举办各类活动。例如，秘华协会于 2009 年 9 月 17 日在首都利马北区商业中心举办中国艺术展，以纪念华人抵达秘鲁 160 周年。秘鲁政府代表、中国驻秘鲁大使馆及华人华侨代表 200 多人出席了开幕式。此次中国艺术展展出了中国驻秘鲁大使馆提供的艺术品和华人华侨个人珍藏品共 3 000 多件，包括瓷器、漆雕、玉石雕、象牙雕、国画、木器和家具等，有些展品是 17 世纪的文物。⑤

又比如，2010 年 4 月 28 日，秘鲁开平同乡会 28 日在首都利马举办“中国国学”班。开平同乡会会长罗兆雄表示，举办“中国国学”班是为了在秘鲁推广中华文化，同时让很多出生在秘鲁、不了解自己母语与文化传统的孩子们通过这

① 《秘鲁利马中华三民联校》，中国华文教育网。

② 《驻秘鲁使馆出席中华三民联校校庆活动》，中国外交部网站，2011 年 10 月 8 日。

③ 《秘鲁〈新视野〉评出 2007 年秘鲁侨界十大新闻》，广东侨网，2008 年 1 月 3 日。

④ 《推动秘鲁华教发展，秘鲁中国学校举办 45 周年校庆》，中国侨网，2007 年 6 月 8 日。

⑤ 《秘鲁华协会举办中国艺术展纪念华人抵秘 160 周年》，新华网，2009 年 9 月 18 日。

样的活动重新认知中华文化。从内容来看，“中国国学”班包括混元太极养生班和儿童快乐国学周末班，其中国学周末班的课程包括书法、国画及用中文诵读经典等。教授太极拳的红音老师还在开幕式上表演了“24 式混元太极拳”。太极拳既可强身健体，又有极深的文化内涵。故“中国国学”班的内容，高雅文化的色彩很深。中国驻秘鲁大使馆文化参赞石泽群、中华通惠总局主席杨学勤、周锐波以及利马各大华侨华人会馆代表近百人参加了庆祝活动。石泽群代表中国驻秘鲁大使馆到场祝贺，他说：“中华文化是连接全球华夏子孙的精神纽带，传播中华文化不仅能够丰富海外华侨华人的精神生活，更能将同根同源的侨胞团结在一起。”①

顺便一提，秘鲁的高等学府中有高层次的中国文化研究机构，比较著名的是成立于 1987 年的秘鲁天主教大学东方研究中心。其宗旨是通过借阅图书、举办讲座、教授语言等形式研究并传播日本、中国、韩国、印度、伊朗等东方古国的传统文化，促进秘鲁和拉美文化多样性的发展。2011 年 10 月下旬，该中心举办了一次“中国文化周”。期间，该大学人文学院汉学家费尔南·阿莱伊萨、考古学家皮特·考里科和哲学史专家拉斐尔·弗洛雷斯分别作了题为《17 世纪利马的亚洲移民》、《享誉世界的中国考古》和《孔子的修身齐家与治国韬略》（费尔南·阿莱伊萨与玛利亚·贝纳维德合著）等相当高深的学术报告，还特邀秘鲁最大的华侨社团中华通惠总局瑞狮团在校园里表演了舞狮。该校师生和东方研究中心学院 500 余人参加了文化周的各项活动。该中心主任何塞·列昂·埃雷拉表示，该中心愿意为增进对中国文化的了解做更多的工作。今后我们将争取每年都举办一次中国文化周，以满足大家的需要。另据报道，秘鲁有一著名汉学家，名叫吉叶墨·达尼诺，多年来一直在该中心举办介绍中国文化的讲座，并由天主教大学出版《雕龙——中国古代文选》、《酒泉——李白诗选》和《翰林——杜甫诗选》等著作。② 这些说明，秘鲁对中国的高雅文化研究是有一定基础的，就目前所知，其水平在拉美其他国家之上。这是华侨华人中的高雅文化将来有希望在秘鲁得到比其他国家更好发展的重要保障。

秘鲁的华文传媒有较长的历史。最早的报纸为《公言报》，为民治党机关报，1911 年 3 月 7 日由利马 8 个商社创刊，后易名数次，1928 年复称《公言报》，由致公党秘鲁支部独办。该报发行数十年，到 1979 年也曾一度停刊，改组后于 1983 年复刊。何莲香（后获中国拉丁美洲友好协会颁发的“中拉友谊奖章”）任该报总编辑后，将之办成了一份介绍中国发展的报纸，与当时台湾当局

① 《推动中华文化，秘鲁开平同乡会举办“中国国学”班》，网易（来源：新华网），2010 年 4 月 30 日。

② 《秘鲁天主教大学举办“中国文化周”》，中国文化周网站，2012 年 3 月 21 日。

主办的《民醒报》竞争。《公言报》得到了越来越多侨胞肯定，从最初100多份的发行量，扩展到拥有800多位固定读者，其发行范围更从秘鲁一直扩散到了厄瓜多尔、阿根廷、巴拉圭、哥斯达黎加等周边国家，成为侨胞了解祖（籍）国的“窗口”。[①]

《民醒日报》于1911年3月10日创刊，时为国民党秘鲁总支部的机关报，前身为一份宣传反清的油印周报，民国成立后一度停刊，1915年在华商和孙中山支持下复刊，后改为日报，至20世纪90年代仍有发行。

《东方日报》（中、西文合刊），1931年5月（一说4月20日）在利马创刊。《东方日报》创刊之初版面不大，封面采用北京皇宫御花园内的玉带桥，三色印刷，简朴美观，以后每期封面，多选用具有东方色彩的著名建筑物，风景文物或中国美女图，成为早期《东方日报》的标记。《东方日报》主要报道祖（籍）国和家乡消息、中国历史、秘国时事、中国烹饪、侨校概况、侨团消息等，忠实地为旅居秘鲁的华侨华人读者服务。1946年，《东方日报》跨入了一个新阶段，期刊版面增大，封面用优质光纸和多色印刷，内容更加充实。月报除在秘鲁销售外，还远销阿根廷、智利、玻利维亚、厄瓜多尔、哥伦比亚、巴拿马、墨西哥、巴拉圭、萨尔瓦多、古巴等国。[②] 该报战后一度停刊，1990年代仍在刊行，发行量约1万份。[③]

今天，秘鲁的华侨华人传媒已有了长足的发展。2006年底，由秘鲁新侨创办的中文月刊《新视野》诞生。该刊设有特别视野、经济视野、华人创业、历史回眸、饮食文化等多个栏目。2007年6月，秘鲁第一个华人中文网站“秘鲁通”开通。这个网站由旅秘新侨创建，得到了中国驻秘鲁使馆、旅秘华侨华人社会团体和有关人士的大力支持。[④]

不难得出这样的印象：由于秘鲁华侨华人移民的历史更为久远，也由于秘鲁当地民族更加友善和宽容地接受来自远方中国的“外族文化”，秘鲁的中华文化在这一方土地上存在着更好的根植与生长的环境与机会。华侨华人可以更加自由地享受本民族的文化，同时也更热忱地与当地民族进行文化交流。假以时日，秘鲁的中华文化会有更深厚的积淀和内蕴，被视为阳春白雪的高雅文化在秘鲁存在着较佳的生存与发展空间，便是这一良好前景的一个例证。

---

① 《我心依然是中国心》，中山侨网，2006年8月24日。
② 《秘鲁〈东方日报〉75年钻禧》，广东侨网，2006年4月7日。
③ 国务院侨办侨务干部学校编著：《华侨华人概述》，北京：九州出版社2005年版，第153页。
④ 孟可心：《秘鲁〈新视野〉评出2007年秘鲁侨界十大新闻》，广东侨网，2008年1月3日。

第四节　委内瑞拉

委内瑞拉玻利瓦尔共和国（República Bolivariana de Venezuela）北临加勒比海，西与哥伦比亚相邻，南与巴西交界，东与圭亚那接壤。国土面积912 050平方公里。首都是加拉加斯。主要宗教为天主教和基督教。1523年，西班牙人在这里建立了第一个殖民地，1567年，全部沦为西班牙殖民地。1811年7月5日，委内瑞拉独立，1830年建立共和国。委内瑞拉为世界主要的产油国之一，石油产业是其经济命脉，占委内瑞拉出口收入约80%。全国人口2 910万，主要民族为印欧混血种人、白人和黑人，但近20年来，华人所占比例日高。委内瑞拉1974年6月28日与中国建交。

一、后起的华侨华人移民国与近二十年来的移民潮

19世纪中叶以前，在中南美洲大多数国家相继成为契约华工输入地时，委内瑞拉却还是一片"处女地"。直到20世纪20年代末发现和开采石油之前，委内瑞拉还是南美洲大陆的一个贫穷国度。在周边国家结束殖民统治后进行大开发的时候，委内瑞拉很大程度上仍然处于"蒙昧"状态，没有吸纳外来劳工的需求。

广东恩平人是移民委内瑞拉的先驱，也是今天该国华侨华人的主体。广为人知的说法是，首位旅委的恩平人祖籍沙湖松巷村。另一说是，恩平东成镇石岗村老华侨梁立铨是该镇最早到委内瑞拉的华侨之一。[①] 但两说都因为没有移民时间而变得模糊不清。不过，到光绪年间（1874—1908年），恩平人移民美洲已经蔚为风潮。[②] 其时"邑人向业耕稼，远出逐利者少。光绪而后，闻临邑经商海外者，满载而归，心焉向往，乃不惜抛弃父母妻儿远渡重洋，近则南洋，远则至欧美"。而在恩平人来委内瑞拉之前，该邑籍人已在千里达、圭亚那、古巴、巴拿马、秘鲁等地从事农业。委内瑞拉军人总统何塞·塔德奥·莫纳加斯（JOSE HODAGAS）在位的约1856、1857、1858年，宣布放宽政策，准许华侨从秘鲁来委内瑞拉。[③]估计有一批华侨华人是这个时候来到委内瑞拉的。

① 梅伟强、张国雄等：《五邑华人华侨史》，广州：广东高等教育出版社2001年版。

② 光绪《恩平县志》。

③ 笔者2010年1月17日在加拉加斯对陈厚仓的采访。

在第一次世界大战之前，还有一部分人通过“斩缆”来到委内瑞拉。“斩缆”专指早期排华时，华侨被赶到大海，然后砍断缆绳，任由他们在茫茫大海上随波逐流，“人道”一点的话，在小艇上放上一点水和饼干，任其自生自灭。结果多是葬身大海，幸运者可能被人搭救，也可能被风吹回或被浪卷回岸边，拾回一条命。[①]

在20世纪20年代之前，委内瑞拉还处于相当落后的发展水平，大部分地带还没得到开发。1922年，委内瑞拉发现石油，由此也导致华侨大规模涌入该国。1910年，委内瑞拉只有华侨二三十人，到1920年华侨增至100多人。但是，随着20世纪20年代委内瑞拉发现并生产石油，经济日益繁荣，便有较多的华侨从古巴、墨西哥、美国、中国香港以及大陆等国家和地区前去委内瑞拉。到1941年太平洋战争爆发前，旅居委内瑞拉的华侨约有1 500人。[②]

1938年开始的委内瑞拉总统ELEAZAR LOPEZ CONTRERAS（中文译作埃莱亚萨·洛佩斯·孔特雷拉斯）的排华，是该国历史上唯一一次由政府出面的排华。当时政府颁布法令，严格限制华人入境，当局还强行封闭了全部华侨酒馆，并准备了3艘法国轮船，拟将华侨强行遣送回国。当局政府甚至见到华侨就抓，华侨不得不四处躲藏。[③] 当时正值中国的抗日战争时期，由于日本侵略军的封锁，外轮无法停靠中国码头，排华才不得不作罢，但仍强迫华侨把赚钱较多的酒馆生意全部让给在委内瑞拉的欧洲国家的侨民经营。当时的宪法还规定，黄种人和其他有色人种不得加入委内瑞拉国籍。[④]冷静地看，此次排华的原因多少与华侨经营酒业有关。据说当时的华侨中，有80%是靠卖酒水、卖咖啡维生的。[⑤] 在须臾离不开酒的诸多当地民族中，酒业的背后肯定牵扯到巨大的经济利益纠葛。1938年排华后，华侨入境更困难，因此只能采取非法手段入境。入境后，生命财产也很难得到合法保障。这种情况一直延续到中华民国政府同委内瑞拉建交后才有所改变。在此以后，华侨持中国政府所发的护照或身份证可向委内瑞拉申请入境。[⑥]

在正常的情况下，到委内瑞拉的华侨移民都呈现出“网络化”的特点，即一人移民后，便带来多人移民，一批旧移民带来一批新移民，新移民又带来更新更多的移民，因而移民人数如滚雪球般增多，这是因为中国人移民一向以地缘为

① 笔者2010年1月8日在麻拉街对冯雪茂的采访。
② 《国民政府档》，国民政府侨务委员会统计室，1941年委京中华总合馆报告资料。
③ 笔者2010年1月7日在LOS GUAYOS ESFADO CARABOBO对甄活炳的采访。
④ 李春辉、杨生茂：《美洲华侨华人史》，北京：东方出版社1990年版，第677页。
⑤ 笔者2010年1月7日在LOS GUAYOS ESFADO CARABOBO对甄活炳的采访。
⑥ 李春辉、杨生茂：《美洲华侨华人史》，北京：东方出版社1990年版，第676页。

主要依归。今天恩平人多喜欢移民委内瑞拉，原因是该国最早形成了一个特定的地缘性移民空间。

在 1949 年以前，华侨的足迹主要限于委内瑞拉北部一些人口较多的大城市。因为那时候整个委内瑞拉人口不多，很多地方还没有开发，华侨人数也很少，他们志在经商赚钱，因此愿意居住在人多有商气的地方。1949 年 3 月，加拉加斯的华侨华人还不到 300 人。①

这一时期华侨华人在委内瑞拉的传统行业有种菜、洗衣、生果铺、咖啡馆、餐馆、铁行（即五金）、塑胶工厂、杂货铺等。塑胶工厂抗日战争前就有，但规模太小，从业人数有限。吴琼是在委内瑞拉开工厂的第一个华侨，20 世纪 30 年代，正值中国抗日战争期间，他在美国买了第一部塑料机，开了第一间工厂，做塑胶梳子。同时，他从日本进口日用百货，也从德国进口日用百货，做起了百货生意。

1950—1979 年间，是委内瑞拉经济发展的黄金时期，但在这个时期的大部分时间里，对于希望从中国大陆移民委内瑞拉的人来说，却没有多少裨益。由于西方国家对中国实行封锁政策，中国的国门基本上是关闭的，因此，大部分委内瑞拉侨眷侨属难有机会到委内瑞拉来，更不用说那些在委内瑞拉毫无亲属关系的人了。这个时期能够从中国大陆移民委内瑞拉的少数人一般都在委内瑞拉有亲戚关系，他们多是先通过他们在香港的亲属关系移民香港，然后再移民委内瑞拉。

20 世纪 70 年代初，委内瑞拉政局长期稳定，经济繁荣，商业兴旺，人民安居乐业，一派兴旺景象。这个时期委内瑞拉经济的最大特点就是金融稳定，美元与委内瑞拉玻利瓦尔的兑换值长期稳定在 1∶4.3 的水平（今天人们习惯把这个时期称作“4.3 黄金时期”）。在这个时期，不少华侨靠勤俭节约白手兴家，筚路蓝缕，艰苦创业，开始跻身商界。当时在委内瑞拉做生意的都是外国人，根据委内瑞拉的政策，戏院、西药店和长生店等是不许外国人经营的。本地人则多在政府部门工作，比较下层的本地人则做清道夫、倒垃圾之类的工作。② 华侨则由初期的咖啡馆和餐饮业开始做起，到经营杂货铺（超市）、百货店，再发展到电器、银行、地产、车行、进出口和开办印刷厂、塑胶厂、矿泉水厂乃至医院等，一路走来，向多种行业发展。不少华侨经过几年拼搏，生意便风生水起，积蓄了一笔资金，在亲友的扶助下，很快当上老板。委内瑞拉华侨华人的迅速发展，羡煞了中南美洲，甚至美国、加拿大等地的华侨华人，慕名而来委内瑞拉发展者甚众。当然，那时真正具有规模并称得上中产阶级的还是少数。他们绝大多数仍只属小本经

---

① 笔者 2010 年 1 月 7 日在 LOS GUAYOS ESFADO CARABOBO 对甄活炳的采访。

② 陈钟鼎：《委内瑞拉华侨历史述略》，《委华侨报》，2006 年 4 月 6 日。

营，做家庭式生意。那时涌现了一批知名企业家和侨领，如冯雪茂、冯金龙、冯明惠、冯根存、梅直夫、梅树芳、岑锦维、岑朋、吴国樑等，他们都是靠打工或开咖啡馆起家的。

在这个黄金时期，1972 年 2 月美国总统尼克松访华。尼克松对委内瑞拉乃至世界华人经济的最大贡献是促进了华人餐饮业的发展。他访华期间对色香味美的中国菜赞不绝口，于是，中国菜一下子风靡全球，成了时尚品牌。委内瑞拉也掀起了中餐热，接着，1974 年 6 月中委两国建交，更加速了中餐馆的发展。那时，中餐被公认为生意最好、最容易挣钱的行业。在华侨新移民中，到海滩、车站、机场等公共场所流动卖饭、卖春卷并因此起家的不乏其人。与此同时，这个时期委内瑞拉华侨进入了开“咖啡馆”的黄金时代。

华侨华人的杂货业是 20 世纪 50 年代后如雨后春笋般发展起来的，咖啡馆和杂货铺是这一时期华侨最重要的两大行业。当时华侨立业一般是在两者中择其一。咖啡馆业者要继续发展的话，则最终要转营杂货业。成功后再扩大再生产，或进军其他行业。

最著名的例子是冯雪茂。现在，他拥有一流的商场、工厂，涉足房地产、银行、报纸、电视台等行业。在麻拉街这座他看着发展起来并参与建设的城市，他兴建了一幢屹立在繁华地段的标志性建筑。他开办了 10 多家豪华超市、百货商场，还在市郊拥有多家工厂。他的贡献集中在他赖以立足的麻拉街（马拉凯）。从 1977 年到 1995 年，作为当地有突出贡献和杰出成就的人士，他先后获委内瑞拉总统授权颁发的三级“弗朗西斯·德米兰特”勋章、二级“弗朗西斯·德米兰特”勋章、“阿拉瓜曼萨朱缨花”勋章以及二级“劳动功勋”奖章。①

在这个时期，除了杂货和百货等行业外，靠经营进出口贸易而致富的华侨华人也颇为引人注目。他们多是靠经营杂货或百货起家，进而转营或兼营进出口贸易。例如，冯明惠早年来委，于马拉开波市经营杂货用品，因生意兴隆，营业日盛，遂开设进口庄，由香港进口各种杂货用品到委内瑞拉进行批发和零售，事业益隆。1971 年，他到台湾考察，见工业品繁多而价廉，乃联同冯雪茂等人，每年到台湾采购各种货品回委内瑞拉销售，获利甚丰。但 1984 年却因委内瑞拉经济剧变，货币贬值而遭受损失。② 同样的例子如何林楚，1948 年由恩平来委内瑞拉，初在加拉加斯经营餐馆，颇有成就，旋迁巴基斯梅托，创立何氏进出口及五金百货公司，分别从美国、日本、中国香港与台湾进口各种用品、五金器材等到

① 黎惠权：《160 年沧桑——委内瑞拉见闻》，《恩平报获奖新闻作品选集》（1983—2003），北京：人民日报出版社 2004 年版，第 106 ~ 107 页。

② 杨锋、陈宴图编著：《委内瑞拉华侨概况》，台北：正中书局 1988 年版，第 38 页。

委内瑞拉销售，事业发展迅速，不数年成巨富，被誉为商界奇才。①

1978 年中国大陆改革开放政策实施后，形势很快发生了巨大变化，出现了前所未有的移民浪潮，这股浪潮一直延续到现在。

1980 年 2 月 28 日这一天，委币剧贬至 4. 3，后来又连续下贬，到 1984 年 4 月，跌到 7. 9，继至 1986 年底，竟跌至 29。政府财政日窘，通货不断膨胀，经济迅速萎缩。1982 年国民人均所得为 4 700 美元，1984 年竟降至 1 500 美元。②即使这样，当时很多华侨华人的生活还是比较平稳的，因为他们在 1983 年以前已经购置了房屋，已有自己的产业。③ 但委内瑞拉经济自 20 世纪 80 年代后一直走下坡路，至今仍一蹶不振，加上社会动荡，政局不稳，发展前景未明。在此过程中，华侨华人移民委内瑞拉与其在当地生存和适应的过程充满悲伤与艰涩。

委内瑞拉经济持续萎靡不振，导致当地人生活水平不断下降。于是，在极少数人的煽动下，当地人把矛头对准一向勤劳守法的华侨，其中最严重的事件便是哄抢，这个时期曾发生过 4 次哄抢。

第一次哄抢发生在 1989 年 2 月底，是一次暴徒聚众哄抢，波及全国，震惊世界。在这场浩劫中，华商损失惨重、元气大伤。被抢的不光是华侨商店，其他人的商店也一样遭殃。华侨超市与百货店几乎无一幸免，不少住家、商店连家具杂物，甚至泡在盘里的衣服也被抢个精光。劫后，由于政局较稳定，社会也很快安定下来，恢复到与往常一样。从第一次哄抢到第二次哄抢的 10 余年间，华侨移民仍然呈上升趋势。

第二、三、四次哄抢，则是接踵而来，让人惶恐不及。第二次哄抢发生于 2002 年 4 月的安省十字港、巴塞罗那市，共有 31 间华人商店遭哄抢，其中 17 间被洗劫一空，11 间被烧光；第三次于 2003 年 2 月发生在华里那省周边的 SANTA ROSA、SABOANETA 等小城市，暴徒一连抢了 8 间华人超市，其中有 2 间在哄抢后放火焚毁；第 4 次发生于 2004 年 11 月，其时加拉沃沃省的 4 间华人商店遭到一群身份不明的暴徒哄抢，其中 1 间在哄抢后被放火焚毁。

后三次哄抢虽是局部的，经济损失也没有第一次严重，但性质有所不同。这三次哄抢是一小撮别有用心的人抱着不可告人的目的，有组织、有计划地针对华侨的恶性犯罪活动，且是连年发生，震撼效应更大。每次哄抢后，华商均元气大伤，少数人从此一蹶不振。此外，新世纪以来，委内瑞拉政局长期不稳，社会不靖，贪腐横行，法律形同虚设，华侨难以安居乐业，长期生活在担惊受怕的状

① 杨锋、陈宴图编著：《委内瑞拉华侨概况》，台北：正中书局 1988 年版，第 39 页。
② 杨锋、陈宴图编著：《委内瑞拉华侨概况》，台北：正中书局 1988 年版，第 13 页。
③ 笔者 2010 年 1 月 17 日在加拉加斯对陈厚仓的采访。

态中。

委内瑞拉华侨移民的目的跟很多国家大不一样。别的国家，特别是发达国家，华侨移民的首要目的是取得当地居留权，最后成为当地公民。但大部分来委内瑞拉的华侨华人的目的是赚钱，至于居留权，并非是排在第一位的事情，特别在目前形势下，越来越多的人已经不把居留权当做重要目标。即使是那些千方百计要取得居留权的人，也多是为了在委国生存和经商方便的需要。如果有朝一日他们觉得自己的生存和经商环境受到威胁，他们会毫不犹豫地放弃委内瑞拉的居留权，然后回国，或到别的国家谋求居留权。

委内瑞拉目前的经济社会环境比较混乱，对华侨华人经商来说，是一种矛盾的现象。一方面，它不利于华侨华人经商，主要是不利于现在在该国已有稳定生意基础的华侨经商；但另一方面，它又有利于华侨华人经商，主要是有利于一部分善于在社会的缝隙中寻找生存和发展机会的华侨华人经商。因为，在混乱的环境下，社会供求不平衡，而社会供求也容易出现大的漏洞。一部分华侨华人，其实是冲着委内瑞拉这样的商业机会来的，或者说，他们是听说这个国家存在着大量这样的商机而来的。还有一点，就是人们的心理预期。很多人相信，在过去一个长时期内，委内瑞拉的经商环境本来已经不好了，但一批批移民这里的人依然赚得大把炒票。他们不相信别人可以在恶劣的环境下有赚钱的机会，而自己就没有这样的机会。退一步来说，现在的环境固然不佳，但他们相信形势并非永远如此，他们中一些人还在等待着形势“好转”的一天。

现在，老一辈华侨华人中不少有识之士开始让自己的子女接受高等教育，通过知识致富。他们越来越认识到科技文化知识的重要性，千方百计让子女上大学，送子女到美国、加拿大等发达国家留学，考取硕士和博士学位。曾任拨度尼咕噜福利会主席的吴锡沛，7 个子女全部有大学以上学历，其中博士 2 名，硕士 1 名，且个个学有所成，在医学、电脑、原料工程等学科领域纵横驰骋。[①]

在委内瑞拉，新一代华侨科技精英已经开始崭露头角，乃至走向世界。例如冯莫艳雯女士，祖籍恩平，出生于巴拿马。自小在巴拿马上小学、中学，高中毕业后到美国读大学。1993 年获美国南加州大学工业系统工程学士学位，1994 年获南加州大学工程管理科学硕士学位，同时完成了委内瑞拉中央大学的法律课程。1994 年委中工商会成立后，一直致力于推动两国经贸交流。1999 年 1 月，委内瑞拉总统府授予作为该商会主席的冯莫艳雯“弗朗西斯科・德米兰达一级勋章”，以表彰她对委内瑞拉社会和委中友好作出的突出贡献，这是旅居委内瑞拉

① 黎惠权：《智信生财》，《恩平报获奖新闻作品选集》，北京：人民日报出版社 2004 年版，第 94 页。

的华人首次获得这一殊荣。[1] 到现在，她从事委内瑞拉、拉丁美洲和中国、亚洲之间的项目已近二十年，任奥里诺高能源资源集团公司和新世界投资贸易有限公司董事长兼总裁。2009 年，在财富时报社、凤凰卫视、北京文化发展研究院等联合主办的年度人物推选大会上，她被推选为第六届“中华十大财智人物”特别奖获得者。[2]

委内瑞拉华侨华人的一个重要特点是新移民多，占了所有新老移民的大半，且大多数是近一二十年移民过去的。这样，新移民身份问题便是一个突出问题。

在新移民中，“非正常移民”占了一大部分。一般来说，“非正常移民”的入籍要等 5 年，5 年后才可以取得长期居留证。要入籍的话，至少要交两次“大钱”。不少“非正常移民”为求生存，也为了避免军警的检查和敲诈勒索，还有极少数急于做生意，愿意花大钱取得合法居留身份，各式各样办居留的“中介”便应运而生，趁机敛财。不少新移民通过这些“中介”取得了合法居留是不争的事实，但在办理的过程中却是陷阱重重。

二、生机勃勃的华侨华人社团

一般而言，在海外华侨社会中，最早的社团一般都是宗亲和同乡社团。从委内瑞拉的特殊侨情推测，即使存在过这些类型的社团，也应该很少，活动不多。

委内瑞拉的华侨华人社团从一开始就是全国性的（以委内瑞拉命名），或是当地性的（一般以州、城市名命名），并冠之以“中华会馆”的名称，而没有出现过以家乡（祖籍）名称命名的会馆（如“四邑”会馆、恩平会馆等），它反映了委内瑞拉华侨来源地高度密集的特点。

委内瑞拉最早的社团是建于 1933 年的“委内瑞拉民惠总局”。它是当时的委内瑞拉华侨借鉴秘鲁等国华侨的做法而建立起来的全国性社团。会所设在加拉加斯华侨聚居的街道内。但它成立不久，便因部分会员陆续到外埠发展而开始产生意见分歧。几年后的 1936 年，民惠总局便因分裂而解体，一部分人于同年另组“华侨俱乐部”。1944 年，华侨俱乐部改组，正式成立“委京中华总会馆”。[3] 同年，在委内瑞拉政府注册登记，并筹资在加拉加斯中区购买了会址。当时的中国正处于战乱时期，中华会馆会务只局限侨胞联谊聚会。

---

① 管彦忠：《希望中国来投资——访委中工商会主席冯莫艳雯》，《人民日报》，1999 年 7 月 16 日。

② 据《委华报》资料。

③ 杨锋、陈宴图编著：《委内瑞拉华侨概况》，台北：正中书局 1988 年版。1944 年华侨俱乐部改组为中华总会馆时，郑新林被推为第一任主席。郑新林，恩平人，在国内曾接受旧式教育，属早期移民委内瑞拉的极少数知识分子华侨之一。

1944 年委京中华总会馆成立后，随后在马拉开波、巴西基梅托、华恋社等城市先后建立了中华会馆分馆。到 1960 年中国京剧团访问委内瑞拉和同年“华侨联合会”成立后，中华总会馆的作用便逐渐减弱。1974 年中委建交后，其会员进一步分化，三个分会先后同中国驻委内瑞拉大使馆取得联系，此是后话。

20 世纪 80 年代以前，加拉加斯存在着各种各样的俱乐部，如华侨俱乐部、工人俱乐部和香港俱乐部等。它们初为侨胞的聚会交谊娱乐场所，但后来因为没有正常的运作经费以资维持，还时而进行赌博等非正当娱乐，被当地警察和治安机构取缔。到 20 世纪 80 年代末，多已名存实亡。当时还比较活跃的会馆有“神龙武艺馆”（陈宴图创办）、中华健身学院、精华武馆、中国武术馆、蔡李佛武馆等。这些武术馆均收费教习中国功夫，有营业性质，流派复杂，变化无常。它们都供奉关云长神像，意示教忠存义，承传中华文化。[①] 其时一些会馆也为“台湾当局”所利用和控制，后来逐渐淡出华侨华人社会。

在今天的委内瑞拉华侨华人较多的城市特别是中心城市，都建有会馆、商会或福利会。虽然名称不同，但都是联络侨胞、服务侨胞，为侨胞争取权益的华侨华人社会组织。一般而言，会馆属综合性组织，商会属经济、贸易与商务性组织，福利会属福利慈善机构。不过，在委内瑞拉，由于一个地方的会馆、商会和福利会各自的领导班子和成员相互交叉，彼此之间在功能和职权上也就不那么泾渭分明。

今天委内瑞拉的华侨社团，大致可分为全国性社团、地方性社团（包括商会）、宗亲社团、宗教社团、校友会、文化社团等类别。[②] 这六类社团中，最多的是地方全侨性社团和商会组织。全国性社团包括全侨性社团、政治性社团、商会三种。

在委内瑞拉，目前真正属全国性的全侨性社团只有委内瑞拉华人侨团联合总会，成立于 2001 年 4 月。其委员会由全国 9 个城市侨团的负责人组成，主席由 9 个侨团轮流担任，每届一至二年，其时推举麻拉街华联会主席冯雪茂为首届委员会主席。[③] 该会成立的背景是：当时委内瑞拉经济不景气，社会治安差，华侨被抢劫以至被绑架被杀害的事件时而发生。委京中华会馆便发起了成立委内瑞拉华人侨团联合会的倡议。恰如当时，江泽民主席访委，来自全国各地迎送江泽民的侨界代表 60 多人响应委京中华会馆的倡议，开会共商筹备事宜，与会者一致同意成立委内瑞拉华人侨团联合会。当时还同意制定一个章程，重大问题经全体委

---

① 杨锋、陈宴图编著：《委内瑞拉华侨概况》，台北：正中书局 1988 年版，第 20 页。

② 《在“社会主义”环境下委内瑞拉华侨华人的生存状态》，吕伟雄主编：《海外华人社会新视野》，香港：香港社会科学出版社 2008 年版。

③ 人民网，加拉加斯 2001 年 4 月 28 日电，记者管彦忠报道。

员通过后执行。凡涉及全委华侨华人的大事，如委内瑞拉国内外赈灾募捐等，往往以“华联总会”的名义倡议组织，对团结、联络、凝聚全委内瑞拉侨社起了积极作用。

目前委内瑞拉唯一一个政治社团是委内瑞拉中国和平统一促进会（简称“和统会”），由华恋社侨领发起，2002 年 9 月 1 日在华恋社成立，全国各地主要侨领参加，主席为华恋社的李瑞华。[①] 会议通过了反对“台独”和促进祖国统一宣言。委内瑞拉中国和平统一促进会每年均组团出席中南美洲中国和平统一促进会的年会。2007 年，委内瑞拉中国和平统一促进会动员全侨力量成功举办了“中南美洲中国和平统一促进会委内瑞拉 2007 年年会”。

目前具有全国性名衔的华侨商会有：委内瑞拉东方千禧年发展有限公司、委中贸易商会（全称委内瑞拉中国贸易合作商会）。

1999 年，以冯雪茂和吴德明为首的一班侨领，为了在加拉加斯购买一个作为侨民永久性活动场所的固定物业，发动委内瑞拉全国各地的侨团、侨胞积极购买股份，成立了委内瑞拉东方千禧年发展有限公司。同时借助此一平台，联合各省、埠的中华会馆成立了全国性的“委内瑞拉华人华侨联合总会”。十多年来，公司在全国各地的 181 位股东没有分过一点利润收益。同时，每逢当地或祖（籍）国有需要的时候，总是积极响应支持。

委中贸易商会是 2007 年 7 月 8 日由一群有抱负、有远见、热心、勤恳的委内瑞拉华商发起、组建并正式挂牌成立的。商会的宗旨是建立一个崭新的委中贸易平台，推动委中两国贸易的良好发展和友好往来，促进委中商务交流合作，加强会员间的团结协作，维护会员的合法权益，开拓市场，创造更大商机及利润。委中商会总部设在委内瑞拉华恋社市，在中国广州、汕头、义乌、澄海设有多个办事处，目前拥有会员 112 名（2011 年初统计）。商会会员主要以商铺或公司名誉加入，会员通过商会在中国进出口货物与委内瑞拉提柜等环节享有价格优惠，共享商会资源、商务信息，并参与商会举办的活动。

中国企业商会是由在委中资公司、企业组成的协会，成立于 2005 年 9 月 29 日。其时在委内瑞拉的中国企业已有 20 多家，业务涉及石油开采、铁路建设、矿产开发、基础设施建设、通讯、农业、电器、电子、贸易等多个领域。委内瑞拉中国企业商会的创始会员有 14 家企业。自商会成立至 2007 年，其会员已发展到 24 家。[②]

---

① 《在“社会主义”环境下委内瑞拉华侨华人的生存状态》，吕伟雄主编：《海外华人社会新视野》，香港：香港社会科学出版社 2008 年版。

② 记者吴森、特约记者魏雄：《中国石油报》。

地方性社团可分全侨性社团和商会两种。前者即各地的“中华会馆”，是由各方面侨胞代表组成的社团，会址一般在各个州的首府。如果当地的华侨人数有一定规模，一般都建有中华会馆，作为当地华侨举行聚会和各种活动的场所。由于多种原因，目前委内瑞拉还有一些州的华埠没有建立中华会馆。但总的来说，近十来年各地建立中华会馆的趋势在加快。已经建立了中华会馆的省（州），活动越来越频繁，规模也越来越大。

委京中华会馆的历史可以与中华民国时期的委京中华总会馆相衔接。1974—1997 年间，委内瑞拉首都加拉加斯陆续成立了 4 个华侨社团组织，分别是：中华联合总会（主要负责人为陈厚仓、钟玖炎）、餐馆联谊会（1975 年创立，主要负责人为梅树芳等）①、中委文化协会（主要负责人为梅宝良）、至德行（吴、周、蔡、翁、曹五姓组织）。再加上此前已经存在的中华总会馆、旅委华侨联合会，②一共有 6 个华侨组织，规模都不大。它们各自为政，作用和社会影响力有限，但都是爱国华侨组织。③ 后来到 1997 年委京中华会馆成立后，各侨团组织便相继停止了会务活动。1997 年，当时在任的中国驻委内瑞拉大使刘伯鸣组织了首都加拉加斯 6 个侨团的侨领在大使馆召开座谈会，倡议 6 个侨团集中力量，重组委京中华会馆。于是一致同意联合起来，并选举产生了新的领导班子，钟国常当选为第一届主席（1998—2000 年）。④ 1998 年，前餐馆联谊会会址（即现在委京中华会馆会址）房东要出售此物业，中国驻委内瑞拉大使馆提议委京中华会馆买下此物业作为永久会址。1998 年 12 月 27 日（星期日）下午，委京中华会馆在餐馆联谊会会址球场召开了全侨动员大会，决定以股份数量定金额的方式捐款。当时不仅加拉加斯侨胞给予大力支持，外埠侨胞也积极参与，纷纷以一个或多个 A 股（3 000 美元）或 B 股（300 美元）参与认捐。2000 年 5 月，会馆已筹得款项 70 多万美元。为了保障房产权，以便委京中华会馆会址永远不被变卖和转让，遂以捐款建设会址的 181 位股东成立“东方千禧年发展有限公司”（见上），并以此公司名义购买了馆址，由委京中华会馆行使对馆址的管理和使用。⑤

委京中华会馆第一届委员会（钟国常为主席），主要是筹购会址；第二届委

---

① 餐馆联谊会成立后，曾开办过儿童中文班，有时还举办球赛并开设赌场，赌场抽头成为经费来源之一。1980 年以来，曾多次接待过中国访问委内瑞拉的代表团。参李春辉、杨生茂：《美洲华侨华人史》，北京：东方出版社 1990 年版，第 680 页。

② 但据李春辉、杨生茂的《美洲华侨华人史》（北京：东方出版社 1990 年版），在 1976 年，华侨联合会内部已发生分裂，一部分华侨脱离“旅委华侨联合会”而另成立一个“旅委华侨总会”。第一任主席为吴明光，后任主席是谢跃夫。参该书，第 680 页。

③ 委京中华会馆第五届委员会供稿，2011 年 4 月 8 日。

④ 委京中华会馆第五届委员会供稿，2011 年 4 月 8 日。

⑤ 委京中华会馆第五届委员会供稿，2011 年 4 月 8 日。

员会（吴德明为主席）着重于会址的改建，投入了很大财力增加设施；第三届委员会（梅直夫为主席）开始增加会馆活动；第四、五届委员会（梅其羡为主席）乘祖国改革开放的东风，接待了很多祖国政府来访团体，大小活动层出不穷，丰富了侨胞文体生活，助侨护侨事例不胜枚举。

加拉加斯（委京）华人商会成立于2002年10月8日，当时在委京中华会馆举行了成立大会，中国驻委内瑞拉大使馆官员和该会会员及一些公司代表共600多人参加。商会登记会员86间（重点是杂货铺），商会委员24人，聂均常任主席。商会是由加拉加斯热心人自动发起成立的。商会成立的具体目的有二：一是使在加拉加斯经商华侨中有一个属于自己的社团组织，有一个代表华商说话的组织机构，以便互通信息，互相了解；二是加强与厂家、公司的联络沟通，争取更多权益，以繁荣当地市场。商会的发展状况良好，参会会员有100多间商铺。

委内瑞拉首都有委京华人杂货同业商会。加拉加斯从事批发业者约150家，其中加入商会的有38家，规模较小未加入商会的有105家，中餐馆有一两百家，中小百货店约400家。华人还投资办橡胶厂、塑料袋厂、纸杯厂、纸箱厂等工厂，加拉加斯是华人办厂最多的城市。①

"麻拉街华联会"全称委内瑞拉麻拉街埠华侨联合会，由冯雪茂牵头于1987年1月商议成立。1987年6月经向委内瑞拉政府注册成为一个非营利的合法机构。华联会自成立到1988年，其会址曾两度搬迁。到1989年8月，华联会集资购得一处占地面积6 603.5平方米的旧葡萄牙会馆的使用权。当时董事局决定成立一个股东式经营会所进行招股。股金分A、B两种，各占500股，每人只允许认购其中一股（A股要交月费，有选举权和被选举权）。1992年，华联会会所进行内部修建，在各委员和全体会员的共同努力下，经过近3年修建，华联会会所初步建立起来。1995年，为了购买会址的永久地权，华联会董事局举办了两次义卖抽奖汽车和义卖食物活动，均获得空前成功，并由主席冯雪茂、书记吴水活和财政陈文杰代表华联会购得私有地权。经过10多年的连续改建，华联会内部设备逐渐完备。今天所看到的华联会，麻雀虽小，五脏俱全。三大楼面宏伟壮观，外有入口牌楼，外表古香古色。会馆内装有大小空调，礼堂一个，停车场两个，中型游泳池一个，网球场两个，儿童游乐场一个，办公室一个，会客室一间，课室六间。另有租出酒家一间，唐山货超市一间，不同面积的小型商铺8间。所有租金均用作一切日常开支，专款专用。

华恋社中华会馆于1961年由老一辈热心侨领发起并组织成立，吴炼金为第

---

① 《在"社会主义"环境下委内瑞拉华侨华人的生存状态》，吕伟雄主编：《海外华人社会新视野》，香港：香港社会科学出版社2008年版。

一任主席。会馆最初并没有属于自己的馆址，只在市区租赁一间面积200多平方米的居所作为办公及侨胞聚会之用。随着社会发展，华恋社成为委内瑞拉华侨最为集中、人口最多的城市之一。1991年（时李瑞华任会馆主席），开始发起筹建如今的馆址。建馆初期，遇到很大困难，会馆各委员不畏辛劳，穿州过府，募集捐款。最困难之时，在吴国樑等帮助和担保下，主席将自家房产抵押银行以争取建筑资金。兴建馆址的计划也得到广大同胞支持，本埠和外埠城市的侨胞慷慨捐款。在侨领冯选棠、郑炎浓、郑铭树、黄田生等人及加省华人杂货同业商会的大力支持和帮助下，新会馆在经历了集体的努力和付出之后，于1997年2月竣工落成。

华恋社中华会馆今天已成为全国最具规模和最为活跃的中华会馆之一。会员人数从最初的一百几十人发展到数以万计。该会馆主楼为一幢两层高的楼房，实用面积达4 000多平方米，是极具中国特色的绿瓦飞檐建筑。内部配套有室内大会堂、委员办公室、中文学校、餐馆、图书阅览室、卫生医疗室、律师咨询室，另有篮球场、乒乓室、台球室、儿童游乐场等康乐设施。这些设施绝大部分均对侨胞免费开放，一直深受侨胞欢迎。该会馆也是一个维侨、护侨的公益性服务团体，其下设有青年会、护侨小组、康乐文化部、醒狮协会、篮球协会、象棋协会、乒乓球协会等团体。多年来，华恋社中华会馆在维护侨胞合法权益、提升华侨地位、支援祖国家乡建设、举办慈善公益活动等方面做了大量工作。该会馆设有护侨基金，以应对华侨社会突发事件之需。①

加省华人超市同业商会即原“加省华人杂货同业商会”（ACEVAC），于1982年5月在华恋社成立，为最早成立的委内瑞拉华人商会之一。会员有38家华人商铺，主要经营超市和日用百货行业。它的成立，标志着华侨华人社团对当地经济、商业等领域的影响进一步增大，受到当地政府重视。今天，商会会员已达178名，分布全国多个州，已成为一个极具影响力的大型老牌商会，对旅居委内瑞拉华人商会的发展起了楷模作用。

多年来，商会积极推进当地经济发展，拓展市场，带动就业，组织举办了不计其数的大型活动，取得了良好的社会效应。有些活动还作为传统被继承下来，每年均循例举办。如商会周年志庆，均举行盛大而隆重的宴会，中国大使馆及当地政府官员均出席。受邀嘉宾也是在社会上具有一定影响力的知名人士及各大公司代表，电视报刊媒体会竞相报道，据说人们以得到一张加省华人超市同业商会的周年志庆请柬而感到光荣。由于周年志庆的日子与中国农历新年时间接近，为弘扬中华文化，便在宴会中安排醒狮表演、燃放烟花爆竹等大型活动。宴会开始

---

① 《委华报》，2010年1月4。

前，会有一个盛大的烟花汇演，很多当地人此时都会偕同朋友，相约就近观看这个特别节目。根据中国十二生肖的风俗，烟花燃放时，会安排燃放一个有当年生肖图案的烟花，当地人纷纷惊叹新奇，此举也让他们认识和了解中国传统新年和有关习俗。加省华人超市同业商会历届主席如下：第一、二届为郑炎浓，第三、四届为郑铭树，第五届为冯荣臻，第六届为冯润赞，第七届为郑浩生，第八、九届为郑铭树，第十、十一、十二、十三届为冯永贤，第十四届为郑钜豪，第十五届为冯永贤。

华恋社华联商会于 1997 年 8 月由多位经营粮食杂货的资深商家组成，旨在团结商家，守法经营，为会员谋福祉，帮助会员的生意顺利发展。商会从小到大，从弱到强，现已颇具规模。在经济形势变幻无常的情况下，各委员密切联系商会会员，互通情报，力求自保，避免遭受不测之灾。在护侨、助侨方面，商会委员也做了大量的工作，华联商会现任主席为甄卓仁。

保利华中华会馆即 20 世纪 60 年代保利华市已有的“和利华中华会馆”（1971—1972 年改称作“保利华中华会馆”）。其时保利华市只有 10 户华侨，总人数不足 60 人，其中青壮年只有十五六人，他们却义无反顾地承担起会馆的工作。20 世纪 80 年代后，迁居保利华市的华侨华人日渐增多，几达百家。2002 年爆发哄抢事件，数日之间，保利华市 6 间华侨店铺遭抢，形势严峻，人人自危。于是，侨胞们共聚一堂，谋求重组会馆。2002 年 5 月，保利华中华会馆正式成立，首届主席为伍永昌。2004 年，冯碧强获选新任主席，一直连任至今。现会馆中大部分委员为年轻人。

玻利亚省（州）中华商会于 2006 年 9 月 27 日正式挂牌成立。商会自成立以来，团结合作，共同努力，在爱侨护侨方面起到积极的作用。商会开办了西班牙语学习班，又多次组织捐款资助当地孤儿院及患癌症的小朋友等。商会的努力得到当地政府的充分肯定与赞许。

拉省（巴埠）中华会馆始建于 1945 年，规模不大，为侨胞郑连煜用自己的积蓄先行建造，之后由各会员合资支付。其时名称为“中委会巴埠中华会馆”，后又称“旅委巴埠中华会馆”。到 2010 年，因本地区华侨人数剧增，遍及拉省大中小埠，为扩大对会员的服务面，更名为“拉省中华会馆”。

初时的“中委会巴埠中华会馆”是一个由 22 户会员组成的民间组织，直到 1960 年 2 月 8 日方选举出第一届执行委员会。其时侨胞日渐增多，各项需求随之增加，且很多侨胞已开始做生意，因此，于同年 10 月间集资购建了一间房屋和空地作为会馆新地址。到 1974 年，开始筹建会馆，于同年底完成各项工作。到 1988 年，又开始筹建现时的新会馆。历经两年筹备建设，于 1991 年 1 月完成大堂、篮球场、足球场及部分的配套设施工程。此会馆据称是目前委内瑞拉占地最大的华侨会馆，可进行包括篮球等在内的多项比赛。① 但到目前为止，有很多项目尚未完成。

巴基西梅托现有“巴埠华人商会”（全称巴基西梅托埠华商联合会）和“拉省中华商会”两个商会。②前者成立于1993年初，后者成立于2001年12月8日。

巴埠华人商会成立时，委内瑞拉政局动荡、经济不稳，特别是超市行业货源日渐短缺，供销商只对全国连锁店或大型超市实行优惠政策，这对中小型华侨商铺十分不利。当此关头，巴埠老侨领郑华柱、陈锐坚、蔡佐明和岑英仁等号召全体侨商团结起来，经讨论，决定采取团购方式来应对市场竞争。在其时委内瑞拉唯一一个华人社团商会——加省华人杂货同业商会骨干分子的积极指导和本埠侨商的大力支持下，于这一年年初成立了巴埠华人商会，并选举产生了首届商会正副主席。第一届（1993—1995年）主席为蔡佐明，第二届（1995—1997年）主席为郑华柱，第三届（1997—2000年）主席为蔡佐明，副主席为陈锐坚（因特殊情况，两个月后，由副主席为陈锐坚代为正主席），第四届（2000—2003年）主席为陈锐坚，第五届（2003—2005年）主席为郑永生，第六届（2006—2008年）主席为郑永生，第七届（2009—2012年）主席为郑永生。③

拉省中华商会是为了应对当时社会动荡、经济低迷、货币贬值、物价飞涨及主要食品经常短缺的形势而成立的，目的是团结起来保障自己的权益。经郑炳湛、陈殿凡、何京年等有识之士组织发动，很多杂货批发华商纷纷加入。在郑炳湛带领下，商会提出“互通有无，搞活全局”的策略，对较难求购的商品，商会采取集体进货的办法，对畅销、滞销的商品，则在会员之间彼此交换，还实行“大船带小艇”，由经营面较大的会员对经营面较小的会员予以照顾。商会靠发扬团结互助精神，获得了会员的拥护。商会又主动加强与各大公司的联系与沟通，与各大公司的经理、销售人员交朋友，取得他们的信任和支持，彼此间建立了紧密的合作关系，当商会出现商品严重短缺时，各大公司能给予大力支持。

安省华侨福利会位于拨度那古喑（亦称十字港），此地为一港口城市，已有几百年历史。至1964年，当地华侨同胞合力在十字港成立了中华会馆，为后来华侨福利会的创建奠定了基础。中华会馆是当地华侨唯一的聚会之地，每逢周末和公众假期，人们相约到此聊天娱乐。后来随着华侨人数逐渐增多，中华会馆便显狭窄。有鉴于此，至1980年，郑国玲、吴励章与他人一道，在全国侨界开展

---

① 《在“社会主义”环境下委内瑞拉华侨华人的生存状态》。

② 《在“社会主义”环境下委内瑞拉华侨华人的生存状态》。此书中，“拉省中华商会”作“拉省华商会”。

③ 据巴埠华人商会供稿，2011年5月。

募捐。各省各埠侨胞慷慨解囊，筹建起今天的华侨福利会。福利会集娱乐、休闲、集会、体育活动及学习中国文化等多种功能于一体，是当地侨胞节假日的好去处。

安省虎埠中华会馆早在20世纪30年代就存在。但到1973年，大部分侨胞向外发展，只剩下3户华侨在此地做生意。该会馆因停止运作30余年，根据委内瑞拉法例收归国有。到2006年6月，虎埠中华会馆重新成立，陈咏隆当选为主席。该会成立后，即筹钱购买空地准备新建会馆，无奈当时治安不良，绑架案频发，不少侨胞谈虎色变，纷纷退避，导致计划落空。

巴塞罗那中华商会成立于2004年1月，由旅居本地区的华商组成，以商铺为单位。商会成立之初有30个会员，现共有150个会员，遍布于全省大小城市。商会成立以来，坚持带领华商合法经营，带领侨胞融入当地社会，积极与当地政府联络沟通。当地政府也视本商会为华侨华人代表，邀请其参与当地的政治、文化、慈善等社会活动。由于委内瑞拉近年来治安形势恶劣，商会成立了护侨委员会，为侨胞排忧解难。经护侨委员会积极与本地执法和行政机关密切合作，本地治安情况有了很大改善。

苏利亚省中华会馆的前身是“麻埠中华会馆”，成立于1936年初。1974年6月29日新建会址落成后，正式易名为“苏利亚省中华会馆”。20世纪40到50年代，因委内瑞拉发展石油工业，新到埠的侨胞有所增加，但只能到“散仔馆”（专分租给单身侨胞食宿的地方）栖身，工作不计时间及报酬，但求两餐一宿。当时会馆还没有固定会所，侨胞们的活动只在“散仔馆”或私人住家举行。1952年，由会馆理事会发动侨胞捐款，在马拉开波市的“穷人巷 ”购置了一所二层楼房作为会馆活动场所。该楼经改建后，一楼专供孤寡病弱老人居住，二楼为礼堂，增建三楼为餐房及俱乐部。从此，苏利亚省侨胞们有了属于自己的活动场所。1952年（另一说是1953年），又捐资在“耶稣中心坟场”内购地500平方米建起了“中华义山”，并建有传统牌楼。这是迄今为止委内瑞拉华人社区唯一的“中华义山”。20世纪70年代以前，居住在当地的老侨寿终后，大多葬于此。“中华义山”现有墓冢约230座，每年都依当地习俗，在“亡灵日”由会馆负责人携备祭品前往扫墓，这一习惯沿袭至今。

1971年是苏利亚省中华会馆换届选举之年，萧锡儒主席提出了建设新会馆的建议，立即得到大家的支持。前届主席赵振辉以低于市值的价格出让了3 600平方米土地给会馆。通过集体的艰苦努力及侨胞们（包括外埠侨胞）的慷慨解囊，经两年多的奋斗，终于建成新的会馆。新建会馆有礼堂、会议室、俱乐室、餐厅以及篮球场、排球场等。新会馆的落成，在当时委内瑞拉华侨社会是一件特大盛事，开创了委内瑞拉华侨华人社团兴建多功能中华会馆之先河。

从第一届委员会开始，苏利亚省中华会馆历任主席有：萧锡儒（已故）、周英运、林兆威（已故）、冯明惠、林粤新、冯润新、冯茂凡、趙成有（已故）、冯茂培、林粤俊等。在林粤俊任主席、何德活任副主席期间，会馆又重整旗鼓，提出改革建议，在会馆内增设酒家及唐山货等。从第十五届委员会起，何德活任主席。在2000年初，还出版《中华简讯》月刊，主编为林伟森。2010年，经旧班子成员协商，取得共识，决定年老一辈全部退出，让青年人全面担负领导职务，时年34岁的何正伟当选主席。

20世纪50年代，有一位姓邓的侨胞来到梅里达经营洗衣馆。进入本世纪，特别是最近五六年，华人日渐增多，便有冯福朝、吴卓良等有识之士发起成立梅里达中华会馆。会馆于2004年6月18日成立，徐如恩为主席。会馆与当地军政界的关系良好，特别是前些年一年一度的送温暖活动加深了当地人对中国人的良好印象。华侨华人与当地人相处融洽，生活安逸，在委内瑞拉全国来说治安相对较好。

瓜纳雷中华会馆与瓜纳雷中华商会成立于2004年10月。成立伊始，就通过民主与集中的方式制定了会规：会馆与商会两个机构（两会）为一个班子，永不分割；两会收入永远不分红，永远不设立股份制；所有参加两会的华侨都有相当的义务与权利。两会现任主席为冯英略（2004年10月至今）。

亚加里俄中华商会（简称“亚华商会”）于1999年3月11日正式成立，郑醒炽为主席。亚华商会集商会、会馆功能于一身。商会成立后，采取了三条措施维护会员的正当合法权益。一是商会与各大公司统一订货，会员的大小商号一视同仁，利益均等；二是加强与各大公司的密切联系与沟通，争取货品合理价格；三是加强会员的法制观念，遵纪守法经商。在委内瑞拉，亚华商会是较富有的华侨社团之一。商会基本设施也日趋完善，另有球场、游泳池、网球（室内足球）场、餐馆、唐山杂货店等附属设施。近几年来，委内瑞拉社会治安奇差，商会一方面组织护侨小组，团结自保；另一方面加强与当地安全部门的沟通与联系，密切配合警方打击犯罪活动。每逢重大的节日（元旦、春节、妇女节、母亲节、父亲节、儿童节、中秋节、国庆节等），必组织庆祝活动，内容丰富多彩。亚加里俄中华商会第一届（1999—2001年）主席为郑醒炽，第二届（2001—2003年）主席为郑伯谋，第三届（2003—2005年）主席为郑醒炽，第四届（2005—2007年）主席为郑醒炽，第五届（2007—2009年）主席为郑瑞伦，第六届（2009—2011年）主席为郑瑞伦。

马都顶中华会馆成立于1996年，时全埠华侨有百余人，郑石文为主席。1998年，会馆买得价值7万美元的800平方米住地，用作会馆办公和活动场所。到2010年，马都顶居住华侨华人猛增至6 000余人。2011年，经政府部门批准，会馆业已办理签署购买的土地达 4 万多平方米，用作扩建活动场所。全体华侨同心协力，踊跃解囊捐股，一个适应于新时代的高科技中华会馆将出现于马都顶。历任马都顶中华会馆主席为：郑石文、冯华国、陈金庭、郑明威、司徒梓文。

鉴于全委华侨社团纷纷成立商会的形势，2004 年，马都顶成立商会。郑石文当选首届商会主席。曾任马都顶商会主席有：陈述文、李活常。

加罗拉中华会馆成立于 2003 年春。李瑞华为总顾问、吴国勋为主席。会馆与当地军政机关部门积极沟通，参与当地的各种文化活动。尤其是在该市每年的嘉年华、市庆等社团花车游行中，加罗拉中华会馆均名列前茅，获得一等奖，受到当地政府与市民的高度评价。

会馆主席吴国勋一向喜文爱武，为弘扬中华民族醒狮文化作出了积极贡献。在委内瑞拉，他不但是一位爱好者，还是一位传播者。2003 年，该会成立不到一个月时，吴国勋自己出资从中国购进了锣鼓钗、醒狮及各种传统兵器，成立了委内瑞拉第一支醒狮武术队——加罗拉中华会馆青年醒狮武术队。经他言传身教，精心策划，一支技术全面、别具一格的醒狮队很快在加罗拉市成立。2010 年 9 月 30 日，在中使馆一系列文化交流节活动中，吴国勋亲自出马，带去了醒狮队，在委内瑞拉国会及人民大会堂进行了精彩表演，使在场的委内瑞拉军政要员大开眼界。醒狮队在近几年市庆及各种活动中担任了重要角色，其生龙活虎、淋漓尽致的表演受到当地政府和市民的好评，多次获一等奖。与此同时，在吴国勋大力倡导下，目前全委内瑞拉华侨社团已经成立了十多支醒狮队。不但如此，吴国勋还经常受邀到各醒狮队言传身教，组织醒狮队参加当地政府和中资公司的庆祝活动，大大推动了中华民族醒狮文化在异国他乡发扬光大。

蒂那奎洛中华会馆在委内瑞拉是较为年轻的一员，成立于 2005 年，由首任主席吴光甫等侨领倡议组建。2011 年，会馆迎来了第二届委员会换届选举，热心人士、会馆副主席吴允恩无偿捐赠一个面积达 2 400 平方米的新会址供会馆使用。内设有篮球场，也可用作网球场、羽毛球场、儿童游乐场、乒乓球室、麻将房、办公室、卡拉 OK 室等。

圣洁多华中华会馆成立于 2001 年 10 月。会馆内餐饮娱乐设施齐备。会馆的宗旨和工作方向是：为侨胞相互联络提供场地；团结合作，守望相助；服务侨胞，帮助侨胞多了解侨社和社区信息，引导侨胞多参与本地社区活动，以提高华侨的社会地位；增进对中国和本地文化的了解等。会馆每年至少举办两次全侨大联欢活动。首任和现届主席皆为陈少权。

阿普雷省中华会馆成立于 2004 年 12 月 8 日。会馆成立 7 年多来，团结侨胞奋力拼搏，尤其是在护侨、爱侨、助侨、维护侨胞正当权益方面作出了显著成绩。第一届主席为梁永钦，第二届主席为陈有明，第三届主席为冯均乐。

加鲁巴诺中华会馆于2007年成立，缘因于20世纪80年代以来来自五湖四海的侨胞乡亲不断涌入这里，逐渐形成了一个较有规模的华人群体。他们大多经营杂货铺、餐馆、日用小超市和五金铺等。会馆在邻近市中心购得一块700多平方米土地后，2010年初，会馆大厦正式动工兴建。会馆第一届主席为陈朝浣。

富玛纳中华会馆于2008年12月21日正式宣布成立，陈伟民当选为第一任主席。富玛纳埠自20世纪50年代起就有华侨到此谋生，到20世纪初，此地商店已发展到百余间，遂有人提出组建会馆，即得到全体侨胞拥护，他们慷慨解囊，捐赠资费。该埠华侨华人十分团结，感情融洽。

宏光省中华会馆成立于2008年，荣誉主席为黎伟鸿，主席为吴连亨。中华会馆的成立使侨胞有一个集休闲、娱乐、集会于一体的“侨胞之家”。会馆根据自己所在埠作为免税港的特殊区位优势，团结带领全体侨胞创业、立业、兴业，还经常组织年轻一代参加体育活动。会馆领导趋于年轻化。

玛岛华侨联合会成立较早，到2003年，联合会在市区购得了一块很有商业价值的2 000多平方米土地用于建设会馆，并在联合会基础上成立了玛岛中华商会，侨胞们有了自己的家。同时，该会积极搞好与本地政府部门的关系，使玛岛很少听到有军警刁难侨胞的事发生。

华里拿省（州）中华商会于2003年3月成立。商会至2010年已有67个会员，会员以经营超市为主。商会的运作方式，一是以商会为代表，与供应商沟通，争取合理、优惠的价格以及足够的货物供应。二是以商会为代表，与政府行政机关联系、沟通，争取华侨的合法权益。当地政府凡邀请社团参加活动，商会都作为华侨代表被邀请出席。三是以商会凝聚广大侨胞，办好侨社福利，回馈社会。第一届商会总顾问为何琪练、主席为方毅锋，第二届商会总顾问为何琪练、主席为方毅锋。

委内瑞拉还有其他类型社团。例如宗亲社团有委内瑞拉至德总堂；校友会有委内瑞拉校友会、旅委恩平一中校友会、恩城中学校友会、旅委郁文市中学校友会和旅委恩平华侨中学校友会等；宗教组织有华恋社的“华人宣道会”；文化娱乐团体有“旅委华人文联”等。

综上所述可知，在委内瑞拉华侨社会中，能够起中坚作用的是各个地方的社团组织。中华会馆领导班子通过民主程序选举产生，作为当地的华侨领袖，代表本地华侨开展对外联系，包括与外地华侨社团的联系和与当地军政当局社会团体的联系，为华侨争取合法权益，也代表本地华侨开展与祖国和家乡的交流活动。同时协调本地区华侨社会内部加强团结，解决分歧和矛盾，开展公益活动，增加华侨福利，提高当地华侨地位。中华会馆一般来说都有会所，面积有大有小，功能比较齐全，有会议厅、娱乐室，有的还有中文学校、运动场所等。它们一般都有自己的办公场所，有的富丽堂皇，有工作人员，但在华侨人数稀少的偏僻地方，一些社团也没有办公场所和工作人员。

华侨商会则是同一行业的华侨为了共同的利益自发地联合建立起来的。如在华恋社，就分别成立了加省华人杂货商会、加省华人百货同业商会、华联杂货商会。商会的宗旨，就是通过会员的集体合作，发出一致声音，共同维护会员权益。同时，领导和推动会员在本地市场自由竞争，使会员获得更多的商业利益。比如，商会经常了解市场行情，不断向会员提供市场信息。让他们知道什么时候以什么价格进什么货最好，从而获取尽可能大的利润。一些商会还研究本地区货物流通及贸易对策，设计和采取相应的行动，使会员获得较多的好处。

委内瑞拉一些地方性华侨社团和当地商会实行“一套人马两个招牌”的新机制。两者之间存在着密不可分的关系，相互联系，相互支持，相互作用，你中有我，我中有你。两者的相互关系主要表现在以下几个方面：一是中华会馆会所的建设资金部分或主要来源于商会成员的捐助；二是商会一般没有独立的办公地点，而是依托在中华会馆会所办公；三是中华会馆、商会经常联合举办面向侨社的活动，或者，以中华会馆名义主办活动，由商会进行赞助支持；四是许多侨领身份重叠，分别在不同社团（特别是中华会馆、商会、促统会）担任不同的职务。一般来说，中华会馆主席不任商会主席，而商会会长一般都会在当地中华会馆担任副主席等领导职务。[①] 商会负责人（主席及成员）由同行内实力雄厚的侨领担任，会员一般只需缴纳些许入会费，不用定期缴纳会费。作为侨领，对维持本地会馆的业务以及会馆财务负有很大义务。

多年以来，委内瑞拉经济持续滑坡，社会需求和购买力持续下降。政府又对生活必需品实行最高限价，华侨杂货铺、百货铺所售的商品大多在政府限价之列。与此同时，委内瑞拉货币不断贬值。在这种环境下，华侨华人经营的行业困难重重，许多业主损失巨大，甚至面临着倒闭的厄运。委内瑞拉时常陷于半无政府状态，治安十分差，抢劫盗窃横行，歧视华侨华人的苗头有所上升。面对严峻的形势，加省华人杂货同业商会的成立，使华人杂货业、百货业业主看到了希望的曙光，他们纷纷效仿，先后成立了以杂货业为主的各种商会。

各种华人商会的运作方式虽略有不同，但主要有以下两种运作方式：一是商会统一订货价及零售价，然后通过向厂家、供货商收取赞助、广告费，用于商会日常开支；二是商会以批发公司形式运作，统一订货，然后批发给商会会员，从中收取佣金，形成公司的利润。这些利润用于作为公司日常开支，部分作为红利

---

① 《在“社会主义”环境下委内瑞拉华侨华人的生存状态》，吕伟雄主编：《海外华人社会新视野》，香港：香港社会科学出版社 2008 年版。

分给商会会员。这既有利于商会的运作，也有利于会员通过商会的支持而保持良好的竞争力。

由于委内瑞拉的华侨中恩平人占八九成，所以各会馆的掌门人几乎都是恩平人。他们都是由会员通过民主方式选举出来的。他们在华侨华人中有威望，不仅仅因为他们是出色的生意人，还因为他们是出色的社会活动家。他们都是以自己卓越的成就而被当地华侨拥戴为会馆或商会领袖的。

三、文化体育传媒活动与中华文化在当地的传承

华侨移民委内瑞拉已经有100多年的历史。在20世纪70年代末以前，华侨为委内瑞拉的经济发展和社会进步作出过重要贡献，同时也在他们活动和生活的地方留下了中华文化的痕迹。20世纪70年代末以后，随着委内瑞拉华侨的大幅度增加，他们不只满足于经济上的生存与发展，也开始积极参与当地的社会活动，与此同时，还在华侨社会中乃至居住地民族中传播和弘扬中华文化，为中委两国人民间的良好关系作出贡献。纵观委内瑞拉华侨在20世纪70年代末以来特别是新千年以来的主要文化活动，主要表现在以下几个方面。

1. 中华节日与华侨乡情

恩平侨胞十分重乡情，每逢传统重大节日，一般都在当地中华会馆举行全侨庆祝活动，欢庆佳节。很多地方的侨胞还入乡随俗，跟当地人一起庆祝。在所有的节日中，最热闹的是元旦和春节。

每年的元旦，很多中华会馆都举行联欢晚会。联欢会上，乡亲们表演的重头戏是家乡传统风俗节目，如舞狮拜年、燃放爆竹烟花等，以示喜庆、热闹、吉祥，此外还开展丰富多彩的文娱活动，让侨胞高高兴兴地过元旦佳节。有的会馆还举行新年团拜宴会，侨胞欢聚一堂，共乐天伦。其中既有小家庭团聚，也有大家庭团聚。大家一起拉家常，谈国事世事，也交流生意经，互相拜年祝福，热闹非常。有时候，在联欢会上，中文学校小女歌手、青春的少女组合、粤剧爱好者、年轻的男歌手们和工作人员载歌载舞为大家带来久违的乡音，小朋友和当地的女青年华人还尽情表演多种优美精彩的民俗舞蹈，令人耳目一新。爱好卡拉OK的侨胞也纷纷登台一展歌喉，增加同庆气氛。有的会馆还举行作为压轴戏的幸运大抽奖，妙趣横生、高潮迭起，令人倍感华人大家庭的吉祥、温馨、和谐。

每年春节的大年初一，各埠中华会馆一般都举行春节联欢晚会，大开筵席。侨领及所有侨胞欢聚一堂，喜庆非凡，会馆内张灯结彩、花团锦簇、鞭炮声声、锣鼓喧天、醒狮起舞、乡音绕耳、亲情浓浓。每年春节晚会都兴办得吉庆、温馨、祥和，各地都有“火树银花不夜天”的热闹场面。敬老爱幼也是晚会一大

特点。侨胞们尽兴而来，兴尽方归。会上，中华会馆委员都会向侨胞拜年，中华会馆主席一般还在会上致辞，代表中华会馆向全省侨胞致以节日的问候，并祝大家新年快乐、身体健康、万事如意。联欢晚会的节目往往经过精心编排，丰富多彩，如舞醒狮、赛武术（表演刀、枪、剑、戟、拳、棍等），或举行篮球、卡拉OK、乒乓球、象棋比赛，或举行抽奖活动等。有的会馆的活动还吸引了当地人参加，一道欣赏欢庆节目。

对于其他中华民族节日或家乡节日，委内瑞拉侨胞每年都以自己的方式进行庆祝，或按照传统习惯开展活动。例如，每年清明节前后一个月左右的时间，是委内瑞拉侨胞回乡扫墓的“返唐”时期。在这打段时间内，总可以看到不少同胞进出于加拉加斯机场，踏上归国之途，或从家乡归来。从他们对民族与家乡习俗的顽强坚守，可以看出旅居委内瑞拉的侨胞对中华文化和优秀民族传统的执着与热忱。

令人感到欣慰的是，年青一代没有忘记他们的祖国和家乡，老一辈也教育他们自己的后代不忘祖国和家乡。近些年大小寻根活动的开展便可证明。例如，2005 年夏，加京中文学校师生一行 26 人在访问了广州等地后来到恩平寻根。在这些学生中，最大的 16 岁，最小的才 8 岁，虽然他们在委内瑞拉土生土长，但大多数人的根在恩平。该校校长刘国振说，这次寻根的目的，是教育这些孩子，虽然自己生活在国外，但自己的根在中国，不能忘记自己的根。[①]

2. 对“中国文化周”的参与

进入 21 世纪以来，随着中国经济积极走向世界，中华文化在很多国家受到热烈欢迎，中国政府也积极与委内瑞拉当局开展文化交流。在梅里达举行的“中国文化周”就是一个重要项目。梅里达州位于安第斯山地区的高海拔的热带，毗邻塔吉拉州和特鲁吉罗州，首府梅里达城，被誉为“骑士之城”，还有西部“雪城”之称。城里有安第斯大学，它是委内瑞拉国内历史最悠久的大学之一，也是国内第二大古老的大学。安第斯大学还与梅里达的华侨社区商议共同创办中文学校，向华侨子女和委内瑞拉民众教授普通话。这些计划有利于华侨在当地的生存和发展。

梅里达中华会馆积极参与每年的中国文化周活动。例如，2006 年 3 月，梅里达市举行第九届中国文化周，此次文化周由中国驻委内瑞拉大使馆和安第斯大学共同主办。开幕式在安第斯大学艺术馆举行，有来自委内瑞拉各界的 200 多名嘉宾出席。开幕式上，梅里达州中华会馆舞狮队的精彩表演，将现场气氛推向高

---

① 冯春猷：《为谋生漂洋过海，在这个南美小国繁衍 160 多年—— 委内瑞拉华侨八成根在恩平》，《江门日报》，2005 年 9 月 5 日。

潮。此次文化周，包括《舞动的北京》图片展、中国文化讲座等一系列活动，一些爱好书法的华侨还现场挥毫，用毛笔书写每位观众的中文译名。2007 年 6 月，梅里达市举行第十届中国文化周，主要活动包括《新北京新奥运》图片展、青铜器复制品展览和中国电影展映，《茉莉花开》、《花样年华》等 4 部中国影片将与委国观众见面。开幕式上，梅里达市中华会馆的华侨代表为观众献上了精彩的舞狮表演，由委内瑞拉人创办的少林武术学校的学员们也展示了太极拳、少林拳等中国功夫，华侨书法爱好者还现场挥毫。数百名梅里达和周边城市的市民和大学生观看了表演。安第斯大学非洲和亚洲研究中心教授卢塞纳每年都同中国使馆联合参加文化周的组织活动。①

3. “全委华人文联”的成立与活动

委内瑞拉华人文学艺术爱好者联合会（简称“文联”）花了两年时间开展筹备工作，于 2008 年 1 月 13 日在加拉加斯宣告成立。委内瑞拉侨领、文学艺术爱好者、华文媒体工作者等 90 多人与会。中国驻委内瑞拉大使馆张拓大使及夫人、张伯伦参赞等莅临祝贺。与会者就“文联”的组织机构、章程等进行民主协商。《委华报》名誉社长、委中两国工商农业和旅游业总会主席冯莫艳雯和委内瑞拉全国华侨华人联合总会主席冯雪茂被推举为“全委华人文联”名誉主席。全国各地华社 80 多位侨领被推举为名誉顾问。

“文联”是个非政治性和非营利性的纯粹的群众组织。其宗旨是弘扬中华文化艺术，活跃华人社团的文化生活，提高华人的文化素质和文学艺术创作水平，加强旅居委内瑞拉的华人文学艺术爱好者之间的团结、交流与合作，为构建和谐社会作贡献。“文联”成员来自社会各界热心人士，“文联”成立数年来，他们利用自身特长，为弘扬中华文化做了不少工作，在侨团工作中也发挥了重要作用。如在嘉年华活动中，他们协助侨团组织参加花车巡游，向当地人展示中华文化风采，传递爱心，他们参与的瑞狮呈祥活动也增添了节日气氛。在各项活动中，“文联”成员每每担当秘书、司仪等，任劳任怨地开展工作，他们常与侨胞同台欢歌共舞，活跃了侨界的文化生活。“文联”准备与国内有关市属“文联”开展交流活动，以促使“文联”更上一个新台阶。“文联”不定期地组织会员讨论时事，积极配合侨社开展护侨助侨、赈灾捐款等活动。“文联”还甄选华裔女青年参加“侨乡丽人风采大赛”，协助编写侨史。另外，还举行征文活动等。各位文友身体力行，工作做得有声有色。在大家的积极参与和配合下，“文联”各项工作均取得预期效果。

“文联”的组织机构完善，设有财政总务组、新闻报道组、文艺创作组、音

① 据《委华报》资料。

乐舞蹈组、书法美术摄影组、时事评论组、醒狮组、象棋组、公关组、易学研究组、教研组和诗词组等。文联主席为梅其羡，执行主席为钟永照。①

“旅委华人文联筹委会”的成立，激发了旅居委内瑞拉华人的文学艺术创作热情，向报社写稿赋诗的人日益增多，委内瑞拉侨界文坛呈现了一片蒸蒸日上的好势头。“文联”成立后，每年假座委京（加拉加斯）丽京大酒家二楼举行一年一度的联欢会，检阅一年来委内瑞拉华侨文学艺术爱好者的成果，交流创作经验。同时还举行颁奖仪式，奖励一年来优秀的文学作品和个人。每次活动，来自委内瑞拉全国社会贤达、华侨领袖纷纷与会，中国驻委内瑞拉大使馆官员也参加庆祝活动。一些参与者高歌起舞，最后，大家尽兴而归。②

4. 全国华人华侨运动会与其他中华体育活动

委内瑞拉全国华人华侨运动会（JUEGOS DEPORTIVOS DE LA COMUNIDAD CHINA EN VENEZUELA）始自20世纪90年代初，其时加拉加斯（CARACAS）、加拉沃沃（CARABOBO）和阿拉瓜（ARAGUA）三地的华侨篮球爱好者开始自发组织篮球比赛。后来，拉省（LARA）和安省（ANZOATEGUI）相继组队加入，并正式以“中华会馆代表队”的名义组织比赛。根据委内瑞拉的实际情况，篮球赛定于每年的复活节期间举行（复活节法定假期3~4天）。这是全国华人华侨运动会的雏形。至1998年，由在任运动会主席陈毅辉及热心球友ORLANDO WU、JOSELITO SHUM、OMAIRA FUNG、ALEXANDER CHOI等倡议发起，每年均举行华人华侨运动会，并正式成立专门机构——全国华人华侨运动会组委会。倡议得到许多侨胞及中华会馆的热烈响应，组委会随即在华恋社组织举办了第一届华人华侨运动会。当时有8支篮球队、2支足球队组织参加了两个比赛项目。为了活跃气氛，组委会别开生面地增加了中华会馆“礼仪小姐”的评选活动，这一活动作为特色项目，日后在每一届运动会上都组织举行。随着形势的发展，越来越多的中华会馆相继加入，比赛人数与项目不断增加和丰富起来。如今，委内瑞拉全国华人华侨运动会已是一个具有较大规模，在国内有较大影响力的华人团体，也是唯一能全面聚集全国17个省（州）份的中华会馆的团体。其成员包括：CARACAS、ARAGUA、CARABOBO、PORTUGUESA LARA、ZULIA、MERIDA、APURE、ANZOATEGUI、NUEVA ESPARTA、MONAGAS、FALCON、SUCRE、BOLIVAR、GUARICO、BARINAS、COJEDES 。运动会的主要比赛项目有篮球、足球、乒乓球、中国象棋、台球、保龄球、棒球、羽毛球（新增）等。

历届运动会举办地点分别为：1998年在华联社（VALENCIA），1999年在阿

① 据委内瑞拉华人文学艺术爱好者联合会供稿（钟永照执笔）；《委华报》资料。

② 中国侨网消息，据《委华报》报道。

拉瓜（ARAGUA），2000年在拉省（LARA），2001年在加拉加斯（CARACAS），2002年在安省（ANZOATEGUI），2003年在阿瓜里俄（ACARIGUA），2004年在苏利亚（ZULIA），2005年在华恋社（VALENCIA），2006年在阿拉瓜（ARAGUA），2007年在拉省（LARA），2008年在加拉加斯（CARACAS），2009年在安省（ANZOATEGUI），2010年在阿瓜里俄（ACARIGUA），2011年在苏利亚（ZULIA）马拉开波市。

运动会的宗旨与目的是：丰富侨胞文体生活，锻炼体能，增强华人身体素质，加强侨胞之间的认识和交流，传承和发扬中华民族的优良传统和优秀文化。会旗设计为七色彩环白底旗，白底象征和平与安定，中间七色彩环相扣，象征华人社团及同胞间的团结友爱、互助共荣。

委内瑞拉全国华人华侨运动会组委会主席为陈毅辉，委员为各中华会馆负责人。[①]

中国象棋是中华文化的重要载体，深受各地华侨喜爱。在委内瑞拉华侨的主要故乡恩平市，中国象棋广受民众欢迎，节日期间或平时经常开展比赛活动。华侨来到委内瑞拉后，也把这种民间喜闻乐见的娱乐形式带到居住地来，大小赛事经常举行。较大的一宗赛事是为庆祝中华人民共和国60周年华诞而举行的全侨中国象棋公开赛，由全国象棋协会主办，华恋社中华会馆协办。参赛棋手共有19名，是人数最多的一次比赛。经过比赛，在2009年10月1日晚在华恋社中华会馆举行庆国庆贺中秋的联欢会上，当地侨领和象棋协会负责人向获奖者颁发了奖品、奖金。[②]

5. 母亲节

每年5月14日为母亲节，委内瑞拉华侨社团举行各种活动，向旅居委内瑞拉的华侨母亲们祝贺节日。妈妈们都打扮得漂漂亮亮，会场也装扮得五彩缤纷，很多都是一家人陪同母亲、太太前来。游园会的每一个母亲都在纪念册上签名留念，并领取一份礼物和抽奖券，侨领们会向所有母亲致以节日的问候。有时一些地方的会馆还举行联欢晚会庆祝母亲节。晚会节目丰富多彩，如举行歌舞表演、击鼓传球和球拍运球、集体游戏、打PINATA及幸运大抽奖等，还可以享受家庭特色的美餐，增进了家庭团结和华侨社会的凝聚力。[③]

6. 华裔小姐选美活动

委内瑞拉是著名的盛产美女、崇尚美女的王国。这里的女性十分崇美爱美，

① 据委内瑞拉全国华人华侨运动会组委会供稿。

② 据《委华报》资料。

③ 据《委华报》资料。

美丽、热情、活泼、开放、宽容、大度是她们的特点，参加选美对于很多女孩子来说是梦寐以求的事。每年 9 月，一年一度的委内瑞拉小姐选美活动是这个国家最重要的事情，每到这段时间，街上都空空荡荡，所有人都坐在电视机前收看电视台的直播节目。当然，委内瑞拉美女也不都是天生丽质的，参加比赛的美女都要接受 10 年以上的礼仪训练，有的还要经过多次整容。

委内瑞拉拥有世界上名目最繁多的选美比赛。但是，很长时间以来，唯独没有华侨自己的选美比赛，委内瑞拉华侨华人觉得这是生活在这个选美王国的华侨华人在文化上的一大缺憾。因此，2005 年 5 月 31 日，由《委华报》发起，在加拉加斯大剧院举办了首次委内瑞拉全国华人小姐选美大赛。这次大赛填补华人在委内瑞拉选美活动中的空白，21 名候选佳丽参加了总选赛，中外人士 2 500 多人共同欣赏了这次大赛，中国驻委内瑞拉大使馆全体官员、当地政府高官及文艺界名流出席观看。2007 年 1 月 14 日下午，在华恋社中华会馆内举行了全委内瑞拉首届华人小姐选美大赛暨《委华报》创刊五周年志庆《纪念册》首发式。中国驻委内瑞拉大使馆张伯伦参赞等以及全国各地部分侨领和《委华报》部分作者等 60 多人出席。①

7. 华文传媒

委内瑞拉华侨史虽已有 100 多年，但由于长期以来绝大多数委内瑞拉华侨仅为衣食而劳碌奔波，中华文化在这里几乎成了断层。20 世纪 90 年代前，这里没有华文刊物，直至 1991 年左右，才由当时的“委京餐馆联谊会”一些有识之士和侨领创办了《侨声报》和《侨鸣》杂志两份中文刊物。不过由于人才缺乏、设备简陋，加上出版发行不正规，刊物比较粗糙，仅办了不长时间便停刊了。此后 10 年，再没有其他华文刊物出版过，以致委内瑞拉有中华文化“荒漠”之称。

1991 年 12 月，原恩平县人大副主任、宣传部长吴景应委内瑞拉华侨社团之邀来委进行文化交流，获得中国驻委内瑞拉大使馆的重视与支持。中使馆与委内瑞拉国家图书馆联合主办，在加拉加斯的首都图书馆举办了吴景个人书法展览，接着又在华恋社会馆展出，均大获成功。侨界对他独具一格的反笔草书书法大感兴趣，仿效者甚众。事后，中国驻委内瑞拉大使黄志良电邀吴景到大使馆，洽商办报事宜。黄大使指出，委内瑞拉很需要办一份中文报纸，但现时《侨声报》人才缺乏，难以为继，希望吴景来委内瑞拉办报。吴景受此重托，回国后经请示同意，决定衔命前往。后因当时委内瑞拉发生军事政变和其他原因，此事暂时搁置下来。此后直到 2000 年初，吴景再次牵头组织了一班来自祖国大陆的文化人士（中有省作协会员、剧团编剧和文学爱好者）来到委内瑞拉。4 月 1 日，《委

① 《委内瑞拉华人举行选美暨〈委华报〉周年纪念册首发式》，中国新闻网，2007 年 1 月 17 日。

华报》终于成功创刊发行。

十年来，在社长吴景的领导下，在中国驻委内瑞拉大使馆和全国华人社团的鼎力支持下，该报全体采编人员精诚团结、共同努力，与广大读者风雨同途，克服了一个又一个困难，使报纸越办越好（现在出版 8 大张纸 32 个版面，其中 4 个彩色版），风行全国，发行量不断增加，影响力日益扩大，不仅为广大旅居委内瑞拉的侨胞所喜闻乐见，且深受周边的亚鲁巴和咕噜嫂等国家的华人喜爱。现在，该报不仅是中南美洲颇具影响力的一份报纸，且在世界中文媒体中占有一席之地，该报要文多为海外媒体转载或播放。10 年来，该报超过 450 篇重要文章（其中包括社论、评论和新闻报道）为中国大陆、香港以及美加的主要中文媒体（如人民网、中新网、新华网、新浪网、中国侨网、网易、搜狐、香港凤凰网以及《人民日报》（海外版）、《法制晚报》、香港《大公报》、香港《文汇报》、香港《明报》、美国《侨报》、美国《世界日报》、美国《星岛日报》、加拿大《辣椒城》等）所转载。仅《环球视野》杂志，近两年来就转发了该报近 40 篇评论文章。中国中央电视台“华人世界”专栏开播两年多来，共播放了该报 15 篇文章。中国国际广播电台经常播放该报采写的新闻，去年 9 月间，以该台副总编辑马为公为团长一行 5 人还特别来到委内瑞拉，与《委华报》编辑人员在华恋社会馆座谈，共商进一步交流与合作。

10 年来，《委华报》应中国国务院侨办和中国新闻社、中国海外交流协会广东分会以及广东省侨办等单位的邀请，曾派出主要领导成员参加“世界华文传媒论坛”、“世界华文传媒高层参访团”、“世界华文传媒高层学习班”等大型传媒高层会议。该报在论坛中送上的《发扬海外华文媒体在助侨护侨中的作用》、《海外华文媒体应为构建和谐华社鼓与呼》、《华文报纸如何做好涉华突发事件的报道》等论文入选“全球华文传媒论坛论文精选集”出版。[①]

《南美新侨报》（Noti. Venechi，周报）创刊于 2008 年 1 月 22 日，在委内瑞拉当地政府合法注册，正当发行，是目前唯一一份在首都加拉加斯出版、面向委内瑞拉全国发行的华文报纸。《南美新侨报》以弘扬中华文化，搭建中委友谊桥梁，沟通内外，联络乡情，团结侨胞，帮助侨胞融入当地社会，维护侨胞合法权益，努力推动侨社事业发展为办报宗旨。

2009 年 9 月 21 日，《南美新侨报》加入世界华文媒体合作联盟。2010 年 1 月 13 日，《南美新侨报》与《人民日报》（海外版）签订合作协议书，成为其合作伙伴，并于 4 月 13 日创刊。这是《人民日报》（海外版）在南美洲创办的首份当地周刊。

---

① 《委华报》编辑部，2011 年 4 月 27 日。

《南美新侨报》为6大张对开24个版，分2叠，设有重要新闻、委侨心声、委国新闻、中国新闻、港澳台新闻、国际新闻、五邑新闻、娱乐新闻、健康天地、军事新闻、财经新闻、体育新闻、情感婚姻、炎黄文艺、华侨之声等版面。《南美新侨报》社长为刘国振。①

《委国侨报》为周报，1999年底在委内瑞拉内政部注册，2000年2月正式创刊发行，是委内瑞拉第一份华文报刊。《委国侨报》的办报宗旨是：为委内瑞拉华侨提供财经、时事、生活方面新闻信息服务。以海内外华人、华商、中小企业主、各类投资机构以及新社会阶层等近20万高端人群为目标读者。《委国侨报》生存于众多华文媒体的最大优势是该报中西合璧，融入当地社会，了解当地社会，在第一时间能给读者带来最新最准的新闻信息。

今日，《委国侨报》已成长为一份每周出40～48版的大型综合性华文周刊，大型活动以及节日便有特刊推出。每周在委内瑞拉华恋社印刷发行，并行销委内瑞拉众多华侨聚居的城市，主要有华恋社、加拉加斯、麻拉街、巴基斯梅托、马拉开波等。与此同时，《委国侨报》的西文版——“CHINA EN ESPANOL”也于2009年创刊。这份周刊40版，同时在委内瑞拉最受欢迎的新闻网NOTICIAS 24登出电子版。它向委内瑞拉当地人推荐中国以及传播中国文化，在委内瑞拉独树一帜，赢得读者的广泛好评，现已成为中委两国文化以及商业交流的重要平台。

2010年6月份，《委国侨报》与委内瑞拉第一家华人网“委华网”合作推出了《委国侨报》电子版，成为委内瑞拉第一份电子报，为全世界的中文读者开创了一个了解委内瑞拉接触委内瑞拉的新通道。《委国侨报》董事长为郑炎浓，社长是郑洪山。②

《南美新知》杂志创刊于2007年3月，是经委内瑞拉政府正式注册，可以公开发行销售的中、西文双语月刊杂志，每期68页，全彩色印刷。《南美新知》以中委新闻、人物、专题、文化、历史、旅游及生活时尚等为主要内容，读者定位于委内瑞拉的华人华侨，以及对阅读中文有困难的华裔后代和刚踏足委内瑞拉的华人新移民，还有那些对中国文化有浓厚兴趣的委内瑞拉读者。以中文和西班牙文的双语形式出版这本杂志，目的在于使委内瑞拉的华裔后代和委内瑞拉朋友对中国文化及中国的方方面面有一个更形象、更深入、更具体的了解，特别是祖国的众多旅游景区，《南美新知》经常通过图文（中、西双文）介绍祖国的名胜古迹、历史文化，如北京、上海、四川九寨沟、江浙、苏杭等优美的旅游景点，引起许多华裔和委内瑞拉朋友的浓厚兴趣，有一些委内瑞拉读者还致电《南美新

① 《南美新侨报》供稿，2011年4月。

② 《委国侨报》供稿，2011年5月。

知》询问一些景区的路线图，收到良好的宣传效果，从而促进中委两国文化的交流，起到传承和弘扬中华文化的作用。

《南美新知》特别编排一些以中、西双文对译的西班牙语教材，并以中文形式解释西班牙语语法，还根据一些读者提出急需学会一些表达某一方面西班牙语的要求，实行急用先教，收到立竿见影的效果，深受读者欢迎。《南美新知》运用一定的篇幅，以彩色图像为主，刊登华人社团的一系列重大活动，包括中国驻委内瑞拉大使馆举办的各项文化活动、华人商会的庆典活动、全委内瑞拉华人运动会等。甚至一些华人较大型的婚宴，都会刊登在杂志上，把侨胞们亮丽、开心、亲切的彩色画面呈现在广大读者面前，让大家共同分享欢乐、幸福的时刻。

《南美新知》自创刊以来，发行量由初期3 000多本，升至现在（2011年4月）的8 000多本，销售点由原来只在委内瑞拉主要大城市的十几个点，发展到今天遍布全国的24个州的30多个销售点。

2008年《南美新知》杂志社还创办了《南美新知》彩色印刷厂。几年来，印刷厂业务不断扩大发展，由于交付时间和印刷质量的绝对保证，博得客户的信赖和好评，为今后逐步形成一个介绍中华文化为主，由翻译、出版、印刷、发行销售等合为一体的文化企业打下坚实的基础。

《南美新知》杂志社社长为余腾波。①

在传媒迅速走向国际化、互联网化的今天，委内瑞拉也已出现中文网站。“委内瑞拉华人网”是目前可以搜索到的唯一一个委内瑞拉中文网。它提供委内瑞拉全方位的介绍，包括委内瑞拉新闻、旅游、概况、投资指南、政策法规、企业名录、地图、贸易、华商黄页、商务签证、生活指南、招工、交友，以及其他各种分类信息，是委内瑞拉重要的华人门户网。

华文报刊杂志等传媒的创办，不仅弘扬了中华文化，解决了侨胞的精神饥渴，而且也成为侨胞联络情谊、沟通乡情的纽带。

8. 华侨融入当地社会与中华文化的传承

中华文化在委内瑞拉的存在和弘扬，有利于华侨与当地民族的融合，从而有利于华侨的生存与发展。例如，在全国华人华侨体育运动会上，曾有中外人士共同登台献艺。中国武术和太极拳这个节目，既有华人的精彩表演，也有当地人的娴熟演绎，博得观众阵阵的掌声和喝彩声，高潮迭起。②

在委内瑞拉生长的华人后裔，不少人接受过良好的教育，有较高的文化修养，有的通晓中西文化，所以，他们很容易融入当地社会，与当地人打成一片，

① 据《南美新知》杂志社稿。
② 据《委华报》资料。

在当地人的社团中拥有一席之位。如华恋社一个射击俱乐部，就有这样一批华人后裔。他们喜好射击，专心研究枪法，取得好成绩，当地人对之刮目相看，因而树立了华人的良好形象。他们的教练吴先生是一位土生土长的“华裔委内瑞拉人”，现为俱乐部负责人之一。①

9. 委内瑞拉的华文教育

近年来，世界各地的华语广播电台、电视台、华文报纸迅速崛起，在普及推广华文教育方面扮演着越来越重要的角色，同时，还可以创设华文教育的氛围。委内瑞拉目前的华文传媒对全国的华文教育是起了一定的积极作用的，世界各地的华侨团体、组织和机构经常组织各种类型的活动、会议来进行华文华语的学习与交流，还经常商讨兴办华文教育的事宜和组织各种各样的华文学习活动。应该说，委内瑞拉华侨社团举办的很多文化活动也为华文教育创造了不可替代的良好氛围。

在委内瑞拉，中小学都没有开设中文课程，但委内瑞拉老一辈华侨都迫切希望其子女能有机会接受严格的中国式教育和中文教育。今天大部分的华侨华人是新移民，他们少年时或青年时在祖国接受教育，也深深地植下了中华文化的根脉。许多华侨华人希望子孙后代能在异国他乡保留和弘扬光大祖国优秀的传统文化，希望中华文化能作为其子女与祖国保持血肉联系的纽带，把根留住。从现实的角度来说，通晓中文，也可使他们的孩子在未来多一种竞争与生存的工具和手段。因此，旅居委内瑞拉的华侨对中文教育都很热心，许多家长都希望自己在本地出生的后代能受到中华传统文化的教育，增强下一代知识水平，预防过度“西化”。

在委内瑞拉，早在20世纪80年代以前，委京中华会馆就曾广筹经费，设立华文补习班，鼓励侨童与侨眷参加，初期蔚然成风，颇见成效。但侨童有其自身考虑，他们长大后要在当地立足谋生，故必须进当地正规学校求学，因而与正规学校的时间发生冲突，且侨胞散居各处，往返费时，集中不易，于是补习班生员越来越少，虽经一再发动鼓励，但都是先盛后衰。②

创立和办好华文学校，是推广华文教育的主要途径和基本方式。在委内瑞拉，较早的有刘国振于2000年10月出资创办的中文学校。刘国振1981年到委内瑞拉，出国前当过中小学老师。来委后，他一直梦想办一所中文学校，但因为初到异国他乡，以打工为生，没有经济实力，他的办学梦想一次次破灭。直到20世纪90年代的最后几年，他在商海站稳脚跟后，才把办学计划提上日程。经

① 据晓藜（华恋社）供稿，2011年5月。

② 杨锋、陈宴图编著：《委内瑞拉华侨概况》，台北：正中书局1988年版，第28页。

过多次论证和广泛征求意见，2000 年 10 月，他在加拉加斯创办了“加京中文学校”[①] 并任校长。首期招收华侨子弟 38 名。按照设想，加京中文学校在第一学年办好第一个班的基础上，第二年开始扩招两个班，以后逐年扩大。先办好中文班，再办西班牙文班，最后办一所正规的全日制学校（完全小学）。学生除学习西班牙文和中文外，还学习英文，且在中国需 6 年学完的小学语文课程，要在 3 年内学完，使学生掌握 2 000 个左右的常用词。[②] 加京中文学校因而在委内瑞拉华文教育史上进行了一项重大实验。2005 年夏，加京中文学校师生一行 26 人在访问了广州等地后来到恩平寻根。

本世纪以来，一些委内瑞拉的华侨会馆也举办中文补习班。华恋社中华会馆把弘扬中华文化和为后一代营造一个良好的学习中文的学习环境作为己任，在该会馆侨领的牵头参与下，在该地侨胞的大力支持下，华恋社中文学校于 2002 年在会馆成立，从而满足了部分华侨子弟学习汉语的需求。中文学校设有幼儿班、中文班，还担负为当地人学习汉语的教学任务。

华恋社的侨领非常重视学校的教育质量。中文学校校长由会馆永久名誉主席郑明树担任。2010 年新一届华恋社中华会馆委员就职后，同样把办好中文学校作为己任，主席陈坚辉担任中文学校的校长，会馆委员经常过问中文学校的教育发展情况。校长之下，设教导主任和各班主席，都是礼聘有丰富教学经验和学校管理经验的老师担任，其中还有台湾籍的经验丰富的教师。家长们都觉得华恋社中文学校校风正、师资优、环境佳，将孩子送到这里学中文感到很放心。

华恋社中文学校采用普通话授课，老师勤教，学生勤学，师生关系融洽，尊师、重教、好学蔚然成风。很多学生初学方块汉字时，觉得难读、难写、难记，学校领导和任课老师便采用引导的方法，增强学生的学习兴趣，教育他们克服困难，提高学习积极性，同时表扬勤奋好学者，使同学间形成相互比、学、赶、帮的氛围。经过一段时间的勤学苦练，同学们基本上可以自如地使用中文写简短的日记和文章，基本上可以阅读中文报刊和杂志。不少同学会说一口流利的普通话，与老师和家长可以用普通话交流。

华恋社中文学校还重视教育学生德、智、体、美全面发展，向孩子们传承中华文化，灌输以和为贵的中华民族优良传统美德，引导他们参与各种体育和文艺活动。每次会馆的节日晚会上，中文学校的学生都会献上自己精彩纷呈的歌舞节目，得到了家长的欢迎和好评。中文学校既教育学生掌握中文知识，增长本领，

---

① 一些报道也使用“委京中文学校”的名称。

② 黎惠权：《兴办中文学校》，《恩平报获奖新闻作品选集》，北京：人民日报出版社 2004 年版，第 112 ~ 113 页。

更重要的，是让他们知道自己的根在中国，自己是龙的传人。[①]

"麻拉街华联会"内的中文学校，也是委内瑞拉华侨创办的较有名的中文学校之一。1993年，华联会董事局就授权妇女组创办中文班，每星期日下午授课。其时约有男女学童90名，共分3班，由妇女同胞开展义务教学。这可说是全委内瑞拉第一间任教而不授薪的中文学校。[②] 妇女组齐心合力，贡献突出，精神可嘉。2004年以来，该校首次统一使用中国九年制义务教育的标准教材进行教学，并聘用3名教学经验丰富的教师讲课，教学质量不断提高，面貌焕然一新，学校办得有声有色，声名鹊起，不少侨胞家长纷纷将子女送来这里上学。该校开办一年级三个班，主要招收华裔学生。学生年龄差距甚大，有的学生甚至比老师还大，但师生关系十分融洽，尊师、重教、好学蔚然成风。[③]

总的来说，委内瑞拉正规的华文学校教育还相当薄弱，远不能满足委内瑞拉的华侨华人子女学习中文的需求。虽然华侨社团办中文学校的势头良好，但困难仍然很多，且师资难求，致有的中文班时开时闭，难以为继。

华文教育的另一个重要平台是当地学校中开设中文课程和中文专业，包括在政府办的公立学校中开设中文课程和中文专业。这一点，目前在委内瑞拉还极为薄弱。虽然如此，委内瑞拉也有当地人学习中文。例如，若干年前，委内瑞拉十字港市华侨福利会中文班举行开班典礼，该中文班是委内瑞拉东部州的第一家讲授中文和中国文化的课程班，首期共招收学员近30名，其中大部分是委国人，他们渴望学习中文，了解中国文化。中国驻委内瑞拉大使馆张伯伦参赞、文化处和领事部官员应邀出席了典礼，张伯伦代表居一杰大使向中文班赠送一幅题为《江山如此多娇》的中国画和百余册中文图书和十余部专题片光盘。这个班的开课对于推广汉语、传播中华文化具有积极意义。[④]

华侨在海外，大部分都忘不了自己的根脉，而华侨的根脉，说到底就是中华文化。华侨与中华文化的关系，堪称是鱼与水的关系。一个人的本质属性，首先是作为一个文化人的属性。因此，一个中国人或一个华侨的本质属性的标识，首先就是他身上与之俱来的中华文化印记，不管他对中华文化承认与否、喜爱与否，这个印记都是抹不去的。就海外华人这一群体而言，他们受教育程度的高低与其身上的中华文化因子遗存的多少没有必然的对应关系。我们常常可以看到，一个海外华人，即使在世界上首屈一指的名牌大学接受了很多年的教育，拿了无数的奖学金，拥有数不清的荣衔，但他的中华文化程度可能相当于幼稚园的水

---

① 据晓藜（华恋社）供稿，2011年5月。

② 据华联会书记吴慈怀所撰稿，2011年4月18日。

③ 据《委华报》资料。

④ 据《委华报》资料。

平；也有的华人则是由于客观原因，比如家庭的非中华文化背景等，不熟悉中华文化。如果他亡羊补牢，愿意接受中华文化的洗礼，则仍然是“孺子可教”，若持之以恒，其中华文化前景仍然难以估量。这样的情况屡见不鲜。在华侨群体中，还有一种更为司空见惯的情况。他们对海外文化一窍不通，在国内所受的教育也不多，但对中华文化却表现出难以想象的热忱和挚爱。他们身上表现出来的中华文化因子，多属民间层次和民间风格，没有经过教育的磨砺和刷新。因此，他们对传统中华文化的理解，不可能上升到系统的理论高度。他们对传统中华文化热忱和挚爱，主要通过对中国民间节日、民俗和宗教的参与表现出来，这一部分华侨多来自中国的农村地区。如果是在过去 30 年间迁居国外的，则主要属广东、福建等沿海农村地区的移民，委内瑞拉华侨基本上属于这一类型。

绝大多数委内瑞拉华侨来自广东省恩平市，恩平文化广义上属于岭南文化，但与岭南文化又有很大的区别。如果把中华文化比喻为“大传统文化”，岭南文化比喻为“中传统文化”，则恩平文化无疑属于“小传统文化”。绝大多数委内瑞拉恩平华侨对“大传统文化”可能所知无几，对“中传统文化”也可能似懂非懂，但对“小传统文化”却是烂熟于胸。从他们对家乡传统节日的庆祝和参与，便表现得淋漓尽致。但不管哪一类文化，只要是属于民间性质的、为平民百姓喜闻乐见的文化样式，就往往为恩平人所津津乐道。例如，卡拉 OK 一类通俗文化，在恩平华侨中就非常流行。

就上面所列举的华侨文化体育活动而言，委内瑞拉华侨所开展的文化活动，既有属于“小传统文化”的活动，也有属于“中传统文化”或“大传统文化”的活动；既有属于高雅文化活动，也有属于通俗文化活动。“中国文化周”活动中所传播的，更多是“大传统文化”；“文联”所开展的文化活动以及华侨运动会与其他中华体育活动，则是“大中小传统文化”并存，雅文化与俗文化共赏，传统与现代兼有；各个华人节日所体现的中华文化，则以“小传统文化”为主。委内瑞拉华人报刊对传播和弘扬丰富多彩的中华文化作出了重要贡献。所有这些文化活动，体现了中华文化的多样化，是和谐文化建设的典范。华侨在居住地的文化活动，不是决然分开的，更多时候是彼此掺杂、雅俗共赏的。我们也可以看到，委内瑞拉的华侨文化，已受到居住地文化的影响，母亲节和华侨选美活动便是证明。

第五节　厄瓜多尔

厄瓜多尔横跨赤道，在西班牙语中，厄瓜多尔就是“赤道”的意思。首都是基多，国土面积25.637万平方公里。厄瓜多尔原为印加帝国一部分，1532年沦为西班牙殖民地。1809年8月10日宣布独立，但仍被西班牙殖民军占领，到1822年才彻底摆脱了西班牙统治，1825年加入大哥伦比亚共和国，1830年大哥伦比亚解体后宣布成立厄瓜多尔共和国。建国后，厄瓜多尔政局一直动荡，政变迭起，文人和军人政府交替执政达19次之多，1979年8月文人政府执政。厄瓜多尔人口1 376万（2008年4月），其中印欧混血种人占77.42%，印第安人占6.83%，白种人占10.46%，黑白混血种人占2.74%，黑人和其他种占2.55%。显然，华人人口所占比例微不足道。

一、群星璀璨的华侨华人移民史

厄瓜多尔的华侨华人移民的历史很早，1878年，这里就有华人的足迹了，但人数应该很少，属移民的涓滴之流。此后到19世纪末20世纪初，出现了第一个移民高峰。当时以广东人为主体的大批华工来到厄瓜多尔垦荒、开矿和修筑铁路，其中一部分来自美国西部。后来这批华工及其后代多数娶当地人为妻，繁衍至今，已形成了庞大的华裔群体。如今，在厄瓜多尔克维多市，还有一座历史悠久的华人公墓——“中华义庄”，见证了华人移居该国的悠久历史。

20世纪之前，厄瓜多尔华侨主要是从美、墨、秘等国移入。1898年，厄瓜多尔政府颁布禁止华侨入境法律，但法律不严，入境者仍逐渐增多。1944年，厄瓜多尔政府取消此法令。1946年，中厄两国签订友好条约，保障两国人民享有游历、居住等各种自由，从此，华侨与其他国家侨民享受同等待遇。1980年中厄建交，厄瓜多尔政府重申了这些原则，宣布逐步放宽对中国移民的入境限制，赴厄瓜多尔定居的华侨华人遂日益增加。到20世纪末，厄瓜多尔有华侨4 000人（含台侨500人），华人1.5万，华裔15万。① 又据不完全统计，2005年左右厄瓜多尔现有中国血统的华裔达20万，而华侨华人为2~3万，多数是近20多年通过旅游、探亲等途径进入该国而后定居下来的。②

历史上移民厄瓜多尔的华侨华人90%以上来自广东，以中山、台山两地为多，也有来自潮汕、广州郊区和福建福清、连江等地。后来，台湾、香港和东南亚国家一些华侨华人也来这里打天下。而在今天，新移民中除了来自广东和福建的以外，还有一部分是来自上海、山东和辽宁等省市。一个突出特点是，不管是

---

① 国务院侨办侨务干部学校编著：《华侨华人概述》，北京：九州出版社2005年版，第153页。

② 黎静：《墨西哥、厄瓜多尔华人社团的现状》，吕伟雄：《海外华人社会新透视》，广州：岭南美术出版社2005年版，第87~92页。

传统华人，还是新移民，他们对中国都一往情深。

华侨华人主要居住在厄瓜多尔国经贸商业金融中心、全国第一大城市瓜亚基尔市，那里约有9 000华侨华人，其次是首都基多市和克维多市，还有一些人散居在安巴托、图尔坎、巴巴奥约等城镇。华侨华人主要是经营中餐馆和杂货店，多属家庭式经营，也有一些华侨华人从事制造业，经营塑料、装饰品、雨具等小型工厂。20世纪70年代以来，部分华人开始转向进出口贸易、房地产开发和食品工业。20世纪80年代发展到旅游、养虾及服务业，其规模也有所扩大。还有些华侨华人从事农业生产，种植蔬菜、香蕉、可可、咖啡等作物，产品均远销外国。华侨华人不论从事何种行业，都能艰苦勤俭，与当地人民友好相处，所以他们所从事的事业一般都能在稳定中求得发展。①

厄瓜多尔华侨华人同邑同乡密集群居的现象较为突出。例如，曼塔与波多维耶霍两市的侨民多为广东中山人，以经营餐馆、五金和零配件商店为主，福建与其他地区的华侨占少数。② 据了解，瓜亚基尔也是中山人居住最多的城市。瓜亚基尔不仅是厄瓜多尔最大的港口城市，也是最大的商业城市，被誉为“太平洋的滨海明珠”，这座美丽的城市既有多姿多彩的建筑和美丽的河边风景，又有繁华的商业街。

若以地区划分，洛斯里奥斯省的克维多市的厄瓜多尔华人经济实力最强、影响最大、对当地社会贡献最多。该市主要经营华资农场、商场、酒楼、五金超市、摩托车和自行车专卖店等。③ 他们的事业是侨胞发扬中华民族吃苦耐劳的精神，经过几十年的奋斗创造出来的，他们的事迹也转化为当地政府和人民对中国政府和人民的深厚情谊。一个例子是，2011年2月23日下午，当吴锐成主任率领的广东省侨办访问团一行访问克维多市时，克维多市长及市政厅全体官员迎接了代表团的到来，并举行盛大的记者招待会。市长向访问团一行介绍了当地华侨华人的历史。他说，当地如梁公璧先生等华侨华人为克维多的经济建设与发展作出了极大的贡献，他还宣布将在该市建立中国城，市长还代表全市人民向吴主任赠送了金钥匙，象征该市永远欢迎吴锐成主任和广东省来的客人。吴主任感谢该市对代表团一行的重视，他表示，这把金钥匙不仅象征着可以打开通往克维多的大门，同时也意味着打开了克维多和厄瓜多尔通往广东、通往中国的大门。④ 克维多人这种别具一格的热忱的欢迎仪式，表明华侨华人对当地经济发展和社会进步的历史贡献已经升华为中厄两国间维系友好关系的国家资源。

---

① 王光华：《华人在厄瓜多尔》，《侨园》2004年第4期。

② 《中国驻瓜亚基尔总领事看望厄瓜多尔两省侨民和中资公司》，中国外交部网站，2011年6月8日。

③ 《中国驻瓜亚基尔总领事看望厄瓜多尔两省侨民和中资公司》，中国外交部网站，2011年6月8日。

④ 《省侨办访问团在厄瓜多尔南部参访受到热烈欢迎》，广东侨网，2011年3月1日。

与其他国家的传统华侨华人一样，侨胞在这里开餐馆的比较多，大一些的餐馆生意兴隆，星期节假日宾客满座，收入丰润，小一点的餐馆维持生计也不成问题。或许很少人会想到，在厄瓜多尔，最有名的中国餐竟是“炒冷饭”，其做法，一般是用鸡蛋或者肉丝加饭来炒。冷饭本属剩饭，过去穷苦人家吃剩后舍不得倒掉，乃留待下一顿加水炒热后再拿来将就一顿，后来加上肉、菜来炒，遂发展成为一道“食谱”。当然，冷饭要炒得好也不容易，但在饮食行当中毕竟属于简单技巧。然而，很多厄瓜多尔老华侨正是凭着简单的“炒冷饭”，在陌生的异国他乡“炒”出了自己的显赫人生和不凡成就。由此可见，在异乡创业，掌握高深复杂的知识和技巧固然重要，但“人无我有，人有我优”更重要。只要在一个看似简单的领域站稳了脚跟，做出了品牌，就可以成为这个领域的“龙头老大”。这种情况直到今天也没有完全消失，很多厄瓜多尔老一辈华人至今仍然在经营着餐馆生意，就是一个证明。当然，跟过去不同的是，现在经营餐馆生意的很多华人已经不再死守一个餐档了，当他们积累了一定资金之后，也会选择新的投资方向，实行多头经营。比如，厄瓜多尔的中山籍华人许家驹，除了开餐馆外，还种植了一百多公顷的水稻，养殖了几十亩水塘的淡水鱼。据百度百科中关于“厄瓜多尔”的资料可知，在克维多，有一批华裔为农场主，经济收入较高。来自台湾的华人则大多经商，也有从事汽车修理和金矿开采的，经济实力比大陆侨胞稍雄厚。

到了20世纪70年代后，一些厄瓜多尔侨胞开始转向进出口生意，经营五金、百货、农场、养虾、食品工业等。产生这种经营格局的动因部分来自20世纪80年代后中国的改革开放而带来的重大变化，特别是与做中国商品进出口生意相关的行业。

厄瓜多尔是个农业国，工业品百分之七八十靠进口，最近10年间，来自中国的日用杂货、五金、器械越来越多，现在已经琳琅满目、比比皆是。中国商品质量显然还不是最好的，但其优势是价格低廉，适合中下层百姓消费。另一个特点是中国商品多为日用品和节日礼品，平民百姓须臾不可缺。比如，在圣诞节这样的特大节日前，必有大批中国货物涌入厄国市场。光是玩具，几乎是清一色的“中国制造”。圣诞节在很大程度上就是礼品大消费的节日，就近10来年的情况看，也可以说是大量消费“中国制造”的商品的节日。在那些曾经作为西班牙、葡萄牙殖民地致使圣诞节成为最重要的国家节日的拉丁美洲国家和地区，一定程度上也可作如是观。

按照厄瓜多尔政策，外国人在该国经商、投资可享受与本国公民的同等待遇，在交纳正常税收后，利润所得可自由汇出。自2000年厄瓜多尔实行了美元制，废除本国货币后，更加吸引了国外投资者，尤其是中国人，从四面八方涌向那里，这就是今天厄瓜多尔大量中国新移民的由来。当然，中国人与货的增多也导致市场竞争的激烈，但不管怎样，中国商品已经覆盖了厄国市场，以铺天盖地、无所不有、琳琅满目来形容，看似夸张，其实并不过分。中厄两国的贸易额年年递增，因是之故，近年来，旅厄华侨华人队伍不断壮大。

据说，厄瓜多尔新华侨华人的增多是以中国“北方人”的增多为明显特征。这与其他一些国家大部分华侨华人以地缘吸纳、结集为主的情况不大相同。尚不清楚这里的所谓“北方人”的地域所指。但笔者相信，厄瓜多尔新移民中的“北方人”概念是出自人数原先占绝对优势的广东籍人之口，而广东人眼中的“北方人”，其实就是“外省人”的别称。所以，笔者相信厄瓜多尔新移民中的“北方人”，应该就是近十来二十年间活跃于国内外的中国沿海省份，如福建、浙江、江苏等地的移民，“北方人”比新移民纯粹因地缘因素而增多的从商程度要高。总的来说，所有的华侨华人都以其特有的勤劳、毅力和智慧繁荣了当地经济，在这方面，他们功不可没。他们扎根当地，努力践行文明、守法经营的从商规则，与当地政府和民众友好相处，积极回报居住国社会，赢得了厄瓜多尔各界广泛的认可和尊重。

但也应该看到，随着形势的发展，华侨华人目前也面临着各种各样的挑战和考验。一些地方，例如曼塔与波多维耶霍两市的华侨华人特别是从事百货、鞋类零售的福建侨民表示，因厄瓜多尔政府的进口政策调整，近一两年来其经营较为困难。① 这就需要他们认真研究厄瓜多尔的贸易政策，加强相互之间的交流和帮助，适时调整自己的经营策略，努力适应商业环境的变化，争取更加稳定和长久的生存空间。

许多厄瓜多尔华人华裔均受过良好教育，他们无论从事公职或自由职业，都取得了一定的成就。不少人同主流社会关系密切，在政治上崭露头角，其中不乏出任政府部长和市长者。另外，人多商机多，加上一定的时间积累，也是华侨华人精英产生的最重要途径。今天，厄瓜多尔华侨华人中已涌现出多方面的杰出代表。这里可以举出几位为例：

其一，华盛顿·阿戈（ING. WASHINGTON HAGO），2007 年起曾任厄瓜多尔驻中国大使。其父是现中山市南朗镇茶东村人，1920 年代到厄瓜多尔谋生，出国时已育有一子一女，到厄瓜多尔后又与当地一女子结婚，生下阿戈。阿戈 5 岁时，父病故，同时父亲经营的碾米厂遭火灾烧毁，生活变得很拮据，但阿戈很勤奋，他白天工作赚取生活费，晚上读夜校，直至大学毕业。后来他从事商业活动，经营汽车配件生意。2004 年，阿戈委托广东省侨办协助寻找其在中山的亲

① 《中国驻瓜亚基尔总领事看望厄瓜多尔两省侨民和中资公司》，中国外交部网站，2011 年 6 月 8 日。

人，中山市侨务局在很短的时间内就帮他找到了。[①] 2005 年 10 月 24 日、2006 年 4 月 26 日、2008 年 1 月 19 日以及 2009 年春节，阿戈先后 4 次到广东省中山市寻根。[②] 像阿戈这样多次回到祖籍地寻根的华裔精英，是十分罕见的。其中 2005 年那一次，他是借率商务代表团前来广州参加秋季中国出口商品交易会之机回乡寻根的，他不但看到了祖屋，看到了父亲的画像，见到了家乡的亲人，还参观了有几百年历史的陈氏宗祠，了解到了他从未知晓的父亲的中文名字，他感慨地说："家乡很美……我永远是中国人。"[③] 2009 年春节那一次，他专程来到茶东村，同家乡的父老乡亲一起度过了一个愉快的春节。他在接受《厄瓜多尔的中山人》摄制组采访的时候甚至表示，希望能在中山买一套房子，退休之后每年都在中山居住一段时间。据悉，阿戈正在筹建"伊比利亚美洲—亚洲基金会"（Fundación Iberoamericana Asiática），该会旨在进一步促进拉丁美洲地区与亚洲地区，尤其是与中国的交流与合作。[④] 他是在更高的层次和更广阔的空间为厄中友谊作贡献。在厄瓜多尔华侨华人中，像华盛顿・阿戈这样对中国和家乡怀有挚爱之情的华裔不在少数。

其二，叶进南，祖籍中山，早年在瓜亚基尔大学攻读法律和国际政治，获法学博士学位，1952—1960 年曾两度出任厄瓜多尔劳工部长，1963—1965 年出任社会福利部副部长，这在厄瓜多尔历史上是破天荒的。1985 年，叶进南接受中国国务院侨办邀请访华，回国后在《理性报》上发表系列访华文章，介绍中国建设成就，在华人社会中产生了积极影响。叶进南与厄瓜多尔政府高级官员来往较多，厄瓜多尔政府在对华关系方面经常征询他的意见。[⑤]

其三，吉列尔漠・陈，祖籍中山，毕业于瓜亚基尔大学法律系，为法律博士，也是一位著名的律师。1987 年他被总统莱昂・费尔雷斯任命为劳工人事部部长，由于陈氏对劳工法深有研究，所以曾多次代表厄瓜多尔政府出席国际劳工会议。[⑥]

其四，李飞龙，第二代中山人，应属华裔。他从一名普通医生开始做起，经过不断拼搏和努力，最终被总统委任为国家卫生部部长，这是厄瓜多尔第一位华裔卫生部长。在任职期间，他致力于改善贫穷地区的医疗卫生条件。后来，李飞龙还创办了瓜亚基尔最大的私立医院——肯尼迪医院。

---

① 《厄中商会会长华盛顿・阿戈回乡寻根》，《中山侨刊》2005 年第 66 期。
② 《黎静副会长会见华盛顿・阿戈理事》，广东侨网，2011 年 5 月 9 日。
③ 《厄中商会会长华盛顿・阿戈回乡寻根》，《中山侨刊》2005 年第 66 期。
④ 《黎静副会长会见华盛顿・阿戈理事》，广东侨网，2011 年 5 月 9 日。
⑤ 王光华：《华人在厄瓜多尔》，《侨园》2004 年第 4 期。
⑥ 王光华：《华人在厄瓜多尔》，《侨园》2004 年第 4 期。

其五，梁公璧，“东方集团”董事长。据互动百科资料，梁公璧祖籍鹤山市共和镇良庚仁和里，1975 年才到厄瓜多尔谋生，应被看作新移民，实际上也是个通过“草根奋斗”阶段而取得成功的典型。“只有奋斗才能成功”是梁公璧的口头禅，也是他的真实写照。到厄瓜多尔后，他利用掌握的祖传黄豆发酵工艺和当地得天独厚的自然条件开始进行酱油生产。起步时，只靠几口大缸制造酱油。做出酱油后，他自己推着自行车，挨家串户推销，因此他也得了个“酱油梁”的雅号。20 世纪 80 年代初，他以自己的敏锐洞察力，果断地投入面条生产，生意越做越大。如今，以他为董事长兼总经理的厄瓜多尔东方集团公司已经运转了 30 多年，从当初制造酱油的几口大缸发展到今天拥有食品工厂、大酒楼、中医诊疗所、农场和进出口贸易的大集团公司。如今，从首都基多到各州、埠的食品商店、酒楼都有他的产品，部分产品还打入国际市场，出口到委内瑞拉、哥伦比亚、巴拿马等国。其食品还大量出口到哥伦比亚、秘鲁等南美各国，所以厄瓜多尔人和华侨华人都称呼梁公璧为“食品先生”。梁公璧经常回乡探亲问祖，对家乡各项公益事业十分关心。近年来，梁公璧经常来广州进行商贸活动，还介绍当地农民到厄瓜多尔种植蔬菜和瓜果。[①] 他曾被国务院邀请回国参加国庆观礼活动，作为厄瓜多尔目前最大的华人企业家的他，也是厄瓜多尔—中国商会的创始人之一，并曾任克维多中华慈善会会长，为中厄交往和经贸关系发展作出了贡献。他于 2010 年被厄瓜多尔国会授以勋章，被誉为厄瓜多尔华人的骄傲和楷模，受到当地政府和人民的尊敬和爱戴。[②]

其六，罗保源，厄瓜多尔罗氏集团总裁，也属新移民，祖籍广东汕尾市。他年轻时，与其弟凭着一股勇气，身无分文地闯荡中国香港和美国，磨炼出吃苦耐劳、永不服输的品格，为日后在厄瓜多尔的辉煌打下了坚实基础。来厄初期，创业艰辛，白手起家。他的诚恳和韧劲，使他的事业一步步发展壮大，最终赢得了当地人的认同。罗氏集团已拥有多家在当地称得上高档的中餐馆、一家建筑房地产公司、一幢价值数百万美元的罗氏大楼以及罗氏进出口公司。尤其值得称道的是，他在厄瓜多尔勇于涉足建筑领域，堪称是该国华人敢吃螃蟹之先驱。他积极投身厄瓜多尔华侨华人社区的工作，曾担任过厄瓜多尔华侨联谊会会长等职务。2002 年 3 月，他随厄瓜多尔总统的访问团访问了中国，半年后，又组织了以厄瓜多尔建筑工程师为主体的 30 多人考察团前往祖国大陆进行参观考察，为厄中关系的发展作出了贡献。[③]

---

① 王光华:《华人在厄瓜多尔》,《侨园》2004 年第 4 期。

② 《中国驻瓜亚基尔总领事看望厄瓜多尔两省侨民和中资公司》，中国外交部网站，2011 年 6 月 8 日。

③ 人物辞条 · 罗保源，据潮汕风情网。

其七，朱福明，出生于上海，1985 年才赴厄定居发展，属于标准的新移民。主要从事百货行业，与国内外联系广泛且事业成功稳定。他虽身有残疾，仍热衷于引导华侨融入和回馈当地社会。他身为厄瓜多尔华侨华人总会和厄瓜多尔中国商会常务理事，热心侨社工作和维护侨益事务，多次协助当地政府妥善处理有关侨民生活和安全事件，带头并引导侨胞融入和回馈当地社会。为此，厄瓜多尔国家议会在 2006 年授予他年度最杰出人士奖，2007 年被厄瓜多尔侨社评为杰出华侨。近年来，他积极穿梭于中厄两国之间，牵线当地政要和重要企业家访问中国，为开展中厄经济文化交流作出努力。2011 年 9 月，朱福明被聘任为上海市海外交流协会海外理事，应邀参加了由上海市政府侨办、上海市海外交流协会举办的“2011 相聚上海共谋发展活动暨上海市海外交流协会第五届理事大会”。[①]

此外还有 MARTININSUACHANG，是现任总统诺沃亚政府的劳工部长；HECTORAYONJO，现任环境部副部长。另在克维多、瓜亚基尔和圣多明各市都有华裔担任过市长。至于杰出的华裔医生、工程师、律师和企业家比比皆是，不胜枚举。如建筑工程师甘胜华先生，曾三度荣获厄瓜多尔全国建筑冠军奖；医师陈志明曾担任厄瓜多尔医学会会长，并任拉丁美洲医学大会主席。

厄瓜多尔出现如此杰出的华人精英的确令人刮目相看。但更应该指出的是，一代华侨华人精英出现后，他们的后代在受教育程度上实现精良化或高级化，是一国精英群体不断增大、涵盖领域不断扩展以及这个群体维持“可持续发展”的必要前提，厄瓜多尔也不例外。今天，在厄瓜多尔，第二代后的华裔子女多被送去美欧就学，致使华人人才不断出现，他们在拉美华侨华人的星空中，组成了一片亮丽的星座。

二、华侨华人社团素描

据 2005 年的资料，厄瓜多尔有华侨华人社团 20 个。不过，目前关于厄瓜多尔华侨华人社团的起源与沿革仍然十分模糊，这里只根据已知资料作一简要勾勒。

1. 20 世纪 70 年代以前成立的传统社团概观

厄瓜多尔的华侨华人社团创立于 20 世纪初期。当时，厄瓜多尔出现了成立华侨社团之风。据检索，厄瓜多尔中华总商会是厄瓜多尔最早成立的华侨华人业缘社团，1907 年 4 月 26 日成立于瓜亚基尔市（成立时称中华公益会，1920 年改现名）。

① 《厄瓜多尔华侨华人总会向市政府侨办赠送纪念牌》，上海侨务网，2011 年 10 月 13 日。

该商会的出现是华侨华人经济发展到一定阶段的必然结果。厄瓜多尔华工于19世纪中后期出现于厄瓜多尔后，主要从事农业劳动，后来逐渐出现经商者，人数日益增多。为了生存发展的需要，他们需要组织社团。1907年4月26日，在瓜亚基尔市召开华侨代表大会，宣告成立中华公益会。顺便指出，当初创建这个机构的王二（亦作王老二）是广东中山人的后代。王二从运输香蕉这样的小生意开始做起，经过多年经营，最后发展成为厄瓜多尔产量排名前列的香蕉生产企业。当年他经营的“太平洋香蕉公司”拥有3 800公顷香蕉园，规模在全国70多家香蕉公司中名列第三。他从事香蕉种植生产和出口几十年，人称“香蕉王”。由于他在发展该国香蕉种植生产和开拓国际市场方面有杰出贡献，曾被厄瓜多尔总统授予一般只授给功勋卓著的民族英雄的“骑士团长”勋章。[①] 今天，王二的儿子维森特·王管理着王氏集团庞大的产业。

今天，该会的宗旨是：促进中厄两国人民友好，开展中国传统文化和民间艺术活动，团结侨胞，为侨胞服务，保护侨胞正当权益。该会拥有一座五层大楼，还有义山和医院，并办有一所300人规模的中文小学。在首都基多还有一个华人创办的“安第列斯之声”电台，每天有半小时的华语广播节目，其内容多为宣讲基督教和其教会活动。[②]

若仔细盘查厄瓜多尔华人社团发展的历史轨迹，则从20世纪初出现社团，一路蓬勃发展，至20世纪40到50年代一度出现高峰，当时不少社团购置物业，兴办中文学校，支援国内抗战等，各项活动办得有声有色。但随后厄瓜多尔的华人社团一度陷入低谷，一些比较大的社团甚至出现了没活动、没会务的“断层”现象。厄瓜多尔中华总商会历史上也曾经历过这样的“断层”局面，它于1907年成立，20世纪40年代就已有会所，同时设有留医所、中文学校等设施，但该会后来会务停顿，会所空置。当近年总商会重新活跃起来的时候，就难免要面对一些历史遗留问题。[③] 1996年，当地一批华侨华人在该会的基础上重新组建了厄瓜多尔华侨华人总会，但一些房产的产权问题也因而产生，困扰着相关的社团。

1980年中厄建交后，该会重视与中国开展经贸联系及其他方面的友好往来。1984年7月17日，在瓜亚基尔市召开年会，除更换领导人外，还修改会章，确定该会的新宗旨为：促进发展中厄友谊，传播中国语言文化，保护旅居厄瓜多尔的华侨权益，促进华社福利事业。该会实行委员会制，原已办有义山和医院，1990年后，更筹办中华语言学校，向年轻一代的华侨、华人讲授华文。每逢重

---

① 王光华：《华人在厄瓜多尔》，《侨园》2004年第4期。

② 王光华：《华人在厄瓜多尔》，《侨园》2004年第4期。

③ 黎静：《墨西哥、厄瓜多尔华人社团的现状》，吕伟雄：《海外华人社会新透视》，广州：岭南美术出版社2005年版，第87～92页。

大节日，组织会员开展与传播中华文化有关的活动。历史上曾任会长（主席）的有：古煜文、严辉、陈锦涛、黄雪鹏等，现任会长是李科。据称，今天的厄瓜多尔中华总商会仍是厄瓜多尔最大的华侨华人社团。1997 年会员人数达 170 多人，此外还有很多准会员。该会拥有一幢五层大楼，每年可收租金 100 多万苏克雷（厄货币）。[①]

根据材料来看，在厄瓜多尔中华总商会成立后漫长的历史中，其下还应存在分会组织或并立的商会组织。之所以做此判断，是出于文塞斯市的华裔组织“中华总商会”的案例。该总商会成立于 1918 年，亦是厄瓜多尔最古老的侨团之一。2011 年 10 月 15 日至 16 日，中国驻瓜亚基尔总领事王卫华夫妇及总领事馆领事宋菊隐等应邀访问文塞斯市，并出席了中华总商会成立 93 周年庆祝晚会，从而向外界揭秘了一段被“埋藏”的商会历史。参加晚会的除该侨团成员外，还有文塞斯市市长代表和市议员等。该会会长 SAUHING 致辞称，近一个世纪以来，该侨团虽几经困难和变化，但始终存在，并有了今天的发展规模，这充分说明了中国人的生存能力和凝聚力。另据他透露，该社团是不久前才与中国驻瓜亚基尔总领事馆重新建立了联系的，因而那天晚上能请到王总领事等官员出席晚会。他也希望这种关系不再中断。[②] 由此可以推测，在厄瓜多尔其他地方，可能曾经存在过类似文塞斯市中华总商会这样的历史或长或短的商会组织或其他类型社团，只是由于各种各样的原因，尚未广为外界所知，也未与其他社团和中国大使馆方面建立起联系，或者因故中断了联系现在还没有跟外界包括跟中国大使馆重新建立起联系。如果存在着这样的社团，相信迟早会建立和加强与厄瓜多尔华侨华人社团这个大群体的联系。

厄瓜多尔另一个较早成立的华侨华人社团是厄瓜多尔中华会馆。因无固定会址，经费来源困难等原因，于 1976 年就已停止活动。它存在时的宗旨是团结旅居厄瓜多尔的华侨，排忧解难，相互帮助，兴办慈善事业。但厄瓜多尔中华会馆成立于何时，未能准确查证。不过，按照其他国家“中华会馆”与“商会”两个系列的华侨华人社团产生的一般规律，两者成立的时间应该不相上下，大多数国家的“中华会馆”甚至更早。厄瓜多尔历史上的情况是否如此，还须更详尽的资料来说明。厄瓜多尔中华会馆因无固定会址、经费来源困难等原因而停止活动，倒是一大遗憾。

厄瓜多尔华裔有自己一些社团组织，如厄瓜多尔十月十日协会、狮子会等。这里且以厄瓜多尔十月十日协会为例。有消息说，2006 年 3 月 29 日，十月十日

① 在传媒的报道中，有时出现“瓜亚基尔中华总商会”，可能就是“厄瓜多尔中华总商会”的别称。

② 《厄瓜多尔文塞斯市中华总商会举行庆典　总领事出席》，中国外交部网站，2011 年 10 月 19 日。

协会主席、狮子会主席华盛顿·阿霍伊回三乡镇白石锚山村寻根问祖。[①] 查华盛顿·阿霍伊中文名为陈志忠，祖籍中山市三乡白石铙山村，1952 年出生于厄瓜多尔，是家族中的第四代华裔，有中国血统，现任厄瓜多尔大学教授，教授统计学、伦理学。他除了担任厄瓜多尔十月十日协会主席、厄瓜多尔狮子会（国际狮子会员）主席外，还担任厄中商会会计师及工会主任。华盛顿·阿霍伊是个带有传奇色彩的人物，且参后述。

2. 20 世纪 70 年代末以后成立的社团概况

20 世纪 70 年代末中国开始实行改革开放政策，这不仅对中国历史的影响是巨大的，对中厄关系乃至对厄瓜多尔华侨华人历史发展的影响也是深刻的，可以作为该国华侨华人社团历史的重要界碑。由于来自中国大陆新移民增多，给长期以来缺乏活力的厄瓜多尔华侨华人社会带来了一股新鲜气息，老的社团开始勃发生机，更重要的是，新的社团一个个出现，尤其是新千年开始后，新社团更是如雨后春笋般产生。

1979 年 6 月 27 日，基多的华侨华人成立了基多华侨联谊会。据百度百科资料，其时李锡伦为首任主席，曾担任基多中华会馆的钟观友任名誉主席，但该会亦无固定会址。该联宜会成立初期，各种政治倾向的人均可参加，成为来自中国大陆和台湾同胞的混合团体。后来该会在台湾驻厄瓜多尔商务处登记，到 1982 年台湾籍的会员退出后，留下的会员多为广东籍华人。既然当时来自两岸的侨胞可以坐到一起组织一个社团，说明两岸政治和意识形态问题对该国的侨社的影响不是很大，即使存在，也被明智地搁在一边。第二年两岸侨胞又一次共同组织社团之举再次说明了这一点。

那是 1983 年初，来自海峡两岸的华侨华人在基多又共同组成了一个社团，称“厄瓜多尔华侨公会”，当时的会员有近 200 人，大多是台湾籍人士。该会成立以后，会务较频繁。该会实行理事制，每年召开一次理事会议，共商会务，选举理事与理事长。该会旨在加强联谊，增进团结，互助互利。该会还办有一个华文班，1987 年 2 月创办《侨声》半月刊，还经常组织文体活动。该会受台湾驻厄瓜多尔商务处管理。虽然厄瓜多尔华侨公会的很多活动目前尚不大清楚，但是，上述简要活动至少已经表明，该会在厄瓜多尔华侨华人社会中做了一些有益的工作，特别是开展文化活动，令人印象深刻。

到 20 世纪 90 年代尤其是新千年以后，厄瓜多尔华侨华人社会中掀起了一波建会潮，好几个华侨华人社团相继建立。究其原因，显然是华侨华人人数增多特别是来自中国大陆的新移民增多之故。因此，这些新建立起来的社团，多与祖

---

① 据中山市地情信息库网站，2006 年 3 月 29 日。

（籍）国保持比较密切的关系。因此，整个厄瓜多尔华侨华人社会与中国的关系总体上显得更加密切。历史由此翻开了全新的一页。

据百度百科资料，厄瓜多尔华侨青年联谊会是20世纪90年代初期成立的。这是个厄瓜多尔华人青年组建的社团，大部分成员年龄在40岁以下，且以新移民为多，显然其成员多来自中国大陆。其宗旨是加强华侨青年间的联系，互助互爱，共谋发展。该会实行理事负责制，每两年选举一次。该会有会员40余人，自成立以来，每逢中国传统节日，均组织青年开展各种文娱活动。

厄瓜多尔华侨华人总会成立于1996年，是当地一批华侨华人在厄瓜多尔中华总商会的基础上重新组建的，意在使中华总商会重新焕发光彩。然而，原总商会的物业至少到2005年时仍然掌握在一名华裔手里，未有随着新社团的组建而移交，厄瓜多尔华侨华人总会内部以及华社中一些争端亦由此而起，已见前述。①

2011年10月1日，中国驻瓜亚基尔（厄瓜多尔）总领事王卫华夫妇和领事馆官员应邀出席由厄瓜多尔华侨华人总会和浙江青田同乡会联合举办的庆祝中华人民共和国成立62周年联欢晚会上，主持人宣布中国国务院侨务办公室赠送给华侨华人总会的一对狮子已经抵达，由驻瓜亚基尔总领事馆转交，并由王总领事和总会当选会长李树强为狮子点睛，此举表达了中国方面对该商会的支持。雄姿勃勃的两只狮子在锣鼓的伴奏下舞了起来，立即为会场增添了热闹欢快的气氛。② 2012年1月20日晚，该会在粤膳坊举行2012—2014年这一届理事就职典礼（原会长为马文生，新当选会长为李树强）。中国驻厄瓜多尔大使苑桂森、中国驻瓜亚基尔总领事王卫华、厄瓜多尔原驻中国大使阿戈、厄瓜多尔华侨华人联合会会长潘坤平、厄瓜多尔中华慈善会会长伍棣湘、厄瓜多尔青田同乡会会长杨小爱，中资机构代表、中国驻厄瓜多尔大使馆商务参赞、领事，驻瓜亚基尔总领事馆其他外交官，以及华侨华人代表共计180余人出席了典礼。如此多的华社团体一齐出席，说明了它的影响力。中国国务院侨务办公室、广东省侨务办公室也发来了贺电。③

厄瓜多尔中国和平统一促进会于2002年7月23日在厄瓜多尔首都基多正式成立，是在当时蓬勃发展的世界各国“促统反独”潮流中，由厄瓜多尔华侨华人在本国建立的一个政治社团。中国驻厄瓜多尔大使馆官员、中资公司代表、华侨华人代表以及厄瓜多尔友人共200多人参加了成立大会。④

---

① 黎静：《墨西哥、厄瓜多尔华人社团的现状》，吕伟雄：《海外华人社会新透视》，广州：岭南美术出版社2005年版，第87～92页。

② 《驻瓜亚基尔总领事王卫华出席华侨总会国庆晚会》，中国外交部网站，2011年10月3日。

③ 《厄华总会新一届领导班子就职典礼在粤膳坊举行》，网上资料。

④ 《厄瓜多尔中国和平统一促进会成立》，中国侨网据《华声报》讯，2002年7月25日。

2004年4月1日，由厄瓜多尔各界妇女组成的“厄瓜多尔中国之友妇女联合会”在首都基多文化之家举行成立大会。中国政务参赞李东代表中国驻厄瓜多尔大使馆到会致辞，高度赞扬了厄瓜多尔妇女多年来对中厄文化交流、人民友好往来的积极参与和热情支持，祝愿该联合会在进一步增进中厄人民相互理解相互支持共同发展的事业中发挥更突出的作用。该联合会主席 EMMA ORTEGA 在热情洋溢的讲话中充分表达了厄广大妇女人士对中国改革成就的真挚敬仰，对中国悠久历史和灿烂文化的深情厚爱以及继续增进两国人民友谊、促进两国妇女真情互助的美好心愿。该联合会虽然不算完全的华侨华人社团，但其成员中肯定包括为数不少的华侨华人妇女，说它是一个“半华侨华人社团”也未尝不可。它的成立，扩大了中国在厄瓜多尔的影响，为中国文化外宣工作提供了一个新的平台。该联合会已在厄瓜多尔政府管理部门正式注册，并希望与中国妇联建立正式联系。①

2006年7月19日，厄瓜多尔华侨华人联合会在首都基多正式成立。若从其名称来看，应是一个涵盖厄瓜多尔所有华侨华人的全侨性社团组织。中国驻厄瓜多尔大使馆主要官员，中资机构代表以及厄瓜多尔中国和平统一促进会、厄瓜多尔联谊会等一些华侨社团的代表出席了成立大会。联合会首位会长是杨溥桓，他在成立大会上发表讲话，表示将团结广大侨胞，为进一步维护华侨华人在厄瓜多尔的合法权益，提高华侨华人在厄瓜多尔的政治、经济和社会地位而努力，同时也希望能为弘扬中华文化，推动中国的和平统一事业作出新的贡献。②

2009年5月13日，厄瓜多尔华侨华人联合会和基多华侨联谊会宣布合并，合并后的名称仍为厄瓜多尔华侨华人联合会，并联合选出新一届理事会成员。中国驻厄瓜多尔大使馆的主要官员、广东省外事办访厄瓜多尔代表团、中资机构代表以及厄瓜多尔中国和平统一促进会等一些华侨社团的代表出席了合并大会。厄瓜多尔华侨华人联合会会长潘坤平在大会上发表讲话，表示将团结广大侨胞，为进一步维护华侨华人在厄瓜多尔的合法权益，提高华侨华人在厄瓜多尔的政治、经济和社会地位而努力。同时，也希望能为弘扬中华文化，推动中国的和平统一事业作出新的贡献。中国驻厄瓜多尔大使蔡润国向厄瓜多尔两大侨团合并表示祝贺。中国国务院侨务办公室向厄瓜多尔华侨华人联合会发来了贺电，来自厄瓜多

---

① 《“厄瓜多尔中国之友妇女联合会”在基多成立》，中国文艺网，2004年4月5日。又据检索，早在20世纪80年代中期，厄瓜多尔曾经成立了一个华人妇女社团，称“厄瓜多尔中华妇女会”，旨在加强华侨、华人女同胞联谊，维护妇女在当地社会的合法权益。后来情况不详。

② 《致力维护侨胞利益，厄瓜多尔华侨华人联合会成》，中国侨网据《华声报》基多消息，2006年7月20日。

尔侨团组织的文艺团体表演了精彩的舞狮和武术节目。[①]

潘坤平祖籍汕头澄海，2010 年 4 月曾应国务院侨办邀请赴北京参加世界华商大会，并专程回家乡澄海参观访问。[②] 他同时还当选为厄瓜多尔中国和平统一促进会会长。

此外，传媒上还经常出现一个称做“厄瓜多尔华侨联谊会”的社团，但有关它的后续情况不详，只知道该联谊会会长为沈达演。他曾以厄瓜多尔华侨联谊会会长的名义在 2002 年 7 月 23 日厄瓜多尔中国和平统一促进会在厄基多的成立大会上讲话，可见该会在此前已经成立。沈达演也兼任中国和平统一促进会的副会长，祖籍广州白云区人和镇，他很热爱祖籍国。他曾应邀于 2006 年到中国四川参加和平统一促进会活动期间突然患脑溢血在广州入院，得到精心治疗而康复。

厄瓜多尔—中国商会（简称厄中商会）的活动尤为值得注意。厄中商会由厄瓜多尔太平洋香蕉王公司总裁 SEGUNDO WONG MAYORGA 发起成立（一说是华盛顿·阿戈联合 10 多人发起成立），时间为 1992 年。到 2005 年时，已发展到 300 多名会员。[③] 其宗旨是促进中厄经贸、科技与文化交流，推动互利合作。该商会是厄瓜多尔一家有影响力的商会组织，有强大的官方背景，其中不少人士为高层华裔，因此也可以粗略地看成一个华人或华裔组织。厄中商会积极推动社团与中国有关方面在经济、文化方面的交流，开展到祖籍地寻根访问的活动。

该商会与中国贸促会的关系同样引人注目。双方于 1999 年 8 月签订合作协议，成为友好商会。1999 年、2002 年和 2003 年，中国贸促会接待了该商会组织的厄瓜多尔总统访华随行企业家代表团。2004 年 11 月，厄中商会仲裁与调解中心成立。中国贸促会会长万季飞应邀率领中国企业家代表团一行 18 人于 2004 年 11 月 15 日至 17 日赴厄瓜多尔瓜亚基尔出席仲裁与调解中心成立仪式，并代表中国国际经济贸易仲裁委员会与厄中商会仲裁与调解中心签订了友好合作协议。“厄中商会仲裁与调解中心”的成立，受到厄瓜多尔政界和商界的高度关注。厄瓜多尔副总统特向厄中商会仲裁与调解中心发来贺电，厄瓜多尔教育部长 ROBERTO BAQUERIZO 等政府官员到会祝贺。为庆祝厄中商会仲裁与调解中心的成立，该仲裁与调解中心专门举办了题为“仲裁与调解在中国”的研讨会，厄瓜多尔教育部长 ROBERTO BAQUERIZO、中国贸促会纺织行业分会常务副会长张延恺先生、中国国际经济贸易仲裁委员会仲裁监督部赵健博士分别发表演讲。[④]

---

① 《厄瓜多尔两大华人社团合并，选举新理事会成员》，江苏侨网，2009 年 5 月 14 日。

② 《厄瓜多尔华侨华人联合会会长莅汕访问》，汕头政府门户网，2010 年 4 月 22 日。

③ 《厄中商会会长华盛顿·阿戈回乡寻根》，《中山侨刊》2005 年第 66 期。

④ 《万会长率中国企业家代表团访问厄瓜多尔》，据中国国际经济贸易仲裁委员会网站。

2011年7月31日上午，厄中商会在厄瓜多尔外交部举行了商会活动推广会，重点向厄瓜多尔企业界推介了将于今年11月27日至28日在智利首都圣地亚哥举办的首届“中国—拉美企业家高峰会”。厄中商会组织了大型企业家代表团与会，出席本次推广会的有厄中商会主席华盛顿·阿戈、中国驻厄瓜多尔大使蔡润国、厄瓜多尔外交部主管国际贸易和一体化的副部长安东尼奥·卢阿雷斯等。

与其他国家一样，厄瓜多尔也存在着以中国地籍为基础的业缘社团（实际上也可以称作是“地缘性业缘社团”）。比如福建商会、台湾商会、青田同乡会等，但现今还难以开出厄瓜多尔这类社团的全部清单。

这里且以十分活跃的厄瓜多尔青田同乡会为例。新世纪以来，随着国际交往的日益频繁，青田新移民陆续登陆厄瓜多尔，发展势头良好，积极参加侨社活动，受到旅居厄瓜多尔各界肯定。厄瓜多尔青田同乡会遂于2009年12月20日在瓜亚基尔成立，时中国驻瓜亚基尔领事馆总领事张善利、华人侨领、侨社代表及社会名流应邀出席。该会会长为杨小爱，曾获“青田侨界十大杰出女性”荣誉称号，1991年赴德国创业，2002年转赴厄瓜多尔从事国际贸易，经营独创的“F&U”服装鞋类品牌，在厄瓜多尔享有较高声誉。[①] 据她说，她喜欢瓜亚基尔这个城市，首先是那里气候非常好，一年四季只要一件薄外套就可以轻装上阵，任何季节都能享受阳光、海滩和户外运动。正是这种季节特色，让她找准了做生意的切入口，这就是经营沙滩鞋业务。据说经营情况不错，业务还在扩展中。[②] 促使杨小爱把自己的事业放在厄瓜多尔的重要动因，是她喜欢该国人民的淳朴善良以及良好的社会民风。现在，她把自己的加工厂都放在厄瓜多尔，从当地的农村进行招工。就她对居住地经济发展与就业的贡献来看，就十分值得赞赏。

中华厄瓜多尔慈善会是一专业的华侨华人社团，该会在建立和谐侨社、促进侨界团结、互爱互助等方面作出了很大的努力，也取得了不错成绩，并多次在祖国发生灾难时积极组织献爱心捐助活动。[③] 此外，还有以各地名义出现的华侨华人慈善会组织，但彼此之间不一定有隶属关系。但一些慈善会一般除会务外，也从事其他经营。如1967年成立的克维多中华慈善会，还经营食品加工、餐馆、中医诊所和农场，与江苏、山东和上海等地有生意往来。[④]

综上所述，厄瓜多尔以一个小国而论，该国的华侨华人社团其实已不算少。2011年有消息说，华盛顿·阿戈拟在未来的日子里，与瓜亚基尔的主要华人社团领袖们一起共同探讨如何进一步整合现有的侨社资源，筹建类似社团联合会的

① 《厄瓜多尔青田同乡会举行成立大典》，青田县侨联网，2009年12月31日。

② 《“厄瓜多尔主题日”大放异彩》，中国青田网，2011年11月9日。

③ 《中国驻瓜亚基尔总领事看望厄瓜多尔两省侨民》，中国新闻网，2011年6月8日。

④ 国务院侨办侨务干部学校遍著：《华侨华人概述》，北京：九州出版社2005年版，第154页。

团体，以更好地发挥当地侨社的作用，更好地为当地的华侨华人服务。[①] 如此，厄瓜多尔华侨华人社团的团结合作将得到加强，其整体作用将得到更好的发挥。

那么，上述社团的主要功能是什么？可以相信，这些社团并没有也没必要在功能上有彼疆此界的划分，特别是在社团的精神文化建设方面，在传承和弘扬中华文化方面，各社团都不遗余力，敢作敢为，且以较新的一个例子加以说明。

厄瓜多尔华侨华人总会会长李树强在2012—2014年这一届就职演说时称，下一步要做好以下5个方面的工作：第一，高举爱国、兴侨的旗帜，把增加旅居厄瓜多尔华人华侨的福祉、当好祖国与厄瓜多尔的纽带桥梁作为第一要务抓紧抓好；第二，在侨胞内部，倡导团结、互助的风气，加强与当地政府、警方、法律界、商界人士的沟通和联系，为广大侨胞、中资机构在厄瓜多尔兴业、创业创造更好的环境条件；第三，以服务为宗旨，为广大侨胞办实事，如中文报纸、信息、法律、生活救济、子女中文教育、重大事故应急等事项；第四，加强与世界各国华侨机构、国内有关涉侨部门的联系和友好往来；第五，加强总会自身建设，发展新会员。与此同时，要务实地办好6件实事：①重启开办中文学校。②丰富侨胞文化活动。经常举办文娱活动及组团出国旅游活动，组织学生团参加中国的夏令营活动。③继续组织办好几个大型的庆祝活动，如中秋节、春节、国庆的庆祝活动。④进一步加强华侨在厄瓜多尔的形象建立。⑤定期组织侨胞召开座谈会，互相介绍成功的经验及解决困难的方法。⑥如果申办成功，将全力以赴组织好、办好2013年在本市召开的“全球华人华侨促进和平统一大会”。[②]

李树强这里所罗列的总会目前和最近要做的工作，大部分也是全体厄瓜多尔华侨华人社团为维护侨胞自身权益而应做的工作，是华侨华人在海外传承和弘扬中华文化应尽的义务。希望厄瓜多尔各华侨华人社团同心同德、众志成城、克服分歧、战胜困难，把整个华社建设推进到更高的水平。

在许多问题上，特别是重大问题上，厄瓜多尔各华侨华人社团能与中国大使馆方面加强沟通、积极配合、协力解决。例如，2011年上半年以来，厄瓜多尔瓜亚基尔市治安形势严峻，当地华侨华人屡遭恐吓、抢劫、人身侵害等恶性事件，造成中国侨民较大的生命财产损失和精神恐慌。中国驻瓜亚基尔总领馆多次向厄瓜多尔沿海地区警察当局和省市政府提出交涉，希望其加强对华侨华人的保护，并敦促厄瓜多尔执法机关秉持正义和公正的原则，全力开展有关侦缉工作，及早破案。总领事馆还一再提醒旅居瓜市和沿海地区的华侨华人和中资公司人员，进一步提高安全防范意识，采取切实、有效的具体措施，确保个人和公司的

① 《黎静副会长会见华盛顿·阿戈理事》，广东侨网，2011年5月9日。

② 《厄华总会新一届领导班子就职典礼在粤膳坊举行》，网上资料。

生命和财产安全。如遇武装或暴力抢劫，要以生命安全为重，尽量不做肢体反抗，应及早报案，配合警方调查，并将情况及时通报总领事馆。[①] 2011 年 9 月 24 日，厄瓜多尔华侨华人联合会、厄瓜多尔华侨华人总会和克维多慈善总会还专门发布了《告全体旅厄华人华侨和中资机构人员书》称：“自 VIAJES ECOMUNDO 诈骗案发以来，驻厄瓜多尔大使馆、华侨华人联合会、华侨华人总会及克维多慈善总会的领导和理事为挽回各位侨胞的损失，立即成立了应急小组处理此案，并做了大量相关工作。通过大使馆和各侨团的共同努力，目前此案进入起诉阶段。如有在此案中遭受损失而尚未备案的侨胞，请马上联系应急小组成员或大使馆，登记损失情况并提供相关证据。应急小组将代表各位进行集体诉讼，请侨胞们不要与 VIAJES ECOMUNDO 进行私下协商或交易，以免再度受其讹骗。另，有鉴于此，请诸位侨胞、中资机构切勿再通过 VIAJES ECOMUNDO 购买机票，避免再次蒙受损失。”[②] 与此同时，还提供了 VIAJES ECOMUNDO 诈骗案应急小组成员联系电话。

当然，由于历史的原因，厄瓜多尔华侨华人社团存在着这样那样的问题。例如，早期厄瓜多尔的华侨华人主要以广东人为主，目前的华裔也多数是广东籍侨民后裔。近年进入两国的华侨华人则以讲普通话的为主，且数量不少，增长迅速。由此，两国华社形成了操粤语方言的广东籍华侨华人群体、操普通话的中国北方新移民群体和操西班牙语的华裔群体等三大群体。由于语言不通、文化各异、成长背景不同，三大群体之间隔阂较深。由三大群体组成的社团，如广东籍侨胞为主的厄瓜多尔华侨华人总会、中国北方新移民为主的厄瓜多尔中国商会等，除同一群体的社团还有些来往外，不同群体之间的社团则甚少往来和沟通。[③]这些问题应该在建设“和谐侨社”的总原则下逐步解决。

厄瓜多尔华侨华人关心祖（籍）国和家乡，每逢祖（籍）国和家乡发生重大自然灾害，他们便通过厄瓜多尔当地社团，以捐款等方式表达他们的关爱和支持。2005 年 6 月，地处偏远山区的广东省河源市高车小学遭受洪水灾害，校园受到不同程度的损坏，教室的门窗受损尤其严重。经广东省侨办联系，厄瓜多尔华侨联谊会筹集善款，捐助高车小学。厄瓜多尔华侨联谊会会长罗宝源亲赴高车小学，将善款面交学校。[④] 2006 年 9 月 4 日，厄瓜多尔华侨华人联合会副会长蔡志

① 《厄瓜多尔华侨华人屡遭抢劫侵害　中领馆提出交涉》，中国外交部网站，2011 年 5 月 20 日。

② 中华人民共和国驻厄瓜多尔大使馆：《告全体旅厄华人华侨和中资机构人员书》，中国驻厄瓜多尔大使馆网站，2011 年 9 月 24 日。

③ 黎静：《墨西哥、厄瓜多尔华人社团的现状》，载吕伟雄：《海外华人社会新透视》，广州：岭南美术出版社 2005 年版，第 87 ~ 92 页。

④ 《厄瓜多尔华侨联谊会捐助河源市高车小学》，中国侨网据《华声报》讯，2005 年 11 月 3 日。

鹏刚抵广州，就立即赶到广东省海外交流协会，代表联合会捐款1万美元支持广东灾区重建的“侨心居”工程。[①] 又如，厄瓜多尔华侨华人联谊会2008年2月5日举行新春团拜会并发起募捐活动，支援祖国同胞抗击雪灾。中国驻厄瓜多尔大使蔡润国向海外侨胞拜年的同时，呼吁大家发扬中华民族“一方有难，八方支援”的美德，为遭受冰雪围困的祖国同胞送温暖献爱心。在场侨胞纷纷踊跃捐款，在短短的两个小时内，共筹集捐款6 000余美元。厄瓜多尔华侨华人联谊会以往在每年的春节联合会都会举行抽奖活动，在这一年的抽奖活动中，不断有中奖者将电视、冰箱、洗衣机等奖品捐出拍卖，拍得的善款全部捐献国内灾区群众。厄瓜多尔华侨华人联合会、厄瓜多尔华人总会、中华慈善会等也发起了“抗雪暖心”捐款活动，并将募集的1.4万美元捐款送到中国驻厄瓜多尔大使馆。[②] 四川汶川大地震发生后，灾区人民的安危深深牵动着厄瓜多尔华侨华人的心，他们纷纷向中国驻厄瓜多尔大使馆表达对受灾同胞的慰问并自发为灾区捐款。厄瓜多尔华人华侨联合会在震后召开紧急会议，呼吁全体侨胞积极行动起来，为灾区民众献出自己的一份爱心。厄瓜多尔华侨联谊会在首都基多举行“众志成城、抗震救灾募捐大会”。截至19日晚，中国大使馆收到厄瓜多尔华人华侨捐款共计63 176美元。[③] 作为小国的厄瓜多尔华侨华人社团所募集的捐款数量可能无法跟一些国家的华侨华人社团相比，但作为侨胞的念祖爱乡之心，则不是金钱所能表达的。

三、华侨华人强烈的中华文化情结

广义上的厄瓜多尔华侨华人实际上可分为两大群体：一是华裔群体；二是出生在他国（主要是中国）作为第一代来到厄瓜多尔的传统华侨华人以及新华侨华人（新移民）。

华裔群体指的是第二代以后的具有华人血统的群体。如前所述，由于移民历史久远，相对于很多国家来说，厄瓜多尔华裔群体的比例特别大。这些已经是华人第二、三代甚至四、五代以上，身上只有二分之一、八分之一乃至十六分之一中国血统的华裔，从长相、语言、文化各方面已经与华侨华人有很大的区别，平时也较少与华侨华人及其社团来往。他们自立门户，成立了属于华裔自己的社团，如上面提到的“厄中商会”等。这些社团的成员普遍受过良好的教育，在

---

① 《厄瓜多尔华侨华人联合会捐资广东灾区侨心居工程》，《华声报》，2006年9月6日。

② 《厄瓜多尔华侨华人募捐，支持中国抗击雪灾》，网易（来源：新华网），2008年2月6日。

③ 《亲情血浓于水，厄瓜多尔华侨华人向地震灾区捐款》，中国外交部网站，2008年5月21日。

当地的政府机构、商业、科技、教育、医疗卫生、法律等部门工作，基本融入了主流社会。

由于语言、文化、观念等方面的客观隔阂，厄瓜多尔华裔社团平时甚少与上述华侨华人社团联系。他们已经深深地烙上主流社会的印记，身上流的已经不全是中国人的血，因而成为华人社会中十分独特的一支。在很多国家，多代以后的华裔一般对祖（籍）国的感情非常淡薄，但在厄瓜多尔却有很大不同。厄瓜多尔许多华裔的内心，仍存在着强烈的中华民族认同感，特别是随着中国社会与经济的迅猛发展，中国对华裔的吸引力与日俱增，他们对自己身上的中国血统深感自豪，对中国语言与文化有着很强的认同感和兴趣。他们大多希望回祖籍地寻根考察，寻找机会认识学习中国语言与文化。因此，这些华裔社团既开展各类与主流社会交流沟通的活动如联欢、商务交流等，又积极开拓加强与中国关系，传承与弘扬中华文化。据黎静调查，厄瓜多尔华裔社团的一些负责人表示，他们非常希望平时与中国的有关部门多联系，也希望与当地侨社多交流。然而，由于与国内联系的渠道不多，与当地华社关系不密切，他们甚少有这样的机会，社团的建设、发展也不可避免受到影响。①

华盛顿·阿霍伊的案例可能会让人倍感兴趣。阿霍伊出生于1952年，是一位大学教授，长着一张典型的“大中华”脸孔。他的曾祖父阿海是100多年前被“卖猪仔”卖到厄瓜多尔的，久而久之，“阿海”这个广东人的称呼，竟成了他们家族在厄瓜多尔的姓氏——阿霍伊，至今已经繁衍生息了五代。在异国他乡，他们祖祖辈辈都说中山客家话，学习中国文化，据说祖辈对后辈的语言要求十分“苛刻”，不说家乡话就不让吃饭，这种“虐待”让阿霍伊受益终身。如今，他仍然可以说一口流利中山客家话。2006年，阿霍伊教授，这个阿霍伊家族的第四代孙不远千里回到了祖籍地中山市三乡白石铙山村。他被亲人引到祖宗的神台前，鞠躬上香。他一边注视着祖宗牌位，一边在胸前画出十字（他是一位虔诚的天主教徒）。他本人感到兴奋的同时，也让祖家的人受到鼓舞。据说阿霍伊教授的愿望是在厄瓜多尔建立一所中文学校。从这个案例不难体察到两种文化在阿霍伊教授身上的奇妙组合。当然，我们也应冷静地看到，像阿霍伊教授这样已经移居海外几代而仍旧可以熟练使用母语的人，还是十分少见的。但通过这样的案例，我们可以感受到厄瓜多尔华裔深沉的中华文化情结。

在鼓励华侨华人后代融入主流社会的同时，厄瓜多尔华社考虑的关键问题，是如何留住他们身上的中华文化之根，并为此进行了不懈的努力。为鼓励和支持

---

① 黎静：《墨西哥、厄瓜多尔华人社团的现状》，吕伟雄：《海外华人社会新透视》，广州：岭南美术出版社2005年版，第87~92页。

厄瓜多尔华人子弟学好汉语，在中国驻厄瓜多尔大使馆和中国国家汉语推广小组的大力支持下，2007 年，由旅居厄瓜多尔的大陆侨胞自主创立了厄瓜多尔第一所中文学校——华凯中文学校，9 月 15 日，在厄瓜多尔首都基多举行了开学典礼。厄瓜多尔华侨华人联合会副会长潘坤平是创建人，并兼任学校校长一职。这所新学校主要以向当地华侨华人子弟教授汉语为主，为厄瓜多尔华侨华人以及所有喜欢中华文化的厄瓜多尔人提供一个良好的汉语学习环境。潘坤平说华凯中文学校的校名取自南宋诗人陆游的《示儿》。① 他说，创办这所中文学校经历了近两年的筹备时间，克服了缺乏资金、设备和教学资料等困难，最终在大使馆和国家汉办的支持下，从中国国内派来了专门从事对外汉语教学的老师。潘坤平表示，创办这所学校的目的就是希望能够传播中国文化，增强中厄两国人民之间的友谊和交流，实实在在地为当地侨胞做一点有益的事情。他同时认为，以中国目前经济发展的巨大活力，这所学校将可以为掌握一定汉语知识的年轻人创造更广的就业和发展机会。中国驻厄瓜多尔大使蔡润国在开学典礼上，代表大使馆向学校赠送了电脑和中文教材等物品，祝愿学校“华语朗朗，凯歌高奏”。②

语言是文化的组成部分，是人们交往、交流、合作的重要工具。同时，语言学习还需要一个良好的大环境。我们可以乐观地看到，在厄瓜多尔，已经初步存在这样的语言大环境，这就是该国当地民众对中国语言及其中国文化的学习热情，瓜亚基尔市的民众特别是青年朋友学习中文的渴望很高。据潘坤平说，厄瓜多尔已有几所中文学校，大多是面向当地人。

在此基础上，2010 年 11 月，第一座厄瓜多尔孔子学院在基多圣弗朗西斯科大学成立，中国国务委员刘延东及多名中国政府官员出席了揭牌仪式，从而也揭开了中厄文化教育交流的新篇章。孔子学院仅仅成立一年，所取得的成绩、发挥的作用和影响却是明显的。首先，它的触角已经从基多扩展至瓜亚基尔市和全国其他地区，即使远在 1 000 公里外的太平洋龟岛上，都有孔子学院老师的身影。其次，汉语班成果丰硕。成立一年来，圣弗朗西斯科孔子学院瓜亚基尔分院已经开办了几个汉语班，学生领到了初级汉语结业证书。2011 年 11 月 18 日，中国驻瓜亚基尔总领事王卫华应邀出席了在 UNIPARK 酒店举行的厄瓜多尔孔子学院成立一周年庆祝活动。在中方院长张志勇的指挥下，学生们用刚刚学到的中文演唱了《青春舞曲》等中国歌曲，赢得来宾的热烈鼓掌。③ 我们可以期待，厄瓜多尔

① 陆游原诗为：死去元知万事空，但悲不见九州同。王师北定中原日，家祭无忘告乃翁。该诗表达了对国家统一的期盼。但陆诗与该校名（华凯）之间有何联系，暂不清楚。

② 郝云甫：《厄瓜多尔首家中文学校在基多举行开学典礼》，新华网，2007 年 9 月 16 日 。

③ 《驻瓜亚基尔总领事王卫华出席厄瓜多尔孔子学院成立一周年庆祝活动》，《中国日报》（来源：中国外交部），2011 年 11 月 20 日。

华侨华人子弟学习汉语，与厄国民众特别是青年朋友学习中文能够汇成一股潮流，花开两枝，争相斗艳。

厄瓜多尔今天出现的华文传媒也令人耳目一新，这就是《厄华侨报》。它最初是在厄瓜多尔华侨华人总会、厄瓜多尔华侨华人联谊会与厄瓜多尔克维多慈善会三方共同支持下办起来的，目前是厄瓜多尔唯一的华文报纸，在侨界拥有较大影响。多年来，在报社全体成员的共同奋斗下，该报克服了资金缺、人员少等困难，取得很大的成绩。目前发行量约 1 000 份。2011 年 5 月 31 日，中国驻瓜亚基尔总领事王卫华会见《厄华侨报》主办单位——厄瓜多尔华侨华人总会主要负责人和全体报社工作人员时对侨报今后的工作提出几点要求：一是能多写出一些反映侨社重要活动的第一手和鲜活的报道，增加对华侨的吸引力；二是就华侨普遍关心的问题开辟专栏，在服务华侨的同时，加强对中国侨民的引导、宣传和教育；三是增加与其他华文媒体的横向交流和学习，积极派员参加国内举办的世界华文媒体会议和培训活动，努力提高办报水平。[①]

华社与中国方面（包括中国大使馆、中资机构等）关系密切，而厄瓜多尔政府也认同和支持华侨华人与祖（籍）国关系的密切发展，以便华社在厄瓜多尔和中国之间更好地担负起桥梁和纽带的作用。反过来，中厄关系的发展也有利于厄瓜多尔华侨华人社会的进步。这几者之间已经形成了水乳交融、和谐并进、相辅相成的密切关系。

自 1980 年 1 月 2 日厄瓜多尔与中国建交以来，两国关系发展顺利。两国政府、议会、政党等方面的交流不断增加，厄瓜多尔瓜亚基尔市与中国的上海结成了友好城市。2009 年，瓜亚斯省的尼克拉德副省长访问了广东省，与广东省签署了缔结友好省协议，开创了两省交流与合作的新局面。中国由中铁四局委内瑞拉分公司承建了厄瓜多尔乔内市综合项目（格兰德河大坝和圣安东尼奥排水渠）一期工程。该项目合同于 2010 年 7 月正式签署，合同总造价为 5 699 万美元，工期 36 个月，于 2010 年 12 月 15 日在乔内市圣安东尼奥营地隆重举行开工仪式，厄瓜多尔国家水利部部长、马纳维省省长、乔内市市长等多位政府要员到场参加开工仪式。格兰德河大坝和圣安东尼奥排水渠的建成，将大幅提升乔内市的防洪能力，彻底改变该市常年遭受洪水侵袭的现状。[②] 中国广西公路桥梁总公司承建瓜亚基尔市的巴巴奥约大桥。2011 年 9 月 26 日晚，厄瓜多尔交通和公共工程部在巴巴奥约河畔隆重举行大桥通车典礼。科雷亚总统和厄瓜多尔外交、公共工

---

① 《中领事会见厄瓜多尔华文报纸人员提出工作要求》，中国外交部网站，2011 年 6 月 2 日。

② 《中铁四局委内瑞拉分公司厄瓜多尔乔内综合一期工程正式开工建设》，企业文化网，2010 年 12 月 17 日。

程、工业、住房等多名内阁部长及厄瓜多尔审计长、瓜亚斯省督、省长等高官出席，来自厄瓜多尔全国各地的数万群众参加了庆祝活动，驻瓜亚基尔总领事王卫华和领事馆官员、广西路桥公司总经理凌忠和公司中外员工代表应邀参加，王总领事和凌忠总经理被安排于主席台就座。值得注意的是，旅居厄瓜多尔的华侨华人代表也被邀参加，体现了该国政府将旅居厄瓜多尔的华侨华人与中国视为一家的态度。①

中国政府方面显然也意识到政府应该对厄瓜多尔华侨华人社会的和谐发展方面发挥积极的作用，并且为此采取了行动。例如，中国派出的海军舰艇编队已经两次友好地访问过厄瓜多尔。第一次是2002年，第二次是2009年，两次都取得了非同寻常的积极效果。对厄瓜多尔政府和人民来说，中国海军的到来被看成是中国政府对厄瓜多尔友好的表示；对该国华侨华人以及中资企业来说，更被当作是来自祖（籍）国的关爱和呵护。而访问和迎送的过程，也是中华文化元素在该国得到宣扬的过程，且以第二次访问为例。2009年12月10日，由北海舰队副司令员王福山少将率领的“石家庄”号导弹驱逐舰和“洪泽湖”号远洋综合补给舰组成的中国海军舰艇编队抵达厄瓜多尔最大港口城市瓜亚基尔，开始为期4天的访问，厄瓜多尔是此行的第三站（此前中国海军舰艇编队访问了智利和秘鲁）。上午10时许，当编队缓缓驶进瓜亚基尔港时，“石家庄”号和厄瓜多尔海军互鸣礼炮21响。厄瓜多尔海军军乐队奏响了欢快的迎宾曲，中国驻厄瓜多尔大使馆官员、中资机构代表和数百名华侨华人在码头挥舞两国国旗，多支华人舞狮队在锣鼓伴奏下表演了欢快的醒狮舞，向远道而来的祖国亲人致意。访问期间，中厄两国海军官兵互相参观军舰、开展学习交流活动，并将举行乒乓球和足球友谊赛，中国海军舰只还将接待厄瓜多尔各界民众参观。厄瓜多尔的华侨报纸，都在头版用一个整版来报道编队来访的盛况。在编队举行的甲板招待会上，厄瓜多尔华人华侨联合会和华人华侨总会代表当地华人华侨向编队赠送“威武之师，耀我中华”、“强大中国海军，百年民族夙愿”的匾额。②

1993年4月，厄瓜多尔海军学院向我国国防部外事局求援，希望有一名武术过硬的中国军人漂洋过海传授技艺，运足气功后能削泥般一掌击碎鹅卵石的队员南养龙被选中。一下飞机，南养龙就受到厄瓜多尔人民的热情欢迎，厄瓜多尔海军司令员、海军总参谋长、高等学校校长、水兵学校校长纷纷前来观看这位中国军人精湛的武术表演。南养龙很快组织起一支表演队，并在学院开设了武术体育

---

① 参《厄瓜多尔总统出席中国公司承建的大桥通车仪式》，中国外交部网站（驻瓜亚基尔总领馆供稿），2011年9月28日。

② 《中国海军舰艇编队抵厄瓜多尔访问》，中国中央人民政府网站，2009年12月11日。

课。南养龙的传奇武术被厄瓜多尔新闻媒体报道后，名声越来越大，许多人慕名而来。一年的任教时间结束时，南养龙丰硕的成果留在了他乡：150 名海军学员、200 名华侨学员个个武艺精湛；个人和集体表演 31 场次，次次反响强烈。①

中国海军编队的访问，南养龙在厄瓜多尔的表现等，自然属于“武”而非“文”。但“武”与“文”并非完全割裂、互相孤立，“武”有时会转化为“文”或促进“文”的生成和发展。也可以说，“武”其实也属于广义上的“文”。人类文明的纵深发展必然是文化的升华，表面上属于“武”的行为其实蕴涵着深层次的“文”的精华。比如说，南养龙或者其他华裔武术家在国外观众面前表演诸如徒手格斗、太极拳、硬气功、胸口碎石等中华传统武术节目，肯定让围观的当地人啧啧称奇，他们会驻足围观，掌声不断。这样一来，就会激发他们对中华文化的好奇，从而在这种好奇的支使下，探索中华文化的内涵，甚至因此而喜欢上中华文化。就武术本身来说，也可以传递其中所蕴涵的“和”文化的信息。当然，这需要观者有更高的文化底蕴。中国海军编队的访问以及南养龙在厄瓜多尔的表现等，大大加深了厄瓜多尔高层和民众对中国的认知，为华侨华人和当地民众认识和了解中国及其和平形象打下了良好基础，对中华文化在该国的传承与弘扬是有利的，实际上，它本身就是中华文化传承弘扬的一种表现。

不过，在看到成绩的同时，也应该看到，中华文化在这个国家华侨华人中的传播与弘扬还是初步的，与既往的历史“欠账”相比，特别是与其他华侨华人居住“大国”与祖（籍）国的密切关系相比，与厄瓜多尔华侨华人对中华文化的强烈需求相比，就显得差距颇大。正如厄瓜多尔华侨华人联合会会长潘坤平所说：“我在这个国家已经 15 年了，只看到了两场来自国内的慰问演出，我们太需要来自祖国的声音了。”②

第六节　哥伦比亚

哥伦比亚共和国在南美洲西北部，西濒太平洋，北临加勒比海，东与委内瑞拉，东南与巴西，南与秘鲁、厄瓜多尔，西北与巴拿马为邻。哥伦比亚在 1499 年成为西班牙殖民地，1870 年宣告独立。首都是圣菲波哥大，国土面积 1 141 748平方公里，全国人口 4 492.9 万人（2009 年）。西班牙语为国语，国人

① 《南养龙赴厄瓜多尔传授中国功夫》，《北京青年报》，2002 年 10 月 15 日。

② 赵超、卫敏丽：《“我们太需要来自祖国的声音了”——华侨华人畅谈中国文化的海外传播》，中国中央人民政府网站，2009 年 7 月 16 日。

多信天主教。

哥伦比亚是个多民族国家，其中包括非洲后裔340万人，印第安人93万人，加勒比海岛屿居民27万人，还有将近50万人分属60个部落。全国人口中，印欧混血种人占60%，白种人占20%，黑白混血种人占18%，其余为黑种人和印第安人等。从多民族国家的角度来说，华人也属其少数民族构成之一。哥伦比亚的华侨华人在该国生活了上百年，已经产生出多代华裔。他们多接受过高等教育，已完全当地化了，有的在当地担任专门职业或公教人员，生活较为优裕，有的还在政府部门任公职。

一、华侨华人在哥伦比亚定居与发展俯瞰

华侨华人最早什么时候移居哥伦比亚的，迄今无明确说法。但早期来哥伦比亚的华侨显然不是以哥伦比亚作为第一目的地的，他们多由美国旧金山移居墨西哥、秘鲁、巴拿马等国后再移入哥伦比亚。因此，他们应属再移民。20世纪20年代，华侨陆续从圣安德烈斯岛和巴拿马、墨西哥、特立尼达等地移入卡塔赫纳、巴兰基利亚等地。但据说到1937年，哥伦比亚华侨人数尚不足300人，这应与20世纪30年代哥伦比亚政府一度禁止华侨入境有关。“二战”结束后，哥伦比亚政府又准许华侨的父母、妻子、兄弟入境。1952年，复规定只限父子关系始可申请入境，且手续烦琐。①

显而易见，由于华侨入境者不多，久而久之，便导致当地华裔所占比例较大。1970年，当地华侨华人共约4 000人，其中华裔占3/4。到1977年，华侨华人人数增至5 000多，其中华裔约3 000人。嗣后，因该国经济不景气，一些人转往美国、委内瑞拉等国谋生。到1987年，哥伦比亚有华侨华人近3 600人，明显地减少了，其中约90%原籍为广东，尤以台山人居多，台湾人则占10%左右。② 据1986年台湾方面的消息，其时在当地出生的华裔已占一半以上。老一辈的华侨和华裔，多半已经取得哥伦比亚国籍。有些老侨与当地人通婚，二、三代后，其后裔已经与华人社会脱节，成为哥伦比亚公民。③

早期到哥伦比亚的华侨华人的生计虽然艰苦，但对于只求糊口的人来说，尚属安稳。他们刻苦耐劳、筚路蓝缕、白手起家，最先经营洗衣店、杂货店及菜

① 白俊杰：《哥伦比亚华侨华人概述》，周南京：《华侨华人百科全书》，北京：中国华侨出版社2002年版，第152页。

② 白俊杰：《哥伦比亚华侨华人概述》，周南京：《华侨华人百科全书》，北京：中国华侨出版社2002年版，第152页。

③ 陶长仁：《哥伦比亚、厄瓜多尔和华侨概况》，台北：正中书局1988年版，第25～26页。

园，到“二战”期间，华侨华人经济情况算是达到最好，战后情况尚可。

1980年中哥建交后，恰值中国改革开放开始之时，因此也迎来中国新华侨华人移民哥伦比亚的高潮。据说，每年有数以百计的新华侨华人到哥伦比亚定居，其来源地除广东外，亦有其他省份。1998年，华侨华人人数增至约1.5万，这应是高峰时的数字。到20世纪90年代末，华营大小餐馆有220多家。雇工30~40人以上的大餐馆有10多家。其次为杂货店，50多家。超级市场1家。贸易企业则多由新移民经营，业绩不俗。华营工业包括塑胶厂、食品厂、成衣厂、家具厂、酿酒厂、制鞋厂等。在巴兰基亚近郊有华营农场9家。农场以种植蔬菜或饲养蛋鸡、肉鸡、猪、牛等为主。较大的华营养鸡场饲鸡在10万只以上。[①]

据哥伦比亚华侨华人联谊会早几年的统计，在哥伦比亚的华侨华人总数在五六千人左右，大部分集中于波哥大。[②] 这个估计可能偏少，但哥伦比亚华侨华人在不到10年内的人数锐减则是可以肯定的。哥伦比亚的这种情况，与其他大多数国家在同一时期内华侨华人人数增长的情况形成鲜明对照。

究其锐减的原因，主要应归因于新移民的裹足不前甚或撤离。老一辈侨民长期生于斯、长于斯，已经习惯并融入了居住地的生活环境，自然不会见异思迁，也难以再迁他国。但新移民不同，他们在移居地没有根基，基本上从零做起，因此，移居地的创业环境如何至关重要，而哥伦比亚恰是一个不如人意的移民目的地。哥伦比亚国内局势一直动荡，直到现在还存在着严重的危机，这对全世界来说都不是秘密，其中最大的问题是哥伦比亚最大的反政府武装——“哥伦比亚革命武装力量”（简称“哥武”）一直很活跃。作为一支对抗政府的武装组织，它创始于1964年，是哥伦比亚最老和最大的左翼游击队组织，在苏联的影响和支持下，于20世纪80年代成为哥伦比亚国内最大的革命武装，甚至一度占领一半国土，但在苏联解体后，游击队却因收入来源减少而走上了邪路。其“邪”有二，一是绑架人质要赎金；二是从毒品生产中获得收益。20世纪90年代末，哥伦比亚在美国支持下开展“哥伦比亚计划”，加大对“哥武”打击力度，“哥武”大大削弱，主要力量基本被消灭，但据说现仍有战斗人员约8 000人。官方数据显示，仅2010年，总计282人在哥伦比亚遭绑架，同比增加32%。[③] 其中大多数是为索要赎金，少部分是为了报复政府。对于人质来说，后者更为危险。中国移民也曾被其绑架过，一度闹得沸沸扬扬，这对中国移民来说尤为敏感。“哥武”目前已被美国、欧盟和哥伦比亚政府列入恐怖主义组织，但一些拉美国家则

① 白俊杰：《哥伦比亚华侨华人概述》，周南京：《华侨华人百科全书》，北京：中国华侨出版社2002年版，第152页。

② 《三百名哥伦比亚华侨华人与友好人士共庆中国新年》，中国外交部网站，2007年2月16日。

③ 《哥伦比亚重兵营救中国人质》，《广州日报》，2011年6月11日。

视其为起义组织。

长期局势不稳，投资环境恶劣，没有起码的商机，是很难吸引中国新移民前来发展的。此外，当地贩毒集团势力很大，治安不靖，也使一些华侨华人无扎根打算，一有机会就向北美等地转移，即使他们自己不走，也要把子女送到美国深造，争取毕业后在美谋职。此外，不少从中国大陆来到哥伦比亚的新移民，也移向北美。

哥伦比亚政府对中国人入境一视同仁，过去，据说一般花1 000美元至1 500美元可办理一人入境。新移民多数是以应聘厨师或投亲、结婚等原因而获准入境的。20世纪90年代，因失业率攀升，哥伦比亚开始对无技术、无资金的外国移民的入境施以限制，这也是华侨入境者较少的一个原因。在哥华侨申请居留签证时，也和其他侨民一样困难，但自2007年1月1日起，情况有所改变。持普通护照的中国公民赴哥伦比亚短期访问或入境哥伦比亚旅游将不再需要申请签证。中国游客在哥伦比亚境内可以逗留3个月，一年内最多逗留6个月而无须申请签证；参加期限为6个月以内的体育、采访、培训、文化和学术活动的也不必申请签证等。虽然这一规定主要是针对游客而言，意在促进双方文化、体育、旅游和商业方面的交流，但对新移民来说，相信还是有积极影响的。

哥伦比亚于1980年2月7日就与中国建交，建交30多年来，两国关系发展非常顺利，在和平共处五项原则基础上，两国在政治、经济、文化、军事等方面的交流与合作不断深入，其中，也有旅居哥伦比亚华侨华人的贡献。他们发扬团结互助优良传统，凭借智慧和勤劳，在哥伦比亚努力创业、遵纪守法、勤劳持家、合法经商，并逐步融入当地社会。他们与哥伦比亚人民和睦相处，尊重当地风俗习惯，在创造财富的同时，也积极回报当地社会，为居住国的稳定和繁荣作出自己的贡献。同时，哥伦比亚政府称赞华人遵纪守法、克勤克俭，政府也为华侨华人的生存、发展提供保护和便利。这方面的较新例子是，2010年下半年以来，哥伦比亚部分地区遭受严重水灾，造成重大人员和财产损失，中国政府向哥伦比亚提供了救灾援助，华侨华人也积极参与哥伦比亚救灾行动。2011年2月1日，旅居哥伦比亚的华侨华人社团向哥伦比亚遭受洪涝灾害地区捐款仪式在哥伦比亚总统府举行，哥伦比亚总统夫人罗德里格斯主持仪式，中国驻哥伦比亚大使高正月、哥伦比亚侨联会主席徐铭添等出席。徐铭添代表全体旅居哥伦比亚的中国侨民向哥伦比亚受灾地区捐赠了8 000万比索。此次捐款是旅居哥伦比亚华侨华人的一份诚挚心愿，希望能够为哥伦比亚灾后重建奉献一份力量。哥伦比亚总统夫人罗德里格斯感谢旅居哥伦比亚华侨华人社团的捐助，认为此举体现了哥中两国人民的深情厚谊，将给哥伦比亚灾区人民送去温暖，助其渡过难关。①

在哥伦比亚，现任坚利国际进出口公司董事长、哥伦比亚华侨华人联谊会主席、哥伦比亚中国和平统一促进会会长徐铭添的名字无人不晓。徐铭添，1958年出生于哥伦比亚一个华侨之家。1978年，完成美国加州大学和德州大学工商管理大学课程，前往委内瑞拉工作。两年后，回哥伦比亚创办坚利国际有限公司。从1987年起，坚利国际进出口公司先后在香港、广州、北京、深圳、上海、南京开设了办事处或分公司，加强推动中国产品的出口。他对中哥经贸贡献巨大，多次组织、陪同哥伦比亚企业家和政府高官到中国访问。他在中国有关方面合资创办了第一家中哥合资企业——扬州坚利美容器具有限公司，业务范围不断扩大，包括开采宝石、生产珠宝，经营房地产、快餐店、进出口及零售业等，生意遍及哥伦比亚、美国、中国等地。又与中国珠宝进出口公司合资开设第二家中哥合资企业——铭华珠宝首饰工厂，把哥伦比亚饮誉全球的祖母绿宝石带到中国。他每年都从中国内地采购2 000多万美元的商品，使中国货在哥伦比亚无人不知。1995年，哥伦比亚副总统迪那加耶还专程赴北京为他在北京国际博览会的哥伦比亚展览馆剪彩。他长期热心帮助哥伦比亚华侨解决各种困难，2010年，他和赵务球共同捐资10万美元，成立华侨华人救急扶贫基金，使哥伦比亚所有贫困华侨生有所赖、病有所医、老有所靠、死有所葬，并每年捐出大量日用品和玩具给本地贫苦家庭。②

难能可贵的是，徐铭添还积极搭建哥中两国政府的交往之桥。2011年2月，他陪同好友哥伦比亚国会议长赫尔曼访华，得到了中国领导人的热情接待。赫尔曼回国后，创立了哥伦比亚共和国国会对华友好协会，他又被邀聘为该会的首席顾问。3月，他作为全球18名代表之一，被中国政协邀请列席了全国政协十届二次会议，这是政协第一次邀请外籍华人列席。6月16日，徐铭添荣获了哥伦比亚国会赫尔曼议长亲自颁发的“国会最高荣誉大骑士”勋章，成为哥伦比亚有史以来获得最高荣誉的第一位华人。③

在哥伦比亚华侨中，现任中山侨商会常务副会长、五洲（中山）实业有限公司董事长的梁兆强也值得一提。他在事业取得成功的同时，不忘回馈社会，一直积极推动及参与各类社会公益事务，多次开展扶困、助学活动，帮助困难家庭和困难学生摆脱困境。他曾参与中山市侨商会向省侨心慈善基金会捐款，支持清

① 《驻哥伦比亚大使高正月出席旅哥华侨华人社团向哥遭受洪涝灾害地区捐款仪式》，中国外交部网站（驻哥伦比亚大使馆供稿），2011年2月2日。

② 赵锡雄：《中哥合资企业拓荒人——访哥伦比亚华侨华人联谊会主席徐铭添》，今日神州网，2011年2月27日。

③ 据百度百科资料。

远市英红华侨茶场和惠州市杨村华侨柑橘场贫困归难侨建设“侨心居”，2011年，再通过省侨心慈善基金会向清远市4个华侨农场捐赠100万元扶贫助学款，帮助困难家庭脱贫致富。[1]

二、华侨华人社团一瞥

据20世纪90年代末的资料，哥伦比亚华侨华人分布在全国27个城市，其中近49%居住在巴兰基亚，约22%居住在圣马尔塔市和卡塔赫纳市，17%以上居住在首都波哥大。[2] 显然，分布非常不均匀。不过，就现在所看到的资料而言，也就是这3个华侨华人高度密集居住的地方的社团情况稍详，其他地方的社团情况有待于进一步查寻。

这3个地方的华侨华人社团分别称巴兰基亚中华侨联会、卡塔赫纳中华会馆和圣马尔塔中华会馆。一般来说，中国驻巴兰基亚领事馆官员举行的重要招待活动，都是这3个会馆的侨领代表该领事馆辖区的侨胞出席。[3]

圣马尔塔中华会馆是哥伦比亚老牌华人社团，1934年成立于圣马尔塔。该会馆旨在加强华侨、华人联系，增进互助团结，维护侨胞权益，共谋公益事业。会馆自成立以来开展会务活动较频繁，通过春节、中秋节等中国传统节日举办联谊活动，密切会员的联系，促进与当地其他社团的交往，扩大会馆在华社的影响。

圣马尔塔中华会馆在过去数十年间的活动情况不详，很可能与中国大陆方面的联系并不密切。一个例证是，圣马尔塔中华会馆在2009年以前从来没有举行过中国国庆庆祝活动。但是，圣马尔塔侨胞近几年对祖（籍）国的关注与热情明显在提高。2009年9月26日，该会馆首次在中国城酒家庆祝中华人民共和国60周年华诞，全体华侨华人专门停业半天悉数与会，中国驻哥伦比亚大使高正月夫妇、驻巴兰基亚领事馆馆长领事韩莉夫妇和大使馆文化官员等应邀出席。会长郑志穰先生、高大使和韩领事共同吹蜡烛、切蛋糕，与华侨华人共同祝愿祖国

---

① 《哥伦比亚华侨百万元捐赠广东华侨农场归难侨子女》，中国新闻网据广东侨网消息，2011年7月4日。

② 白俊杰：《哥伦比亚华侨华人概述》，周南京：《华侨华人百科全书》，北京：中国华侨出版社2002年版，第152页。

③ 但在2012年1月19日中国驻巴兰基亚馆长领事王连根在领馆公寓楼大厅举行华侨华人春节招待会上，参加的社团有巴兰基亚中华总会馆、卡塔赫纳中华会馆和圣马尔塔中华会馆。这里，巴兰基亚中华总会馆取代了以前的巴兰基亚中华侨联会。是否有错讹，或两者间是什么关系，有待查证。

繁荣富强。①

卡塔赫纳中华会馆也是个老牌哥伦比亚华人社团，1943 年春天成立于卡塔赫纳市。其宗旨是加强卡塔赫纳市及周围地区华侨、华人的联系，维护侨胞合法权益，帮助老弱病残者，扶助新侨胞谋求生计。该会馆自成立以来主要工作有：购置馆所，使会员有固定的活动场所；创办华文学校，让华裔子女学习华文及中华传统文化知识；帮助新移民办理定居手续和寻找职业；每逢春节、中秋节等中国传统节日举办庆祝活动，表演舞狮、中国武术等；兴办公益福利事业，为孤寡老人提供救济；时而召开会馆领导人会议，研究有关重大事宜。②

巴兰基亚中华侨联会则较为年轻，于 1986 年 11 月在巴兰基亚市成立。其宗旨是联系侨胞，沟通感情，发挥互助友爱精神，团结协作，共同谋求生存与发展。该会馆自成立以来比较重视开展联谊活动，联络乡情，帮助有困难的侨胞谋求生计，同时举办华文补习班，每逢中国传统节日，组织会员开展文娱联欢活动，在当地具有一定影响。该社团曾经聘请原中国驻哥伦比亚大使馆的大使和领事为名誉顾问，黄迪光、阮韩夫等曾任正、副主席。③

此外，有哥伦比亚华侨华人联谊会，位于首都圣菲波哥大，成立时间应在 20 世纪 80 年代中期。从其名称来看，该联谊会应为全侨性社团。资料表明，它的成立，是对应于中华总会馆的一种“另起炉灶”之举。中华总会馆应是个老资格社团，但在中哥建交后，它在一部分亲台势力把持下，拒绝与中国大使馆联系，也拒绝效法各地中华会馆在中哥建交后纷纷与台湾方面脱钩之举。在此情况下，才有哥伦比亚华侨华人联谊会的成立。至于中华总会馆的现况，则不明确，不过，至今尚未见其出现于中国大使馆举办的重大庆典场合。

2001 年 1 月，徐铭添以高票当选为哥伦比亚华侨华人联谊会主席，在哥伦比亚侨界引起了强烈反响。徐铭添虽在海外出生，少年时在香港读过几年书，但对祖（籍）国却情有独钟。每当静下来时，他忘不了上网了解中国的情况，每次回到中国，他都要到书店里买书。从中国历史到中国现状，从唐诗宋词到岭南文化，他以一口流利的中文侃侃而谈。④ 由他出任哥伦比亚华侨华人联谊会主席，可说是实至名归。

显然，并不是所有华侨华人居住的城市都已经建立了华侨华人社团。例如，

---

① 《巴兰基亚领区华侨华人庆祝祖国 60 周年华诞》，中国外交部网站（驻巴兰基亚领事馆供稿），2009 年 10 月 3 日。

② 据百度百科资料。

③ 据百度百科资料。

④ 赵锡雄：《中哥合资企业拓荒人——访哥伦比亚华侨华人联谊会主席徐铭添》，今日神州网，2011 年 2 月 27 日。

中国侨民相对集中的哥伦比亚第二大城市麦德林至少两年前还没有正式成立侨社，但有几位在当地有影响的侨胞（可以称为侨领）热心于侨务。由此推测，不少有华侨华人居住的城市，还保持着“无社团有侨领而大小事务由侨领出面代表华社”的状态。

哥伦比亚中国和平统一促进会于2002年5月23日在哥伦比亚首都圣菲波哥大成立。成立大会上，100多名旅居哥伦比亚的华侨华人代表纷纷表达了反对“台独”、盼望统一的强烈心愿。中国驻哥伦比亚大使居一杰出席了大会。哥伦比亚中国和平统一促进会创会会长为徐铭添。顾问为台湾籍侨胞曹正模，他希望所有旅哥华侨华人，不分省籍、不分党派、不分地域，共同为中国统一大业而努力。[①] 2011年5月，徐铭添再次当选为哥伦比亚中国和平统一促进会会长。6月，又当选为中南美洲华侨华人中国和平统一促进会副会长。[②]

哥伦比亚有宗亲社团，例如，陈颖川总堂，便是由陈姓华侨华人组成，以联络旅哥陈姓同胞情谊、竭诚团结、谋求福利、互助互爱等为宗旨。总堂协助宗亲同侨，开展慈善事业，为品质优秀的侨生颁发奖学金，照顾贫困宗亲学生，抚恤先侨遗孤。[③]但这是该堂20世纪80年代的状况，近20余年来的情况不详。另外，在哥伦比亚这类宗亲社团和其他地缘社团有多少，其活动情况如何，仍有待于进一步查寻。

在哥伦比亚，由于不少地方没有社团，侨领特别是老侨领的作用就很重要。近年来，中国驻外机构（主要是中国大使馆）在“外交为民”方针的指引下，也加强了为居住国侨胞服务的力度，特别重视多年来为侨社、为发展中国与居住国关系作出过卓越贡献的老一辈侨领。例如，2011年春节前夕，中国驻哥伦比亚大使高正月和夫人以及领事部主任闫秀玲分别逐一看望了为华侨社团的工作、祖国的统一大业、中哥友好合作关系的发展作出积极贡献的老侨领。每到一处，都对德高望重的侨胞们进行了亲切慰问和良好祝福，并详细询问了侨胞们的身体、家庭、生意等情况。[④] 此举传达了以下两点信息：其一，侨社不会忘记老侨领们过去所作的贡献；其二，希望老侨领们发挥余热，继续关心侨社的发展，特别是要积极培养年轻一代，预防侨社出现青黄不接的现象。

顺便说明，哥伦比亚也有中资企业协会，2010年6月18日在驻哥伦比亚大

---

① 《哥伦比亚中国促统会成立》，中国侨网，2002年5月27日。

② 赵锡雄：〈中哥合资企业拓荒人——访哥伦比亚华侨华人联谊会主席徐铭添〉，今日神州网，2011年2月27日。

③ 陶长仁：《哥伦比亚、厄瓜多尔华侨概况》，台北：正中书局1988年版，第39页。

④ 《驻哥伦比亚大使高正月夫妇春节看望侨胞》，中国外交部网站（驻哥伦比亚大使馆供稿），2011年2月3日。

使官邸举行了成立大会。该协会是由经商务部批准或备案的中资企业、机构自愿组成，为代表中资企业利益、维护中资企业权益、协调中资企业关系的非营利性组织。中国石化、华为、中兴、中水顾问、中化、科瑞、国家开发银行、中水对外、中水建设、中石化国工、中港、浪莎集团、竹业进出口公司、泛太平洋贸易有限公司、东方实业、拉美贸易网等16家驻哥中资分公司或代表机构出席了协会成立大会，并表决通过了由中石化哥伦比亚公司叶惠民经理为会长的临时理事会。关于其成立的背景，中国驻哥伦比亚大使高正月在讲话中指出，目前中国企业在哥伦比亚加速实施“走出去”战略正面临着内、外双重机遇，驻哥伦比亚中资企业协会成立恰逢其时。①

三、华侨华人传承中华文化现况

1. 当地华文教育（含“孔子课堂”）

哥伦比亚最早的一所华文学校，是在巴兰基亚的“中哥学校”，建立于20世纪70年代中期。学制与当地一般小学相同，分为两班幼稚班和小学5个年级。②目前运转情况不详。

但是，哥伦比亚近年来肯定建立了新的华文学校。这里只知道一例，这就是哥伦比亚华侨华人联谊会所办的中文学校，这个学校正式成立于2006年11月。据校长卢钟泓说，这个学校早在十几年前就想成立，但因为缺乏资金和师资，一直到2006年11月才在大使馆和侨胞的帮助下开始正式授课。2007年，在华侨华人与友好人士共庆中国新年的联欢会上，刚刚成立的中文学校的老师们把70个学生不久前第一次中文考试的试卷张贴在同样挂满红灯笼的回廊上，不同年龄的孩子们凑在张贴栏前讨论着考试和成绩。卢钟泓看着在大厅和楼道里充满活力的孩子们说，我们只是希望他们长大以后还记得自己的语言，希望中华文化能一代一代地传承下去。③ 2009年9月27日，华侨华人联谊会中文学校为庆祝中华人民共和国成立60周年举办“我为祖国庆生日”活动，高正月大使出席了这次活动。学生们用中文表演了自己编排的舞蹈、话剧、诗朗诵等，表达了庆贺新中国60华诞的喜悦心情，同时在印有全体师生红手印的一颗大《红心》上签名，写

① 《驻哥伦比亚中资企业协会在使馆举行成立大会》，中国外交部网站，2010年6月19日。

② 白俊杰：《哥伦比亚华侨华人概述》，周南京：《华侨华人百科全书》，北京：中国华侨出版社2002年版，第152页。

③ 《三百名哥伦比亚华侨华人与友好人士共庆中国新年》，中国侨网（来源：新华网），2007年2月16日。

上祝福祖国生日的话语，请大使转交给祖国。① 从这则短短的报道可以看出哥伦比亚华侨华人后代传承中华文化的希望。

哥伦比亚建有“孔子课堂”，它是在国家汉办指导下，由天津耀华中学和哥伦比亚新格拉纳达学校联合创办的，于2009年10月6日正式揭牌。实际上，该学校在挂牌前，开展汉语教学已经5年了。这是中国在哥伦比亚建立的第一所“孔子课堂”，是天津耀华中学和哥伦比亚新格拉纳达学校的合作项目，可以作为哥伦比亚中小学生学习汉语和中国文化的平台，同时也意味着中哥两国的文化教育交流走向了一个新的阶段。新格拉纳达学校校长贝尔代表该校表示，为让学生们能够学好汉语，学校董事会愿同耀华中学教师做好一切工作和安排好各项教程，并提供积极支持，力争将“孔子课堂”办成哥伦比亚最好的汉语教学基地。②

值得注意的是，新格拉纳达学校孔子课堂的教学内容和形式都令人耳目一新。且以2010年3月5日到5月23日新格拉纳达学校孔子课堂组织的“学汉语、知中国”图书展为例，这次图书展在当地两所中学和两所社会汉语教学中心成功举办。孔子课堂除了提供图书之外，还制作了中国风情图片，并准备了中国文化讲座、中国旅行和留学讲座。此外，孔子课堂还把《30句汉语游北京》的发声电子书带进汉语课里，在展区张贴两套有声挂图供参观者点读学习和欣赏，给参观者讲解汉语基本用语等。在哥伦比亚中国文化基金会少儿班开展的“有奖读书、讲故事”活动，把中国故事书借给学生们带回家，看懂后，再用母语把它讲给别的小朋友们听。这样一周下来，每个小朋友都知道了“嫦娥奔月”、“牛郎织女”、“后羿射日”、“精卫填海”、“愚公移山”等10多个中国故事。③ 又据报道，孔子课堂的老师还走进哥伦比亚师范大学幼儿园，为教师讲解中国文化，并指导其剪纸、折纸、做中国结等。指导为期两天，共进行了8个小时的中国文化培训，共有76名老师参加，她们一致认为通过这个活动既了解了中国文化，又学到了教学技能，希望以后能有更多类似活动。应本次培训学院的强烈要求，下一次培训将组织学习舞龙和舞狮表演。④ 据说这些活动都很受欢迎，显示了中文教育在哥伦比亚传播的广阔前景。显然，所有这些活动都不是孤立的，都有利于树立中国、中国人以及华侨华人在当地的形象，有利于华侨华人融入当地社会。长远来看，孔子课堂应该考虑与当地的华文学校开展合作。

---

① 《驻哥伦比亚大使高正月出席侨联会中文学校国庆活动》，中国驻哥伦比亚大使馆网站，2009年9月29日。

② 《哥伦比亚第一所“孔子课堂”进驻新格拉纳达学校》，中国外交部网站，2009年10月10日。

③ 《哥伦比亚孔子课堂以“组合拳”形式推广中国文化》，网易（来源：新华网），2010年6月2日。

④ 《哥伦比亚新格达纳达孔子课堂将汉语教学深入社区》，《人民日报》（海外版），2009年11月23日。

2. “参与”与“被参与”——以巴兰基亚狂欢节和中国春节的相互参与为例

哥伦比亚的文化绚丽多彩，它是个文化氛围相当浓厚的国家，有国际影响的文化节就有不少。例如，为纪念圣菲波哥大城市成立450周年而产生的两年一度的波哥大伊比利亚美洲国际戏剧节，在拉美地区被人们认为是最具影响力的文化节日——波哥大电影节，具有广泛影响力的波哥大国际图书节等。当然，这些文化节所要求的文化档次比较高，参与者一般都是有条件的国家的重要文化团体，目前华侨华人参与其中的可能性不大。但是，哥伦比亚华侨华人对居住国的重要节日并非只是望梅止渴。他们可以参与其中的哥伦比亚重大节日，要算巴兰基亚狂欢节了。该节日创始于1878年，历史十分悠久，自16世纪西班牙入侵时就已形成一定规模，当时哥伦比亚土著人和非洲后裔以各自民族的舞蹈形式祭祖敬神，后来欧洲后裔也加入到节日当中，狂欢节具有了更加多样化的演出形式和广泛的影响。经历了500年后，该节日已经成为哥伦比亚国家文化的最具特色的文化标记之一，也最为华侨华人所熟知。自1992年始，每年在圣周前40天举行，为期4天，每次活动时间定为凌晨1时至晚8时。2002年，哥伦比亚国会通过决议，确定巴兰基亚狂欢节为国家文化遗产。2003年，联合国教科文组织将此节日定为“人类口头和非物质文化遗产”。据悉，无论是在舞蹈，还是音乐方面，巴兰基亚狂欢节比巴西狂欢节更丰富，更可以作为拉美文化的代表。

巴兰基亚是哥伦比亚最大的海港城市，也是华侨华人聚居的城市，巴兰基亚狂欢节每年举行一次。以2010年的狂欢节为例，1月16日开幕，2月16日结束，2月13—16日是名为“鲜花大战”的高潮阶段。全市人民放假，哥伦比亚各地及国际游客云集，整个城市一片节日气氛。13日当天，1 000多名盛装舞蹈演员在民族和流行音乐伴奏下或步行或乘坐五颜六色的各式彩车，尽情展示着该市加勒比文化风情。[①] 如今，作为居住地少数民族之一的华侨华人积极参与该项文化活动，有利于侨胞融入当地社会，与当地人民和谐相处，也有利于传播中华文化。近年来，巴兰基亚华侨华人参与狂欢节活动的热情高涨。狂欢节前，他们认真准备。狂欢节期间，所有参与人员都暂时放弃自己的生意和休息时间，不辞辛苦地积极参与狂欢节活动。尤其值得称道的是，他们的表演极具中国特色，同时力促侨胞更好地融入当地社会，使悠久灿烂的中国文化在华侨华人社会不断深入人心，在居住地民族中不断扩展影响。在2011年1月27日中国驻巴兰基亚领事馆领事王连根在领事馆公寓楼举行华侨华人春节招待会上，巴兰基亚中华侨联会、卡塔赫纳中华会馆和圣马尔塔中华会馆的侨领分别代表旅居三省的华侨华人

---

① 《巴兰基亚市长祝贺中国春节》，中国外交部网站，2010年2月18日。

在招待会上致辞。他们表示将按照领事馆的要求，积极筹办参加今年三月在巴市举行的狂欢节，以传播中国传统文化，树立良好的中国形象，使侨胞更好地融入当地社会。[①] 2011 年 3 月 5 日，应大西洋省省长维拉诺的邀请，中国驻哥伦比亚大使高正月夫妇及中国驻巴兰基亚领事馆馆长领事王连根等还出席了在巴兰基亚举行的狂欢节活动。[②]

当然，随着华侨华人与哥伦比亚当地各民族交往的扩大和关系的深化，华侨华人的参与度还可能继续扩大。就拿狂欢节来说，便向华侨华人展示了广阔的参与空间。哥伦比亚是个多民族国家，其中包括非洲后裔、印第安人、加勒比海岛屿居民，此外还有 60 个部落。狂欢节举办期间，这些少数民族可以向人们展现古老的民族舞蹈，其中最主要的舞蹈包括有 400 年历史的、表现殖民时期非洲后裔斗士的 DANZA DE CONGO 舞蹈；源于前西班牙殖民时期，盛行于非洲后裔、美洲黑人以及西班牙后裔种族中的 DIABLOS ARLEQUINES 舞蹈。除此之外，将近 20 个部落也是狂欢节的主角，每一个舞蹈都有着近 200 年的历史，[③] 可谓是哥伦比亚民族文化的大荟萃。华侨华人自然不可能无一遗漏地参与上述活动，但若假以时日，通过观摩、学习、吸收哥伦比亚各民族丰富多彩的文化营养，这对民族间的文化交流，同时对中华文化的传播是有利无弊的。

哥伦比亚华侨华人参与居住地的文化活动也得到中国侨务部门的积极支持。例如，2010 年 4 月 23 日，中国驻巴兰基亚领事馆馆长领事韩莉前往巴兰基亚中华侨联会会馆，代表国务院侨务办公室向侨联会赠送舞龙、舞狮、道具及民族服装等，并向他们转达了国务院侨务办公室鼓励和支持侨团积极参加当地活动，弘扬祖国文化的良好愿望。侨联会主要侨领、老侨和青年华侨代表及中文班的师生们齐聚一堂，喜气洋洋。[④]

哥伦比亚民众对中国文化的了解和参与也达到了一定的深度。这从 2012 年龙年春节双方的互动可以看出来。其中一个互动是，1 月 17—30 日，圣菲波哥大新格拉纳达学校孔子课堂和中国文化中心分别举办了欢乐春节系列活动。其间，中国教师带领当地学生分别开展舞龙舞狮教学及展示、学唱中国新年歌曲、教学剪纸、学包饺子、做红包等具有典型中国传统文化色彩的活动，并向参加活动的哥伦比亚学生、教师及家长讲解相关习俗的文化背景和内涵等。中国教师们还为大家准备了春卷、麻花等具有中国特色的风味小吃，这些小吃令人赞不绝口。另

---

① 《驻巴兰基亚领馆举行华侨华人春节招待会》，中国外交部网站，2011 年 1 月 28 日。

② 《驻哥伦比亚大使高正月出席巴兰基亚市狂欢节活动》，中国外交部网站（驻巴兰基亚领事馆供稿），2011 年 3 月 10 日。

③ 据中国驻哥伦比亚大使馆网站资料。

④ 《驻巴兰基亚领事馆向哥伦比亚侨团转送国侨办赠品》，中国外交部网站，2010 年 4 月 26 日。

外一个互动是，在春节当天，布卡市孔子学校的师生们在覆盖哥西南部城市的Bugavisión电视台《西部之声》节目中用中文向中国人民拜年，并演唱了中文歌曲《月亮姐姐数字歌》。还有一个互动是，1月25日，在圣菲波哥大华人社团总部内，中国驻哥伦比亚大使汪晓源、文化参赞吕德胜及200多名华侨华人和哥伦比亚友人聚集一堂。华侨华人组织的舞狮队在总部门口进行表演，吸引了众多哥伦比亚民众驻足观看。参加活动的哥伦比亚参议员埃尔南托·贝尔特拉萨还接受了中国中央电视台记者的采访。[①] 从上述消息来看，哥伦比亚人在参与中国的春节活动时，已接触到了更多更系统更具体的“中国元素”，不仅有经过组合的“中国元素”的表演和展示，而且有其内涵的宣传解读，这应是中华文化传播的一个方向。

哥伦比亚是个具有较长接纳华侨华人历史的国家，近二三十年来虽有新移民掺杂进来，但基本上仍然以传统华人为主。哥伦比亚又是个具有开放、包容与浓厚民族文化氛围的国家，该国的华侨华人正在以新的姿态融入当地的文化之中，正如侨联会副理事长邝仁杰所说的：“参加当地的文化活动，能使我们华侨华人更好地融入当地社会，提高我们的社会地位，能让我们活得更好更稳定更幸福。”[②]

第七节　玻利维亚

玻利维亚国是南美洲的一个内陆国家。邻国有巴西、秘鲁、智利、阿根廷、巴拉圭。玻利维亚是有“六国之父”之称的西蒙·玻利瓦尔从西班牙殖民者手中解放的6个南美国家之一，玻利瓦尔将自己爱女的名字“玻利维亚”作为该国的国名。其法定首都为苏克雷，实际上政府所在地为拉巴斯。拉巴斯海拔高度超过3 600米，堪称是世界上海拔最高的首都。国土面积约1 098 581平方公里，人口约1 002.8万（2008年），主要人种为印第安人、印欧混血种人和白人，主要宗教为天主教、卫理公会和耶稣教。官方语言为西班牙语。《南美的心脏：旅居玻利维亚十四载》作者王秉龙这样描述这个国家：“玻利维亚的版图外形，大体上像人的心脏。如果把南美洲看成一个人形，它的地理位置正好处在北部偏中，当地人就自豪地称他们的国家是‘南美的心脏’。”

---

① 吕德胜（中国驻哥伦比亚大使馆文化处参赞）：《欢乐春节”活动在哥伦比亚举办》，文化传通网站，2012年2月1日。

② 《驻巴兰基亚领事馆向哥伦比亚侨团转送国侨办赠品》，中国外交部网站，2010年4月26日。

玻利维亚拥有丰富的原生态资源，在安第斯山和亚马逊河地区，存在着36种迥异的文化，其生活方式、语言和习俗各不相同。“原生态”曾经是贬义的，备受嘲讽的，但在世界自然资源被野蛮开发的今天，由于“原生态”渐难寻觅，这个概念已逐渐被“褒义化”。从这个角度上说，玻利维亚是令人羡慕的，也有人将之称为“南美的西藏”。《南美的心脏：旅居玻利维亚十四载》一书这样描述玻利维亚的“原生态”：“专家早就测定，玻利维亚的地上，森林覆盖面积达五分之四；地下，三分之二的地层储藏着石油。所有的土地都有主人，但大片大片地荒芜着，开垦利用的只是凤毛麟角。准确地讲，有一点小的工矿企业，还没有形成自己的工业；有一点农场，还没有形成自己的农业。这里，最像样的工厂是啤酒厂，最有钱的老板是啤酒厂老板。”

但任何事情都是一分为二的。过于“荒蛮”的“原生态”，也往往是贫穷和落后的同义语。而不少第三世界国家的“原生态”，往往还伴随着人民生活方式和消费观念的落后与守旧。显然，这些都是与全球化的当代国际社会相悖的。玻利维亚的“原生态”，便含有这样的成分。据说，在玻利维亚，什么货都积压，唯独啤酒不积压，因为国人嗜酒如命。不分男女老少，每到星期六，手上有了点钱（多数企业发周薪工资），便要掏空腰包，喝个一醉方休。法律有禁止未成年人喝酒的条文，故除未成年人稍有节制外，其他人则纵情豪饮，此话或许有点夸张，但是人们对这个高原国家所产生的印象却是极为深刻的。当然，这种民风有历史的原因，非一朝一夕可以改变，也非玻利维亚一国所独有。据笔者所知，南美国家很多民族都不同程度地存在着这种状况。现在，玻利维亚政府也在致力于国家的现代化发展，也在引进外来企业从事资源开发，说明“原生态”不好的一面将逐渐被遗弃。还有，“原生态”对社会动乱没有必然的“免疫力”。过去玻利维亚政变不断，游行示威频繁，就是一个说明。

在对华关系方面，玻利维亚于1985年7月9日与中国建交。近年来，中玻关系发展快速，两国政治互信不断增强，经贸合作富有成果，人文交流也越来越密切。中国一些企业已经进驻该国多年，在帮助该国经济发展方面立有汗马功劳。他们与生活在该国的华侨华人一起，形成了一道“华族”在玻利维亚生存发展的风景线。

一、华侨华人历史轨迹粗识

作为一个高原与内陆国家，玻利维亚的华侨华人历史与一般的国家迥然有别。在一般的国家，研究者可以找到华侨华人移民该国的源头，尽管这个源头是朦胧而模糊的，也可以找到华侨华人同胞聚族开发一地一埠的史迹，尽管这种充满艰涩的开发史可能是杂乱无章的。玻利维亚却很难理出一条哪怕是十分粗糙的有一点连贯的线索。

归根到底，是由于这个国家历史上的经济发展远落后于大部分拉美国家。玻利维亚历史上没有像其他拉美国家那样出现过大种植园和专业化大生产，因此也就没有产生过“契约劳工”、“猪仔劳工”一类专门针对华人的雇用形式。在玻利维亚的移民史上，现有材料未表明存在过针对中国人的强制性移民形态，也未存在过华侨华人的“自由”移民。原因仍然是玻利维亚长期存在的自然与社会“原生态”环境导致商机稀少，华侨华人不大乐意前往这个国家。

当然，这样说并非意味着对今天存在于这个国家的华侨华人视而不见。今天已经有数以千计的侨胞定居于玻利维亚，但他们移民于此的方式明显不同于许多别的国家。笔者这里且以“溢散”式移民这个概念来描述这种状态。所谓“溢散”式，是相对于“聚敛”式而言的。“聚敛”式移民往往是大批量的中国人在一个相对集中的时段，以一种比较趋同的方式（例如上面提到的“契约劳工”、“猪仔劳工”方式）连贯地移向某一个国家或地区。其结果往往是一些聚居地移民的高度地缘化和一定程度的血缘化，具体表现就是地缘性和血缘性社团的相继出现。这种情况在许多国家司空见惯，可以说是历史上中国人移民的常态。要说明的一点是，“溢散”状态下的玻利维亚华侨华人，其居住地固然比较分散，但决非意味着单家独户居住。中国人与生俱来的群体意识，特别是到了海外后需要互帮互助的族群意识，肯定促使他们在居住形态上尽可能地采取密集化的方式，目的是利于群体间互相帮助。

当然，作为一个“宜移”、“宜居”之地，玻利维亚与其他“热门”移民之地相比，显然不可同日而语。因为，大多数中国新移民的最大愿望仍然是寻找一个可以迅速致富的最佳移民国度。对于绝大多数中国人特别是受教育无多的下层中国移民来说，移民国的“品牌”效应至关重要。“从众心理”往往是催使移民竞相往少数“上位”移民输入国挤的首要考虑因素。大多数人开始时一般都不愿意相信公认的最落后国家也有最容易起步“发财”的地方，也有生活过得比前者更好的地方。但事情有时候是非常复杂的，并非每一个中国移民都可以“千军万马过独木桥”似的往一两个“上乘”的移民国家的道上挤，总有一些新移民出于自身的一些考虑，或愿意在玻利维亚过相对安宁的生活，或那里的气候习俗为己所钟，或自己资金有限而甘心移民于彼，或彼处有自己的亲戚朋友等，而落户于相对“下位”的国家。

对于玻利维亚目前华侨华人的情况，人们知之甚稀。有一则消息说，玻利维亚老一辈华侨多来自广东，新侨则来自福建福清、广东台山等地。20 世纪 90 年代后到玻利维亚的华侨逾 13 万人，但这十几万人中很少人居留在玻国，他们大多移居到巴西、阿根廷等地。目前玻利维亚对移民政策采取严格控制的措施。①这是目前有关玻利维亚华侨华人情况的一条比较详尽的消息。

按照上面所提到的“溢散”方式，则可以对有关玻利维亚华侨华人移民做一个延伸性的解读。首先，最早来到这个国家的中国移民以广东籍为主，他们可能是先在玻利维亚周边或更远的其他国家寻找工作，因为各种各样的原因而又“漂流”到玻利维亚，也可能先以“契约劳工”或“猪仔劳工”的身份在一些国家做劳役，在他们最终获得自由后而选择来到玻利维亚。其次，玻利维亚并非是这些以“溢散”方式而来的中国移民的最后归宿，很多人在该国逗留了或长或短的一段时间后，又漂落他方。因而，玻利维亚只是他们漂泊生涯中的一个驿站。相信原先十多万华侨华人就是这样漂泊到其他国家的。当然，他们离开玻利维亚的原因很复杂，其中很重要的原因应该是商机的稀少。对于中国传统移民来说，存在商机与可以迅速致富是他们最重要的移民原因。再者，改革开放后到玻利维亚的新移民（福建人担当主角，其次有广东台山人），多只是以该国作为过境地。玻利维亚成了一个新的“溢散”源头。当然，也须说明，到了一个国家后又再次移民他国的现象并非为玻利维亚所独有，大多数国家都存在过这样的状况。但是，像玻利维亚这样，原先十余万中国侨民最后多各奔东西而剩下区区数千人的情况的确罕见。当然，新移民中肯定还有 20 世纪 80 年代中期以来被蛇头骗来的中国人，其人数当不在少数。这些现代新移民之所以来到玻利维亚，最重要的因素仍然是商机，但传统移民在这个国家数十年来的“榜样”作用，无疑也是一些人选择到此处来的重要参照。还应指出，历史上移民玻利维亚的传统华人中，有一部分来自台湾，他们多是 1949 年以后陆续来到该国谋生的。

至于玻利维亚目前的华侨华人人数，没有一个比较统一的说法。一说为 3 000 多人，此说没有出处，或是随口之言；另一说则比较保守，但比较可靠，说“旅居玻利维亚的华侨华人不足千人，并分散在高原沟壑的不同州省。”② 后一说的不足千人应该是经常参加活动而可以统计到的华侨华人人数，以大中城市为主，显然不包括中资企业员工。统计的人数之所以如此少，显然与该国的地理状况和侨情（特别是华侨华人人口分布的现状）密切相关。该国各州分布高原沟壑，这些地带肯定还有不少华侨华人，但由于交通不便等缘故，他们与外界少有联系甚至中断了联系。这样看来，说玻利维亚的华侨华人人数在 2 000 ~ 3 000，应该是比较稳妥的估计。

① 《吴锐成会见广东省海交会玻利维亚理事杨启周》，广东侨网，2007 年 11 月 2 日。

② 《玻利维亚华侨华人、中资机构踊跃为玉树灾区捐款》，中国外交部网站（驻玻利维亚大使馆供稿），2010 年 4 月 29 日。

令人颇为感兴趣的是，玻利维亚华侨华人的职业则比较集中。他们最重要的职业，也是他们的“品牌”职业，就是经营烧鸡店。烧鸡店在该国所有华人职业中有鹤立鸡群之势，但烧鸡店并非是该国华人的最初职业。在华侨华人之前，做烧鸡店方面独领风骚的主要是韩国人和日本人。华侨华人只是从20世纪70年代开始才涉足烧鸡店，但很快后来居上，最终取代了日本人和韩国人。如今，华侨华人经营的烧鸡店已突破200家，换言之，每十多位华侨华人中就有一个是烧鸡店老板。据说在华人较密集的圣克鲁斯，华侨华人烧鸡店几乎占据了当地烧鸡业市场的80%。① 据说如今玻利维亚各地的烧鸡店有近千家，大多数控制在华侨华人手中，其中半数以上被称为“香港烧鸡店”，因为华侨华人做的烤鸡就是比当地人做的好吃。②

玻利维亚华侨华人之所以喜欢经营烧鸡店，关键因素是市场。首先，玻利维亚人爱吃烧鸡。据说烧鸡店天天客似云来，玻利维亚人爱吃烧鸡的程度，由此可见一斑。其次，也因为经营烧鸡店技术要求不高，做法单一，要么是“烤”，要么是“炸”，技术上并不比厄瓜多尔华侨华人的“炒冷饭”高到哪里去。规模大一点的店，则“烤”或“炸”两种套餐都卖。做烧鸡店也不用推出新菜式、创设新做法，也不讲究装潢，不必大肆宣传或讲究排场。显然，玻利维亚华侨华人经营的烧鸡店，完全是一种因为巨大的市场需求形成的经营格局，是一种“酒香不怕巷子深”的传统经营模式。这种经营，市场稳定，客源充足，技术含量低，适合于受教育无多者经营，但在供求关系稳定的情况下其利润率也有限。虽然过去玻利维亚政变不断，游行示威频繁，经济落后，但一间间小小的烧鸡店则飘香四溢，为华人带来温饱和安定。当地华人常说：“烧鸡店真是伟大的行业。同样一式的烧鸡不只养大了好几代的玻利维亚人，也养活了开烧鸡店的几千名华人。”③

像做烧鸡店这样谋生的华侨华人当然是得益于玻利维亚独特的市场需求，但要在玻利维亚这样比较落后的国家立足，最需要的还是坚毅刚强和忍辱负重的过人品质。达先生就是这样，他已年逾七旬，原系苏北人士，出身富豪，1949年18岁时随军到了台湾。因天资聪颖，进了军校深造，毕业后留校执教。但他耿直，自视技高一筹，经常顶撞上司，后因一件不大不小的过失被革职，蹲了班房。出狱后，他一怒之下携妻带子漂洋过海来到玻利维亚。近30年来，他摆过地摊，坐过大牢，拣过破烂，卖过快餐，开过小饭铺，在山沟里淘过金……但还

① 黄子珊：《华人在他乡：中式烤鸡，征服玻利维亚!》，《星洲日报》，2009年1月31日。
② 《混在拉巴斯的中国人》，《环球》杂志署名文章，载新华网，2004年3月2日。
③ 黄子珊：《华人在他乡：中式烤鸡，征服玻利维亚!》，《星洲日报》，2009年1月31日。

是一步步拼搏出来了。如今，论资产，他在拉巴斯华侨中堪称富贾之一，拥有一个小金矿和一家中餐馆。

最令人感到惊奇的是他开金矿的事迹。他的金矿位于距拉巴斯数百公里的亚马逊河流域的热带丛林里，山麓跌宕，道路崎岖，人烟稀少，毒蛇猛兽横行。每次去金矿都要跋山涉水，翻越海拔 4 000 多米的安第斯山脉。一般情况下，途中需要两三天的时间，碰上雨季或其他意外，途中耽搁五六天也是常事。距拉巴斯 100 公里有一座海拔近 5 000 米的山脉是去金矿的必经之路，有一段 60 公里左右的盘山路，被当地人视为死亡之路。路面只有两三米宽，一侧是陡峭的山崖，另一侧则是深不可窥的深渊。几乎每个月都有车辆坠落山崖，一旦发生这类事故，车上人就会尸骨无还，他几乎每个月都要往返一趟。据他说，一次车到了山涧里，同车人都摔成了肉酱，他却被悬崖边上的树枝挂住，就这么风吹日晒了 3 天才被人救起。尽管已 76 岁高龄，他仍和土著工人一样在摄氏 50 多度的高温下进矿采金，夜晚住在简陋的工棚里，蚊叮虫咬，还要随时准备迎接毒蛇猛兽的袭击。雨季时，洪水常会把矿淹没，把工棚卷走。他便和工人一起站在齐胸水深的掌子面上挖沙、排水。玻利维亚华侨华人几乎无人不知达先生，究其原因，并非因为他的资产及不凡经历，而是他刚正不阿、仗义助人的性格。只要有落魄的华侨来到门前，他二话不说，先请吃饭，再安排洗澡、住宿，待有了着落离开时，还会塞给些盘缠。达先生现任旅玻拉巴斯中华总会副会长。[①] 像达先生这样的充满着冒险经历的案例，若放在 100 年前，倒不奇怪，那时候下南洋、走金山的华侨先辈都是这样走过来的。但在今天的华侨华人群体中已经越来越少了，甚至可以说是凤毛麟角了，因此格外令人佩服。

“苏杭常”也是这样一个案例。“苏杭常”实为常太太，出自苏州一名门。“文革期间”因有海外关系，下嫁给憨厚老实且出身好的老常。20 世纪 70 年代末，她背井离乡，随夫携子来到玻利维亚。令人惊奇的是，好强的常太太不去投奔在美国的父母和在英国的叔婶。这在当时人看来是不可思议的事，但在她看来再正常不过，因为多年的磨难，已使常太太练就一身生存硬功。她自信能在玻利维亚这个中国人尚未熟悉的天涯海角拼出一块天地。功夫不负有心人，20 多年的拼搏，使老常夫妇迈进了当地上层社会。他们在拉巴斯开设的中餐馆“苏杭饭店”在玻利维亚可谓数一数二。据说玻利维亚部长、将军甚至总统都成为饭店的常客，来往朋友也多是有头有脸的社会名流。“苏杭常”还当上了拉巴斯中华商会的总干事。[②]

① 《混在拉巴斯的中国人》，《环球》杂志署名文章，载新华网，2004 年 3 月 2 日。

② 《在拉巴斯讨生活的三个中国人》，新华网，2003 年 3 月 2 日。

对于从事其他行业的华侨华人来说，要在玻利维亚立足，就必须要有过硬的谋生本领。这一类华侨华人虽然人数不多，但肯定是强者，往往也是华侨华人群体中的精英分子。兹举两例：

一是郝大夫的案例。郝大夫 60 岁出头，曾是北京某医院的主治医生，三代祖传老中医。十多年前到玻利维亚，在此落地生根，早就拿到了玻利维亚的归化护照，并在此地重新开始其治病救人的生涯。他的医术在玻利维亚人中闻名遐迩。拉巴斯当地的常见病是关节炎，郝大夫的小针刀治疗术可以轻而易举地治愈这一顽疾，电视台多次播放经郝大夫治疗的患者热泪盈眶地颂扬他的镜头。据说就连玻利维亚前总统麦萨将军也慕名前来请郝大夫为其针灸，十几年来，郝大夫免费为玻利维亚上万警察治疗过（玻国警察一共才有 2 万余人），他还经常接受周边国家人士的邀请前去讲学或会诊。据说他讲课时，常常是西班牙语、英语、中文外加肢体语言一齐上阵，让台下的当地人对中国医术佩服得五体投地。显而易见，郝大夫能够在玻利维亚立足，有赖于他无人取代的过硬谋生本领，他因此也赢得了当地社会的敬重，享有显赫地位。他拥有玻利维亚警察上校警衔，代表了当地人对他的奖赏和荣誉。在华侨华人社会中，他身兼旅玻拉巴斯中华总会的会长、反对台湾独立促进祖国统一玻利维亚分会副会长等职，更是他显赫社会地位的标志。据说，由郝大夫夫妇主办的华人春节宴会，除中国使馆全体外交官参加外，总统夫人、将军、部长们都会赏光亲临。郝大夫在华侨华人和当地民族拥有的社会地位，反过来也有利于他服务侨胞、回报当地民族和社会，他也对此乐此不疲。笑容可掬、平易近人的他，只要是中国人有事相求，总是马上放下手中的活倾力相助。有些身陷囹圄的华人，出事后首先想到的是警官“郝上校”，而不是什么律师。这时候，郝大夫便会立即揣上警官证直奔警察局或监狱，充当起免费律师。十几年来，他到底帮过多少华人，连他自己也记不清。①

王秉龙是另外一个同类型案例。1943 年出生于山西祁县乔家堡的他，原为中国戏剧家协会会员、北京美术家协会会员，1990 年出国前，长期担任出版社美术编辑业务领导，出国后先后担任玻利维亚《中华工商报》社长、总编辑、《华人月刊》总编辑。出国前，他的名字已经在艺术普及领域活跃了 30 个年头，且成果颇丰：在电影美术创作方面，为几十部影片设计插图、海报，做动画；他擅长楷书、魏碑、行书，为无数影片、书刊题写片名、书名、画名；改编、绘编并出版了《科学发明家故事》、《明史演义》等 20 多部连环画册等。有这样丰富阅历的他，却移民到了玻利维亚这样一个鲜为人知的相当贫穷落后的国家。他的

---

① 王佳、童炳强、孙光英（《环球》杂志作者）:《拉美华人悲欢录：五个华人“漂着的”故事》，华夏经纬网，2003 年 11 月 7 日。

移民理念是：在人类已经进入21世纪的大工业、高科技时代，能生活在这块净土上的，都是得天独厚的幸运儿。故他在玻利维亚一住就是14年，以一颗通达睿智的心，一支幽默敏锐的笔，画出这个最闲散、最快乐、最贫乏也是最丰饶的奇特国家。他在那里同侨友们一起创办了《中华工商报》、《华人月刊》，并亲自担任总编辑，他将在这两份报刊特别是《华人月刊》发表的40万字的杂文集成了《南美的心脏：旅居玻利维亚十四载》（中国青年出版社，2009年版）一书。[①] 这是首部细说南美的海外华文作品，向中国人和海外同胞展现了一个原始的玻利维亚。

应该指出，王秉龙的案例不管是在各国移民中，还是在拉丁美洲的华侨华人移民中，都属比例极少的案例，但这类案例不应轻易忽略，因为它反映了未来国际移民其中一个颇有特色的趋势，这就是精英人士特别是文化精英以“精神富足”为依归的移民诉求和行动。这类诉求与行动往往和环保、宁静、“原生态”相结合，表现在移民目的地上，则是经济发展相对落后、工业化程度较低的“荒蛮”国家。因为这些国家往往天高云淡，“蓝蓝的天空白云飘”，空气新鲜，水质清甜，很少甚或没有工矿企业的浓烟污水。玻利维亚正是这样一类国家。当然，有如此移民倾向的文化精英们的人格往往非常独立，个性常常十分执著，他们对自己的选择无怨无悔。

中国人最熟悉的玻利维亚华人要数黄依娇。她是福建人，1928年（按：另有一说为1927年）5月28日出生于福建省福州乡下。她家里很穷，算命先生说她是小克星，家里人因而都讨厌她，对她拳打脚踢，盼她早死。自生下来后，她身上没断过伤，没吃过一口舒心饭。她13岁那年，被卖为童养媳，后经婚变。1949年，黄依娇随夫由厦门去台湾。1956年，嫁王姓巴西华侨去巴西。1958年，夫妇二人迁居玻利维亚，在首都拉巴斯开了一家商店，专营中国货。1960年，他们又开了一间中国餐馆，黄依娇亲自下厨房，她做的中国饭菜在玻利维亚大受欢迎。有两年，老王到美国做生意，黄依娇一人在家经营，照料老王的5个孩子，从早忙到晚。后来她还和别人合作办了个袜厂，生意兴隆之际，老王突发中风，半身不遂，黄依娇忙不过来，只好丢掉厂子。她雇人照料老王和孩子，自己跑生意。1974年，老王瘫痪8年后去世。黄依娇在拉巴斯开的商店卖大陆绣织品，很受顾客欢迎，连玻利维亚总统夫人也来买，久而久之，黄依娇与之成了好朋友。1977年，她通过总统夫人成为玻利维亚驻台北“总领事”。黄依娇上任不久，即大胆地向玻利维亚总统乌戈·班塞尔建议：与台北断交，同中华人民共和国建交。

---

① 《传奇的老头——王秉龙老先生戏曲年画摄影身后的故事》，东方视觉网站。

1981 年，从驻台北“总领事”卸任后的黄依娇第一次回到离开 32 年的祖国大陆探亲，她白发苍苍的老妈妈还活着。后来黄依娇多次回中国。第一次从中国返回拉巴斯，黄依娇就把反映祖国几十年翻天覆地变化的录像带和有关文献资料带回去，向玻利维亚政府和人民介绍新中国的成就。1984 年中国 35 周年国庆时，黄依娇在玻利维亚报纸上组织了宣传中国经济建设、改革开放和航空、石油、外交与一国两制的专版。在此期间，经她多方奔走、联络、搭桥，玻中两国于 1985 年 9 月建交。1987 年 8 月，黄依娇作为玻利维亚驻广州总领事走马上任。任职期间，她不仅为中玻的友谊和交流作出了积极的贡献，还对国内改革开放提出了不少中肯的建议。黄依娇得过四种癌症，但她凭着惊人的毅力把病魔与死神远远甩在身后。黄依娇饱尝酸甜苦辣而自强不息，人生极富传奇色彩，被称为“传奇夫人”。①

玻利维亚华侨华人对祖国怀有深厚感情。例如，2005 年 10 月 17 日，神舟六号载人航天飞船成功返航。玻利维亚圣克鲁斯华人华侨无不欢欣鼓舞，圣克鲁斯华侨联谊会致电表示庆贺。② 2010 年玉树大地震牵动了同在一个海拔高度的大西洋彼岸的玻利维亚，在同样海拔 4 000 米高原的玻利维亚华侨华人更能体会灾区人民和搜救人员所付出的常人无法想象的艰辛与困苦。分散在高原沟壑不同州别的同胞一听到玉树灾情，便纷纷从各地向驻玻利维亚大使馆和领事馆打来电话或亲自登门，表示哀悼并踊跃开展向玉树灾区人民募捐活动。据不完全统计，截至 4 月 25 日，旅玻华侨华人首批捐款总计已超过 1 万美元，其中，81 岁高龄的玻籍华人周达扬老先生一次捐款 1 000 美元。③

二、华侨华人社团管窥

有关玻利维亚华侨华人社团的信息似乎也像这个高原国家的空气一样稀薄。不过，每年中国大使馆的春节招待会等活动，可以看到该国华侨华人的大致阵容，有管中窥豹之效。从最新的 2012 年 1 月 10 日中国驻玻利维亚大使馆举行的春节招待会的来宾来看，华侨华人社团组织有旅玻拉巴斯中华总会、玻利维亚华商联合会、科恰班巴华人协会等侨团，也有中资企业。此外还有玻中友好及玻中商贸组织包括玻中友好协会（其主席维加夫妇出席）、玻中商会（其主席巴里恩托斯出席）和玻利维亚外交部副部长、移民局局长等作为特邀嘉宾应邀出席，反

① 《从童养媳到外交家：玻利维亚驻广州总领事黄依娇》，中华网，2009 年 4 月 2 日。

② 《玻利维亚圣克鲁斯华人华侨祝贺神六返航》，国务院侨务办公室网站，2005 年 10 月 24 日。

③ 《玻利维亚华侨华人、中资机构踊跃为玉树灾区捐款》，中国外交部网站，2010 年 4 月 29 日。

映出两国间以及该国与华侨华人间的良好关系。[1] 可以说，旅玻拉巴斯中华总会、玻利维亚华商联合会、科恰班巴华人协会等社团，应是玻利维亚比较重要或是最主要的华人侨团。下面试对目前信息较为详细者作一简介：

旅玻拉巴斯中华总会应该就是玻利维亚华侨联合总会（或是一套人马两套牌子）。有关该社团的公开资料是这样描述的："（该会）20 世纪 60 年代末期成立于拉巴斯市。1975 年前负责人为原籍山东烟台王姓华侨，并负责筹建会所，但该会有一段时间活动较少。后来，不少中国大陆人移居玻利维亚，华侨人数增多，该会又开始活跃起来，举行各种会务活动，加强会员之间的联谊与交流，如举办中华武术、象棋、书法比赛等。"可以相信，玻利维亚华侨联合总会因为其成员的增长和来源地的改变而勃发生机，因为其经营理念的革新而催生出良好的发展前景。

玻利维亚华侨联合总会是一个由传统华人始创的华人社团，由一位山东烟台籍王姓华侨负责筹建。显然是由于侨民少、经费困难等原因，该社难以开展经常性活动，因而其凝聚力也相对有限。但后来由于中国大陆新移民的到来，华侨华人人数因此大增，故联合总会的活动才开始正常化，会务活动也趋于活跃。可以说，今天的玻利维亚华侨联合总会是个其成员包括传统华人和新移民的华侨华人组织，后者的作用和影响力可能更大。在某种程度上也可以说，玻利维亚华侨联合总会是个因为大陆新移民而注入了新鲜血液和活力的华侨华人组织。

玻利维亚华侨联合总会因注入了新鲜血液而产生新的活力，并非只是因为有了"新移民"，更重要的是有了新移民所带来的活力。具体表现在，联合总会适应形势发展的需要，开展多种形式的商务活动和娱乐活动，使联合总会显得生机勃勃。主要有两方面：一是举办中华武术、象棋、书法比赛等中华文化活动；二是加强了会员之间的联系。

圣克鲁斯也有一个华侨联合会，20 世纪 80 年代中期成立于圣克鲁斯市。根据公开刊布的资料可知，该会自成立以来比较重视发展和加强与玻利维亚华侨联合总会等华人社团的联系，关心与维护圣克鲁斯市华侨、华人的合法权益，兴办必要的公益事业。该会在成立初期开展活动比较频繁，后因缺乏经费等原因，很少开展活动。圣克鲁斯华侨联合会应是一个由传统华人组织的或以传统华人为主体的社团。在 20 世纪 80 年代中期，中国新移民虽然已经走出国门，但还限于前往像欧美等发达国家，远没有到达像玻利维亚这样遥远而落后的国家。因此，圣克鲁斯华侨联合会应该不是中国新移民首创的侨社。由于缺乏经费等原因，它后来很少开展活动。缺乏经费（往往是缺乏拥有充足财力的社团领袖或缺乏善于筹

[1] 《驻玻利维亚使馆举行春节招待会》，中国外交部网站，2012 年 1 月 11 日。

集经费的社团热心人）是传统社团的共通问题，这里所说的该社团的状况应是可信的。

圣克鲁斯是玻利维亚一个华侨华人居住比较集中的城市。这里有一个华侨华人联谊会，据说其所属有6个侨团，来源地各不相同。[①] 但从片断资料分析，这些华人社团彼此间的联系不紧密，可能没有多少实务性的联系，彼此间的交往大概不超出联谊的范围。

玻利维亚也有中国和平统一促进会的组织。有一则片断消息说，玻利维亚和平统一中国促进会会长是杨启周，他还是广东省海交会玻利维亚理事、玻利维亚华侨联谊会第二任理事长。[②] 杨启周还兼玻利维亚华侨联谊会《传统侨社》理事长、玻利维亚侨联之友会理事长等职。[③]

玻利维亚中国企业商会是2006年11月9日在玻利维亚圣克鲁斯市正式成立的，是一个主要由中资企业组成的社团组织。成立大会选举产生了第一届理事会成员，中兴通讯公司驻玻代表凌志为会长，上海鹏欣集团驻玻代表顾继峰任副会长，中玻公司经理钟天舒任理事会秘书长，紫金公司驻玻办事处代表朱志忠任监事，五矿有色金属股份有限公司驻玻代表赵晶、华为公司驻玻代表胡安平为理事。商会同时聘请赵五一大使担任名誉会长，商务参赞孙强担任名誉秘书长。成立大会上，还通过了《玻利维亚中国企业商会章程》。[④]

根据别的国家的做法可知，在某个国家成立的该国与中国相关的企业协会，其功能主要是内调性的，但也兼有外调的功能，即促进中国在该国企业之间的交流和协作，增进中国企业和玻利维亚工商界的沟通了解，加强行业协调和自律，更好地维护中国企业的合法权益，促进中国企业在该国更好地开展业务。同时，协调服务中国国内的企业“走出去”，包括中国企业在“走出去”过程中面临的人身和财产安全威胁等突出问题。相信玻利维亚中国企业商会的主要功能也是如此。

某个国家成立与中国的相关企业协会，前提是中资企业已经达到一定的数量，其业务往来（包括在当地和中国间的业务往来）已经达到了一定的规模和质量。玻利维亚的中资企业也应如此。近几年来，中玻经贸关系稳步发展，以2005年计，中国在玻企业已经达到12家（应包括上面列名的几家企业），其业务涉及通讯、矿产开发、农业、林业以及贸易等多个领域，这一年双边贸易额达

---

① 《玻利维亚圣克鲁斯华人华侨祝贺神六返航》，国务院侨务办公室网站，2005年10月24日。

② 《吴锐成会见广东省海交会玻利维亚理事杨启周》，广东侨网，2007年11月2日。

③ 《玻利维亚华侨代表团应巴西侨团邀请访问里约》，中国侨网，2006年11月22日。

④ 《玻利维亚中国企业商会一届二次会议召开》，中国驻玻利维亚大使馆经济商务参赞处网站，2007年12月8日。

到 8 162 万美元。① 而据 2006 年的统计，中玻双边贸易额达到 1.05 亿美元，实现了历史性的突破，同比增长 28.5%。②

总的来说，玻利维亚是个华侨华人居住比较分散的国家，经常彼此联系并举行（参加）活动的，主要是少数大城市里的华侨华人。他们勤奋创业、守法经营，为发展当地经济作出了贡献，受到了居住地政府、商会和合作伙伴的赞扬，树立了华侨华人的良好形象。从目前情况来看，他们的文化活动主要限于出席中国大使馆等机构举行的重大节日庆祝和联欢活动，往往是与大使馆人士一道参加，他们自主举办的文化活动可能很少。例如，2010 年 6 月 14 日晚，为庆祝中华人民共和国成立 61 周年及科恰班巴省独立 200 周年，中国驻玻利维亚大使馆及科恰班巴省政府共同举办“中国文化周·北京欢迎您”开幕式，科省政府、省议政厅高级官员、该省华侨华人、中资机构代表共百余人出席。③

第八节　巴拉圭

巴拉圭共和国是南美洲中部的内陆国家，东邻巴西，西南与阿根廷接壤，国土面积 40.67 万平方公里。主要河流有巴拉圭河和巴拉那河，巴拉圭河从北向南把全国分成东西两部分。有趣的是，东西两部分的人口呈极度的失衡状态：河东为丘陵、沼泽和波状平原，是巴西高原的延伸部分，虽只占领土面积 1/3 左右，却聚居着全国 90% 以上的人口；河西则为查科地区，大多为原始森林与草原。

巴拉圭的“原种”民族是瓜拉尼族印第安人。1537 年，西班牙人在巴拉圭河与皮科马约河汇合处即现在的首都亚松森处建立了第一个殖民点，此后成为西班牙的殖民地，16 世纪末划归秘鲁总督管辖，1776 年并入拉普拉塔总督区。1810—1825 年，拉美兴起独立运动，迫使西班牙放弃了对大部分拉美国家的殖民统治，巴拉圭也因而在 1811 年 5 月 14 日宣布独立，成立巴拉圭共和国。殖民地的历史影响首先便是形成了印欧混血种人占压倒性的绝对比例，在 634.9 万（2005 年 7 月估计数）巴拉圭人口中，印欧混血种人约占 95%，其余为印第安人和白人，西班牙语和瓜拉尼语双双成为官方语言（后者为民族语言），居民多信奉天主教。

① 《玻利维亚中国企业商会一届二次会议召开》，中国驻玻利维亚大使馆经济商务参赞处网站，2007 年 12 月 8 日。

② 《玻利维亚中国企业商会理事会第二次会议在玻召开》，中国拉丁美洲经贸合作网，2007 年 6 月 4 日。

③ 《驻玻利维亚大使馆举办中国文化周，百余华人出席》，网易（来源：中国新闻网），2010 年 9 月 17 日。

一、以台湾移民为主体的华侨华人社会

今天很多人之所以知道世界上有个巴拉圭，一定程度上是因为该国独立后发生了一场迄今为止整个南美洲最大的、其惨烈程度达到了极限的区域性战争——1864—1870年的“巴拉圭战争”。“巴拉圭战争”的一个残酷结果是人口的锐减，经过这场毁灭性的战争，巴拉圭的人口由52万减少到22万，其中成年男子不到3万。人口的急剧减少，使巴拉圭本来就很宽松的人类生存空间显得更加宽松了，但没有资料表明有中国移民在这个时候来到巴拉圭。究其原因，应是因为那个时候移民美洲的中国人主要是作为“猪仔劳工”或“契约劳工”被送到南美的甘蔗大种植园去的，而巴拉圭没有这样的大种植园。很长一段历史时期，到巴拉圭的华侨移民一直很少，甚至直到中国改革开放前仍然如此。当然，在这漫长的近一个世纪的岁月里，也有华侨零零星星地来到这里谋生（主要来自广东及香港），他们中应多是从他国来到此地的“溢散”式移民。

也有迹象表明，中国政府早已关注这里的华侨活动和华侨事务。例如，2010年6月28日上午，出生于台湾花莲县、曾任巴拉圭东方市市议会副议长，目前在智利、巴拉圭、中国等地从事贸易的广东省海交会巴拉圭理事林阿枝参观广东华侨博物馆，并捐献了民国期间的军需公债和国防公债。[①] 这表明，早在国民政府统治中国大陆时期，政府已经在巴拉圭华侨中开展侨务活动，因而也就表明当时该国就存在一定数量的华人群体乃至一定规模的华人社会，但由于资料的严重缺失，今天人们对这段华侨华人历史的了解仍是一片混沌。

巴拉圭华侨华人人数不多的主要原因是其经济比较落后，特别是商业机会较少。巴拉圭全国的森林覆盖率很高（今天仍高达39%），农、牧、林是巴拉圭经济的主要支柱，占国民收入的44.3%（1981年）和出口总值的95%（1982年）。工业基础薄弱，主要是农、牧、林产品的加工工业，还有肉类和林产品加工、榨油、制糖、纺织、水泥、卷烟等。工厂一般规模较小，大部分工业品由家庭作坊生产，农牧产品为主要出口品。巴拉圭的旅游业也不发达，交通运输以公路为主。可想而知，历史上巴拉圭的经济发展特别是商业发展是十分落后的。如果说，在19世纪下半叶拉丁美洲的“猪仔劳工”或“契约劳工”获得解放变为自由劳工后，他们在拉丁美洲广袤的土地上有许多就业选择机会的话，那么，经济发展水平落后，特别是商业发展落后，同时没有华侨移民基础的巴拉圭就很难是他们中意的就业选择地和居留地。

① 叶欣：《巴拉圭侨商林阿枝向广东华侨博物馆捐献华侨文物》，广东侨网，2010年6月29日。

由于地缘的因素，巴拉圭政府主要发展同美国、西欧和周边国家（特别是与邻国巴西和阿根廷）的传统关系。在对华关系方面，巴拉圭与中国大陆没有外交关系，而于1957年就与台湾当局“建交”，台湾在巴国首都设有“大使馆”，在巴国第二大城市东方市设有“总领事馆”。因此，现在居住在巴拉圭的华侨华人很大一部分来自台湾，其余的多来自香港和东南亚地区。20世纪70年代中期至20世纪80年代中期，约有8万华侨华人移入巴拉圭，但鲜有长期居留者。1988年巴拉圭有华侨华人6 000人，1990年代初有1万多人，以台湾籍人居多。他们主要聚居在首都亚松森及其邻近市镇。①

巴拉圭华侨华人主要经营商业和服务业，其次为工农业。1989年华营商店有300多家，其中杂货店、餐馆70多家。华人陈雄才在首都亚松森所经营的百货公司，是该市规模最大的百货公司之一。华营进出口贸易行有150多家。其时华侨基于其与亚洲市场的关系，由中国台湾、中国香港、中国大陆、日本等进口各种商品，供应巴拉圭及邻国市场的需要。华营旅行社在首都有7家，除出售机票外，亦为新华侨代办居留证或各类证件。华营旅馆有10家。首都有华营保龄球馆，系南美洲最大者之一，另有医院、书店、药店、理发馆、照相馆各1家。东方投资开发银行系台湾籍人与当地人士合资创办的金融机构。②

上述所引资料反映的是20世纪90年代的情况。新千年后的情况如何，尚较模糊，但可以肯定的是，随着中国的迅速崛起，特别是中国产品和中国企业走向世界尤其是走向发展中国家和欠发达国家，中国与巴拉圭的关系也在变化中。近年来，中国产品大量涌进南美市场，巴拉圭与中国的贸易往来也在激增。例如，巴拉圭东部边境城市东方市到处都有中国物品，从电器到日常生活用品、服装等。现在，已有很多中国商人在巴拉圭经商。据中国海关总署统计，2008年中国同巴拉圭的贸易总额达7.84亿美元，其中中方出口7.59亿美元，进口2 523万美元。

经济关系必然带动政治关系的发展。就政治层面而言，中国重视发展与巴拉圭关系，愿在和平共处五项原则和一个中国的基础上，同巴拉圭建立和发展正常的国家关系。有一天中巴建交了，必将对中国新移民产生较大的影响。实际上，现在在巴拉圭经商的中国商人已经在为两国关系的未来发展奠基铺路。

巴拉圭华侨华人主要居住在亚松森和东方市两个最大的城市。

亚松森（西班牙语：ASUNCIÓN）是巴拉圭首都，全国政治、经济、文化和

① 白俊杰：《巴拉圭华侨华人概述》，周南京：《华侨华人百科全书》，北京：中国华侨出版社2002年版，第30页。

② 白俊杰：《巴拉圭华侨华人概述》，周南京：《华侨华人百科全书》，北京：中国华侨出版社2002年版，第30页。

水陆交通中心。人口约512 112（2002），以西班牙移民后裔同印第安人的混血种人居多。亚松森位于巴拉圭河东岸一河曲处，皮科马约河和巴拉圭河汇合处，附近为人口稠密的富饶农业区。作为全国最大的河港，对外贸易绝大部分经此进出。

亚松森的华侨华人人数没有准确的统计，但肯定很可观。一个证据是，亚松森有一所中文学校，建筑巍峨，操场宽阔，让人倍觉神清气爽。华侨华人子弟在这里接受多语（华语和西语）教育，大楼墙面上的中文校训，让人觉得很亲切。在中文学校的礼堂内，可以有机会欣赏到正在练习扇子舞的学生，师生认真练习，神情专注，还可以有机会看到礼堂内和着旋律在练习的民族舞蹈，操场上两支队伍摩拳擦掌的球类竞技，以及教室内莘莘学子朗朗的读书声。这里在周末假日，也开放给华侨华人作为聚会联谊和运动竞技的场所。[①]

巴拉圭是个内陆国家，没有海港，这严重地制约了巴拉圭的经济发展。东方市（西班牙语：CIUDAD DE lESTE）位于巴拉圭与巴西交界的伊瓜苏河口地区巴拉圭一侧，与巴西隔河相望。它虽然不算海港，但却是巴拉圭发展条件最好的城市。巴拉那河和伊瓜苏瀑布所在地的河口交汇处正是巴拉圭、巴西和阿根廷三国的天然分界，东方市跟伊瓜苏市，以及阿根廷境内的伊瓜苏港市（PUERTO IGUAZU）组成一个三角地带，叫做“TRIPLE FRONTERA”。该市又是巴拉圭东南部省份巴拉那省（ALTO PARANA）的首府，为全国第二大城市，人口约为24万人（若把市郊人口计算在内则达约37.5万人），仅次于首都亚松森。东方市的国内生产总值占巴拉圭全国约60%左右。由于东方市的开放式市场经济模式，曾被美国商业杂志《福布斯》评为世界第三大转口贸易中心。这里物价较巴西便宜，很多较富裕的巴西人和游客经常过境来到东方市购物。东方市政府容许多种货币在市内流通，包括本国巴拉圭尼拉尼、邻国阿根廷比索及巴西雷亚尔以及美元。也由于其位置邻近巴西，所以当地人除了操西班牙语和瓜拉尼语等巴拉圭官方语言外，很多人懂葡萄牙语。

东方市是巴拉圭的新兴小城市，但却是巴拉圭的经济重镇，全国税收近半来自该市。从20世纪70年代起，巴拉圭采取超低进口关税乃至免税进口，吸引了南美各国的商人来此经商，其中也有包括来自台湾、香港和大陆的华人。高峰时，旅居此地的华商达一万多人。[②]另一方面，巴西政府为发展经济，也放宽政策，不设海关，从巴拉圭进货不课关税。巴西这一侧的圣保罗有所谓“走私大楼”，实为巴西人从巴拉圭进口货物的批发市场，价格便宜，广受欢迎。倘若没

① 据百度百科资料。

② 袁一平：《服务贫苦百姓的巴拉圭“中国医院”》，中国侨网据巴西侨网消息，2006年4月19日。

有这两座大楼，两国的边陲经济就难以发展。[①] 由此看来，东方市的华侨华人人数处于不稳定状态，显然是由于该市作为商业重镇而华侨华人大多为商人移民而处于流动状态的缘故。

由上所述，便可看出东方市是个比较典型的移民城市，一定程度上可以叫做“东方移民城市”。实际上，从该市的别名就可烙定其性质。东方市本来叫做“斯特罗斯纳城”，只是因为近些年以台湾、香港籍人为主的东方人日增，才被称作“东方城”，附近百姓则干脆称之为“中国城”，台湾人则多称该地为“桥头”。

东方市的另一大特色是其由多元民族组成的移民人口结构。该市有亚洲裔移民，包括华人、阿拉伯人；还有其他移民，包括巴西人、西班牙人及犹太人等。一说华人接近 4 200 人，占全部移居巴拉圭的华人约 70%，当中大部分为台湾人。[②] 如果这里所说的 4 200 名华人是一个相对稳定状态下的数字的话，那么，与上面所说的高峰状态时的一万人比较，就显得落差太大了，不过这也可以看作是该市华侨华人处于流动状态的某种参证。

中国人在此经商始于 20 世纪 70 年代初，由最初的提箱、皮箱游贩，发展到商品种类繁多的店铺，至 20 世纪 90 年代初已有 400 多家，营业额占全市的 40% ~50%。华侨华人经营的工厂有 20 多家，包括化工、纺织、塑料、食品等工业，其中塑料制造及加工业产品占当地市场的 20%。华营农场有 10 多家，主要是种植蔬菜、水果和养鸡。[③] 可惜近十多年来的资料不详，有待补充。但有一点可以肯定，东方市是新兴商业城市，它的商业繁荣很大程度上起因于华侨华人到此经商。

二、以台湾人为主体的华侨华人社团

巴拉圭中华会馆是巴拉圭的全国性的华人社团。1965 年成立于亚松森。巴拉圭华侨华人均为自然会员，下设亚松森中华会馆和桥头中华会馆两个分会，创始人和首任主席为周君武。1991 年中国华东大水灾，该会筹赈灾款 1 万多美元，经台湾红十字会转交。[④]

东方市也有中华会馆。1981 年在王华藻推动下成立东方市中华商会，理监

① 郭秉强：《巴西青田籍华人华侨纪实》，自刊本 1995 年版，第 6 页。

② 据台湾“外交部领事事务局”全球资讯网——巴拉圭东方市。

③ 白俊杰：《巴拉圭华侨华人概述》，周南京：《华侨华人百科全书》，北京：中国华侨出版社 2002 年版，第 30 ~31 页。

④ 据中国会馆网站。

事一年一任，至第4届（1984年）改为两年一任，并改为今名。[①]

巴拉圭还有一个“中华民国”旅巴拉圭台湾商会（英文名称为“R. O. C TAIWANESE BUSINESS CHAMBER OF COMMERCE PARAGUAY”），成立于1995年6月，当时任台湾“侨委会”副委员长的王能章在台湾“侨委会”接见了连元章、李肇洪二人，希望能尽快成立“巴拉圭台商会”。二人返回侨居地后，即与顾丹尘等人一道组成筹备会，策划、商讨创会事宜，完成有关事宜后，于当年6月召开会员成立大会，完成组织程序，并依台湾规定报“侨委会”立案。商会的宗旨是：提升台商在巴拉圭的地位，加强与行政机关及本地商会的联系，了解政令法律，保障台商权益；提供各地台商各种工商及财经资讯，供会员参考使用；促进世界各国台商的合作，共谋发展商业开拓商机；加强世界各国台商的联系、互助与联谊，及交换工商界管理经验。其主要服务工作是：举办工商专业研讨会提高会员经营、管理水准；接待“国内”外来访之工商团体，增加会员、商讯、商机；加入“中南美洲台商总会”及“世界台商总会”参与其所主办的多种活动，扩展商机，增长见闻；提供“国内”多种书报、杂志予商会办公，供会员参考使用。时任会长为张德辉，会员人数为152人 。

巴拉圭华侨青年会于20世纪70年代中后期成立。其宗旨是：广泛团结巴拉圭华侨华人青年，吸收年龄15～30岁的华裔青年入会，为弘扬中华文化、携手共进而开展工作。该会定时出版会刊，交流华侨、华人青年创业等方面的信息，并定期举办文娱、体育等方面的活动。该会自成立以来，按照其宗旨开展活动，广泛吸收华裔青年入会，扩大队伍；同时，每个月出版的会刊，分发给会员及其他华人社团，以交流活动情况；每逢中国传统节日，经常组织全国性的大型活动；还定期召开青年大会，商讨有关发展青年等事宜；定期召开会议，改选会长、理事及其他职员，以保持负责人的年轻化。

巴拉圭华人慈善基金会，成立时间不详。该会会长李云中、副会长宋永金、赵慎杰是20世纪70年代来到东方市的，经过二三十年的艰苦创业，如今他们都事业有成，成为当地的侨领。

事业成功后，李云中、宋永金、赵慎杰等人首先想到是回馈巴拉圭社会和当地人民，从1990年起，他们便开始举办各种慈善救济活动。经李云中等人对各种物质救助活动的留心观察，发现巴拉圭贫穷百姓最需要的是治病救命的医药。平民中有病无钱看，生病买不起药而等待死神降临的现象非常严重。于是，华人慈善基金会决定，自1998年开始，每月定期举办义诊，并向贫穷的患者发放免费药品。他们的义诊在东方市传为佳话，每次义诊都有数百患者云集。后来又因

---

① 据中国会馆网站。

为很多死者家庭因贫穷买不起棺材下葬，华人慈善基金会又向其提供棺材。此外，慈善基金会还向东方市的残障人捐赠轮椅。仅2005年，李云中就捐赠轮椅400多台。这些轮椅全从台湾进口，装了整整两个集装箱。举行轮椅捐赠仪式时，巴拉圭政府要员以及总统夫人都亲自出席。

因为每月定期的义诊远不能满足东方市贫民患者的需求，他们又萌生了建立一所慈济医院的愿望。2000年，李云中、宋永金等人买下了一块9 100多平方米的土地，投资近100万美元，在依巴凯来伊湖之畔建造了一间妇幼医院——“中巴佛光康宁医院”。医院建筑面积2 100多平方米，环境优美安静，交通便利，主要服务对象是妇女儿童，设备齐全先进。一年后，医院开始启用，每天接诊的妇幼患者都在一两百人以上，医院同时还向无钱买药的患者提供免费药品。因庞大的经费支出成了医院的沉重负担，当地著名企业伊泰布水电站因而与华人慈善基金会签署合同，每月向该医院捐赠十万美元医药经费。康宁医院成为巴拉圭政府企业和华人合作慈善事业的楷模。据统计，截至2005年12月底，医院接生的新生儿已超过5 306人，住院产妇为6 710人。2007年，巴拉圭总统杜华德亲临医院为第一万个出生的佛光儿祝福。医院里的医护人员待遇不高，但却都以敬业精神辛勤工作着。院长多丽·华戴丝说：“来康宁医院与热心慈善事业的中国人合作是一件荣幸和愉快的事，旅居巴拉圭的华人都能把这里当成故乡来回馈，我作为巴拉圭人更应该把后半生奉献给自己的祖国和人民。”中巴康宁医院在东方市有口皆碑，家喻户晓，名扬全国。在当地百姓心目中，康宁医院是他们自己的医院，人们都习惯称之为“中国医院”。包括联合国儿童基金会职员，两任总统第一夫人苏珊娜和葛萝莉亚、巴拉圭大主教格格沙、东方市市长沙加利阿等，都前来参观并给予高度评价。据说李云中、宋永金等人并没有满足于已取得的成就，他们在筹划医院扩建二期工程了。①

长期以来，巴拉圭华人慈善基金会一直坚持在东方市开展慈善活动，造福巴拉圭民众。例如，巴拉圭每年有两次儿童节，日期是1月6日和8月16日。每年的儿童节，慈善基金会总是要向当地贫困儿童赠送玩具。例如，2005年1月7日，巴拉圭华人慈善基金会准备了满满一卡车的儿童玩具，一早就送到东方市的第七频道电视台，发放给早就那里在排队等待玩具发放的当地孩子。据负责这次玩具发放工作的慈善基金会副会长赵慎杰介绍，向贫困儿童赠送玩具的工作从1993年就开始了，总计已送出各种玩具超过30万件，这些玩具都是由当地华人企业家以及许多华人玩具进口商捐献提供的。②

---

① 袁一平：《服务贫苦百姓的巴拉圭“中国医院”》，中国侨网据巴西侨网消息，2006年4月19日。
② 《爱在晋水》，《百度空间》，2008年6月16日。原载《福建侨报》。

巴拉圭有国际佛光会，由星云法师创立。星云法师 1967 年创办佛光山，致力推广佛教教育、文化、慈善、弘法事业。1992 年 5 月 16 日，他在美国洛杉矶创立“国际佛光会世界总会”并举行第一次会员代表大会。国际佛光会巴拉圭协会的成立时间应在洛杉矶“国际佛光会世界总会”成立之后，即 1992 年 5 月 16 日之后。又，巴拉圭协会于 2004 年 12 月 2 日举行第六届理监事改选，若按两年一届推测，该会应成立于 1992 年，与洛杉矶“国际佛光会世界总会”同年成立（但应晚于后者）。

国际佛光会巴拉圭协会的组织机构分文教组、联络组、香灯组、典座组、金刚组、活动组、布置组、摄影组、读书会、财务组、慈善发展委员会、出纳组等。除了典型的宗教活动外，该会还围绕文化、教育、慈善、修持等方向积极开展活动。例如，参加社会公益活动，响应环保，加入废纸回收运动，配合政府极力投入反毒运动或进行国际救援及赈灾，从事文化教育工作，举办学术交流、国际互助会、国际学术会议，设立奖助学金，在进行公益活动之余，并将其会务运作触角延伸至世界各地。①

巴拉圭肯定还有其他一些华侨华人社团。2004 年 8 月初，亚松森郊区一间超市发生大火，灾害空前严重，死者高达 404 名，其中 100 余名焦尸无法辨认。巴拉圭总统杜华德于 3 日正式下令成立国家急难委员会接受各界捐款援助，旅居巴拉圭的侨社纷纷热烈响应，因此也“暴露”了若干华侨华人社团的“宝号”，出现在捐款名单上的，除了上述亚松森中华会馆、东方市中华会馆外，还有慈济功德会、旅巴华商会、东方市台湾人公共事务会与台湾人同乡会共事务会、旅巴中华妇女会、东方市国际创价学会等，但这些社团的详情暂时无从查考。

此外，巴拉圭华侨华人社团的文化活动不甚详明，但肯定有。如上所述，亚松森有一所中文学校，除教华语和西语外，还教民族舞蹈，周末假日开放给华侨华人作为聚会联谊和运动竞技的场所等，一些华侨华人社团也有这样那样的文化活动。巴拉圭有 3 家华文报纸，分别是《美洲华报》巴拉圭分社、《南美天地新闻》和《传真新闻》，报道巴拉圭国内新闻和华侨活动，订户各数百人不等。②但因相关资料短缺，这里就从略了。

巴拉圭华人社会中也有“台独”组织及其活动。例如，东方市台湾人公共事务会，应是台湾人公共事务会（英语：Formosan Association for Public Affairs，简作 FAPA）的分支机构。它是一个促进国际关注“台湾议题”、推动“台独”

---

① 《佛光会巴拉圭协会新届理监事改选》，（台湾）“中央社”，2004 年 12 月 2 日。

② 白俊杰：《巴拉圭华侨华人概述》，周南京：《华侨华人百科全书》，北京：中国华侨出版社 2002 年版，第 30 页。

的组织。另，巴拉圭台湾同乡会也曾支持过“台独”。

巴拉圭也有两份华文报《传薪日报》和《城市新闻》。《传薪时报》的前身是《荣光报》，南美洪门总会会长蔡三义长期主办该报。由于长期亏损，每个月要垫支 3 000 美元，台湾有关方面愿意给予补贴，但附带的条件是：纪年必须改为“中华民国”。蔡三义拒绝接受这一条件，宁愿自己再倒贴，也不接受这样的补贴。经过 18 年，报社逐渐实现了收支平衡。后来，蔡三义为把更多精力投入“反独促统”工作，分文未取，把财务良好的报社交给理念一致的接棒人。《荣光报》从此改名《传薪日报》。[①]

① 《爱在晋水》，《百度空间》，2008 年 6 月 16 日。原载《福建侨报》。

第三章　三个“圭亚那”与乌拉圭

南美洲历史上有三个圭亚那，分别是英属圭亚那、荷属圭亚那、法属圭亚那。这三个“圭亚那”，从字面上看，就能明白它们分别是英国、荷兰和法国的殖民地。现今，前面那两个“圭亚那”都已独立。前英属圭亚那叫做圭亚那，前荷属圭亚那叫做苏里南。只有法属圭亚那还是归法国人管治，为法国的一个海外省。

第一节　圭亚那

圭亚那位于南美洲东北部，全称为“圭亚那合作共和国”，1966 年脱离英国独立。印第安语意为“多水之乡”。国民主要是印度人和黑人，多信奉基督教、印度教和伊斯兰教。它是南美洲唯一以英语为官方语言的国家。圭亚那虽地处南美洲，但传统上及历史上与加勒比海诸岛的关系比较密切。国土面积 21.4 万多平方公里，与广东省的面积相当。全国人口 77.5 万（1997 年），印度人后裔占 48%，黑人占 33%，混血种人、印第安人、华人、白人等占 18%。居民主要信奉基督教、印度教和伊斯兰教。圭亚那 1972 年 6 月 27 日就与中国建交，是英语加勒比地区第一个与中国建交的国家。

一、华侨华人移民粹事

1986 年 1 月 12 日，圭亚那中国友好协会在圭亚那第三区的温泽林（WINDSOR FOREST）竖立了一个“首批华人抵达圭亚那 133 周年纪念碑”。圭亚那当时政府总理格林、卫生部长查尔斯、圭亚那纪念委员会主席、第三区主席、圭中友协主席以及正在圭亚那访问的中国对外友协代表团丁雪松团长等出席了揭碑仪式。纪念碑高约 1.15 米。下部为水泥底座，碑体由红砖砌成，顶部为一块 76 厘米 ×56 厘米的铜牌，铜牌上镌刻有纪念文字。碑文大意是：“纪念我们的祖先抵达并在圭亚那定居133周年。”[①] 他们于1853年1月12日乘坐格伦塔纳号由厦门抵达这里。

一般的说法是，1853年1月，首位华人成功登陆圭亚那首都乔治敦城郊20多公里外的德梅拉拉河畔。笔者未经地理考证，但相信这里所说的德梅拉拉河畔与纪念碑所在的温泽林是同一个地方。

这个纪念碑是目前拉美地区纪念华人最早抵达的纪念物之一。除纪念碑外，类似的纪念物还有纪念公园等。在建立各类纪念物的拉美国家中，圭亚那应是第一个，由此凸显出圭亚那与中国的关系非同一般。显然，这块纪念碑既反映了该国政府和人民与当地华侨华人一贯的融洽关系，更反映了两国政府与人民的良好关系。到2012年，中圭邦交已经走过40周年的历程。40年来，中圭关系发展顺利，各领域交流与合作取得丰硕成果。据说为纪念中圭建交40周年，中圭双方拟举办一系列庆祝活动，推动两国关系更上一层楼。[②]

有关圭亚那历史上华侨华人人数的变化情况不详，但可以肯定20世纪40—50年代有相当部分的圭亚那华侨华人迁徙美国、加拿大等国，致使圭亚那华侨华人人数逐渐减少。直到20世纪70年代，由于新移民的到来，人数才又开始增加。

经过150年来的繁衍生息，根据2003年的资料，旅居圭亚那的华侨华人约有2 500名。其中九成是广州人，他们大多数来自白云区人和镇及龙归镇等侨乡，而方石村就有200多人。华人在当地主要从事餐饮业。[③] 但同一时间的另一条消息则称在圭亚那华侨华人有一万多人，占圭亚那总人口的约1%，主要分布在首都乔治敦及周边沿海地区。祖籍广东的占一半以上，而其中又以来自广州白云区人和镇、龙归镇的为多。还有统计说，目前在圭亚那华侨华人中，约有2 000人来自人和镇（其中200多人来自方石村），另有近千人来自龙归镇。[④]

上面这段话包括三条有关圭亚那华侨华人人数的消息。第一条和第三条消息所反映的人数差不多，即来自广州的人数为2 000人左右（其中方石村200人完全一致）。第二条消息说有一万人，则与第一、第三条消息相差太远。据笔者查实，直到2010年，广州白云区委统战部长袁东华在会见圭亚那侨领周文沃时，仍坚持“圭亚那有2 000多名华侨华人，其中90%来自白云区”的说法。[⑤] 故笔者采用2 000人之说。

---

① 《首批华人抵达圭亚那华侨纪念碑》，中国侨网，2001年4月30日。

② 《驻圭亚那大使于文哲向全体旅圭华侨华人拜年》，中国外交部网站，2012年1月20日。

③ 朱荣桑：《贾格迪奥总统一行冒雨探访旅圭华侨华人旧居》，金羊网，2003年3月30日。

④ 《在广东还是首次　圭亚那总统赴广州参观侨居》，中华网，2003年3月31日。

⑤ 《区委常委、区委统战部部长袁东华会见圭亚那侨领》，白云信息网，2012年2月8日。

可以肯定的是，圭亚那的华侨华人既包括传统华人，也包括新移民。前者是老一代的华人移民及其后裔，几乎不懂汉语；后者是改革开放以后到圭亚那经商的华侨华人，包括直接从中国大陆移民来此者和从他国来此者（其中有些属暂住此处经商）。新移民也是以广东人为主，还有福建人和广西人。其中许多人以开中餐馆为生。最近一两年，随着中圭两国友好合作关系的升温，木材、矿产等资源丰富的圭亚那吸引着越来越多的中资企业和华侨华人前往发展。圭亚那近年来从事贸易的华侨华人也多了起来，而且有些从事木材贸易的侨胞在当地已经颇有实力。①

华侨华人作为圭亚那六大民族之一，在圭亚那繁衍生息，凭借勤劳的双手在圭亚那努力工作、辛勤奉献，在安居乐业的同时也为圭亚那经济社会发展作出了贡献。圭亚那总统贾格迪奥 2010 年 12 月 3 日在国际会议中心与华侨华人见面会的讲话中，回顾了 150 年前首批华人来圭亚那生活、工作的奋斗历程，对华侨华人来圭亚那工作和生活表示欢迎和感谢，认为华人是圭亚那社会中不可缺少的重要组成部分，为圭亚那社会经济发展作出了重要的贡献。②

迄今，要找到关于圭亚那华侨华人在该国创业发展历史之一鳞半爪并非易事。不过圭亚那华人总统钟亚瑟（一作阿瑟·钟）几乎尽人皆知，也被该国华侨华人引以为豪。综合百度百科等多种资料，钟亚瑟（RAYMOND ARTHUR CHUNG，1918 年 1 月 10 日至 2008 年 6 月 23 日）是圭亚那独立后的首任正式共和国总统，于 1970 年 3 月 17 日至 1980 年 10 月 6 日出任该国总统一职。他也是首位亚洲国家以外的华裔（客家人）总统，同时也是拉美地区的首位亚裔总统。钟亚瑟生于当时仍是英属圭亚那的西岸德梅拉拉的温莎森林，他在 JOSEPH 及 LUCY CHUNG 的 8 个子女中是最小的儿子。钟亚瑟在温莎森林的 Blankenburg and Modern High School 就读。毕业后，最初担任见习测量员，其后成为注册测量师。20 世纪 40 年代初期，钟亚瑟前往英国深造，加入了伦敦的四个大律师公会之一的中院（Middle Temple），并于 1947 年取得大律师的资格。之后返回圭亚那，后被任命为暂委裁判官。1954 年，他获委任为裁判官，并于 1960 年升任资深裁判官。他亦曾担任契约注册局及最高法院的司法常务官。之后，他成为副按察司（Puisne judge），并最终于 1963 年成为上诉庭法官。当圭亚那在非裔伯纳姆的领导下于 1970 年成为独立共和国时，圭亚那国会选出钟亚瑟成为首任总统，钟亚瑟于 1970 年 3 月 17 日就任。10 年后，圭亚那修改宪法，使总统成为具有行政权力的位置，伯纳姆于 1980 年 10 月 6 日接替钟亚瑟的总统职位。钟亚瑟于 2008

① 《区委常委、区委统战部部长袁东华会见圭亚那侨领》，白云信息网，2012 年 2 月 8 日。

② 《圭亚那总统与旅圭华侨华人和中资企业代表举行见面会》，中国网络电视台，2010 年 12 月 9 日。

年6月23日在家中逝世。

当代圭亚那华侨华人历史的一个特点是：国家高层对华侨华人十分重视，每有重大活动，总统都亲自出席，每有重要问题，也都亲自出面解决。贾格迪奥总统就是一个很好的例子。他平时十分注意保持和华侨华人的交往，亲自拜访圭亚那中华会馆等华侨华人社团，经常亲自出席旅圭侨胞举办的社区活动。2003年1月，他出席了“纪念华人抵达圭亚那150周年”活动并致辞。他也十分重视华侨华人在中圭两国间的经贸合作、文化交流中所起的作用。[①] 2003年3月，贾格迪奥就任总统后首度访华。抵达广州后，他提出希望能首先安排赴旅居圭亚那的华侨祖居参观和慰问华侨。在广东省外办的安排下，经省侨办和白云区侨办协助，实现了贾格迪奥总统的愿望。据了解，外国元首来华正式访问，抵达广州后首先参观华侨祖居慰问华侨，这在广东还是首次。2003年3月29日上午10时，贾格迪奥总统一行来到远离广州市区的人和镇，兴致勃勃地穿街走巷，进入方石村城东街西七巷14号沈锦财的祖居。沈锦财于1990年（时年37岁）旅居圭亚那，在圭亚那经营了两间餐馆。刚好在本月20日回乡探望父母和建造房屋，因而在祖屋巧遇贾格迪奥总统。贾格迪奥总统十分仔细地看沈家全家人的照片。陪同在侧的圭亚那对外贸易和国际合作部官员楚安艳女士有时插口翻译几句，却见她的广东话说得非常流利，一问才知道，原来她的父亲就是白云区龙归镇人，母亲是圭亚那人，她是在圭亚那长大的。[②] 访问中，白云区侨联的一位女士在当年1月曾随区侨务代表团到圭亚那参加“纪念华人抵达圭亚那150周年嘉年华活动”并与贾格迪奥总统合照过，她说她的父亲在圭亚那开餐馆，一说出父亲姓名，总统立即说：“我认识他！他是当地一个有名的中国厨师，广东菜做得很好！”总统还说，他十分喜欢吃广东菜，常常请这位厨师给他们做好广东菜后送到总统府品尝。[③] 当陪同参观的广东省常务副省长汤炳权代表华侨和村民感谢贾格迪奥总统对旅圭华侨华人的关心和支持时，贾格迪奥总统马上说，这里属于我国民族历史的一部分，因为很多华人的祖籍国就在这里，他们很勤奋，为圭亚那的发展作出了很大的贡献。他还笑着对汤炳权说，希望省长以后不断给我们输送更多广东人。[④] 看来，他当年所说的与华侨华人交往是他“个人历史的重要部分”的话，[⑤] 并非只是当着中国人的面说的客套话，而是由衷之言。

又比如，近年来，部分旅居圭亚那的华侨华人受语言或文化程度的影响，在

① 《在广东还是首次 圭亚那总统赴广州参观侨居》，中华网，2003年3月31日。
② 朱荣燊：《贾格迪奥总统一行冒雨探访旅圭华侨华人旧居》，金羊网，2003年3月30日。
③ 朱荣燊：《贾格迪奥总统一行冒雨探访旅圭华侨华人旧居》，金羊网，2003年3月30日。
④ 朱荣燊：《贾格迪奥总统一行冒雨探访旅圭华侨华人旧居》，金羊网，2003年3月30日。
⑤ 《在广东还是首次 圭亚那总统赴广州参观侨居》，中华网，2003年3月31日。

圭亚那生存面临许多困难，集中反映在申请工作许可和居留延期、归化入籍等方面。一些不法分子乘机进行欺诈活动，使不少人上当受骗。2010 年 12 月 3 日，贾格迪奥总统亲自在中国援建的圭亚那国际会议中心与华侨华人举行见面会。到会华侨华人及中资机构代表等近 500 人，圭亚那内政部长、移民局等要员及圭亚那主要媒体也到会出席，整个环型会场内座无虚席。贾格迪奥总统阐述了圭亚那政府有关外国人居留、就业、入籍等政策，强调任何遵纪守法的华侨华人在圭亚那生活和工作都将受到保护和尊重。在接下来的答疑环节，贾格迪奥总统耐心细致地回答了华侨华人的提问。得知华侨华人普遍存在签证难、移民难的问题时，他承诺将为中国合法侨民提供生活、工作便利，包括在圭亚那合法居住满 7 年可以申请获得圭亚那国籍，工作签证可根据具体情况从原来的 1 年延长到 3 年等，鼓励更多中国公司和个人来圭亚那投资发展。① 贾格迪奥同时希望华侨华人遵守圭亚那法律法规，在保持中国传统文化的同时积极吸收圭亚那多元文化，与圭亚那其他民族和谐相处，积极融入当地社会。②

中圭高层间一直保持友好关系，其中也包含着圭亚那领导人对居住在该国的华侨华人的关爱和支持。2010 年 11 月 15 日至 29 日前全国人大常委会副委员长、中国拉丁美洲及加勒比友好协会会长成思危率中拉友协代表团访问圭亚那期间，曾代表中拉友协授予圭亚那总理海因兹“中拉友谊奖章”。海因兹总理现任圭中文化友好协会名誉主席，对中国和中国人民怀有深厚的感情，多年来一直致力于圭中友好事业。③“中拉友谊奖章”是“中国拉丁美洲和加勒比友好协会”设立的荣誉称号，专门颁发给那些长期致力于对华友好、为增进拉美和加勒比国家与中国人民之间的友谊、帮助本国人民正确了解中国作出突出贡献，并长期担任对华友好组织领导职务的拉美朋友。此次将奖章颁发给海因兹总理，是中拉友协第一次将中拉友谊奖章授予现任国家领导人。

圭亚那不是世外桃源。近年来，困扰旅居圭亚那华侨华人的一个严重问题是社会治安形势日趋严峻，抢劫、凶杀案件增多，不少华侨华人成为受害者。据不完全统计，仅 2006 年来就有十余起华侨华人被抢劫的案件，有的人蒙受经济损失，有的受伤，甚至丧生。每当发生涉及华侨华人的案件，中国驻圭亚那大使馆都及时到案发现场和医院了解情况，慰问受害者及其家属，并且到警察局交涉，要求尽快破案，采取切实措施保护华侨生命财产安全。2007 年 10 月 22 日，中国驻圭亚那大使馆在使馆大厅举行为华侨服务大会。中国驻圭亚那大使张君高、圭

① 《圭亚那总统与旅圭华侨华人和中资企业代表举行见面会》，中国网络电视台，2010 年 12 月 9 日。

② 《圭亚那总统肯定华侨华人所做贡献宣布惠侨措施》，中国新闻网据中国外交部网站消息，2010 年 12 月 9 日。

③ 陈旷怀：《中拉友协代表团访拉美三国》，《友声》第 163 期。

亚那内政部长罗西在大会上讲话并回答了华侨们提出的问题。圭亚那内政部常秘ANGELAJOHNSON、外交部总司长ELIZABETHHARPER、移民局局长GEORGEVYPHIUS、移民服务处负责人Tappin以及旅圭华侨、中资企业代表共160多人出席了会议。张君高向侨胞们提出几点要求和希望：第一，遵守圭亚那法律，运用法律手段维护自身的权益；第二，提高自我防范意识，确保人身安全；第三，构建和谐侨社，积极回馈社会，树立中国侨民的良好形象。随后罗西部长一一回答了华侨们提出的关于居留延期、社会治安等问题，表示圭亚那将积极研究有关问题，如考虑在某些方面为华侨提供中文服务，逐步解决办理居留延期难等问题。这次大会取得圆满成功，达到了预期目的。①

圭亚那华侨华人十分关心祖（籍）国大事。以举世瞩目的北京奥运会为例，自2002年北京申奥成功以来，在圭华侨华人就非常关注2008年奥运会的筹备建设情况。为支持办好2008年北京奥运会，旅居圭亚那的华侨华人欣然为奥运建设尽一点绵薄之力。2006年4月10日下午，圭亚那中华会馆黄浦源会长代表旅居圭亚那的华侨华人捐赠者通过驻圭亚那大使馆向北京奥运场馆建设捐赠3 000多美元。②

二、华侨华人社团与其传承弘扬中华文化活动剪影

圭亚那中华会馆成立于20世纪初（一说1920年，存考），是圭亚那唯一的全国性华侨华人社团。早在1852年，首批华工抵达圭亚那，此后陆续有华工抵达。为了生存需要，他们开始筹建社团，但没有注册。直至20世纪初，才正式成立圭亚那中华会馆。它的宗旨是团结旅圭华侨，维护合法权益。该会成立初期活动比较频繁。1917年前后因各种原因，曾在一段时间内停止活动。1927年重新筹组成立，至今基本上没有间断活动。20世纪40至50年代，会馆成员人数逐渐减少，直到20世纪70年代以后，随着到圭亚那新华侨的增加，全馆成员人数才略有增加，会务活动正常开展，特别是每逢中国传统节日，都会组织会员开展活动。1970年圭亚那独立时，当选为首任总统的也是美洲第一个华人总统的阿瑟·钟，曾是该会会员，并曾任名誉会长。

周文沃曾担任会长多年，为侨胞做了不少实事。他祖籍白云区人和镇南岭村，早年到圭亚那谋生，经过多年奋斗拼搏，终于创出一番事业，近年他还把握中国商机，将生意做到上海等地。周文沃先生热心侨团工作，为传播中华文化，

---

① 《圭亚那使馆举行为侨服务大会，答侨胞疑问》，据中国外交部网站消息，2007年10月27日。

② 《参与共建圭亚那的华侨华人捐建奥运场馆》，《华声报》据中国外交部网站消息，2006年4月19日。

推动白云区与当地政府、侨团和人民的友好往来作出了积极的贡献。其长女周雅欣在圭亚那外交部工作，曾任圭亚那外交部外贸与国际合作部国际合作司司长、圭亚那驻中国大使馆代办等职。[①]

圭亚那华侨华人对中华传统文化情有独钟。每逢春节、端午节、中秋节等中国传统节日，都会组织会员开展中国武术、杂技、魔术等表演活动，以活跃节日气氛。作为圭亚那六大民族之一的旅圭华侨华人，近年来积极参加当地的喜庆活动。如 2010 年 2 月，在中华会馆的积极组织下，华侨华人首次参加圭亚那独立日大游行，并获得圆满成功，赢得了圭亚那各界的好评，产生了广泛而积极的影响。[②]

现在老一辈中有的华侨华人也开始学习中文。例如，曾任圭中友协副主席、作为圭中友好协会成员到中国访问的年过七旬的老雷以前在圭亚那政府从事水文测绘工作，属第二代移民，他的父母亲出生在中国，后移居圭亚那，他们兄妹很多，除了老雷的大哥出生在国内，其余都出生在圭亚那。他的汉语基础，仅仅是会说几句广东话而已。在圭亚那的中国志愿者想做些推广中国文化的事，比如开设汉语班和太极学习班等。身为中华会馆成员的老雷知道后非常支持，积极帮助志愿者们联系当地中华会馆，一下子得到许多华侨华人的响应。通过在学校的学习，他的中文也进步很快。[③]

2003 年 3 月，吕双涛作为一名侦察兵“武教头”，接受了一项负责指导圭亚那国家武装部队和总统近卫队进行武术训练的特殊使命。在圭亚那期间，他先是力服“黑人拳王”，后又勇擒街头恶徒 。后一幕恰为记者现场拍摄到，在圭亚那国家电视台、广播电台及报刊、网站上报道，在圭亚那引起不小轰动。在他执教期间，恰逢中国杂技团来圭亚那进行演出，为了进一步弘扬中华武术，让世人了解中国的悠久文化，以配合 2008 年奥运会武术项目的宣传活动，中国驻圭亚那大使馆安排吕双涛在演出时表演中国武术。吕双涛选择了太极拳作为表演项目。演出那天，总统贾格迪奥、总参谋长阿瑟利准将等军政要员都前往观看。表演时，吕双涛将太极拳的博大、舒展、柔韧演绎得淋漓尽致，赢得了现场观众的阵阵掌声。

此次表演的一个意外收获，是总统贾格迪奥被太极拳的神奇魅力所倾倒，因而当即通过联络官交涉，经中国驻圭亚那大使馆同意聘请吕双涛给他传授太极拳，做他的私人教练。吕双涛更是悉心教授。中国太极拳不像别的武术，只有直

---

① 《区委常委、区委统战部部长袁东华会见圭亚那侨领》，白云信息网，2012 年 2 月 8 日。

② 《中国驻圭亚那大使向侨团赠送舞龙舞狮器材》，中国新闻网据中国外交部网站消息，2010 年 4 月 29 日。

③ 《中国志愿者在圭亚那：教老一代华人移民学习中文》，《人民日报》（海外版），2007 年 11 月 19 日。

观的形体动作展示，它有自己的一套概念和动作配套，一招一式，均有名称及含意，即所谓有“形”有“意”，两者紧密结合，天衣无缝，是一种文化底蕴深厚的体育活动。起初，总统不理解太极拳的“意”，只能简单地模仿其“形”，且速度过快。吕双涛于是不厌其烦地从太极拳的起源讲到太极拳的文化底蕴，让总统了解掌握太极拳的“意”。为了让总统有更为感性的认识和理解，吕双涛专门从因特网下载了有关太极拳的音像资料，一边让总统观看，一边讲解，总统渐渐地入了门。三个月后，总统的太极拳进步很快，最终达到了行云流水、气定神闲的境界。学有所成的总统很感激这位“中国师傅”，据说他在自己的“工作日记”中写道：“通过 3 个月的接触，中国军事专家组教练吕双涛给我留下了很深的印象，他给我当‘师傅’期间，从没迟到早退，始终保持着良好的精神状态和严谨作风，从他身上我看到了中国军队的影子。”①

与此同时，经过吕双涛为期一年的努力执教，圭亚那国家武装部队、警察部队和总统近卫队近 200 名官兵，在武术基本功、拳术套路、擒拿格斗、防卫术等训练课目方面，掌握了全部基本动作要领，合格率 98% 以上，其中 70% 以上的官兵能担任武术教官和散打教练。在结业典礼上，吕双涛作为中国教官，组织参训学员为圭亚那军政要员做了“散打对抗”、“擒拿与反擒拿”、“徒手夺刀”等实战技术表演，吸引了当地多家新闻媒体报道。总参谋长阿瑟利准将对受训部队精湛的技艺、良好的作风和高昂的士气给予了极高的评价，并号召部队向中国军队学习。② 更有意义的是，经过吕双涛一年的努力，圭亚那上至总统、总参谋长，下至普通一兵，对中国国情和中国军队都有了进一步了解和认识，加深了彼此的友谊。

在漫长的岁月里，中华文化同当地文化交相辉映、水乳交融，已成为圭亚那多元和多种族文明的重要组成部分。近几年来，中国方面也增大了对华侨华人在居住国弘扬中华文化以及开展与当地文化交流的支持力度。其中有几次活动尤为引人注目。一是 2006 年 7 月 28 日下午，中国驻圭亚那大使沈庆代表国务院侨务办公室向圭亚那中华会馆赠送一对南舞狮道具以及两整套中文学习教材和练习册。会馆主席黄埔源等十几位华侨华人参加了捐赠仪式。③ 二是 2010 年 4 月 28 日，中国驻圭亚那大使张君高代表国务院侨务办公室向圭亚那中华会馆赠送一批

① 吕双涛口述，龚开明、孙华伟、邱生军整理：《扬威圭亚那的中国武教头：我教总统练武功》，《解放军报》，2004 年 10 月 27 日。

② 吕双涛口述，龚开明、孙华伟、邱生军整理：《扬威圭亚那的中国武教头：我教总统练武功》，《解放军报》，2004 年 10 月 27 日。

③ 《国务院侨办向圭亚那中华会馆赠送南舞狮道具和中文学习教材》，中国外交部网站（驻圭亚那大使馆供稿），2006 年 8 月 1 日。

舞龙、舞狮器材，大使馆政务参赞范映杰和会馆全体执委出席了捐赠仪式。黄浦源会长表示将妥善利用这些器材，多举办弘扬中华文化的活动，为旅居圭亚那的侨胞服务。[①] 三是 2010 年 12 月 7 日，中国驻圭亚那大使于文哲向圭亚那中华会馆捐赠了一批中文教材。该会会长黄埔源感谢中国驻圭亚那大使馆长期以来对会馆工作和旅居圭亚那华侨华人的关心和支持。[②] 上面所赠，都是舞龙、舞狮器材和中文教材，其中 2006 年那一次还专门指明是广东侨胞节日喜庆活动必需的南舞狮道具。这些馈赠无疑会受到侨界的热烈欢迎，对传播中华文化起到重要作用。国内侨务部门所以赠送舞龙、舞狮器材，是因为中华会馆的舞狮队在圭亚那小有名气，每逢中圭重大节日，传统的中国舞狮活动都深受当地民众欢迎，给他们带来欢乐喜悦。中华会馆也为旅居圭亚那的华侨华人和弘扬中华传统文化做了大量的实效工作，在凝聚侨心，团结壮大侨力方面作出了卓越贡献。这种馈赠是对圭亚那侨社的热切支持、深切鼓励和殷切期望。

实际上，圭亚那华社也不负众望，通过各种平台努力传播中华文化。较新的例子是2012 年的龙年除夕（2012 年 1 月 22 日），中华会馆与中国大使馆一道，在圭亚那首府乔治敦国家公园联合举行首届“欢乐春节”庙会。中国驻圭亚那大使于文哲夫妇、圭亚那总统拉莫塔夫妇、总理海因兹夫妇、各国驻圭使节、广大旅圭华侨华人和圭亚那各界人士共 3 000 余人参加。单从人数来说，就称得上盛况空前。从庙会的活动来看，节目喜庆和谐、热闹欢腾、精彩纷呈、赏心悦目。有舞狮表演，动作刚劲，神态多变；有舞龙表演，飞腾跳跃，劈波斩浪；有放飞孔明灯活动，更是美不胜收，将活动推向高潮。最值得注意的是，当地民众也积极参与，他们自编自导了“唐装秀”，走台姿态优美，服饰流光溢彩。此外，30 余家华侨华人和中资公司商铺设立展摊，展卖各种特色风味小吃、民俗工艺品、生活用品和节庆纪念品，让圭亚那民众体验到春节民俗文化的独特魅力。最后，大家热情向全体中国人民拜年，祝愿中国在龙年更加繁荣昌盛。侨胞们纷纷表示，该次春节是圭亚那最热闹的新年，虽身在异国，也能感受到浓郁的年味。次日，圭亚那政府通讯社、《圭亚那时报》、《纪事报》和《斯塔报》等多家主流媒体对活动进行了报道，进一步扩大了春节乃至中华文化的影响力。[③]

这次庙会，无疑让春节民俗文化同圭亚那民众进行了一次大范围的“亲密接触”。有两点是值得人们高度期许的。其一，这是圭亚那历史上华侨华人举办的

---

① 《中国驻圭亚那大使向侨团赠送舞龙舞狮器材》，中国新闻网据中国外交部网站消息，2010 年 4 月 29 日。

② 《中国驻圭亚那大使馆向当地侨团捐赠中文教材》，中国新闻网据中国外交部网站消息，2010 年 12 月 9 日。

③ 《欢乐春节庙会在圭亚那举行》，中国拉丁美洲经济贸易合作网中国驻圭亚那大使馆消息，2012 年 1 月 27 日。

首届春节庙会，因此意义格外重大。既然有了第一次庙会，就应该有第二次、第三次……第N次，如果能够年年办，越办越红火，当然最好；其二，这次庙会已经初步打破了常见的表面热闹、当地民众不明就里的局面。当地民众在享受欢乐和轻松的同时，还见识了中华文明的优雅和辉煌，特别是对中华文明的内涵和底蕴有所理解。于文哲大使简单介绍了中国春节和庙会的历史渊源，特别提到春节最重要的内容是家庭团圆和分享欢乐，逛庙会是中国人过年必不可少的年俗等。

近年来，中国驻圭亚那大使馆也加强了与华侨华人社团的联系，以及对华侨华人传承弘扬中华文化的关注和支持力度。2011年11月24日，中国驻圭亚那大使于文哲会见圭亚那中华会馆会长黄浦源，就加强侨社建设和会馆未来主要活动设想等交换了意见。[①] 2012年是中圭建交40周年，也是两国文化交流的重要契机。中华会馆将进一步健全完善组织机构，积极热心地为广大旅居圭亚那的侨胞服务，抓住机遇，认真筹办庆祝活动，为中圭传统友好、旅居圭亚那的侨胞在圭亚那更好地生存发展贡献自己的力量。

圭亚那存在着包括印度裔、非洲裔、华裔在内的六大民族，他们在圭亚那繁衍生息，形成了各自民族的文化，对圭亚那多元文化的形成作出了贡献。近些年来，圭亚那有关方面也注意推进国内多元文化的和谐。例如，圭亚那国家博物馆曾于2010年、2011年分别主办过两届移民文化展。每次展出的一幅幅宝贵的历史图片、一件件珍贵的手工艺品，都展示着圭亚那作为移民国家所具有的独特魅力。中国驻圭亚那大使馆联合中华会馆积极参展，展出了1853年以来华人在圭亚那登陆、种植耕作及生存发展的珍贵史料和历史照片，此外，还展出了一批具有中国特色的瓷器、玉器等工艺品。源远流长的华夏文化和独特的中国元素吸引了大量来宾驻足观看。[②] 移民文化展对宣传中华文化、促进多民族文化融合无疑会发挥重要作用。

以上情况表明，圭亚那华侨华人在更和谐地融入当地社会的同时，也在努力传承和弘扬中华文化。与此同时，国内侨务部门和中国大使馆给予密切配合和深度支持，相信圭亚那华侨华人的明天会更加美好。

不过，迄今关于该国华文教育的情况尚不详。据说，圭亚那中华会馆曾于1985年参与设立华文学校（据资料是在乔治敦市），主要招收会员子女到校学习。可惜由于经费困难、学员少等原因，华文学校时办时停。目前关于该国华文教育的情况还需要跟踪观察。

---

① 《驻圭亚那大使于文哲会见圭亚那中华会馆会长黄浦源等侨领》，中国外交部网站，2011年11月26日。

② 《于文哲大使夫妇出席圭亚那国家博物馆移民文化展》，中国外交部网站，2011年5月6日。

第二节 苏里南

苏里南位于南美洲北部，国名源于当地原住民。东邻法属圭亚那，南界巴西，西连圭亚那，北濒大西洋。苏里南是荷兰王国在南美洲的殖民遗迹，1954年时成为荷兰的一个海外自治省，1975年独立。首都是帕拉马里博（PARAMARIBO）。荷兰语为官方语言，是西半球唯一一个使用荷兰文的国家。也通用苏里南语，各民族均有自己的语言。

苏里南国土面积163 265平方公里，人口47万（2007年估计）。从面积和人口上来说，苏里南是南美洲最小的一个国家。居民中，40%信奉基督教，13%信奉印度教，45%信奉天主教，2%信佛教。在殖民时代，印度人、印尼人、中国人、非洲人先后作为劳工来到苏里南。近几年，许多巴西、圭亚那、海地移民纷纷涌入。在2007年的总人口中，印度人占35%，克里奥尔人占32%，印度尼西亚人占15%，丛林黑人占10%，印第安人占3%，华人占3%，其他人种占2%。另有约18万苏里南人旅居荷兰。可见华人是名副其实的“少数民族”。由于人种混杂、肤色各异，帕拉马里博素有“小联合国”之称。

1976年5月28日中国与苏里南建交。近几年来，中苏关系发展迅速。2011年，中苏联合举办庆祝建交35周年大型庆典活动，互访团组之多，级别之高，效果之好，创历史新最。经贸合作再上新台阶，“中国—加勒比经贸合作论坛”上，中苏合作新成果一长串。国经贸外交将继续在革新中前行，中方投资将由低端产业向高附加值的支柱产业迈进，中资企业更加注重履行社会责任的方式革新，外援也搞活方式，兼顾苏民生工程和使弱势群体受益，中苏友好基础更为巩固。[①] 2011年，中国援建的苏里南外交部大楼落成。中国向苏里南提供援助，包括军援、援建低收入家庭房屋、从米糠中获取可再生能源、帮助捕虾业以及升级国家电视网等。今天，苏里南数以百计的商铺都有中国的标记。所有这些都为华侨华人在苏里南更好地生存发展奠定了良好的基础。

一、华侨华人移民历史掠影

根据荷兰殖民部1850—1900年船务及海事处数据记载：1853年10月20日，

① 《中国驻苏里南大使袁南生携馆员向全国人民致以2012年新春祝福》，星岛环球网，2012年1月18日。

第一批共 18 名中国劳工抵岸（其中 4 名在漫长的 3 个月航程中病逝于船上），他们来自印尼。此后数十年间，荷兰政府在阿姆斯特丹设立移民公司，专招华工、印度工到苏里南。因此，有中国劳工陆续多批次来到苏里南，他们或是来自中国内地，以广东（客家人为主）、福建（闽南人为主）为多，或是来自南洋诸国，每批超过四五百人不等。他们并非被贩卖的奴隶，而是签约劳工（通常签约是 10 ~20 年），到苏里南的农庄、种植园（甘蔗、果树）做工。这些签约劳工期满后，许多都留在当地成为原始华侨。据说第一位来到荷（兰）属（土）圭亚那的，是一位籍贯粤闽边区人氏。①

据记载，苏里南 1905 年有华侨 1 160 人，1971 年达 7 000 人。但到 20 世纪 70 年代中，华侨华人在苏里南的发展已趋困难，为寻求发展机会，有数千人从苏里南移往美、加及荷兰。20 世纪 80 年代，华侨华人人数有所回升，1982 年为 2 500 人（其中华侨 1 000 人，华人 1 500 人），1988 年增至 8 000 人。实际上，20 世纪 90 年代之前，苏里南对新的移民的入境一向很严，规定除华侨在境外之妻和未成年儿女外，一般的移民申请极难获得批准，因此华侨华人人数增长有限。20 世纪 90 年代以后，苏里南为吸引外来资金和人才放宽了入境政策，不少中国居民来到该国定居，华侨华人人数开始急升，甚至一度呈现出“井喷”式的增长。2000 年，华侨华人人数飙升至近 4 万人。

苏里南华侨华人主要聚居在首都帕拉马里博及其近郊，少数居住在与法属圭亚那相邻的阿尔比纳、尼格里市和芒古铝土矿。苏里南政府对华侨华人并无种族歧视政策，入境申请与他国公民无差别，政治上与当地居民享有一样的选举权。②

2003 年是第一批华人抵达苏里南 150 周年，苏里南华人纷纷开展纪念活动。作为这一轮活动的最重要标志，是今耸立在苏里南首都帕拉马里博（PARAMARIBO）新区“华人友谊公园”内的一块以高大石质做成的“中国劳工纪念碑”。碑上用金字刻上首位登岸华人的名字、日期和所有捐资者名字，以示敬颂去者，告示来者。③

建立中国劳工纪念碑的规划从一开始就得到苏里南政府的支持。规划伊始，政府就在京城附近拨出了一块建碑用地。这个规划不仅是简单地建一座纪念碑，而是一个多项目的复合规划，所有项目都围绕华人移民这个主题展开。其中，除了公园与石碑外，还包括建设一间华人护理院，一所综合型老年华人集体住宅

① （荷兰）张卓辉：《苏黎南中国劳工纪念碑见证华人移民历史》，厦门大学图书馆参考咨询部（来源：中国新闻网），2009 年 10 月 16 日。

② 国务院侨办侨务干部学校编著：《华侨华人概述》，北京：九州出版社 2005 年版，第 147 页。

③ （荷兰）张卓辉：《苏黎南中国劳工纪念碑见证华人移民历史》，厦门大学图书馆参考咨询部（来源：中国新闻网），2009 年 10 月 16 日。

（区）等福利设施。可以说，这个规划是华侨社团赠给侨居国社会与人民的礼物。它所建立的不只是一座石碑，还是一座象征中华民族不屈不挠精神的丰碑。

与此同时，在2003年10月20日（为当年首批中国劳工抵埠日），这一天被苏里南列为公众假日，并在首都帕拉马里博举行了盛大集会和各种表演与巡游活动。苏里南总统和夫人与数位国务大臣、中国驻苏里南大使、驻苏里南外使节、社会各界德高望重的贵宾等，全苏里南各华人社团的侨领与代表们，当地国民与数千华人群众一同出席这一隆重庆典，为“华人友谊公园”和“中国劳工纪念碑”剪彩揭幕——纪念华人移民苏里南150周年。①

庆祝华人来苏150周年，对居住地的华人来说，当然也是一个弘扬民族文化和价值观、扩大社会影响力的良机。不仅华人这样做，其他外来移民也这样做。苏里南号称小联合国，华人不是唯一的外来移民，同样属外来移民的还有来自非洲的黑人、亚洲的印度人和印度尼西亚人、欧洲人后裔等，只有印第安人才属土著民族。华人被称为构成苏里南的“六大少数民族”之一。各“少数民族”每年都有关于自己族群重大历史的庆祝活动，比如非洲的克里奥尔人，每年都为废除奴隶制举行纪念。尤其是对美国总统林肯于1863年发表解放黑奴宣言废除奴隶制纪念日，克里奥尔人分别在2003年和2008年举行过庆祝活动。除了苏里南，南美洲、非洲、亚洲甚至欧洲、澳洲等地都有重大纪念活动。既然华人同属当地少数民族，当然也有这样的权利，更有这样的必要性。而且，就移民时间和居住人口而言，苏里南华侨华人不下于甚至还要高于其他少数民族。现今苏里南的华侨华人逾2万多，占全国总人口的2%，是居住苏里南最长久的民族之一。②这可能是苏里南的华侨华人在庆祝自己祖先抵埠问题上更有底气，要求更加强烈的主要原因之一。

还有一点也很重要，华人还是一个更有“怀旧”意识、重视历史并懂得从中挖掘其价值观和精神内涵的民族。这当然得益于中华民族悠久的历史遗产和丰富的节日来源。每年华侨华人都要过春节、端午节、中秋节等节日。当然，华侨华人过这些节日跟纪念移民周年不能相提并论。过节主要是基于一种习俗和传统，而纪念移民周年的现实意义更深刻，是弘扬民族价值观的重要标志，从华侨华人与当地民族的关系来说，也意味着已经彻底完成了从“落叶归根”向“落地生根”的转变。

---

① （荷兰）张卓辉：《苏黎南中国劳工纪念碑见证华人移民历史》，厦门大学图书馆参考咨询部（来源：中国新闻网），2009年10月16日。

② （荷兰）张卓辉：《苏黎南中国劳工纪念碑见证华人移民历史》，厦门大学图书馆参考咨询部（来源：中国新闻网），2009年10月16日。一说苏里南总人口约49万，其中华侨华人有4万多，是全世界华侨华人占当地人口比例最高的国家之一。

事实上，建立中国劳工纪念碑的规划并非心血来潮，2003 年的 150 周年纪念活动也是苏里南华人发起的。据出生于苏里南后来移居荷兰，时为荷兰海牙市“中侨”社会服务中心、旅荷苏里南华人联谊会负责人的曾镜南在 2008 年临近纪念华人移民苏里南 155 周年的时候透露，早在 2003 年来临之前，苏里南华人社会就一致认为 2003 年应该开展隆重的庆祝和纪念活动。于是，自 2002 年以来，全苏华社动员起来，万众一心，众志成城。计划的项目总额逾 15 万欧元，为落实经费，有 9 个苏里南侨团（包括老资格的广义堂、中华会馆、华侨商会以及华侨青年会等）访问了荷兰的海牙，得到荷兰海牙市“中侨”社会服务中心的接待。大家共商集资良策。经过一番呼吁、发动和串联，在短短的两个月内，就有旅荷苏里南华人联谊会、旅荷苏里南华商会、旅荷苏里南华裔青年会、老人同乐会、海牙中侨华人等社团组织和个人，以及知情的荷兰友人先后陆续向受委托代办的该中心赠资捐款。[①] 可以说，在借助重大节日纪念活动树立华人形象、弘扬民族精神和价值观方面，世界各地华侨华人的认识是高度一致的。

华侨华人 2003 年的重大庆祝行动产生了良好的效果。到 2008 年 10 月 20 日即华人定居苏里南 155 周年纪念日，已经不是“十年一大庆”，而属“五年一小庆”了。苏里南政府特地将这一天定为国家节日，全国放假一天，并举办了一系列盛大的纪念活动。19 日晚，费内希恩总统在总统府举行盛大招待会，中国驻苏里南大使馆临时代办等部分馆员、12 个华人社团负责人、中资机构和中国人民解放军军医专家组代表作为特邀嘉宾出席。出席招待会的还有苏里南副总统等政府官员、议长、议员、驻苏里南使节与国际组织代表以及各界人士 600 余人。总统府被数十盏具有中国元素的大红灯笼和彩灯、彩旗装饰得富丽堂皇、喜气洋洋。费内希恩总统发表了热情洋溢的讲话。他简单回顾了首批华人来苏的艰辛历程后，赞扬华人为苏里南社会进步和经济发展作出了不可磨灭的贡献。20 日上午，费内希恩总统在位于流经苏里南首都洵河对岸的新阿姆斯特丹城堡为新修建落成的首批华人纪念碑揭幕。与此同时，大会组委会在首都独立广场举办了包括向慈善机构捐赠、中国饮食推介、手工艺品市场、儿童游乐园等多种形式的活动，傍晚举行了隆重的文艺演出，并燃放了烟火。会场上人山人海，各族人民欢聚一堂，充满了热烈、祥和的友好气氛。苏里南主要媒体对上述活动进行了现场直播和专题报道。[②] 从上面的描述看来，这次庆祝活动，连同 150 周年纪念以来的一系列相关活动是成功的，起到了提高华人地位、宣传华人贡献、重视华人作

① （荷兰）张卓辉：《苏黎南中国劳工纪念碑见证华人移民历史》，厦门大学图书馆参考咨询部（来源：中国新闻网），2009 年 10 月 16 日。

② （荷兰）张卓辉：《苏黎南中国劳工纪念碑见证华人移民历史》，厦门大学图书馆参考咨询部（来源：中国新闻网），2009 年 10 月 16 日。

用、传承华人精神和弘扬华族文化的积极效果。

当然，华侨华人上述庆祝活动的影响不只限于苏里南，在与苏里南有历史渊源的荷兰的阿姆斯特丹，也为一位当年 96 岁的来自苏里南的华裔居民 JONG KON CHIN 颁发了纪念证书，作为荷兰的苏里南社会对这个日子的纪念活动。和 JONG KON CHIN 出席活动的，有他的太太和女儿以及众多亲友。JONG KON CHIN 14 岁抵达苏里南，在苏里南首都一个街区 KleineCombé 居住了 52 年，是该街区最年长的居民。苏里南社会表彰他对这个街区的贡献。①

这里应该提到一件事，这件事可以充分说明苏里南官方对本国华侨华人历史和文化的重视。2011 年是中苏建交 35 周年，为了解中国经济发展现状和学习中国文化，苏里南总统夫人英格瑞德·鲍特瑟一行 5 人于 8 月 23 日至 30 日专程访华。总统夫人访穗期间，特别提出希望参访广东华侨博物馆，8 月 29 日，访华团兴致勃勃地参观了这个博物馆。② 2012 年，苏里南华人历史博物馆建设工作将予启动，预示华侨华人将有一个新的精神家园。

早年来苏里南的华工多在种植园种甘蔗、棉花和稻米，契约完后转为小商贩。经百年发展，到 20 世纪 80 年代初，已有华资商店 700 余家。行业广及杂货、百货、金店、五金、电器、钟表、鞋店、超级市场和餐饮业，并形成了完整的商业网，其中 80% 以上的中小型餐饮店均为华人所开。同时，也经营工农业，多为中小型工厂（如夹板厂、锯木厂、皮革厂等），农场则以种水果、蔬菜、养鸡为主，供应本地。③

苏里南现有华侨 4 万多人（2012 年春节时中国大使馆的说法是五六万人），以客家人为主。在苏里南，华侨华人是仅次于黑种人、印度裔人的第三大族群。华侨华人在苏里南经济中占有重要地位，当地小超市业、服装、日用品、家电等市场基本由华侨华人经营。④ 今天，华侨华人的经济实力和政治地位还在不断增长中。在首都帕拉里马博街头，华侨华人的店铺比肩接踵，一些店铺干脆以中文为店名。在里面，从服装、鞋、帽到日用百货无所不有。据到过那里的人说，生活在苏里南，似乎没有在国外的感觉，因为中国人日常生活中所需要的东西，在这里都可买到，且乡音乡俗基本相同，与在中国无异。市场店铺也跟中国一样。帕拉里马博市中心的华人街是全城最热闹、最繁华的地区。据中国驻苏里南大使馆经商处介绍，漫步帕市街头，到处能看到中国字招牌，目前该市大约有两万中

---

① （荷兰）张卓辉：《苏黎南中国劳工纪念碑见证华人移民历史》，厦门大学图书馆参考咨询部（来源：中国新闻网），2009 年 10 月 16 日。

② 《苏里南总统夫人参观广东华侨博物馆》，中国网络电视台，2011 年 8 月 30 日。

③ 国务院侨办侨务干部学校编著：《华侨华人概述》，北京：九州出版社 2005 年版，第 147 页。

④ 刘莉莉：《渐融人主流社会 苏里南华人新年争当“主人翁”》，中国网，2011 年 12 月 27 日。

国人，中餐馆十几家，中国小超市、金店遍布全城。帕拉里马博市主要工业有小型轻工业、木材加工业和食品工业。周围农产品有稻米、甘蔗、咖啡、可可、烟草、水果等。出口铝矾土、大米、硬木等。①

改革开放之初，广东新移民最先来到苏里南。由于他们善于做生意，很多人很快发了迹。进入 21 世纪，苏里南华侨华人经济已经向多元化扩展，如汽车、钟表、镶金、建材、建筑等行业，表现尤其突出的是在投资道路开掘与修筑方面，现在苏里南政府将国内的许多公路都交给华商公司兴建。很多华侨华人到苏里南去是为了“淘金”。苏里南的金矿埋层浅、含量高（据说高于国内的 10 多倍）。天然的金块（纯度 90% 以上）成为比纯金更贵的首饰。据说这里的华侨华人几乎主掌了整个国家的金饰业。

苏里南的一个特点是没有工业，它是地球之肺——亚马逊原始森林的一部分。很多华侨华人已经习惯了在那里的平静生活，享受那里悠闲、自然、慢节奏的生活和天然无毒无污染的食物以及新鲜的空气。这一点，老一辈华侨华人或许满不在乎，因为他们出国的唯一目的是“淘金”。但对于现代很多满脑子是环保和“回归自然”意识的华侨华人来说，居住环境越来越重要，为寻求悠闲、自然、慢节奏、新鲜空气、无污染环境而移民的人将越来越多。当然，现在说这一方面诉求在大部分移民的心目中已占主导地位为时尚早。对广东侨胞来说，还有一点是心照不宣的，那就是，在那里比较容易享受到他们最爱吃的“野味”。当然，今天的苏里南已经不只为广东人所独享，有不少浙江人和其他省份的人也看好这个国家。据说近年来已有上千浙江新移民移居到了苏里南。

在苏里南，华侨华人一般以经营金铺、餐饮、百货零售为生。大多数人在生活上是丰足的，在当地属中上层。很多人是新移民，他们满足于以辛勤劳动换来在异国他乡的小康生活。在当地，华侨华人开的商店营业时间最长，在星期六，几乎只有中餐馆开门。

在苏里南还有一种华人，这里也顺便提一下。他们是因为工作或被“蛇头”以各种方式引入苏里南的，显然与通常所说的“非正常移民”大抵相似，基本上是在苏里南打短期工。但这种人与发达国家的“非正常移民”又有区别，主要表现在：他们的工作多处于“孤岛”状态，与社会没有多少联系，因而在苏里南这样的不发达国家，基本上不会造成诸如社会就业、治安一类社会问题。这种人包括为中资公司打工的人。在苏里南，中资公司又可分为几类：目前仍在苏里南正常开展业务的；曾在苏里南进行过开发业务但目前业务基本处于停止状态且公司的空壳仍保留、仅有留守人员的；欲进入苏里南市场但还处于初期筹备阶

① 《首都帕拉马里博简介》，中国驻苏里南大使馆经济商务参赞处网站，2007 年 5 月 18 日。

段的。自两国建交后，中国在苏里南投资的主要方向是林业资源。

苏里南还有一个特点是华人从政率高，当“大官”的多，华人总统（如陈亚先，曾任苏里南独立后的总统）、总理、部长和议员等政治家层出不穷，位于中南美洲前列。他们踊跃参政从政，犹如长江后浪推前浪。

籍贯广东惠阳（现今深圳宝安）出身苏里南的著名侨领、华商世家张运华，青年时期在荷兰留学获（骨科）医学博士后，返回苏里南从医，成为首都医院第一个华人院长。他捐款、集资创办了首都白莲池游泳场，还担任苏里南国际围棋协会副会长，苏里南社会福利会会长，1980 年出任苏国卫生部长（与此同期，他的一个哥哥张振猷·运发担任司法部司长）。2000 年他再次竞选胜利，出任苏里南工商部长。2002 年 3 月，他首次携全家回中国大陆省亲寻根，探访居住在广州的胞兄、离休老干部张德。[①]

另一位回过祖籍地的是迈克·杨进华。迈克·杨进华的祖父杨进华 130 多年前就远渡重洋到苏里南谋生，是当地最早的华侨之一。迈克·杨进华早年在加拿大留学并工作了 11 年后，回到苏里南接管家族生意，先后从事过汽车销售、报业、旅业、贸易等领域的工作。2002 年，他步入政坛，先后担任苏里南工业贸易部、环境整治和土地森林政策部的部长。回到家乡，虽然中文的表达已不算流畅，但仍能与家乡亲人交流。在祠堂和祖屋里，迈克·杨进华认认真真地聆听着介绍，偶尔插上几句有限的客家话，他点好蜡烛、插上清香、放起鞭炮、祭拜先祖……迈克·杨进华一丝不苟，像个孩子般跟随家族长者忙前忙后。[②]

新移民的成功代表可举张丰年为例。他 1948 年出生于凤岗油甘埔村。1969 年从东莞市华侨中学高中毕业。先后任油甘埔生产大队党支部副书记、大队长，凤岗公社硫矿厂党支部书记。因妻子是侨眷，岳父母在苏里南，1981 年，张丰年移居苏里南。后曾担任苏里南共和国总统费内西恩高级顾问、苏里南华人农工商促进会会长、苏里南东莞同乡会会长。到了苏里南后，张丰年和其他华侨一样，开始做起小生意，最初他经营一间杂货店，后来接手了岳父的一间商店，凭着中国人特有的开拓精神，他的生意慢慢发展壮大，8 年后，他又开了一家超市，并在苏里南买了房子。1986 年，张丰年加入了苏里南华侨社团组织——广义堂。并在众乡亲帮助下，成立了苏里南华人农工商促进会，他还为促进会无偿提供场地甚至负担水电费，促进会成立后在苏里南很有影响力。由于在广义堂担任秘书，并任华人促进会会长，张丰年经常因商贸问题与苏里南政府有关官员接

---

① （荷兰）张卓辉：《苏黎南中国劳工纪念碑见证华人移民历史》，厦门大学图书馆参考咨询部（来源：中国新闻网），2009 年 10 月 16 日。

② 《苏里南华人部长麦克·杨寻根：魂牵梦绕家乡最亲》，广东侨网，2007 年 11 月 9 日。

触，并建立了互信友谊。1999 年，在张丰年的帮助下，大连国际合作集团股份有限公司在苏里南顺利开展了 2 项 1 亿多美元的筑路工程项目。此后，张丰年又协助国家经贸委主管的中恒泰公司在苏里南进行投资，经营棕榈油。[①] 张丰年出国之前曾在家乡学习过一些中医针灸技术。到苏里南后，除了经营生意外，还开了一家私人诊所，为当地华侨华人及居民服务，获得了较好声誉，在苏里南小有名气。1999 年，苏里南总统费内西恩第二次竞选时得了一种怪病，当地医生束手无策，总统在床上躺了 3 个月后转到荷兰诊治，荷兰的医生说需要做手术，但成功率只有 50%。后来，有人把总统带到张丰年的诊所，张丰年采用中国的针灸方法进行治疗，两三天就减轻了病情，一周不到，总统就可以下地走路了。在治好总统的病后，张丰年还治好了苏里南国会主席那治曼患了长达 40 年的怪病。由此，张丰年在苏里南赢得了信誉，也和国家领导人建立了友谊。自 2003 年起，苏里南总统费内西恩特意聘请张丰年为总统顾问，协助其处理华侨与苏中商贸往来事务。2002 年，张丰年荣获苏里南共和国最高荣誉勋章——“棕榈奖”。2004 年，作为总统顾问，张丰年随苏里南总统访华团访问中国。2004 年 2 月 28 日，苏里南总统费内西恩结束北京之行后，还特地来到张丰年的家乡油甘埔村进行访问，此事一时传为美谈。[②]

在苏里南，一位祖籍东莞凤岗镇的“神童”—— 杨源发举国闻名。杨源发祖籍东莞凤岗镇，父母是土生土长的凤岗塘沥正合村人。出生于异国他乡的杨源发，不仅精通荷兰语和英文，还会讲一口地道流利的普通话和客家话。他在 2000 年曾随父母回凤岗探亲。2002 年 9 月，苏里南总统费内希恩率领苏里南政府代表团出席联合国会议，杨源发是代表团中唯一的学生代表。在联合国大会中，当时还只是一个高中二年级学生、年仅 17 岁的杨源发发表了一篇关于青年人的精彩演讲，引起了该国国内中西文报刊的关注，报刊纷纷刊出报道，称赞他为苏里南和华人侨胞赢得了荣誉。2007 年 8 月，杨源发从该国最高学府苏里南大学地质系专业毕业，并考取了苏里南大学的全额奖学金（该国只有两人获此殊荣），赴荷兰大学研究院修读硕士学位。据悉，他在荷兰读研两年的全部费用均由奖学金支付，奖学金额约 5 万欧元。[③]

展望未来，旅居苏里南的华侨华人将继续努力，争取政治上进步，经济上进取，文化上繁荣，形象上提升，积极融入当地社会。正如袁南生大使所说的，华侨华人正通过开展争创“儒商”、“信商”、“义商”、“名商”的文明“四商”活

① 《著名侨领张丰年：把总统带回家乡》，东莞阳光网，2010 年 10 月 21 日。

② 《著名侨领张丰年：把总统带回家乡》，东莞阳光网，2010 年 10 月 21 日。

③ 谢英君、凌有福、尧春华：《17 岁在联合国发表演讲 华裔“神童”享誉苏里南》，《广州日报》，2007 年 10 月 10 日。

动，争做有爱心的慈善家，回馈社会，为中苏友好关系做出更大贡献。[①]

也要看到，苏里南当然并非人间天堂，近年来也受到移民问题的困扰。最令人担忧的是民族冲突的苗头已经开始出现。例如，苏里南东北部边境城镇阿尔比那有 5 000 名居民。当地失业率很高，由于大批巴西人越境过来寻找开采金矿的工作，抢去本地人饭碗，令本地人与巴西移民关系紧张。2009 年 12 月底，阿尔比那发生骚乱，事起当地居民与巴西移民发生争执，一名苏里南人被一名巴西男子刺死。事件激起当地民众怒火，导致当地人于圣诞日抢掠购物中心和商铺，暴徒手持利刀、玻璃瓶和石块攻击移民，强奸巴西妇女，大量汽车被砸毁，暴徒又放火烧油站和超市。虽然骚乱并非针对华侨华人，但当地华侨华人亦受骚乱波及，据说两家华人超市的损失都超过 100 万美金。多数华人因此而暂时撤离该地。2011 年 10 月 23 日晚，苏里南西南部帕拉市 PIKIN SARON 村的 MARIPASTON 矿区（离首都帕拉马里博约 130 公里）发生打砸抢烧骚乱事件，事件是由该矿区保安人员与矿工发生纠纷从而造成 1 名黑人矿工死亡引发的。约 10 家华侨所开的店铺被烧、被抢，数名侨胞受轻伤。[②] 这类事件或属个别和偶然，但已向该国华侨华人敲响了警钟。另外，也应清醒地看到，20 世纪 90 年代以来中国移民剧增、中国的无偿援助以及低息贷款，也引起了一些居心不良的人的妒忌，甚至引起所谓“中国人侵入”、苏里南会变成“华属圭亚那”的狐疑。[③] 虽然纯属无中生有，绝大多数苏里南政治家和民众也不屑一顾，但也应该引起人们的警觉。

二、新老华侨华人社团述略

据张卓辉在《苏黎南中国劳工纪念碑见证华人移民历史》一文中说，2008 年 10 月 19 日晚出席费内希恩总统在总统府举行的纪念华人移民苏里南 155 周年的盛大招待会的华侨华人社团负责人有 12 个。如此种大场合的庆典活动，华侨华人社团一般应该全数出席。所以，基本上可以认定苏里南的华侨华人社团在 12 个左右。但目前还没有办法将各社团的资料收集齐全，下面只能择其要者作一简介。

苏里南广义堂，1880 年 4 月 16 日成立于首都帕拉马里博市唐人街（MAAG-

① 《驻苏里南大使袁南生举行春节招待会》，中国外交部网站，2012 年 1 月 21 日。

② 《驻苏里南大使袁南生会见福建同乡会侨领及帕拉市矿区骚乱事件中受波及侨胞》，中国外交部网站（驻苏里南使馆供稿），2011 年 10 月 25 日。

③ 参见美国《纽约时报》2011 年 4 月 11 日文：《中国靠援建资金和移民扩展在南美小国影响》，此据《南美小国苏里南，中国进入拉美的门户》，中国网，2012 年 4 月 13 日。

DEN ST.）54 号，现为唐人中心地带。按照广义堂堂主池玉基的说法，现在的广义堂开销很大，主要靠侨商赞助。在广义堂做事都是尽义务，责任是为同胞服务。堂长、副堂长、理事均无工资或补助，就是“吃自己的饭，做大家的事”。[①]

广义堂大堂正门两旁的对联十分醒目：上联“广联声气”，下联“义冠华洋”。供奉关云长，以示华侨应如桃园三结义，团结一致，共同奋斗。初以联络梓友，互相帮助为宗旨。创始人为洪亚风（译音）等 5 人，号称“五大头人”。20 世纪以来，堂内 5 人成帮，任职长达 10 年以上，专权独裁、贪污公款、管理混乱、赌风盛行，曾被政府取缔，产业被拍卖。一部分华侨遂另立“梓友联合会”，1928 年演变成为“中华会馆”。1930 年张广香等又以 4 万盾买回该堂产业，重新注册，整顿组织，改称广义堂。

1937 年后，广义堂支持祖国抗日战争。1966 年，广义堂通过新章程大纲，规定以提高华侨福利事业及联络感情为宗旨。理事会设正副堂长，任期一年。1974 年 10 月 1 日，广义堂第一次庆祝中华人民共和国国庆节。广义堂此举可以看作是该社团历史的一个重要分水岭。1976 年中国与苏里南建交后，广义堂更加强了其与祖（籍）国的联系，经常组织华侨华人到中国观光旅游、探亲访友。

广义堂成立 130 多年来，虽然经历过无数风雨，但心系祖（籍）国、帮助侨胞的宗旨从未改变。今天的广义堂的“社团”功能齐全，不仅拥有非营利性质的会馆、学校、养老院、诊所、体育场地（包括健身房、篮球场、足球场、网球场、乒乓球室、游泳池、棋艺室）和娱乐场（独家负担苏里南华人唯一的活动场所白莲花娱乐场）等机构和设施，还有自己的报社和电视台。广义堂支持华侨华人营商，赞助其他社会合法福利活动。每逢春节还为华侨华人举办迎春宴会等。由此可见，广义堂的福利、康乐和养老色彩很浓厚。

这里应特别提及广义堂内的养老院。老人在养老院娱乐室里或打牌，或聊天。据介绍，这些老人大多因为膝下无子来广义堂安度晚年。如果老人无经济来源，广义堂则免费提供吃、住、穿和医疗。有的侨胞因为天灾人祸无处栖身，这里也就成为他们临时的家。很多生活特别困难的侨胞也常常得到广义堂的接济。

1986 年，广义堂复办了华文学校。侨胞孩子一般上午在当地学校上课，下午来这里学中文。学校师资力量很强，有专聘的北京语言大学的教师给孩子们授课。孩子们在这里学习不用交学费，只交几元课本费。

广义堂有中文报纸《洵南日报》，迄今已有约 40 年的历史，它广泛刊登宣传中国文化、经济、政治、社会的文章以及有关苏里南的各方面信息，深受侨胞欢迎。报社是一座 3 层楼房，20 多名职工承担了从采访、编辑、排版到印刷、发

---

① 潘国俊：《苏里南广义堂——华侨华人的“家”》，《非洲之声》，2011 年 7 月 1 日。

行等全部任务。广义堂拥有拉美地区唯一一家中文电视台。虽然电视台的设备、设施不够先进和齐全，工作人员的专业化水平略显不足，电视节目内容也不够丰富，但广大侨胞仍喜欢看该电视台的节目。广义堂堂长池玉基表示，广义堂还计划建立一个中文电视台和一个英文电视台，以进一步满足侨胞的需求。[①]

苏里南中华会馆成立的起因是广义堂内部发生意见不合，张祖荣等人便联系了一批志趣相投者，于1928年成立了中华会馆。这是苏里南华侨华人历史上成立的第二个具有相同性质的侨团。[②] 从此二者分庭抗礼，各显神通。所以，苏里南的中华会馆跟别的国家不同。别的国家的中华会馆往往是众多地方中华会馆的总机关，而苏里南的中华会馆则只是一个独立组织，统合不了地方。全国性的龙头老大仍然是广义堂。中华会馆的后续情况不详。

苏里南历史上曾经出现过不少华人社团，如励志社、务本社、改正会、华联社、青年会等，可惜今天都已成为遥远的往事。励志社是“二战”期间就已成立旨在挽救因赌博而失足的青年的社团；务本社、改正会、华联社、青年会是侨生社团。它们曾经“前赴后继”地出现，但多因为财力的缘故而难以为继。这些社团旨在增加沟通，增进友谊，增强中华文化的影响力。至于成立于20世纪20年代的中国国民党驻苏里南直属支部，在某种意义上也具华人社团性质。它在20世纪40年代时曾经拥有南风日报社、华侨学校、华声国乐社、篮球场、华侨商会、华联社等机构或场所，一时曾成为华侨华人的文化、教育、娱乐和商业中心。[③]

苏里南华侨商会成立于1942年，是个业缘社团，旨在加强情谊、促进商务、谋求发展。设有俱乐部，为会员提供联络交往的场所和丰富娱乐生活的空间。近年来重视开展商务活动，并与北美及拉美其他国家的华侨华人商业社团加强联系，谋求在经济上有所发展。苏里南华侨商会较新的一次重要活动是在2011年10月9日晚举办纪念辛亥革命100周年招待会。中国驻苏里南大使袁南生、苏里南外长拉金、国防部长拉图、公共工程部长亚伯拉罕斯等苏里南政府官员、新闻媒体、华侨华人和中资企业代表等400多人参加。现任会长为郑国崇。

这里需要说明的是，苏里南有一个包括当地人和华人等族群参与的总商会，是代表商界直接与政府交涉的机构。从其理事会中华人所占的席位数，可大致看出华侨华人在苏里南商界的地位和影响力。理事会共有21席。在2011年的理事会选举中，有6位华人参选并全部入选。[④] 这对华人来说是值得庆贺的事情。

---

① 潘国俊：《苏里南广义堂——华侨华人的“家”》，《非洲之声》，2011年7月1日。
② 洪振勋编著：《苏利南华侨概况》，台北：正中书局1990年版，第42页。
③ 洪振勋编著：《苏利南华侨概况》，台北：正中书局1990年版，第45～49页。
④ 刘莉莉：《渐融入主流社会　苏里南华人新年争当“主人翁”》，中国网，2011年12月27日。

苏里南华人福利基金会何时成立不详。虽然严格来说它不是一个社团组织，但它也起某种社团的作用，在苏里南华侨华人社会中拥有广泛和坚实的基础。该基金会的理念是“包容、广纳、团结、奉献”，为争取华人群体在苏里南社会、经济、生活等领域中平等发展发挥积极的作用。例如，2011 年，它与中国大使馆联合举办的纪念辛亥革命 100 周年暨中秋节大型文艺晚会取得了圆满成功。此次中秋晚会盛况空前，参加者约达 5 000 人，表明了它的影响力。① 2011 年 10 月 26 日，苏里南华人福利基金会还在翡翠皇宫大酒楼举办了 2011 年中秋晚会圆满成功答谢宴会。值得指出的是，中秋晚会已经成为苏里南侨界的一个品牌、传统与平台。能够主办一场中秋晚会，是十分荣耀的事情，自然也可以增大其影响力。

苏里南浙商国际经贸联合总会（简称浙江商会）成立于 2007 年 11 月 29 日，现有会员 1 780 余人（温州籍居多）。成员大部分从事商贸业，给当地社会的市场带来实质性的经济效益，为当地社会经济的繁荣带来生机和活力。该会在促进中苏两国多领域的合作交流做了很多工作，在苏里南商贸业领域有着较大的影响力。苏里南浙江商会现任会长为林峰，副会长为张德根。②

苏里南有浙江、海南、东莞、福建等多个同乡会。这里综合各种散见材料，分别对浙江、海南和东莞三个同乡会略作介绍。

苏里南浙江同乡会成立于 2004 年 1 月，现有会员 900 多人，其中 85% 为温州籍。首任会长郑国庆（温州籍）。浙江人最早涉足苏里南社会的历史可追溯到 1982 年。苏里南独特的经济环境为敢于搏击商海、吃苦耐劳的浙江人提供了施展身手的良好舞台。在苏里南居住经商的浙江人数不断增长，据粗略统计，到 2004 年同乡会成立时，在苏里南居住的浙江籍侨胞已达 2 000 余人。在 2004 年农历新年举行成立庆典时，1 300 余位浙江同乡欢聚一堂，共祝浙江同乡会诞生。中国驻苏里南大使、苏里南工贸部部长、政府内阁有关官员出席了庆典仪式。③

该会会员广泛涉猎农工牧商及进口贸易，其中进口贸易尤显突出，零售店铺遍及苏里南各地。几十家由浙江人组建的贸易公司每年利用国内组织的数以百计的货柜将中国商品源源不断地供应给苏里南及周边国家市场，为繁荣当地市场作出了贡献。该会本着“精诚团结、互助互爱、慈善为人、造福社会”的宗旨，广大同乡严格遵守苏里南的各项法律法规，依法经商，为当地经济社会发展作出了贡献。他们弘扬中华民族的传统美德，积极投身当地的多项社会活动，为同

---

① 《驻苏里南大使袁南生出席旅苏侨团纪念辛亥革命 100 周年暨迎中秋联欢晚会》，海外促统网站，2011 年 9 月 14 日。

② 《浙江侨办官员会见南美洲苏里南浙江商会会长一行》，中国新闻网，2011 年 6 月 30 日。

③ 《苏里南浙江同乡会筹委会致市侨办的信》，温州新闻网，2004 年 3 月 22 日。

乡、侨居苏里南的华人以及当地有需要帮助的孤寡老人慷慨解囊，获得了当地政府及人民的交口称赞。

苏里南海南同乡会于2005年2月20日成立，杨乐为会长。它是一个由居该国本省乡亲自愿结社的互助组织，以慈善关怀为宗旨，行内外协调为职责。2007年，该会拥有同乡会会员166人左右。同乡会自成立以来，以月会为主要互助手段，加强资金运作功能。到2007年左右，已开办4堂美金月会，其中300美元两堂，500美元两堂，都很成功，收到了集资、生财、致富一片的好效果。海南同胞在苏里南分布较广。东至水库地区，西至日基利市，北至边境城镇阿滨娜，南至内地淘金地，都有海南同胞身影。据统计，到2007年左右总共开商店（含超市和杂货店）123家，餐馆一家，面包店一家，另有6人从事大载重车拉沙石料，还有5人在山区投股淘金等。[1]

据说海南新同胞抵达苏联后，“傍乡癖”极强，一般都在本省人店里落脚安身，不会见异思迁跑到外省人的超市打工，尽管携带的资金不多，但都能在不太长的时间里起步开店，这是勤奋创业的结果，也与海南同胞互助的优良传统分不开。海南乡亲积极发扬中华友善睦亲传统，老带新、富带穷，互相提携，艰苦创业，蔚然成风。与此同时，他们对外联系的意识很强。海南同乡会从成立伊始，就加强了与社会各方面的资讯交流与往来，同政府各部门与华侨各社团建立了良好的关系。在苏里南的海南同乡中较大的姓氏为陈、王、符等，其余为刘、杨、魏、邓、翁、黄、周等。

苏里南东莞同乡会成立于2007年2月，现任会长张丰年。该同乡会的目的是加强苏里南东莞籍乡亲之间的联系，增进亲情，搭建一个互助互勉的良好联络平台，同时，促进团结苏里南华人社团合作，共同发展。苏里南东莞同乡会定期联系乡亲，加深乡情，会员发展迅速，人数达400多人，成为当地较大的华侨华人社团，在华侨华人社团里有较大的影响。经过多方努力，苏里南政府同意无偿批出土地给东莞同乡会建设会馆。[2] 这一点表明了东莞人的影响力及其与政府的良好关系。会馆的建成，为东莞籍旅居苏里南的乡亲提供了相聚和活动的场所。

苏里南东莞同乡会有比较好的适应新时代发展和配合当地政府政策的能力，努力加强会员与当地政府的联系。还有一个突出特点是，它积极筹备各项活动，吸引更多有经济实力的青年加入同乡会，培养年青一代参与社会公益活动，全面提升华人青年在各领域的表现，因而有利于青年人茁壮成长，也有利于同乡会保持生机和活力，后继有人。

---

① 阿南：《苏里南海南同乡会》，海南情论坛，2007年2月13日。

② 《苏里南东莞同乡会》，据百度百科资料。

福建同乡会的活动情况不详。现任会长倪发明、副会长林树忠。

在中国驻苏里南大使馆的支持和推动下，苏里南第二大城市日计里的华侨公所、浙江同乡会日计里分会等侨团联合成立了一个叫“日计里华侨总会”的组织，并成为苏里南华人华侨社团联合总会的会员单位。2010 年 8 月 22 日，日计里华侨总会成立仪式在日计里华侨公所会馆举行，中国驻苏里南大使袁南生出席并发表讲话。成立仪式由日计里华侨总会魏润田会长主持。袁大使代表大使馆为日计里华侨总会和日计里中文学校赠送了电脑、打印机和汉语教材。①

在中国驻苏里南大使馆的大力推动和支持下，苏里南华侨华人妇女会于2011 年 2 月正式成立。苏里南总统夫人英格丽德·鲍特瑟女士是华人后裔，兼华侨华人妇女联合会名誉主席。她为推动两国文化交流和促进华侨华人融入当地社会作出了努力和贡献。2011 年 12 月 23 日，驻苏里南大使袁南生赴总统府会见了鲍特瑟女士。第一夫人感谢袁大使的到访，并表示愿尽自己所能，为促进苏中两国文化交往作出应有贡献。正在学习汉语的第一夫人用中文向袁大使祝贺新年。②

苏里南还有中资企业联谊会，现任会长孙启旺。运转情况不详。

在众多社团中，最值得注意的是苏里南华侨华人社团联合总会（简称：苏华联会）。该会于 2010 年 4 月 8 日成立。在当日举行的筹委会第三次会议上，十个侨团代表讨论通过了苏华联会章程，选举张秋源为会长，周友仁为常务副会长，池玉基、郑国崇、张丰年、谢学林、郑国庆、倪发明、杨乐、余丽红为副会长。中国国务院侨办、全国政协港澳台侨委员会、中国侨联发去贺电。当晚，中国驻苏里南大使袁南生在使馆举行酒会，华人部长杨进华、国会华人议员李嘉琳、各侨团代表、苏中友协成员和各界知名人士约 200 人欢聚一堂隆重庆祝。袁大使在致辞中希望联合总会发挥好四个作用，即苏里南华侨华人和侨团的代表作用、华侨华人利益的维护作用、对祖国和平统一大业的促进作用以及对中苏友好往来与合作的桥梁作用。③

苏里南华侨华人社团联合总会成立的最大意义在于结束了近百年来侨团分立、没有统一联合组织的历史，顺应了历史发展的需要。可见，该总会的最重要功能之一是在苏里南各华侨华人社团起某种协调作用。2010 年 5 月 12 日上午，成立不久的苏里南华侨华人社团联合总会会长张秋源率部分副会长和理事专程来到中国驻苏里南大使馆，送来他们为玉树地震灾区向华侨华人募捐到的约合 45

---

① 《苏里南日计里华侨总会成立，袁南生大使出席祝贺》，中国驻苏里南大使馆网站 ，2010 年 8 月 24 日。

② 《苏里南大使袁南生会见苏总统夫人》，中国外交部网站（驻苏里南大使馆供稿），2012 年 1 月 3 日。

③ 《苏里南华人华侨社团联合总会成立，中国使馆庆祝》，中国新闻网，2010 年 3 月 24 日；《苏里南华人华侨社团联合总会成立》，中国外交部网站（驻苏里南大使馆供稿），2010 年 3 月 27 日。

万人民币的苏元和美元善款。[1] 苏里南华侨华人社团联合总会出面募捐，自然有代表全侨的象征意义。

袁南生大使在2011年中秋晚会答谢晚宴上用了“特”（既庆祝了中秋佳节，又纪念了辛亥革命100周年，意义重大）、“多”（出席人数最多）、“好”（节目质量和演出水平好）、“新”（增添了新音响设备）、“齐”（人心齐）五个字概括了晚会的特点，同时特别强调“齐”字的意义。他解释说，2011年的中秋晚会之所以能够取得上述成果，主要归功于有一个齐心协力的苏里南侨界，“人心齐，泰山移”。他进而说，苏里南侨胞最团结，没有地域之分，新老之分，国共之分。大家都是好朋友，能在一起开会，在一个舞台上演出。[2]

有人说，在苏里南，由于广义堂的历史悠久，社会影响较大，因而过去在苏里南各个侨胞同乡会里起某种“总舵”的作用。如果侨胞之间或同乡会之间发生严重矛盾，只要广义堂出面调解，矛盾双方均会给“总舵”面子，再大的冲突也能偃旗息鼓。如果侨胞在经商、工作、生活中遇到严重困难，或自己难以解决的法律纠纷，需要当地政府帮助或协调，广义堂出面与政府有关机构沟通，问题往往迎刃而解。[3] 在过去苏里南华侨华人社团尚存在“众星拱月”、“鹤立鸡群”局面的情况下，有一个“总舵”未尝不是一个维持侨社、侨团和谐的办法。但在今天，“众星拱月”、“鹤立鸡群”局面已经渐渐弱化，特别是在社团之间民主意识越来越强的情况下，侨团间的和谐和团结合作更需要彼此间的互相理解和支持。因此，苏里南华侨华人社团联合总会的成立凸显了该国侨团协调谅解时代的到来。联合总会不应是个新的“总舵”，或者说不应该是原来意义上的“总舵”，而是一个起充分协调作用的机构。在一个“社团民主”的氛围下，各个社团，无论大小，无论成立早晚，无论政治立场如何，都是平等的。如果出现矛盾，应该通过平等协商来解决。这应是苏里南侨界“齐”的含义。

三、根植于苏里南华侨华人与当地民众中的中华文化

随着中国综合国力的增强和国际地位的提高，苏里南华侨华人的民族自豪感倍增，现在比过去更加重视属于自己的传统节日，例如春节、中秋等。华侨华人节日的活动内容很丰富。每当重要节日来临，华侨华人会所里总是红灯高挂、国旗飘扬、爆竹声声、雄狮起舞，侨胞们欢聚一堂，叙友谊、看表演、庆佳节。很

---

① 《苏里南华人华侨社团联合总会向玉树地震灾区捐款》，中国新闻网据中国外交部网站消息，2010年5月13日电。

② 《苏里南华人福利基金会举办中秋晚会答谢宴会》，中华日报网站，2011年10月27日。

③ 潘国俊：《苏里南广义堂——华侨华人的“家”》，《非洲之声》，2011年7月1日。

多侨团节前节后还组织篮球、羽毛球、象棋等各种体育竞赛。现在，侨胞们还会通过电话、网络视频与家乡亲人们交流，互相祝贺。通过这些活动，中华民族的优良传统，以及念国爱乡、团结互助、克己奉公、勤奋敬业的精神得到弘扬，也促进了与当地民族的和谐相处，为当地繁华和社会进步作出了奉献。值得注意的是，华侨华人节日并非仅仅是消度时光、松弛身心，往往还是侨胞们之间交流信息、共谋发展的最好时刻。很多商机很可能趁节日相聚的机会被捕获，很多发展宏图也可能在这个时候绘成。

这里值得一提的是，近年来，随着苏里南华侨华人地位的提高，春节不仅是苏里南华人一年中最重要的节日，还得到了苏里南政界人士的重视。2011 年春节前，苏里南侨团广义堂理事、苏里南中文电视台副台长陈舜军所在的电视台还为苏里南总统德西·鲍特塞拍摄了一个向中国人民和苏里南华人拜年的专题片，在春节期间播出。春节不仅中国人要过，现在连苏里南总统等政要每年都和华人侨团一起吃年夜饭，看放鞭炮，欣赏舞狮子。2012 年春节，不仅中国驻苏里南大使陪同鲍特瑟总统夫妇、国会议长和多位部长等向华侨华人敬酒，而且总统和外长专门发表讲话，向中国人民祝贺龙年新春的到来。鉴于苏里南华侨华人和当地人对春节的广泛认同，2011 年，由各大侨团组成的苏里南华侨华人联合总会已向苏里南政府提出申请，要求将春节定为苏法定公共假日，并获得通过。这对苏里南华侨华人来说无疑是一大喜事。[①] 2012 年 1 月 18 日晚，中国驻苏里南大使馆张灯结彩，喜气洋洋。中国驻苏里南大使袁南生在此举行春节招待会。苏里南国会华人议员、前国防军司令、华侨华人社团、中资机构和公派教师代表约 150 人出席，再一次表明了春节在苏里南华侨华人和当地人心目中的重要地位。

旅居苏里南的侨团还在重阳节举行公祭活动，向先侨墓敬献花圈，体现了苏里南华侨华人慎终追远，敬老尊老、缅怀先人的中华民族传统美德。这已成为华侨华人的一个习俗。通过此举，华侨华人可以学习先辈们艰苦奋斗的创业精神，团结互助，共同发展。[②]

苏里南华侨华人创办的华文学校几起几落，1945 年就已有华侨小学。现在作为弘扬中华文化传承的重要基地的“苏里南中文学校”则初创于 1973 年，后停办，1986 年 11 月 17 日由苏里南最大华人侨团广义堂重新创办，改为现在的名字。中文学校由广义堂理事会直接管理，学校董事会现任董事长由广义堂堂长池玉基担任，副董事长由副堂长凌月德、刘汉华担任，名誉董事长由其他侨团领导

---

① 刘莉莉：《渐融入主流社会 苏里南华人新年争当“主人翁”》，人民网，2011 年 12 月 27 日。

② 《驻苏里南使馆与多个侨团负责人座谈，赞所作贡献》，中国新闻网据中国外交部网站消息，2011 年 1 月 21 日。

担任。使用教材为《中文》试用版（中国暨南大学华文学院编）。它的办学宗旨是：以侨为本，全心全意为侨胞服务；传授华人子女博大精深的中国文化知识，弘扬中华民族的优良传统 ；成为祖国的文化之窗，成为中西文化交流的桥梁。学校现设有 6 个年级，连学前班共 12 个班，全校学生共 335 人。另开设了 6 个成人夜校班共 80 人（有中文班、荷兰文班、土话班、西文班），星期五、六开设了 2 个中国民族舞蹈班共 45 人。学校主要开设有《汉语拼音》、《中文》1—12 册课程，还设有美术、音乐、中国舞蹈课等。[①] 据说在 2012 年，中文学校升级改制将全面铺开。[②] 令人感兴趣的是，中文学校组建了一支出色的舞蹈队。每年除了参加华人团体举办的各种喜庆活动外，还常常应邀参加苏里南重大节日及各个党派各个民族的庆祝活动。每次都表演绚丽多彩的中国民族舞蹈，让旅居苏里南的华侨华人及苏里南各族人民都能欣赏到中国各民族文化艺术的迷人风采，表演深受当地人民欢迎。[③]

现在，中文在苏里南的影响在增大。有一件事可以说明这一影响，2012 年，总统夫人和副总统夫人还一块带头学习汉语，中国专门派去教员，每周上课两次，可谓罕见。[④]

文化交流是中华文化得以成长的重要一环。近几年来有两场访问演出让苏里南华侨华人和当地民众印象深刻。

第一场是 2010 年 12 月 21 日晚，中国人民解放军军乐团在苏里南首都帕拉马里博举办的慰侨演出，它给侨胞带去了久违的乡音。此次中国军乐团访苏，是受苏里南国防部邀请，参加本月 25 日苏里南独立 35 周年国庆庆典的。这是中国军乐团第一次参加他国国庆庆典。苏里南国防部长、公共工程部长和国防军司令也到场观看演出。至演出结束时，全体观众自发起立鼓掌叫好，军乐团奏响《歌唱祖国》，引得侨胞们和着曲子放声高歌。这场演出获得苏里南华侨华人交口称赞。苏里南侨团广义堂理事、中文电视台副台长陈舜军对新华社记者说，演出真是非常好，他在苏里南这么多年，从来没有听过这么高水平的管乐演出。[⑤]

第二场是 2011 年 5 月 27 日晚，中国天津歌舞剧院民乐团在苏里南首都帕拉马里博市中心的塔莉亚小剧场为庆祝中苏建交 35 周年举办了一场演奏会，其高超的演奏水平受到当地观众和华侨华人的热烈欢迎。当晚观众既有众多华侨华

---

① 《苏里南帕拉马里博苏里南中文学校》，中国华文教育网。

② 中国驻苏里南共和国大使袁南生：《中国驻苏里南大使袁南生携馆员向全国人民致以 2012 年新春祝福》，星岛环球网，2012 年 1 月 18 日。

③ 《苏里南帕拉马里博苏里南中文学校》，中国华文教育网。

④ 刘莉莉：《渐融入主流社会，苏里南华人新年争当“主人翁”》，中国网，2011 年 12 月 27 日。

⑤ 王沛：《中国军乐团“惊艳”苏里南》，中国网络电视台，2010 年 11 月 30 日。

人，也有当地政要。民乐团的艺术家们也为他们准备了特别节目。由于苏里南大部分华侨华人来自广东，民乐团还贴心地为他们送上广东传统乐曲《平湖秋月》和《鸟投林》，熟悉的乡音让侨胞们仿佛重回故里，听得如痴如醉。演出结束后，人们争相与艺术家们合影留念。到场的苏里南财政部长兼代理外交部长旺妮·布杜向新华社记者表示，虽然之前对中国民乐了解不多，但对她来说，音乐没有国界之分，如此有感染力的演奏让她亲身感受到中国传统音乐的魅力。苏里南青年和体育事务部长保罗·阿贝纳当晚也观看了演出。①

正如袁南生大使所说，对于上述活动在苏里南，公共外交将借助当地主流媒体、华文媒体如《洵南日报》和中文电视台等、苏里南华侨华人文化中心以及国内依托资源，提升对苏里南民众做工作的技巧，通过多样化沟通渠道，传播中华文化，扩大中国软实力影响。②

苏里南历史上曾刊行过不少华文报纸，后因各种原因停办。如《南风日报》，1943 年创刊，后改《南风月刊》，1978 年停刊；《自由日报》，1953 年创刊，1972 年停刊；《广义堂月刊》，1966 年创刊，出 10 期后停刊；《华新报》于 1974 年 7 月由黄东来和一批华裔商人创刊，以“团结、合作、友好、爱国”为宗旨，发行量一度达 400 份，后因华人大量外流而发行量减少，现况不详；《苏里南周报》于 1977 年 10 月由香港移民黄生财独资创办，内容多自香港报纸，选材持中间立场，其版面编排和印刷水平居苏里南华文报纸之冠，1982 年改出《海外华侨周报》。③

现在还存在的华文报刊有《洵南日报》，1972 年 3 月由广义堂创办。该报除刊登当地新闻外，还积极介绍中国社会经济发展等各方面的情况，在苏华侨华人中有较大影响。广义堂还购置了新的印刷设备，扩大《洵南日报》原有版面，以适应侨胞日益增长的文化需求。为此，广义堂还将兴建新的印刷厂。该报目前已成为当地的主要华文媒体。④还有《中华日报》，由中华会馆于 1982 年 6 月创办，1988 年 9 月暂停出版，1989 年 7 月复刊。该报成立数十年来，秉承服务华人社会的宗旨，在扩大中华文化的影响力、增加旅居苏里南社团的凝聚力方面发挥了积极作用。

---

① 赵珺：《天津歌舞剧院民乐团在苏里南演出受到热烈欢迎》，新华网，2011 年 5 月 28 日。

② 中国驻苏里南共和国大使袁南生：《中国驻苏里南大使袁南生携馆员向全国人民致以 2012 年新春祝福》，星岛环球网，2012 年 1 月 18 日。

③ 国务院侨办侨务干部学校编著：《华侨华人概述》，北京：九州出版社 2005 年版，第 149 页。

④ 《苏里南〈洵南日报〉副社长陈舜军到访深圳市侨办》，广东侨网，2007 年 11 月 28 日。

第三节　法属圭亚那

法属圭亚那（法语：Guyane fran & ccedil，aise，简称法圭）与巴西和苏里南交界。1498 年哥伦布来到圭亚那海岸，100 多年后荷兰人开始在此进行统治。1604 年法国开始侵入，建立居民点。后英国、荷兰、法国和葡萄牙相互争夺此地，直到 1816 年归属法国。法国于 1946 年宣布其为法国的“海外省”，由中央直接管辖。法属圭亚那面积 83 534 平方公里，人口 221 500（2008 年 7 月），主要民族为克里奥尔人，主要宗教为天主教。法属圭亚那地处南美大陆，有丰富的森林、矿产、渔业资源。作为法国海外省，当地产品不仅能辐射加勒比地区，更能迅速进入欧盟市场。

2011 年中国驻法国大使孔泉访问法属圭亚那时说那里给他留下了三点深刻印象，可作为该地特点的一种概括。一是法属圭亚那作为法国面积最大的大区，自然资源丰富，发展潜力巨大；二是法属圭亚那政治、经济等各界人士对发展本地经济社会抱有强烈愿望，并提出了很多思路；三是华侨华人充分融入当地社会，为法属圭亚那的建设作出了积极贡献，并得到广泛肯定。[①] 法属圭亚那非常看好中国的发展前景，迫切期待与中国开展经贸合作。法属圭亚那地方政府将在税收、土地、行政审批等方面给予中国投资者一系列优惠政策，并计划设立专门机构负责推动对华经贸合作，吸引中国企业来此开发矿产、渔业等资源，帮助法属圭亚那建设自己的制造业。

一、高速的华侨华人移民与跳跃的市场开拓态势

法属圭亚那最早的一批华侨是在 1870 年左右由英属地佐治城迁居而来。这些人是 19 世纪 60 年代由香港招募到佐治城筑堤防海潮的（其时招了数百人），时以 3 年合约为期，期满后，政府给予土地，各人可自由谋生。其后，这批华工听闻苏里南和法属圭亚那等地谋生容易，乃先后携眷转往苏里南和法属圭亚那等地。一些人从佐治城移民到法属圭亚那后，先是定居于圣罗兰和蛮那二地淘金和从事橡胶生产，不久开小型商店。待圣罗兰和蛮那二地的金砂淘尽，橡胶采尽，便迁至首府皆因（一译卡宴，下同）。[②] 第一次世界大战结束后，法属圭亚那只

① 《孔泉访问法属圭亚那，看望当地华侨华人》，欧洲时报网，2011 年 1 月 24 日。

② 洪振勋：《苏利南华侨概况》，台北：正中书局 1990 年版，第 63 ~ 64 页。

有五六十个华侨居住，主要是经营食品业。第二次世界大战结束后，法属圭亚那的人口逐年增加。到1936年，整个法属圭亚那只有约3万人口，华侨有120人。境内一共有60来家商店，规模很小。华侨开的食品店，主要供应面包、罐头之类的东西，都是小本经营，大家都勤俭过日。[①] 显然，由于法属圭亚那落后荒蛮，开发缓慢，移民来此的华侨华人不多。

据一位到过法属圭亚那的环球旅行者在其博客上说，中国改革开放之前（卡宴）有几百个华人，大多是深圳横岗何姓人。1977年之后，有少许东莞蔡姓及浙江郭姓人移民到此，后来，由于邻国苏里南动乱，不少苏里南华人转移到卡宴，其中很多是东莞凤岗人。因为不少新到的华人发了财，一传十，十传百，卡宴华人在20世纪90年代增至5 000多人。至今，仍有不少浙江人移民到卡宴，现有华人超市商店近1 000家。卡宴几乎没有工农业生产，大多副食品及日用品的批发零售业垄断在华人手中，特别是法郎转欧元后，卡宴物价突然暴涨，很多华商也因此而暴富。目前，不少卡宴华人已转移到巴黎，投资房地产了。[②] 按照这段话的意思，卡宴一地20世纪90年代的华侨华人已有5 000多人，跟2001年叶星球说的全国华侨华人人数差不多。[③] 可能前者有所高估，但这并不重要。关键是，同一条材料说中国改革开放前卡宴只有几百名华人，跟20世纪90年代相对照，卡宴华侨华人人数的增长显然是突飞猛进了。

有资料说如今法属圭亚那的华侨华人人数已增加到7 000人左右（法属圭亚那现有人口20万），[④] 但叶星球2001年说全国华侨华人人数为5 000人。这两种说法可能都没有错，只是两者的时间不同。这样看来，在10年左右的时间里，法属圭亚那华侨华人人数从5 000人增至7 000人，其增速也是罕见的。再加上上面所说的卡宴人口由中国改革开放前的几十人猛增到现在的5 000人的事实，因此，法属圭亚那的华侨华人移民可谓有“井喷”之势。

“井喷式”移民的产生方式是非常传统的中国式的，即以地缘和血缘关系为基础的“网络式”移民，俗言之，是亲戚带亲戚，朋友带朋友，一串十，十串百，逐渐把家乡的亲戚朋友申请过来。不仅广东籍移民如此，其他地籍的移民也是如此，因此在目的地接收的移民，基本上是按照地缘关系而密集居住。因此，法属圭亚那的华侨华人人口相当集中，多在首府卡宴市。而该市总人口14万，

① 叶星球：《圭亚那侨情》，《人民日报》（海外版），2001年8月22日。

② 《卡宴 cayenne（南美洲）——中国人发财的天堂》，引自“中国梦——旅欧华人的博客”，2012年2月28日。

③ 叶星球：《圭亚那侨情》，《人民日报》（海外版），2001年8月22日。

④ 《法属圭亚那的华侨华人介绍》，华人网（来源：《欧洲时报》），2010年11月5日。

占了法属圭亚那的60%左右，其中外籍移民比例约占50%。[①] 当然这几个数字是本世纪初的情况，现在可能有所变化。但占外籍移民中很重要一部分的华侨华人主要居住在卡宴市的情况应当没有改变。有趣的是，当地居民把中国人的小孩称为“中国—中国”，可能是以国名作为对小孩的叠字称呼以示亲昵。

据百度百科资料，5 000 名左右的华侨华人中，约有 1 500 人已获法国国籍，其余大部分均取得长期或短期居留权。这应该是本世纪初的情况。既然现在华侨华人人数已经增至约 7 000 人，相信已获法国国籍的华侨华人数量会相应有所增加，但估计仍然以长期或短期身份居留的人占大多数。

现在的华侨华人主要聚居在首府卡宴市，大部分是在中国改革开放后移民来的，其中 85% 以上为广东籍侨胞（客家人），浙江籍侨胞不到千人。[②] 另一种说法是，广东籍华侨华人占法属圭亚那华侨华人的 80%。而广东横岗籍的华侨在法属圭亚那卡宴市大约有 1 300 人。[③] 这里两个百分比（80% 和 85%）以何者为准并不重要，重要的是，广东籍华侨华人占了法属圭亚那华侨华人总数的大多数（可粗略地看成占 80% ~85%）。而在所有华侨华人中，广东横岗籍的就占了近 1/6。

谈到法属圭亚那华侨华人的来源时，这里应提及一个特殊的华侨华人群体——少数民族的苗族移民。他们的祖先来自中国云南，现居住在法属圭亚那马逊丛林深处一个丛林里的可可村苗寨。据说他们的祖先是 150 年前从中国云南经老挝前往越南定居，而后于 20 世纪 70 年代漂洋过海辗转来到南美大陆并在丛林深处安家落户的。这样说来，他们应属于 20 世纪 70 至 80 年代遍布西方国家的“印支移民”之一。只是因为他们“躲”在法属圭亚那丛林中那个“被人遗忘的角落”，才不为世人所注意罢了。可可村所属的鲁拉乡面积 3 000 多平方公里，人口仅 3 000 人，其中约 1/3 是苗族后裔。他们主要从事蔬菜生产，承担了法属圭亚那各大城市绝大部分蔬菜供应。可可村因其浓郁的苗乡特色，也成为法属圭亚那主要旅游景点之一，每年接待游客 5 万多人。虽然他们会说流利的法语，现在已是法国人，但祖辈的历史代代相传，华夏民族的血液依然在身体里流淌。他们始终记得自己是炎黄子孙，始终对祖辈曾经生活过的神州大地充满向往。来访的中国驻法国大使孔泉向他们表示亲切问候，激发了这些苗族后裔浓浓的思乡情。[④] 中国的少数民族移民的目的地多是中亚、中东及东南亚地区，在南美竟有这样一群如此念祖怀乡的少数民族移民，的确令人颇感新奇。

---

① 叶星球：《圭亚那侨情》，《人民日报》（海外版），2001 年 8 月 22 日。

② 《法属圭亚那的华侨华人介绍》，华人网（来源：《欧洲时报》），2010 年 11 月 5 日。

③ 房金亮、刘尚丽、冯雪峰：《寻访祖辈故乡，圆百年回家梦》，广东侨网，2008 年 2 月 27 日。

④ 《孔泉访问法属圭亚那，看望当地华侨华人》，欧洲时报网，2011 年 1 月 24 日。

法属圭亚那华侨华人经济在当地占有一定比重，主要从事餐馆、日杂百货以及进出口生意。广东籍的华侨大多数开食品店（当地华侨称伙食店），还有部分经营中餐馆，也是以供应广东菜为主。浙江籍和其他省籍的华侨，开的都是百货店和服装店，遍布整个卡宴市。这里所说是就华侨华人的主要经营领域而言的，事实上，华侨华人的经营领域无所不包。“最值得中国人骄傲的是在法属圭亚那逛街时发现许多商品都是中国制造，当地居民有一句这样的话形容中国人和零售商业是中国人餐桌上的鳕鱼，也就是说中国人经营的商业涉及各个领域。”①

另有一种说法是，广东籍华侨华人大多数从开食品店到现在的连锁超市，超市内的日用品 70% 都是从中国进口，还有部分华侨华人经营中餐馆，也是以供应广东菜为主。② 这种说法可以看成是广东籍华侨华人经营行业的变化，即从过去开食品店，发展到现在开超市。实际上，超市行业本身就是食品店的高档化和现代化，而现在华侨华人超市的商品都从中国进口，也应看作是当地超市业高档化和现代化的表现，因为价廉物美的中国商品打进了当地市场，促进了当地超市业的发展。当然，海外华侨华人开中餐馆是百年不变的，中餐只有保持传统与特色才有生命力，在法属圭亚那也是如此。

法属圭亚那省长费里等人曾当着中国驻法国大使孔泉的面高度评价华侨华人为法属圭亚那经济社会作出的贡献和与当地社会的融合，华侨华人在法属圭亚那经济生活，特别是在零售业中发挥了重要作用，“去找中国人”已经成为当地人去购物的代用词。③

显然是由于新移民的迅速增多，法属圭亚那华侨华人在过去 10 年间的商业竞争也越来越激烈。据从法属圭亚那移居到巴黎的上海籍徐曼、徐玲姐妹介绍说，法属圭亚那在 20 世纪 80 至 90 年代是华侨做生意的黄金时期，她们在卡宴市做服装生意，雇用 10 多个工人，生意蒸蒸日上。20 世纪 90 年代以后，就慢慢失去往日的辉煌，生意越来越难做了。近年来，商店越开越多，华侨华人的生意单一，法属圭亚那的市场规模有限，竞争十分激烈，市面开始萧条，利润越来越少。④ 这里所说的是 21 世纪初的情况，自那时到今天，10 年又过去了，华侨华人市场竞争的激烈程度应该有增无减。当然，精明的华侨华人不会在激烈的竞争中“坐以待毙”。我们相信他们会思考和寻找新的出路。据说有的已在当地转办农场，有的回国投资，各显神通。像徐家姐妹已经移居巴黎，寻找新的商机。

在法属圭亚那漫长的华侨华人史上，也涌现出一些杰出的精英人士。何忠恕

① 房金亮、刘尚丽、冯雪峰：《寻访祖辈故乡，圆百年回家梦》，广东侨网，2008 年 2 月 27 日。
② 房金亮、刘尚丽、冯雪峰：《寻访祖辈故乡，圆百年回家梦》，广东侨网，2008 年 2 月 27 日。
③ 《孔泉访问法属圭亚那，看望当地华侨华人》，欧洲时报网，2011 年 1 月 24 日。
④ 叶星球：《圭亚那侨情》，《人民日报》（海外版），2001 年 8 月 22 日。

可称得上是法属圭亚那资格最老的老华侨，他是广东客家人，1936 年来到卡宴。1991 年，法国政府为了表彰何忠恕在法属圭亚那社会、侨界作出的贡献，特别给他颁发一枚“骑士勋章”，他是法属圭亚那华侨华人社会获此殊荣的第一人。[①]

说到当代法属圭亚那华侨华人的杰出代表，当郭胜华莫属。他以做生意的独到眼光，每次都能抢先开拓新资源，经营方法灵活，人缘又好，生意越做越大，从而成为圭亚那中青年华侨之中的佼佼者。在法属圭亚那的浙商中，郭胜华被尊称为“老板”，每家每户、大事小情他们都要找他帮忙出面。帮得多了，郭胜华自然成了乡亲们的头领，被称为“生产队长”。

1926 年，郭胜华的爷爷漂洋过海，从欧洲转到法属圭亚那，1965 年，他的父亲也跟着去了法属圭亚那。1976 年，郭胜华在家乡读完中学之后，来到法属圭亚那协助父亲经商。他很快熟悉了业务，不再满足于现状，积极开发新品种，寻找新出路，扩展业务。最先他看准的是做手表生意，生意开始时，他一家一家商店做推销，以取得代理权，再寻找合作对象，最后采取在商家寄卖按比例分红的方法（因商家没有风险而乐于接受试销），一举打开市场。1981 年，郭胜华创办“友谊商店”，是第一家专营中国百货批发和零售生意的商店，接着又创办“东方商场”，再后来又组建了法国亚美杰国际投资集团。今天卡宴市华侨开的百货公司里的中国货，大部分是郭胜华进口批发的。[②] 像郭胜华这样，生意由小到大，实力由弱到强，利润由薄到厚，声誉越来越佳，是几乎所有成功人士的必由之路。其中的艰辛，既是每一个成功的过来人不愿意提及的，但往往也被他们本人视作难得的精神财富。

在一个领域取得成功的人，往往其后的一个战略性跳跃便是向多领域发展，扩大再生产。郭胜华也是如此，不过不同的是，他这一跳跃的着陆点是他的祖国和家乡。他的投资范围涉及房地产、贸易、旅游、能源、文化等诸多领域，10 年之内在国内总投资 5 亿元人民币，上缴税收超过 5 000 万元。2005 年，郭胜华被评为“十大风云浙商”，成为第一个当选“年度风云浙商”的海外华侨。

在积攒了大笔财富后，真正的成功人士都会把目光转向慈善和公益事业，投入可观的资金，并乐此不疲。在这一点上，郭胜华更是如此，难得的是，他把公益事业当作自己的另一个事业来经营，所以他是一个真正的成功人士。2005 年，他创建用于扶贫助学的“胜华慈善基金会”，至今个人已捐款 3 000 多万元人民币，先后获得国家民政部授予的“中华慈善奖”，中华慈善总会授予的“中华慈善事业突出贡献奖”，国务院侨办授予的“侨爱工程 · 惠泽桑梓”荣誉奖，浙江

① 叶星球：《圭亚那侨情》，《人民日报》（海外版），2001 年 8 月 22 日。

② 叶星球：《圭亚那侨情》，《人民日报》（海外版），2002 年 1 月 24 日。

省人民政府授予的“爱乡楷模”，浙江省金华市和丽水市授予的“荣誉市民”，并被推选为中华慈善总会常务理事、浙江省慈善总会副会长。

纵观古今华侨华人成功人士，一般走到以上几步就多却步不前了，但郭胜华还迈出难能可贵的一步：在家乡参政议政。他不是像一些人那样只是挂个名，报个号，而是费时费力费心思地参政议政。所以，郭胜华堪称是真正成功人士中的优秀成功人士。他已任三届浙江省政协委员，先后提交了40多件提案，内容涉及农业发展、城乡建设、金融财贸、科技创新、文化教育、政协统战、慈善公益等十多个领域，每年都有提案被列为省重点提案，每次均有提案被评为省政协优秀提案，分别在2004年和2006年度都有两件个人提案被评为省政协优秀提案，被《人民日报》和新华社等诸多媒体誉为“提案大王”。

更难得的是，郭胜华写提案不是关门造车，而是通过与侨胞个别交流、召开座谈会、走访侨商投资企业等形式，倾听他们的心声和愿望写成。可以想象，这要耗去他很多时间。几年来，他先后向浙江省政协提交了不少提案。这些提案不仅得到海外侨胞的首肯，更引起了浙江省领导及侨务部门的重视，有些建议已被政府有关部门采纳。

郭胜华还有一个角色更是很少成功人士所能企及的，这就是他的“民间外交”使者身份。他做了几件别人做不了的事。其一是促成苏里南总统访问浙江。2000年5月，苏里南总统尤勒斯·威登博士访华，郭胜华以私人名义成功地邀请总统访问浙江，并促成了苏里南议长和副总统分别于2007年1月和6月访华。[①] 其二是经常奔波于法国本土、苏里南和法属圭亚那三地的他，先后协助国内有关部门邀请了法属圭亚那大区卡哈姆议长、省议会何志刚议长等来华访问。其三是多次组织华侨华人和法国友人的子女来中国参加夏令营等活动。因此，他声名鹊起，当地政府官员们亲切地称他为“郭议员”、“郭委员”。卡宴市市长埃利桑德在当选的第二天，便来拜访郭胜华，感谢他及广大华侨对他的支持。[②]

二、两大华侨华人社团

法属圭亚那现主要有两大华侨华人社团：华侨公所和江浙沪华侨同乡会。前者历史悠久，历史上以广东籍人为主；后者成立时间不长，以华东籍人为主。因此两大社团基本上代表了法属圭亚那大多数华侨华人。但应注意，华侨公所是全

① 《郭胜华：从青田汉子到侨领委员》，《联谊报》，2008年1月19日；《桑梓情深——记法属圭亚那江浙沪华侨联合会主席郭胜华》，浙江省政协委员网，2011年1月18日。

② 《桑梓情深——记法属圭亚那江浙沪华侨联合会主席郭胜华》，浙江省政协委员网，2011年1月18日。

侨性的，从郭胜华同时担任华侨公所的副主席可以看出来。

华侨公所，前称中华公所，可能就是卡宴（皆因）华侨公所，为历史最悠久、规模最大的华侨华人社团。其成立于1956年（一说1958年）。其时由何鸿才、何忠恕、曾宪莱等人发起，并由当时居住在法属圭亚那的广东客家人联同附近国家和地区的广东客家人捐款兴建。1974年更名为“华侨公所”。1994年“华侨公所”牌楼举行揭幕典礼，法属圭亚那省省长、卡宴市市长及政界要人，中国驻苏里南大使，中国驻法国大使馆代表出席典礼，共同剪彩。牌楼前面有两只石雕雄狮，这是中国国务院侨务办公室送的礼物，更见珍贵，也使当地华侨华人备觉亲切。该会是当地侨界影响力最大的社团，与当地政府保持着良好的联系。2004年时，会长为何祖树，广东人，来自香港，从事进出口贸易。该会办有中文学校。华侨公所理事会为其领导机构。目前按期缴纳会费的固定会员有347个，但实际会员为4 500人。[①]

华侨公所除了协调华侨事务，协助华侨办理身份居留文件之外，还设有中法文学习班和慈善小组。1994年华侨陈起莱的商店遭受火灾，损失严重，慈善小组伸出援手，组织大家捐赠使他渡过难关。一些年老的华侨，碰到困难和疾病，华侨公所总是解囊帮助。每逢佳节，慈善小组还到当地老人院、孤儿院祝福慰问送去爱心，在当地颇有影响。[②]

华侨公所全体会员捐资兴建的一座楼高三层的公所大厦，建筑面积达数千平方米，内设有会议厅、中文学校、华侨之家、华侨俱乐部、文化艺术体育表演场等，各项设施应有尽有，是一座多功能化的大厦。

法属圭亚那江浙沪同乡会成立于1990年11月，以浙江青田同乡为主，还有部分江苏及上海籍的华侨。同乡会的成员，主要是年轻人，宗旨是联络同乡感情，互相帮助，传达信息。此外，他们还经常组织一些文娱、体育活动，当地的报刊、电视台都作了专题报道。这些年轻人，事业有成，充满朝气。[③] 江浙沪华侨同乡会创会会长郭胜华连任至今。[④]

此外，还有圣罗兰圣华会馆和库鲁广东同乡会，情况不详。

---

① 《法属圭亚那的华侨华人》，中国侨网（来源：《欧洲时报》），2004年12月8日。

② 叶星球：《圭亚那侨情》，《人民日报》（海外版），2002年1月24日。

③ 叶星球：《圭亚那侨情》，《人民日报》（海外版），2002年1月24日。

④ 《法属圭亚那的华侨华人》，欧洲时报网，2004年12月8日。

三、从华文教育和“春晚”看中华文化的勃勃生机

1. 华文教育

华侨华人长期在海外，如今已从第一代华人向第二代甚至第三代华人转变。长期生活在海外的新一代华人正面临中华文化的缺失。这是国内各地籍海外华侨华人的普遍现象。华文教育无疑是拯救海外新一代华人中华文化缺失的最重要出路。法属圭亚那也是如此。

近年来，华文教育在法属圭亚那发展很快，法属圭亚那办有华侨公所中文学校，共有学生近300人，大部分为华人学生，有少数非华裔学生。根据学生年龄和水平不同分为7个班，小的不到6岁，大的已上高中。学校每周六、日分别授课两小时，由当地华侨华人中的业余教师授课，使用的是国家汉办编写的教材。① 近年来，当地人学习汉语的热情不断提高，华侨公所也尽可能扩建教室、聘请教师，满足不断增加的入学需求。郭胜华积极参与原中文学校的改革，他亲任校长，终使学校采用了第一本中文简化字教材。② 法属圭亚那华侨公所设立的中文学校也得到了深圳侨办的大力支持，深圳侨办除了赠送了大量教材、图书资料外，2007年还赠送了6块黑板。③

传媒有一段关于中国驻法国大使孔泉对法属圭亚那进行考察访问时参观华侨公所中文学校的描写：2011年1月16日，星期天。孔泉一行来到法属圭亚那三大华侨华人社团之一的华侨公所看望侨胞，华侨公所里热闹非凡。刚刚进行完篮球比赛的少年们正在场边休息，一群老人伴着音乐打着太极拳。孩子们表演了他们拿手的武术节目。十点整，随着一阵上课铃声响起，孩子们纷纷回到教室，公所里安静下来，不一会就传出朗朗的读书声。孔泉走进华侨公所中文学校的教室，向师生们问好后，在黑板上写下了“学好汉语，同13亿兄弟姐妹交流”，还写出李白的《静夜思》等。这些在当地出生长大的孩子们纷纷大声朗读出来。尽管语音并不那么纯正，但他们专注的神情中写满了对汉语和中国文化的热爱。④ 这一段报道所展现的画面是很清晰明了的，它说明华侨公所中文学校的孩子们所接受的华文教育是系统的、多层次的，同时也是充满中华文化精华的基本元素的。

中华文化精华的基本元素还可以从寻根与夏令营活动看出来。法属圭亚那的

---

① 《孔泉访问法属圭亚那，看望当地华侨华人》，欧洲时报网，2011年1月24日。

② 《郭胜华：从青田汉子到侨领委员》，《联谊报》，2008年1月19日。

③ 朱力平：《访法属圭亚那华侨公所第一副主席陈文新》，广东侨网，2008年7月2日。

④ 《孔泉访问法属圭亚那，看望当地华侨华人》，欧洲时报网，2011年1月24日。

寻根与夏令营已经举行了多届，学校师生深受鼓舞。以 2007 年为例，7 月 18—19 日，第三届“情牵故土——沙盐梅海外乡亲寻根之旅”暨第七届“我爱中华”夏令营活动在深圳盐田区侨联举行，共有 26 名法属圭亚那华侨公所中文学校的青少年朋友和领队老师参加。它的活动内容是充满中华文化基本元素的。18 日上午，中国历史知识和中文书法基础课，同学们在老师的指导下饱含热情地书写了“中华”两个大字；下午，陶艺制作，每位同学都制作出各具特色的陶艺作品；19 日上午，参观了盐田港码头和中英街历史博物馆；下午，在盐田街道座谈并参观盐田籍同学的祖屋和祠堂。两天的活动和学习紧张而饱满，使生长在海外的第二、三代华裔学生加深了对自己民族历史的了解和对祖（籍）国的认同感。寻根之旅结束后，他们同盐田、香港的 100 多名同学共同开始了在西安的夏令营活动。①

2. 民间文化交流与法属圭亚那“春晚”

可以说，法属圭亚那与中国的文化交流以及弘扬中华文化活动，多半得益于郭胜华的贡献。自幼喜欢文艺的郭胜华把中国传统文化带到了异国他乡，把文化作为海外华侨华人的凝合剂。为此，他每年都要自费投入一两百万人民币在法属圭亚那举办这一类型活动。他专门成立了一个艺术团，聘请国内专业的声乐、舞蹈老师到卡宴施教。安排有特长的华侨子女到中国去学习中华武术、舞狮表演和民族舞蹈等，并出钱购买了演出的服装、道具、乐器、舞台灯光、背景板及摄影器材。经过多年的精心组织和培训排练，艺术团的各类演职人员逐渐增多，阵容逐年扩大，演出节目质量也大有提高。

每年春节，郭胜华还自费邀请浙江歌舞剧院、杭州歌舞团等演出团到卡宴，与当地的侨胞一起举行大型文艺演出，并邀请法属圭亚那议长、省长及当地社会各界名流出席观看。省剧场内座无虚席，舞狮子、杂技顶碗、中国武术、戏曲联唱、流行歌曲……一个个精彩的表演、一个个精湛的技艺，让在座的中外观众大开眼界。他们群情激昂，挥舞着手中的中国五星红旗，为中国文化艺术喝彩。②例如，2008 年春节期间，中国驻苏里南大使苏格赴法属圭亚那看望慰问华侨华人，并同卡宴、库鲁和圣罗兰三市官员分别参加了春节庆祝活动。期间，浙江歌舞团、深圳市文联杂技团专业演员与江浙沪同乡会联袂举办春节晚会。③ 值得注意的是，如今“春晚”已经走出华侨华人的圈子，扩大到当地，成为当地市民必不可少的文化大餐。而在当地每年举行的狂欢节上，郭胜华组织的中国腰鼓

① 胡晓琳：《寻根问祖，法属圭亚那》，深圳市盐田区侨联网，2007 年 7 月 31 日。
② 《桑梓情深——记法属圭亚那江浙沪华侨联合会主席郭胜华》，浙江省政协委员网，2011 年 1 月 18 日。
③ 《苏格大使看望旅法属圭亚那华人华侨》，中国外交部网站，2008 年 2 月 14 日。

队、舞狮舞龙队也被盛情邀请参加，成为游行队伍中的一个亮点。

有材料说，1980 年至 2000 年的 20 年间，中国的文化团体曾多次到法属圭亚那访问。1984 年 9 月，成都杂技团到法属圭亚那演出，那是新中国的大型文化团体第一次到访。1994 年再有中国杂技团到访。后来有浙江少年歌舞团、中国民族艺术团的演出，还有一次是中国功夫演出。1982 年有一位台湾画家曾到法属圭亚那开过画展，他用手掌画画，很神奇。1990 年 4 月，中国著名艺术大师、东莞客家人张松鹤来到法属圭亚那，举办个人画展。① 中国的文化团体每一次到访演出都引发轰动。消息一传来，这里的华人就开始数着日子，盼着那一天早些到来，特别是年轻的小伙子们，大家早早开会筹办迎接的工作。由此可见，远隔千山万水的法属圭亚那华侨华人同胞对祖（籍）国的钟情。

第四节　乌拉圭

乌拉圭是南美洲唯一没有成为欧洲殖民地的国家。该国位于南美洲东南部，北邻巴西，西接阿根廷，东、南濒临大西洋。1825 年 8 月 25 日从巴西的统治下独立。乌拉圭因优美的自然风光和安定的社会环境被誉为“南美瑞士”，又因其形似宝石而又盛产紫晶石，被誉为“钻石之国”。全国人口 3 477 778（2008 年 7 月），而首都即占据了一半。主要人种有白人（88%）、混血人种（8%）、黑人（4%），另有人数极少的美洲印第安人。主要宗教为罗马天主教（66%）、新教（2%）、犹太教（1%）、其他宗教（31%）。语言为西班牙语，巴西边境使用的是葡萄牙语和西班牙语的混合语。乌拉圭于 1988 年 2 月 3 日与中国建立外交关系。

堪称奇迹的是，“二战”前作为金融中心的乌拉圭银行林立，自 20 世纪 50 年代初以来的 40 年中，其货币皮索狂贬了 8 500 倍，市上稍微价高点的东西即以美元计算，但该国的“南美瑞士”地位却未因此而改变。② 据拉美经济委员会（CEPAL）2004 年 11 月 30 日公布的一份调查分析报告表明，尽管近年来乌拉圭人民收入大幅度下降，乌拉圭仍是拉美国家中收入分配最公平的国家。报告还透露，乌拉圭是拉美国家中仅次于多米尼加、尼加拉瓜和萨尔瓦多而得到侨汇最多的国家之一。全国 13% 的家庭有侨汇收入。虽然侨汇不足汇款人收入的 10%，

---

① 《旱久逢甘露，他乡遇故音——中国民族艺术团到访法属圭亚那侧记》，载“我的中国梦”（新浪博客），2011 年 5 月 27 日。

② 《乌拉圭华侨安居乐业》，《八桂侨史》1997 年第 2 期。

但占了收款人家庭收入的大部分。乌拉圭这些国情对了解该国的华侨华人有重要价值。

一、生活在“世外桃源”里的华侨华人

有关乌拉圭华侨华人的资料十分匮乏。但有一条关于乌拉圭华侨华人基本构成的材料却可以大体反映该国的侨情，兹整理如下：

根据乌拉圭作家协会会长 Vicente Perez 提供的资料，华人在 100 多年前即来此定居，他们大多属广东籍，约有 50 人，主要从事洗染店、餐馆、杂货店等生意。而 2000 年的华侨华人人数只有 515 人。其中，依移民先后可分为：40 年以上者，为“二战”前后由中国大陆沿海来此定居，尔后陆续移居他国的，约有 20 人，加上上述 50 人，约 70 人；20 年左右者，为 20 世纪 70 年代由台湾来此定居的，约 30 人；10 年以内者，即自 1982 年后，由中国大陆沿海移民至此的，约 400 人。如此看来，历史上移民乌拉圭的华侨华人本来就很少，今天居住在这个国家的大多数华侨华人仍然是来自中国大陆的新移民。台湾侨民为什么不多？据了解是由于获得乌拉圭居留权不易以及此处谋生较难，又因台湾远洋渔船在此海域作业，故流动之船员人数亦不少。

乌拉圭华侨华人大部分集中定居在乌拉圭首都蒙特维多市，大抵经营餐馆、中国饰品、进出口贸易、洗衣店、化工厂、杂货业、日用食品制造业、渔船用品补给业、养殖业及小型塑胶袋工厂等。①

据台湾方面 2000 年的统计显示，当时侨营商业共计 30 余家。其中包括：

中餐馆与其他类型餐饮业约 20 家，每家平均资本额 35 万美元，在当地颇受欢迎且仍有发展潜力，以“佛光乌拉圭协会”所经营之餐馆较出名；杂货业约有 7 家，多为小型店面，仅能维生，每家资本额约 45 万美元，杂货业适合新移民，小本经营加上吃苦耐劳即可维生，为大陆新移民最喜欢经营；贸易业 3 家，每家平均资本额 45 万美元，主要进口杂货、日用品及汽车零配件，其中一家设立于乌京蒙特维多自由区，经营台湾产品转运及发货中心，生意不佳，一年接不到两笔生意；旅行社 1 家，为中华航空公司乌拉圭及巴拉圭地区之独家代理商，资本额约 40 万美元，客户很多，实力雄厚；礼品店 7 家，多为自行进口销售，每家平均资本额约 25 万美元，经营不佳；中医业仅有针灸师一名，资本额约为 20 万美元；加油站 1 家，资本额 35 万美元，利润仅 5%，勉强可维生（在乌拉圭大约 20 万美元即可买一个加油站，不含土地）；相片快洗冲洗店 2 家，资本额

---

① 《乌拉圭华侨概况》，贸易俱乐部网站，2000 年 3 月 19 日。

30万美元；电玩业1家，资本额15万美元。

侨营工厂计有4家。包括化学工厂1家，官方资料说其颇具规模，营业状况良好，占当地该行业产量50%，资本额达150万美元，实际上为张姓华侨经营的小型酱油工厂，销售量有限；塑胶袋制造厂1家，由王姓华侨经营，生产PP编织袋供乌拉圭最大制米加工厂塑胶袋包装，并外销巴西及中东地区，资本额80万美元，获利亦佳；食品制造业1家，制造中国式食品如豆腐、豆芽、麦食等，供餐馆及渔船补给之用，资本额约30万美元，营业情况良好；建筑业1家，承包各项房屋、工厂及商店工程。

在农渔牧业方面，有农场1家，资本额约55万美元，种植苹果、水梨、瓜果及蔬菜等，抗日战争时期曾为游击司令的戴将军从台中梨山带来种苗，成功地移植到南美，当时已由其小儿子接手；大型牧场1家，占地1 000公顷，饲养1 000头牛，资本额约55万美元；渔业代理业1家，承办十余艘2 000吨级渔船代理商，主要基地在巴西；渔船补给业2家，每家资本额约25万美元；渔货加工厂2家，以“台湾商会”翁姓会长所经营的达龙公司较具规模，资本额30万美元，营业额每年约130万美元，为乌拉圭前200大企业，前13大渔业加工厂，生产冷冻鱼、鱿鱼干及鱼翅，黄鲍鱼加工量占全国10%。[①]

上述材料所反映的虽然是10多年前的乌拉圭侨情，因为有关乌拉圭华侨华人的信息难以寻觅，所以这条材料殊显珍贵。考虑到该国社会生活变化缓慢的现实，这条材料所描绘的概貌应该没有完全过时。另外，上述材料为台湾人士所写，所反映的应多是台湾在该国的侨情（特别是在产业构成方面）。大陆的侨情也应部分包括在内但不完全，有待追加。

二、乌拉圭华侨华人社团以及文化活动斑影

1988年中乌建交后，台湾当局即中止了与乌拉圭的双边经贸协定。2000年前后，台湾在乌拉圭设远洋渔业补给基地，并成立以下组织：台湾商会、佛光乌拉圭协会、中乌文化基金会、中华会馆。[②] 由于找不到关于这些团体的后续信息，因而不知道其活动与发展详情，这里只得从略。不过，比上述社团历史更久的是乌拉圭华侨协会，早在20世纪80年代，该会就在老侨领鲍国昌的领导下，出钱出力，办得有声有色，尤其是供老侨胞颐养天年的养老院，在全世界侨胞中

① 《乌拉圭华侨概况》，贸易俱乐部网站，2000年3月19日。

② 《乌拉圭华侨概况》，贸易俱乐部网站，2000年3月19日。

也难得一见。[①]

另外，近一二十年间成立的由大陆新移民组成的社团也没有包括在内，应该补充进去。目前由大陆新移民组成的主要华侨华人社团是乌拉圭华人协会。据其介绍资料，该社团是由旅居乌拉圭的华人自发成立，并在乌拉圭文化教育部正式注册的社会团体组织。协会的性质属非营利、非宗教、非政治性的民间组织。协会的宗旨是：凝聚华人，团结互助，维护华人的合法权益，保护华人的利益，发展华人事业；促进两国人民间的友好交流，积极支持和配合大使馆的领事和侨务工作。华人协会为旅乌华侨华人进行全方位的服务，使协会发展成一个优秀的移民社会团体，为全体居住和工作在乌拉圭的华人创造出良好的外部环境。

该协会的职能包括：①维护全体旅居乌拉圭的华侨华人的合法权益不受侵犯，提供必要的法律帮助；②协助解决在乌拉圭居住工作华侨华人遇到的各种问题，为华侨华人排忧解难，配合中国驻乌拉圭大使馆领侨护侨工作等；③协助大使馆加强中乌两国政府间的双边关系和人民之间的传统友谊；④维护协会及会员利益，增进侨胞间的联谊，并提供丰富的文化和娱乐活动；⑤创办了《乌拉圭华人通讯》（中文月刊）为华侨华人提供更多的信息、知识和交流平台；⑥定期走访会员，沟通情况，征求意见，及时、尽力为会员解决各类疑难问题；⑦举办中西文学习班，为华侨子弟和愿意学习中文的外国人服务；⑧设立旅游部，为广大华侨华人提供质优价廉的旅行和旅游服务。协会的工作范围包括：教育推广及组织培训；商务帮助及法律援助；投资咨询及经贸洽谈；日常生活及旅游服务。[②]

乌拉圭华人协会关注祖国的情况。四川汶川大地震发生后，2008 年 5 月 14 日，协会会长等旅居乌拉圭的华侨华人代表向中国驻乌拉圭大使李仲良递交了旅居乌拉圭的华侨华人对祖（籍）国灾区人民的慰问信，盼望灾区人民早日渡过难关。代表们同时转交了乌拉圭—中国文化交流中心就地震灾害致灾区人民的慰问信。[③]

若说乌拉圭是个华人文化的“蛮荒之乡”，显然不符合事实。有信息表明，虽然乌拉圭的华侨华人人数偏少，开展活动不多，但近年来华侨华人社团也着意于开展一些具有中华文化内涵的活动。例如，2007 年 9 月 23 日下午，乌拉圭华人协会组织筹办了旅乌华人中秋茶话会，在乌拉圭首都蒙得维的亚市举行。乌拉圭各界华侨华人、中国驻乌拉圭大使馆代表、中国驻乌拉圭中资公司负责人和部分乌拉圭友人等出席了茶话会。乌拉圭华人协会主席戴志尧、中国驻乌拉圭大使

---

① 杨镕鉴：《阿根廷、智利、乌拉圭华侨概况》，台北：正中书局 1988 年版，第 85 页。

② 《乌拉圭华人协会简介》，中国驻乌拉圭大使馆网站，2007 年 9 月 4 日。

③ 《乌拉圭华侨华人心系灾区人民，盼望早日渡过难关》，中国侨网据中国外交部网站消息，2008 年 5 月 15 日。

馆临时代办李永祥先后致辞。李代办宣读了国务院侨办国外司和外交部领事司分别致华人协会的贺信，并代表国务院侨办国外司向该协会捐赠了一对精美舞狮及配套锣、鼓、彩衣等。祖国侨务部门的赠礼代表了祖国对乌拉圭侨胞的关心，也表示了对侨胞在居住国传承和弘扬中华文化的期许。茶话会期间还穿插了精彩的文艺节目表演和娱乐游戏，气氛热烈。会场上张灯结彩、喜气洋洋，大家欢聚一堂，共庆中秋。最后茶话会在欢乐抽奖活动中圆满结束。这种景象在别的国家可能屡见不鲜，但对乌拉圭这样一个华侨华人很少的侨社来说，尤显难能可贵。还值得一提的是，此次茶话会系该协会首次举办的华人活动。① 这大抵可以说明，以前乌拉圭华侨华人中的集体文化活动不多。

另一个例子也是别开生面的。2010 年 10 月 24 日，一场中国书法讲座趁南部城市圣何塞举行第五届促进阅读书市之机在该市举行，成为乌拉圭一大亮点，吸引了大批乌拉圭人前来听讲。这场中国书法的讲座由热衷于传播中国文化的古稀老人、乌拉圭共和国大学退休华人教授言长冠主讲。言教授深入浅出，谈古论今，从中国象形文字的特点讲到书法的起源，从古汉语讲到中国文化的发展，内容丰富的讲演深深吸引听众。随后，言长冠教授手持毛笔，示范汉字各种笔画的写法。现场听众把大厅挤得水泄不通。直至很晚，仍有人在现场不倦地练习中国书法。②

这场书法讲座所传达的信息是值得思考的。在中国传统文化中，书法属高雅艺术，即使地地道道的中国人，也未必人人可以操笔为之，更别说视写字如画画的外国人了。所以，当地乌拉圭人围看中国书法，与其说是喜欢，不如说是好奇。之所以好奇，是因为感到神秘。所以纷纷愿意上台一试身手，是希望其神秘感得到释放。据说，一些乌拉圭人早早便赶来听讲，其中有中小学生、大学生，也有老者。他们显然看不懂书法作品的全部内容，多半只是对作品的艺术性朦朦胧胧地产生兴趣，虽然他们对书法赞不绝口，但客观地说，只是一个习惯了字母文字的民族对闻所未闻的象形文字的好奇性赞叹。所以，一次基本上属于“阳春白雪”的书法讲座，显然不可能使当地人掌握中国书法艺术的奥妙。其意义在于，使他们通过了解中国书法的一些知识和技巧，对中国传统文化有一个直观的好感。

由此可以引发一些对目前中华文化在海外传播情况的思考：其一，如要当地民族了解中华文化，必要的好奇性是需要的。而诱发其好奇性的切入角不是唯一的，如这里所说的书法便是一个切入角。其二，对文化的好奇性了解是表层次

---

① 《乌拉圭华人协会举办狮鼓捐赠仪式暨中秋茶话会》，中国外交部网站，2007 年 9 月 26 日。

② 《乌拉圭人喜爱中国书法》，《华人世界》，2010 年 10 月 25 日。

的，也只能是短暂的，不应该让中华文化的传播仅仅止于当代民族的好奇性，而应该借助好奇性为入门，将中华文化的传播在广度和深度上向前推进。在广度上，应该系统性地展现中华文化的多个侧面。在深度上，应该让当地民族了解中华文化的核心价值。应说明，深度决不等于深奥与艰涩，应该深入浅出地、引人入胜地表达和解释中华文化的深度。其三，在传播中华文化的同时，应该逐步加强与当地民族文化的平等交流，共同切磋，取长补短，不可妄自尊大。有一点应该指出，在本书所介绍的拉美民族中，绝大多数不会对自己的民族文化表现出盲目的优越感。这跟一些西方发达国家的情况有很大区别。其实，对中国书法的好奇性，便在一定程度上反映了善良的当地民族对中华文化的尊重与仰慕。以上道理，对于正在传播中华文化的其他一些拉美国家的华侨华人来说，是具有借鉴意义的。

2011 年 10 月 17 日至 23 日，第六届乌拉圭圣何塞图书文化节在省会城市圣何塞举行。来自乌拉圭全国各地的文化单位、出版机构、高等院校、驻乌拉圭外国使领馆、国际组织办事处等，纷纷展出各自的图书出版物、特色文化用品，并举办各式文化宣讲、新书发布、文艺演出、才艺培训等专场活动近百场。① 显然，这届乌拉圭圣何塞图书文化节是一个有多国参与的文化盛会。其所涉的乌拉圭文化部门和领域众多，因而也是一个多国展示自己民族文化的重要平台。圣何塞图书文化节是一项可持续性的活动，完全可以形成一个文化品牌，中国的文化推介活动可以借此大显身手。久而久之，中华文化在该国的传播活动就可以由民众的好奇性平稳地向传播的普及性和纵深性发展。

这届乌拉圭圣何塞图书文化节期间，中国展台琳琅满目，人头攒动，介绍中国传统文化的书籍杂志、展示现代中国的影视光盘最为抢手。更引人注目的是，10 月 22 日举办的“汉语公开课”和“中国茶文化展示”更是成为本届文化节的一大亮点。“汉语教学公开课”别开生面，由中国驻乌拉圭大使馆文化处、乌中文化中心和旅居乌拉圭的华人协会共同搭台，由特约华人教师带着跟她学习汉语的华侨华人子弟与圣何塞当地一所学校五年级的孩子混合组成一个大班，在图书展现场举行。孩子们席地而坐，课堂周围挤满了前来参观书展的人群。中国老师用西班牙语向学生，同时也是向公众，讲解中国语言的由来、中国文字的构成故事以及汉语表达中涵盖的中国文化元素，画龙点睛地教给学生和当地民众学习汉语的技巧。老师与学生互动，加上围观群众的友情参与，课堂上一片欢声笑语。② 从这一报道看来，在乌拉圭，中华文化的传播在内涵上已经具有一定的广

① 《“汉语公开课”成为乌拉圭图书文化节一大亮点》，中国网络电视台，2011 年 10 月 26 日。
② 《“汉语公开课”成为乌拉圭图书文化节一大亮点》，中国网络电视台，2011 年 10 月 26 日。

泛性和普及性，也已表现出一定的深度。虽然不排除参与其中的乌拉圭民众对中华文化仍然抱有某种好奇性，但他们主要是抱着“长知识”的态度参与其中的。这是一种可喜现象。

乌拉圭的华侨华人更像是生活在“世外桃源”中。中国作家余熙在乌拉圭采访20天，足迹遍及乌拉圭的山山水水，接触对象上至总统、部长等政界要人或社会名流，下至歌手、农民等平民百姓，既有多年致力于深化中乌友好的乌拉圭友人，也有漂泊异乡却始终心系祖国的华侨华人。之后，他写了《约会乌拉圭——“南美瑞士”的闲适故事》一书。他写道：“大多数乌拉圭的公民都不大会为诸如幼儿入托难、学生缴不起学费、大学毕业生就业难于登天、干了大半辈子却愈加买不起住房、存银行的救命钱年年贬值、人到老年最愁医疗费等困窘人生的社会问题而心情浮躁、坐立不安。”“人均GDP9 000多美元的乌拉圭……依靠社会公平与正义的制度，为国民带来安详、闲适、平和与恬静的生活，弥足珍贵。”[①] 乌拉圭的华侨华人不多，然而生活在一个似乎与世无争的国家中，其家家户户的小日子，虽说谈不上奢华与富足，但人人均能自信在安全、安宁和安心的氛围中度过平凡的每一天。故有材料说，乌拉圭有新老华侨，不分彼此，相互团结，过从甚密。这应是可信的。

① 余熙：《约会乌拉圭——“南美瑞士”的闲适故事》，北京：世界知识出版社2011年版。